国家社科基金
GUOJIA SHEKE JIJIN HOUQI ZIZHU XIANGMU
后期资助项目

元代出仕中国的高丽人群体研究

申万里　著

WUHAN UNIVERSITY PRESS
武汉大学出版社

图书在版编目(CIP)数据

元代出仕中国的高丽人群体研究/申万里著．—武汉：武汉大学出版社，2024.11
国家社科基金后期资助项目
ISBN 978-7-307-23853-4

Ⅰ.元…　Ⅱ.申…　Ⅲ.朝鲜族—官员—研究—中国—元代　Ⅳ.D691.42

中国国家版本馆 CIP 数据核字(2023)第 117399 号

责任编辑:黄河清　　责任校对:李孟潇　　版式设计:韩闻锦

出版发行：**武汉大学出版社**　(430072　武昌　珞珈山)
(电子邮箱：cbs22@whu.edu.cn　网址：www.wdp.whu.edu.cn)
印刷：湖北金港彩印有限公司
开本:720×1000　1/16　印张:17　字数:305 千字　插页:1
版次:2024 年 11 月第 1 版　2024 年 11 月第 1 次印刷
ISBN 978-7-307-23853-4　定价:68.00 元

国家社会科学基金后期资助项目(项目编号：19FZSB038)

国家社科基金后期资助项目
出版说明

后期资助项目是国家社科基金设立的一类重要项目，旨在鼓励广大社科研究者潜心治学，支持基础研究多出优秀成果。它是经过严格评审，从接近完成的科研成果中遴选立项的。为扩大后期资助项目的影响，更好地推动学术发展，促进成果转化，全国哲学社会科学工作办公室按照“统一设计、统一标识、统一版式、形成系列”的总体要求，组织出版国家社科基金后期资助项目成果。

全国哲学社会科学工作办公室

目　　录

绪　论

中国自古以来就是一个统一的多民族国家，各历史时期出现不同类型的格局，其中有以汉族为主体的统一王朝、有以少数民族统治的统一王朝以及多民族王朝并立的局面，总体呈现中华民族多元一体的特征。在古代社会，作为亚欧大陆的大国，中国的影响辐射到周边国家，逐步形成与周边国家关系的基本秩序，即朝贡贸易体系。从经济方面来看，这些国家每年通过朝贡的形式，向中国“进贡”当地物产，中国则通过“回赐”的形式，赐给这些国家远高于进贡物品价值的货物。因此，朝贡贸易是一个由周边国家物产汇聚至中华帝国中心以及中华帝国的产品辐射到周边国家的物质交流过程。政治上，这些周边国家官方定期派遣使臣，通过访问、上表、参加中国皇帝的节庆活动等形式，与中国交流，中国政权则根据亲疏关系，制定不同的接待礼仪。文化上，出于与中国交往的需要或者受到中国文化的影响，中国周边国家长期以汉语为官方语言，其政治与文化精英普遍学习汉语和儒家经典，他们大多数能够使用汉语书写诗文，为这些周边国家与中国的政治、经济和文化交流提供语言工具。中国与周边国家的这种密切互动，形成了汉语言文化圈，汉语是这个圈子的交往语言，中国儒家的价值观得到这个圈子所有国家的普遍遵循，中国在这个文化圈中与周边国家的多方面互动，构成了中国古代中外关系的主要内容。

值得注意的是，历史上经常有一些外国人，由于朝贡、出使、经商等诸多原因来到中国，对于这些外国人，唐宋以来的中国政权形成了相对稳定的接待制度，这些外国人的待遇、住所和在中国的活动范围，都有相应的规定。

外国人大量进入中国的情况，在元朝最为突出。蒙古在中亚、西亚、东欧和朝鲜半岛的征服战争，挟裹大量外国的工匠、士兵和一些宗教、政治、军事精英来到中国，这些外国人和其家族在中国定居、发展，其政治和社会活动分布于大元帝国的军事、经济和政治领域，且成功者比比皆是。元代外国人大量定居中国，在中国形成新的民族和文化社区，在一定程度上改变了中国历史上长期存在的汉族分布帝国的中心、少数民族分布周边的格局，形成了多民族交融广泛分布的新格局。元朝民族复杂的分布，增加了元朝时期中国多民族国家的色彩，元朝统治下多民族共存，政治、文化多元性，成为元朝统治时期中国的一个重要特征。正是在这种背景之下，产生了出仕中国的高丽人群体。

元朝出仕中国的高丽人群体，是蒙古征服高丽和使用“宗蕃”的方式统治高丽的结果，在一般朝贡体制下的汉族王朝是不可能出现的，作为中国历史上一个特殊历史时期的特殊现象，特别值得进行深入研究。本书在前人研究的基础上，研究出仕中国的高丽人政治群体，考察他们在蒙古征伐时期和元、丽特殊的“甥舅”关系体制建立以后，在中国取得仕宦的方式、仕宦情况、双重政治身份、政治活动等方面的问题，以及这个群体在中国的社会交往、日常生活等内容，并在此基础上探讨高丽人政治群体在元朝历史发展进程中的作用与影响。

一、研究的目的及意义

高丽(고려)王朝(918—1392)是朝鲜半岛历史上重要的政权之一，延续时段历经中国的五代、辽、宋、金、元、明(初期)等王朝，作为中国的邻国，高丽王朝与中国上述朝代都有不同程度的交往。高丽王朝受汉文化影响较大，自称“小中华”，崇拜唐朝的制度，在元朝以前是中国周边朝贡体系的重要成员。

蒙元王朝与高丽的关系比较特殊。元世祖忽必烈时代以前，蒙古大汗七次征伐高丽，迫使其臣服、纳质。忽必烈时期，元朝和高丽之间的关系逐步定型。一方面，高丽的内政外交受到元朝控制，高丽世子必须到元朝大都作为质子(秃鲁花)居住；另一方面，为了笼络高丽政权，元朝给高丽王封沈王，以公主嫁给高丽王为妻，高丽与元朝形成了亲戚关系，高丽王成为元朝皇室的驸马，高丽世子成为元朝皇帝的外甥。这种新型的元丽关系，已经突破了中国历史上的朝贡体制，实际上成为宗蕃关系。

与中国历史上的其他王朝相比，元丽关系有以下特征：其一，由于元朝与高丽的通婚，高丽王在中国的地位相比其他王朝大大提高，作为元朝的驸马，高丽王后来被封为沈王，掌征东行省，有较高的政治地位。同时，在元朝四个等级族群中，中国的高丽人也被划分为“汉人”群体，政治地位高于南人，这两种情况，在元朝以外的其他朝代是不可能出现的。

其二，元朝在提高高丽政治地位的同时，对高丽的控制也大大加强。元朝嫁到高丽的公主参与高丽政治决策，地位凌驾于高丽王之上，元朝还通过干涉高丽王位继承等手段控制高丽，甚至尝试在高丽设立行省，直接进行“中土化”统治。另外，元朝设立征伐日本的征东行省，迫使高丽参与对日本的征伐；元朝对高丽实行贡女、贡宦官制度；元朝还不定期向高丽索取物资，这些反映了元朝对高丽政治、经济控制的加强。不过，这些控制措施，总的来看，客观上密切了高丽与中国的关系，加强了元、丽之间的交流。其三，元朝时期，由于高丽与中国频繁的政治、经济和文化交流，两个政权之间的互动非常频繁。高丽每年向元朝派出大量的使臣，高丽王也经常亲自到大都和上都觐见元朝皇帝。高丽世子和身边大量的官员、陪臣，则长期生活在大都，一些人直接进入元朝宿卫组织。高丽向元朝贡宦官制度使元朝宫廷中高丽人的影响增加，高丽的贡女也大量分布在元朝宫廷，不少嫁给元朝权贵，对元朝政治产生影响。这种大量的高丽“元素”进入中国的结果，造成元丽双方对各自文化和价值观念的基本认同，从史料记载来看，高丽对中国文化和蒙古习俗的“受容”与元朝对高丽“物事”的喜好同时存在。

在元朝与高丽政权的互动过程中，有一个非常引人注目的政治群体——元代出仕中国的高丽人群体。这一群体通过不同方式仕宦于中国，其存在与蒙元政权相始终，该群体与元、丽双方都有密切的互动关系，在元朝与高丽政治、文化互动过程中非常活跃，对于元朝的政治走向和高丽的历史发展进程都产生了明显的影响。

在蒙元帝国对高丽进行征伐期间，以洪福源为代表的一些高丽地方武装势力归附蒙元政权，这些归附的地方武装势力得到类似中国北方世侯的待遇，受到蒙古统治者的信任。洪氏家族取得了管理移居中国高丽人的权力，这些人被编入洪氏统辖的军队，多次进入高丽参与平叛和征讨日本等军事行动。元朝出于对高丽政权制约的需要，洪福源家族在元世祖忽必烈时代得到信任，其后代洪茶丘是参与督促高丽征伐日本的主要人物，洪君祥也多次出访高丽，监督高丽政权，洪氏后代也得到较多仕宦机会。元世祖以后，洪氏家族仍然以辽阳行省为平台，与高丽政权抗衡，元武宗以后，随着高丽王地位和政治影响的提高，洪氏家族走向衰落。

随着元丽关系的稳定，高丽王在元朝地位上升，高丽对于元朝影响增强，出仕中国的高丽人群体随之迅速壮大。首先，高丽王和高丽世子的随从官员得到了较多的仕宦中国的机会，一些人被直接任命宿卫宫廷(进入元朝怯薛组织)，一些人则通过怯薛出职或荐举等途径，担任了元朝中央和地方的官员。高丽贡到元朝的宦官大多担任宫廷职务，一些人得到蒙古贵族和皇帝、皇后的信任，担任宣徽院使等宫廷重要职务。元仁宗延祐元年实行科举，高丽举人在通过征东行省的乡试以后，就可以到大都参加会试、殿试，成为元朝的进士。据学者研究，有10位高丽人考中了元朝的进士，并被授以官职。① 从中国和高丽同时期的文献记载来看，除了少数仕宦中国的高丽人有一些贪暴残虐以外，大部分在中国仕宦的高丽人能够尽职尽责，在不同岗位上做出较好的成绩，一些人还得到了中国士大夫的称赞。这些官员用他们的辛勤劳动为元朝政治和文化的发展做出了有益的贡献。

元代出仕中国的高丽人在政治上具有两面性，他们出仕元朝，忠于元朝政权，同时，在来中国以前他们一些人就是高丽的官员，回国以后绝大部分人还会在高丽任职，因此，尽管大部分人取了蒙古名字，他们在出仕中国的过程中，还是有较强的民族和国家意识，仕宦期间，他们会通过自己的方式维护高丽国家的独立和民族的利益，这从元代征东行省权力的争夺以及元朝试图设立三韩行省等事件上明显反映出来。虽然仕宦元朝，这些高丽人仍然对高丽王效忠。高丽人在元朝大都的政治活动非常活跃，他们反对元朝在高丽实行的不利于高丽发展的贡女制度、赋税制度，不赞成元朝干涉高丽内部事务，他们经常积极地与元朝高层沟通，阻止一些不利于高丽的统治政策。不过，出仕元朝成为一些高丽人权力和地位的护身符，尽管在中国时他们表现出强烈的民族和国家意识，一旦回高丽探亲或代表元朝出使高丽，一些人就会露出贪婪的本性，出现侮辱高丽地方官员、搜刮财富甚至对高丽王不敬的表现。

元代出仕中国的高丽人有比较丰富的人际交游网络，网络中有高丽人也有中国的官员和士大夫，其中在中国的高丽人是他们社会交往的中心，中国士大夫只是他们人际交游网络的外围。元朝末期，以高丽出身的皇后奇完者忽都为中心，在大都形成了较强的高丽人政治势力，该政治势力通过奇皇后之兄奇辙掌控征东行省，干涉高丽内政。高丽恭愍王王祺即位后奋起反抗，杀掉奇辙，导致元丽传统“甥舅”关系格局被打破，元朝失去对高丽的控制。随着奇皇后母子(包括元朝皇太子爱猷识理达腊)干涉高丽内政的失败，出仕中国的高丽政治精英退出中国。

中国和朝鲜半岛山水相连，自古就是关系密切的邻邦。前面已经说

① 裴淑姬:《元代科举中高丽进士的应举与授官》,《东洋史学研究》第104辑，2008年，第121~152页。

明，在蒙元帝国统治时代，高丽政权与中国的关系发生了重大的变化，这种变化已经大大超出朝贡关系的范畴。尽管蒙元政权持续仅仅一百余年的时间，但这一时期蒙古与高丽两个政权之间的互动与交融，对双方的文化和生活方式都产生了重大影响。元朝出仕中国的高丽人尽管入仕途径不同，但他们是高丽人之中的精英，他们的政治、文化活动不仅影响到元朝的政治和社会发展，也对整个高丽王朝的发展走向产生了重要影响。因此，探讨元朝高丽人在中国的仕宦情况和政治、文化活动，对于认识元朝时期中国与周边国家的关系、元朝蒙古统治对于外国政治精英的使用与包容以及元朝对于高丽政权的重大影响等问题，都具有重要学术意义。

二、前人研究成果综述

本书涉及元丽关系史、高丽史和蒙元史等多个领域，相关研究成果对于本书非常重要，需要进行全面梳理和评述。到目前为止，包括中国、韩国和日本学者在内的海内外学者，对于相关领域进行了全面研究，已经取得了丰厚的研究成果，下面对这些研究成果进行梳理和评述，以呈现本书研究的必要性和进一步研究的空间。

（一）关于元代高丽史的研究综述

元朝高丽史的研究取得了较大的成绩。较早开展这一领域研究的是日本学者，20世纪初，日本学者池内宏、青山公亮等发表过一些研究成果。① 20世纪五六十年代，日本学者有关元代高丽史的研究逐步增多，研究领域集中在蒙古对高丽的入侵、蒙古征讨日本（“蒙古来袭”）过程中高丽王朝的地位与作用以及元代高丽王的政治地位等方面。② 20世纪80年代以后至今，日本学者对于高丽的研究热度降温，成果不多，主要关注元朝统治高丽的政策以及元丽之间的文化交流，森平雅彦有研究元丽关系的

① 主要有：池内宏《元寇的新研究》（东洋文库，1931年）、池内宏《在高丽的元代行省》（《东洋学报》第20卷第3号，1933年）、青山公亮《日元间的高丽》（《史学杂志》第32编第8、9号，1921年）等。

② 主要研究有：山口修《蒙古军的高丽入侵》（《熊本大学法政论文》9，1957年）、川添昭二《蒙古来袭研究史论》（日本雄山阁，1977年）、北村秀人《在高丽的征东行省》（《朝鲜学报》第32辑，1964年）、北村秀人《关于高丽时代沈王的考察》（《人文研究》第24卷第10分册，1972年）等。

系列论文[①]，板仓圣哲主要研究元丽之间的艺术交流[②]。

韩国学者在收集和整理元丽史料的基础上，有关元代高丽史、元丽关系的研究成果较多。史料整理方面张东翼《元代丽史资料集录》全面收集了元朝时期中国传世文献中有关高丽的史料记载，为高丽学者使用中国史料提供了方便。[③] 李玠奭《〈高丽史〉元宗・忠烈王・忠宣王世家中元朝关系纪事的注释研究》(韩文)对于《高丽史》中有关元朝时期的纪事进行了注释和详细解读。[④] 金渭显《〈高丽史〉中中韩关系史料汇编》对于《高丽史》中有关元丽关系、元代高丽史等内容进行摘录，并按照时间顺序进行汇编，为学界使用《高丽史》提供了方便。[⑤]

相关研究成果方面，现择要论述如下：金庠基《新编高丽时代史》[⑥]和卢启铉《高丽外交史》[⑦]是全面论述高丽史和高丽外交史的较早的学术专著，其中都有相关元朝高丽史和元丽关系的内容。李玠奭的韩文论著《高丽—大元关系研究》是近年来一部研究元朝与高丽关系的学术专著，该书从五个方面考察了元丽关系，第一章考察丽蒙兄弟盟约与初期丽蒙关系的性格；第二章考察蒙古军队的进驻与内属国体制的容纳；第三章考察丽蒙通婚关系的成立与高丽内部的蒙古权力机关；第四章考察蒙古帝国内的高丽人与丽蒙关系；第五章考察蒙古对高丽边境统治与高丽内的蒙古人、蒙古文化。[⑧] 书中收集了中韩传世材料和高丽墓志材料，吸收了中国、日本和欧洲的研究成果，表现出较高的学术水平。

韩国相关学术论文数量比较可观，金九镇《元代辽阳地方的高丽居民》考察了元代辽阳行省高丽移民的情况。[⑨] 金九镇《丽元领土归属问题的纷争——元代高丽本土与东宁府、双城总管府和耽罗总管府的争夺》考察

---

① 森平雅彦发表多篇论文，如《元代高丽的站赤》(《史渊》第 141 辑，2004 年)、《元代怯薛制度与高丽王家——高丽与元朝关系中秃鲁花的意义》(《史学杂志》第 110 编第 2 号，2001 年)、《〈宾王录〉所见至元十年遣元高丽使臣》(《东洋史研究》第 63 卷 2 号，2004 年)等。

② 板仓圣哲：《高丽、朝鲜王朝前期的山水画与宫廷收藏》，《美术史研究集刊》第 44 期，2018 年。文中考察了元朝时期高丽国王、随从士人与元朝艺术家的交游。

③ 张东翼：《元代丽史资料集录》，首尔大学校出版部，1997 年。

④ 李玠奭：《〈高丽史〉元宗・忠烈王・忠宣王世家中元朝关系纪事的注释研究》，《东洋史学研究》总 88 期，2004 年。

⑤ 金渭显：《〈高丽史〉中中韩关系史料汇编》，台湾食货出版社，1983 年。

⑥ 金庠基：《新编高丽时代史》，韩国东国文化社，1961 年。

⑦ 卢启铉：《高丽外交史》，甲寅出版社，1994 年。

⑧ 李玠奭：《高丽—大元关系研究》，韩国知识产业出版社，2013 年。

⑨ 金九镇：《元代辽阳地方的高丽居民》，《李元淳教授毕甲纪年史学论丛》，韩国知识产业出版社，1986 年。

了高丽与元朝有关边界领土争夺的问题。① 李益柱《高丽与元朝关系建构研究——以世祖旧制为中心》考察了高丽与元朝关系的建构与特征。② 高柄翊《蒙古高丽兄弟盟约的性格》考察了蒙古征伐高丽之初，蒙古将领与高丽将领盟约及其影响。③ 金慧苑《丽元王室通婚的成立及特征》考察了高丽王室与元朝公主之间通婚的形成以及对元丽关系产生的影响。④ 金庠基《李益斋的在元生涯：忠宣王侍臣研究》考察了李齐贤在元朝的活动以及与高丽忠宣王的关系。⑤ 周采赫《元万卷堂的设立与高丽儒者》考察了高丽忠宣王王璋在大都设立万卷堂与大都士人交游的情况。⑥ 李玠奭《丽蒙兄弟盟约与丽蒙关系的史料检讨》通过史料辩证，论述了高丽与蒙古兄弟盟约的真实性以及对以后元丽关系的影响。⑦ 李玠奭《元朝宫廷高丽宦官与元丽关系》考察了元朝对高丽宦官的任用，高丽宦官在元朝宫廷的角色，高丽宦官对元朝政治决策的影响以及对元丽关系的塑造。⑧ 裴淑姬的《元代科举制下高丽进士的应举与授官》，考察了元代高丽进士赴中国参加会试以及高丽进士授官与仕宦情况。⑨ 张东翼《1269 年大蒙古国中书省牒文及日本的对应》一文，根据日本京都大学图书馆收录的元代文书，论述了这一时期高丽、日本与元朝(蒙古)的关系。⑩ 郑锡元《高丽对蒙古文化的“受容”与排斥——以“蒙古风”在高丽兴衰为例》探讨了高丽元宗到忠定王九十余年间，高丽王室和上层官僚盛行的以胡服和辫发为代表的“蒙古风”流行的过程，分析了蒙古文化对高丽的影响。⑪ 韩国学者朴现圭《高丽伊斯兰教徒剌马丹》一文，通过广州新发现的剌马丹的墓碑，考察了元代

---

① 金九镇：《丽元领土归属问题的纷争——元代高丽本土与东宁府、双城总管府和耽罗总管府的争夺》，《国史馆论丛》第 7 卷，第 72 页。

② 李益柱：《高丽与元朝关系建构研究——以世祖旧制为中心》，《韩国史论》第 36 卷，第 19 页。

③ 高柄翊：《蒙古高丽兄弟盟约的性格》，《白山学报》第 6 期，1969 年。

④ 金慧苑：《丽元王室通婚的成立及特征》，《梨大史苑》24、25 合期，1989 年。

⑤ 金庠基：《李益斋的在元生涯：忠宣王侍臣研究》，《大同文化研究》第 1 辑，1964 年。

⑥ 周采赫：《元万卷堂的设立与高丽儒者》，《孙宝基博士停年纪念韩国史学论》，韩国知识产业出版社，1988 年。

⑦ 李玠奭：《丽蒙兄弟盟约与丽蒙关系的史料检讨》，《大丘史学》第 101 卷，2010 年。

⑧ 李玠奭：《元朝宫廷高丽宦官与元丽关系》，《东洋史学研究》第 113 辑，2010 年，第 143~170 页。

⑨ 裴淑姬：《元代科举制下高丽进士的应举与授官》，《东洋史学研究》第 104 辑，2008 年，第 121~154 页。

⑩ 张东翼：《1269 年大蒙古国中书省牒文及日本的对应》，《史学杂志》第 114 编第 8 号，2005 年。

⑪ 郑锡元：《高丽对蒙古文化的“受容”与排斥——以“蒙古风”在高丽兴衰为例》，《贵州民族学院学报》2011 年第 3 期。

高丽人剌马丹入仕元朝，死后葬在广州的情况。① 闵泳珪《元高丽俗讲僧》考察了元代高丽僧人传播宗教知识的问题。② 高慧玲《元代士大夫的交游——以稼亭李穀为中心》，考察了李穀在元朝的交游情况。③ 尹银淑从元明之际北元与明朝在辽东半岛争夺的角度，探讨这一时期高丽与北元和明朝的互动情况。④ 文美振《韩国“高丽·朝鲜”时期的华人汉语教师》，对于中国与朝鲜半岛在汉语语文教育方面的交流进行了考察。⑤

从以上韩国学者的研究来看，他们关注的问题主要集中在高丽对丽元关系的认识，元丽之间的边界问题的争夺，移民中国的高丽人去向，高丽王室与蒙古朝廷的通婚，元朝在中国的高丽人的情况，元朝与高丽之间的文化互动等。对于本书研究的元代高丽人在中国的仕宦问题，韩国学者李玠奭等在其论著的第四章涉及这个问题。另外，韩国学者对于高丽宦官以及高丽名臣李齐贤、李穀等重要人物的研究也有所涉及。

欧美学者对高丽与元朝的关系也有关注，特别是高丽恭愍王以后的元丽关系。美国学者鲁大维(David M. Robinson)的《国际语境下的高丽晚期外交再思考》对于元明过渡之际(恭愍王以后)的元丽关系进行了研究，考察了元帝国崩溃和明帝国建立之际，高丽维护国家独立、国家利益和重塑国家形象的过程。⑥

中国台湾学者主要从政治、国际关系和文化艺术的角度研究元丽关系。萧启庆《元丽关系中的王室婚姻与强权政治》考察了元朝公主与高丽国王的通婚制度，对元朝公主在高丽的权力、地位以及高丽王室的蒙古化等问题进行了深入的探讨。⑦ 简锦松《高丽诗人李齐贤成都纪行诗词现地研究》考察了李齐贤 1316 年奉高丽忠宣王之命，赴四川峨眉山降香的行程、诗词以及行进路线。⑧ 张登及、金世勋《朝贡体系下中小国家的避险

---

① 朴现圭：《高丽伊斯兰教徒剌马丹》，《海交史研究》2006 年第 2 期。

② 闵泳珪：《元高丽俗讲僧》，《中韩关系史国家研讨会论文集》，韩国史研究会，1983 年。

③ 高慧玲：《元代士大夫的交游——以稼亭李穀为中心》，《第三届韩国传统文化国家学术研讨会论文集》，山东大学出版社，1999 年。

④ 尹银淑：《北元与明朝在辽东争夺中的高丽王朝》，《东洋史学研究》第 105 辑，2008 年。

⑤ 文美振：《韩国“高丽·朝鲜”时期的华人汉语教师》，《暨南大学华文学院学报》2005 年第 2 期。

⑥ David M. Robinson(鲁大维)：《国际语境下的高丽晚期外交再思考》，徐芳芳、舒健译，《元史及民族与边疆研究集刊》第 37 辑，上海古籍出版社，2019 年。

⑦ 萧启庆：《元丽关系中的王室婚姻与强权政治》，《元代史新探》，台湾新文丰出版公司，1983 年。

⑧ 简锦松：《高丽诗人李齐贤成都纪行诗词现地研究》，台湾《汉学研究》第 32 卷第 4 期，2014 年。

行为：朝鲜半岛的两个历史案例初探》考察了辽朝与北宋并立期间以及明末与后金对峙期间高丽（朝鲜）政权在处理与中国关系过程中的避险行为。[①] 廖美玉《海外传衣钵：李穑〈牧隐诗稿〉的唐诗接受与物候感知》从文学角度考察了李穑的诗歌成就，并在此基础上探讨了李穑的文学成就对中国文化在三韩的发扬与建构的学术意义。[②] 中国台湾学者的相关研究涵盖元丽政治、国家关系和文化交流等方面，数量不多，内容分散，尚没有系统性的学术研究成果。

中国大陆学者有关元朝与高丽的综合研究成果较多，研究涵盖领域广泛，是这一领域研究的主要力量。20 世纪末迄今，中国大陆学者发表的相关论著和论文数量逐年增加，质量也有明显的提升。其中既有通论性专著，也有专门研究某一领域的学术论著以及数量众多的学术论文、学位论文，其研究内容涵盖元丽关系的各个方面，如政治、军事、经济、社会和文化等。尽管其中一些研究成果学术水平不高，重复研究的情况也有表现，不过，研究成果多，涉及面广，其学术贡献也最大。

就近年出版的相关研究专著来看，国内一些中朝（韩）关系史的专著，涉及元朝和高丽的关系。如杨昭全、何彤梅《中国—朝鲜·韩国关系史》（上、下）有“元与高丽的关系”专章，论述元朝与高丽政治、经济、文化关系和人员往来。[③] 王小甫、徐万民、宋有成《中韩关系史》的《古代部分》的第八章“蒙元与高丽的关系”，论述了元朝各阶段的元丽关系和人员往来与文化交流。[④] 白新良主编《中朝关系史：明清时期》对于元丽关系有追述的内容。[⑤] 这些研究专著，大多从宏观方面论述元丽关系，对于一些具体问题的探讨并不深入，不过其为元丽关系的进一步研究奠定了基础。下面从不同侧面对这些研究进行综述。

首先从政治、军事和元丽关系方面来看，郝时远《蒙古东征高丽概述》考察了大蒙古国时期蒙古对高丽的征伐情况。[⑥] 王颋的专著《圣王肇业——韩中日交涉史考》对高丽民族的起源、高丽忠宣王的流放、元顺帝

---

① 张登及、金世勋：《朝贡体系下中小国家的避险行为：朝鲜半岛的两个历史案例初探》，《政治学报》第 63 期，2017 年。

② 廖美玉：《海外传衣钵：李穑〈牧隐诗稿〉的唐诗接受与物候感知》，《人文中国学报》第 20 期，2014 年。

③ 杨昭全、何彤梅：《中国—朝鲜·韩国关系史》（上、下），天津人民出版社，2001 年。

④ 王小甫、徐万民、宋有成：《中韩关系史》，社会科学文献出版社，2014 年。

⑤ 白新良：《中朝关系史：明清时期》，世界知识出版社，2002 年。

⑥ 郝时远：《蒙古东征高丽概述》，《蒙古史研究》第二辑，内蒙古人民出版社，1986 年。

奇皇后等问题进行了考察。① 王颋、倪尚明《高丽忠宣王西谪吐蕃事件再析》通过梳理史料分析了高丽忠宣王被流放西藏的原因，认为由于他试图维护高丽独立的"个性"而被元朝调离大都。② 刘迎胜《下层民众眼中的蒙、宋与高丽》通过南宋修《开庆四明志》中有关高丽的两份材料的分析，考察了史料涉及的人物及制度以及南宋对于蒙古与高丽的认识。③ 乌云高娃的学术专著《元朝与高丽关系研究》，对蒙古和元朝时期高丽与中国和战、高丽与元朝征伐日本的关系、元朝与高丽王室的联姻以及元朝与高丽交往中的译者等问题进行了全面的探讨。④ 乌云高娃《高丽与蒙古的接触及双方征战》论述了从成吉思汗到元宪宗蒙哥统治期间，蒙古征伐高丽的情况。⑤ 乌云高娃《高丽忠烈王及随行人员在元朝的活动》考察了高丽忠烈王与元朝的密切互动过程，对随行大臣赵仁规、康允绍、柳清臣、方臣祐等人的政治活动，也进行了论述。⑥ 张岱玉《〈元史〉高丽驸马王封王史料考辨》，通过《元史》与《高丽史》的对读，分析了《元史·诸王表》中关于这方面记载的特征，订正了一些错误。⑦ 陈得芝《忽必烈的高丽政策与元丽关系的转折点》论述了从大蒙古国到元朝的蒙元政权对高丽政策的变化。⑧ 李春圆《1260年前后蒙丽关系转折补论——以高丽〈张学士书〉为线索》通过典型史料的分析，指出蒙古和高丽由战到和的转折点不是王倎(高丽元宗)的继位，而是王僖(高丽永安公)出使蒙古的成功。文章还论述了忽必烈时期蒙古与高丽的"东蕃关系"与传统朝贡关系的差别。⑨ 薛磊《论忽必烈时期元日关系中高丽王朝的态度》考察了高丽政权对于元朝征伐日本态度的变化，认为高丽元宗时期担心蒙古军队进入高丽以及日本的入侵，反对元朝征伐日本；高丽忠烈王时期高丽为了消灭倭寇，全面支持元朝攻伐日本的战争。⑩ 薛磊《元朝与高丽政治关系中的重要人

---

① 王颋：《圣王肇业——中日韩交涉史考》，学林出版社，1998年。

② 王颋、倪尚明：《高丽忠宣王西谪吐蕃事件再析》，《华中师范大学学报》2016年第2期。

③ 刘迎胜：《下层民众眼中的蒙、宋与高丽》，《元史及民族与边疆研究集刊》第二十九辑，上海古籍出版社，2015年。

④ 乌云高娃：《元朝与高丽关系研究》，兰州大学出版社，2012年。

⑤ 乌云高娃：《高丽与蒙古的接触及双方征战》，《内蒙古民族大学学报》2016年第3期。

⑥ 乌云高娃：《高丽忠烈王及随行人员在元朝的活动》，《中国史研究》2016年第3期。

⑦ 张岱玉：《〈元史〉高丽驸马王封王史料考辨》，《内蒙古社会科学》2005年第5期。

⑧ 陈得芝：《忽必烈的高丽政策与元丽关系的转折点》，《元史及民族与边疆研究集刊》第二十四辑，上海古籍出版社，2012年。

⑨ 李春圆：《1260年前后蒙丽关系转折补论——以高丽〈张学士书〉为线索》，《元史及民族与边疆研究辑刊》第三十三辑，上海古籍出版社，2017年。

⑩ 薛磊：《论忽必烈时期元日关系中高丽王朝的态度》，《内蒙古社会科学》2002年第2期。

物——高丽忠宣王王璋》，对高丽忠宣王王璋在元朝的活动和命运进行了比较深入的探讨。① 常大群《高丽入元太子与丽元文化交流》考察了以质子方式入元的高丽世子的情况及其影响。② 薛磊《元代征东行省新论》考察了元代征东行省的三种不同的形态：征伐型、常设型和增置型，论述了征东行省与元朝对高丽控制的关系。③ 宋炯《元代的征东行省》，考察了元代征东行省的建立及发展过程。④ 喜蕾《元代高丽贡宦制度与高丽宦官势力》，考察了元朝时期高丽宦官入元的情况以及他们在元朝宫廷的表现与政治活动。⑤ 舒健《蒙元时期高丽来华使臣接待考述》，考察了元代高丽使臣来华的情况以及元政府的接待礼仪。⑥ 舒健《〈马可波罗行纪〉与高丽史料对勘三则》，通过对马可波罗和欧洲传教士(柏朗嘉宾)关于高丽的记载与高丽史料(《高丽史》)对勘，探讨了其中关于欧洲人对高丽的印象、《高丽史》中记载乃颜之乱的时间以及元大都的建筑布局等问题。⑦ 陈卓、魏志江的《〈高丽史〉与〈高丽史节要〉编撰体例、内容与史学思想之比较》对有关高丽历史的这两部主要史籍的编撰体例、内容与书写方式进行了考察，论证了这两部史籍以高丽国王为中心的书写方式与以士大夫为中心的书写方式的区别，分析了朝鲜时代的王权与“臣权”的政治博弈。⑧ 刘中玉《蒙元等级体制下高丽待遇之争》，考察了元代高丽人的政治地位以及他们为了提高自己政治地位而进行的努力。⑨ 孙红梅《高丽忠烈王如元与元丽关系》⑩以及苗威《高丽忠烈王在中国》⑪等论文，考察了高丽忠烈王在中国的活动以及对元丽关系的影响。金春《丽元通婚外交研究》通过对高丽与元朝政治婚姻的考察，论述了双方通婚外交的背景、经过及其意义。⑫ 李相楠《论蒙古的入侵和干涉对高丽社会的影响》分析了蒙古入侵和元朝干涉对

---

① 薛磊：《元朝与高丽政治关系中的重要人物——高丽忠宣王王璋》，《内蒙古社会科学》2004年第3期。

② 常大群：《高丽入元太子与丽元文化交流》，《山东师范大学学报》2001年第4期。

③ 薛磊：《元代征东行省新论》，《内蒙古社会科学》2008年第3期。

④ 宋炯：《元代的征东行省》，《广西社会科学》2002年第5期。

⑤ 喜蕾：《元代高丽贡宦制度与高丽宦官势力》，《内蒙古社会科学》2002年第3期。

⑥ 舒健：《蒙元时期高丽来华使臣接待考述》，《甘肃社会科学》2010年第5期。

⑦ 舒健：《〈马可波罗行纪〉与高丽史料对勘三则》，《元史及民族与边疆研究集刊》第三十一辑，上海古籍出版社，2016年。

⑧ 陈卓、魏志江：《〈高丽史〉与〈高丽史节要〉编撰体例、内容与史学思想之比较》，《元史及民族与边疆研究集刊》第四十一辑，上海古籍出版社，2020年。

⑨ 刘中玉：《蒙元等级体制下高丽待遇之争》，《朝鲜·韩国历史研究》第十一辑。

⑩ 孙红梅：《高丽忠烈王如元与元丽关系》，《内蒙古大学学报》2012年第3期。

⑪ 苗威：《高丽忠烈王在中国》，《东疆学刊》2000年第2期。

⑫ 金春：《丽元通婚外交研究》，《延边大学学报》2014年第5期。

高丽社会的影响。① 张建松《蒙元对高丽的控制与干涉》论述了蒙古对高丽的征讨和政治控制对元丽关系的影响。② 李梅花《试论奇皇后对元末元丽政治关系的影响》考察了元末奇皇后政治集团对于高丽的干涉及其对元丽关系的影响。③ 胡家其、李玉昆《偰玉立在泉州的史迹与偰氏家族在高丽、朝鲜》探讨了泉州色目人偰氏发展情况和元末归化高丽的元朝官员偰百僚(逊)及其后人的情况。④ 姜维东《元朝控制高丽政略考》考察了元朝控制高丽的方式与特征。⑤ 郑红英《试论高丽恭愍王的即位与改革背景》考察了高丽恭愍王王祺为摆脱元朝控制进行的政治改革及其影响。⑥ 舒健《党争、谣言及倭寇——元明易代与高丽政局变化背后的几点原因》从上述三个方面考察了这一时期高丽在元、明帝国之间的选择。⑦

从经济方面来看，中国学者研究了元代高丽与元朝之间的官方和民间贸易，对于高丽商品在中国的流通与影响也进行了关注。陈高华《从〈老乞大〉〈朴通事〉看元与高丽的经济文化交流》通过对元末史料《老乞大》和《朴通事》的梳理和分析，论述了元朝与高丽的经济、文化交流情况。⑧ 张雪慧《试论元代中国与高丽的贸易》，考察了元丽之间经过陆路和海路进行的官方和民间贸易，对于贸易的主要商品及其贸易的具体方式进行了考察。⑨ 王政《元明戏曲中的"高丽"事象考》，通过对元明戏曲中出现的"高丽毛施布、高丽席、高丽女、高丽磨衲"等名称的梳理，考察了元代高丽商品和高丽文化的流行情况，从一个侧面透视了元丽之间贸易往来十分兴盛的历史影像。⑩ 阳运驰《高丽入蒙元人员沿途状况探讨》对高丽与元朝的交通情况进行了考察。⑪ 田俊迁《蒙元时期蒙古与高丽的经济、文化交流

① 李相楠：《论蒙古的入侵和干涉对高丽社会的影响》，《考试周刊》2013 年第 24 期。

② 张建松：《蒙元对高丽的控制与干涉》，《华北水利电力大学学报》2014 年第 1 期。

③ 李梅花：《试论奇皇后对元末元丽政治关系的影响》，《内蒙古大学学报》2008 年第 3 期。

④ 胡家其、李玉昆：《偰玉立在泉州的史迹与偰氏家族在高丽、朝鲜》，《海交史研究》2007 年第 1 期。

⑤ 姜维东：《元朝控制高丽政略考》，《赤峰学院学报》2011 年第 2 期。

⑥ 郑红英：《试论高丽恭愍王的即位与改革背景》，《吉林广播电视大学学报》2010 年第 2 期。

⑦ 舒健：《党争、谣言及倭寇——元明易代与高丽政局变化背后的几点原因》，李治安主编《庆祝蔡美彪教授九十华诞元史论文集》，中国社会科学出版社，2019 年，第 511~520 页。

⑧ 陈高华：《从〈老乞大〉〈朴通事〉看元与高丽的经济文化交流》，《历史研究》1995 年第 3 期。

⑨ 张雪慧：《试论元代中国与高丽的贸易》，《中国社会经济史研究》2003 年第 3 期。

⑩ 王政：《元明戏曲中的"高丽"事象考》，《东疆学刊》2011 年第 2 期。

⑪ 阳运驰：《高丽入蒙元人员沿途状况探讨》，《民间文化》2018 年第 6 期。

和民族融合》考察了蒙元时期元丽双方在经济方面的交流情况和民族融合的特征。① 崔菊华《元代山东与高丽的贸易》论述了元代山东地区与高丽的贸易情况。②

从社会生活方面来看，元代大量高丽人来到中国，除了高丽使臣、随行人员、游士、僧、道以外，早期战争中的大量高丽移民和高丽来中国的贡女、宦官等，成为国内学术界关注的重要问题。关于高丽贡女的研究，喜蕾发表了学术专著《元代高丽贡女制度研究》和一系列论文，全面探讨了元代高丽贡女制度的形成与发展、高丽贡女与元朝宫廷、高丽贡女与元代社会以及高丽贡女的政治文化影响等问题。③ 关于元(蒙古)丽初期战争中来中国的高丽移民，王崇时《元代入居中国的高丽人》通过对大蒙古国和元朝政权对投降高丽人的安置问题的考察，论述了中国辽阳一带的高丽人的数量、分布以及对元朝与高丽关系的影响。④ 吴松弟《蒙(元)时期朝鲜半岛对中国的移民》考察了蒙元时期移民中国高丽人的数量和分布，推测至少有二三十万人口迁入中国，其分布地域主要在辽东、大都和大同等地。⑤ 杨晓春《13—14世纪辽阳、沈阳地区高丽移民研究》探讨了大蒙古国时期高丽降民进入辽阳、沈阳地区的过程，分析了元末明初辽沈地区高丽移民的三种动向：迁回高丽、留居辽东、迁往扬州。⑥ 张建松《元明之际高丽境内中国移民考察》考察了元末大量中国人移居高丽的情况以及明朝与高丽关于人口的争夺。⑦ 关于元朝中国与高丽通婚的问题，马娟《元代色目高丽通婚举例》对元代高丽人与色目人之间通婚的情况进行了探讨。⑧ 喜蕾《元代高丽贡女与蒙古族以外的其他民族通婚状况考述》，全面考察了高丽贡女与汉族、色目等民族的通婚情况。⑨ 喜蕾《从高丽文献看元代的回回人》对于《高丽史》等高丽文献记载的“回回”人进行了全面检

---

① 田俊迁：《蒙元时期蒙古与高丽的经济、文化交流和民族融合》，《甘肃社会科学》2001年第6期。

② 崔菊华：《元代山东与高丽的贸易》，《沧桑》2011年第1期。

③ 喜蕾：《元代贡女制度研究》，民族出版社，2003年。

④ 王崇时：《元代入居中国的高丽人》，《东北师大学报》1991年第6期。

⑤ 吴松弟：《蒙(元)时期朝鲜半岛对中国的移民》，《韩国研究论丛》第二辑，上海人民出版社，1996年。

⑥ 杨晓春：《13—14世纪辽阳、沈阳地区高丽移民研究》，《中国边疆史地研究》2007年第1期。

⑦ 张建松：《元明之际高丽境内中国移民考察》，《中州学刊》2014年第6期。

⑧ 马娟：《元代色目高丽通婚举例》，《宁夏社会科学》2002年第5期。

⑨ 喜蕾：《元代高丽贡女与蒙古族以外的其他民族通婚状况考述》，《西北民族研究》2002年第3期。

索，并论述了“回回”人在高丽的政治活动以及高丽人对于“回回”的看法。① 喜蕾、特木尔·巴格那《元代高丽贡女制度与其政治文化背景》探讨了元朝和高丽政治、文化和婚姻制度与贡女制度的关系。② 喜蕾《元朝宫廷中的高丽贡女》考察了元代宫廷中高丽女性的生活情况以及她们对于元丽关系的影响。③ 崔鲜香《高丽女性在高丽与蒙元关系中的作用》考察了元朝进入中国的高丽女性对元丽关系和双方文化交流的影响，认为进入中国的高丽女性通过与元朝权贵的通婚，对元朝官员施加影响，密切元丽关系；她们还通过音乐、茶道、服饰、舞蹈、烹饪等，影响元朝的社会生活，促进双方的文化交流。④ 崔鲜香《试论元朝公主在元朝与高丽文化交流中的作用》考察了嫁到高丽的元朝公主在日常生活和回国省亲的活动中对于元丽之间的文化交流所发挥的作用。⑤ 丛沛远《元代辽阳行省境内的契丹、高丽、色目与蒙古》，考察了元代辽阳行省范围内包括高丽在内的诸民族及其互动情况。⑥

从文化方面来看，国内学者主要从文学、宗教、艺术方面探讨元丽之间的文化交流。陈高华《元朝与高丽的文化交流》通过在韩国发现的《老乞大》、李齐贤的画像、《混一疆里历代国都之图》，论述了元朝时期中国与高丽的文化交流。⑦ 王颋《14 世纪高丽僧人惠勤行迹考》通过高丽僧人惠勤旅居中国及其与中国僧人的交游，探讨了其成名的过程和对朝鲜半岛佛教的影响。⑧ 张言梦《元代来华高丽僧人考述》考察了元代来到中国的高丽僧人的类型及其活动，探讨了高丽僧人对元朝宗教服务的贡献及宗教文化交流。⑨ 桂栖鹏《入元高丽僧人考略》考察了进入元朝的三十一位僧人的基本情况，肯定了僧人对元丽文化交流的贡献。⑩ 乌云高娃《高丽与元朝政治联姻及文化交流》考察了元朝与高丽政治联姻的背景之下双方文化交流

① 喜蕾：《从高丽文献看元代的回回人》，《内蒙古大学学报》2006 年第 4 期。
② 喜蕾、特木尔·巴格那：《元代高丽贡女制度与其政治文化背景》，《内蒙古社会科学》2003 年第 5 期。
③ 喜蕾：《元朝宫廷中的高丽贡女》，《内蒙古大学学报》2001 年第 3 期。
④ 崔鲜香：《高丽女性在高丽与蒙元关系中的作用》，《内蒙古大学学报》2010 年第 1 期。
⑤ 崔鲜香：《试论元朝公主在元朝与高丽文化交流中的作用》，《山东女子学院学报》2018 年第 5 期。
⑥ 丛沛远：《元代辽阳行省境内的契丹、高丽、色目与蒙古》，《史学集刊》1993 年第 1 期。
⑦ 陈高华：《元朝与高丽的文化交流》，《韩国研究论丛》第十九辑。
⑧ 王颋：《14 世纪高丽僧人惠勤行迹考》，《佛学研究》2002 年卷。
⑨ 张言梦：《元代来华高丽僧人考述》，《内蒙古社会科学》1999 年第 4 期。
⑩ 桂栖鹏：《入元高丽僧人考略》，《西北师大学报》2001 年第 2 期。

的具体表现与传播渠道。① 姜剑云、张静钰《元代高丽“燕行录”研究评议》对元代高丽使臣研究情况及高丽燕行录的文献价值进行了综述。② 孙卫国《朝鲜王朝官修〈高丽史〉对元东征日本的历史书写》通过对相关史料的文本分析，论述了《高丽史》在东征日本问题上历史书写的特征。③ 王子怡《“宫衣新尚高丽样”——元朝大都服饰的“高丽风”研究》通过对元末大都“高丽风”流行的考察，探讨了元丽双方的文化交流和高丽文化对元朝的影响。④ 竺小恩《元丽“舅甥之好”与服饰文化交流》论述了蒙元服饰对高丽服饰的影响。⑤ 何永波《从李齐贤诗中人名运用透视其在华创作的心路历程》从高丽士人李齐贤诗中使用的人名典故入手，分析了其在中国的政治态度和文学历程。⑥ 常大群《高丽入元太子与丽元文化交流》考察了元代高丽世子入元和回国继位对于元丽文化交流的推动，指出除了高丽世子以外，其随行的大批官员、学者、医生和各种人才来往于元丽之间，对高丽的文化习俗产生了重要影响。⑦ 吴明微《高丽向元朝人口迁移中的音乐文化交流》考察了元代高丽从贵族到一般百姓大量迁居中国，带来了高丽音乐文化在中国的传播，促进了双方文化交流。⑧ 陶然《论宗藩体系下元丽文学交流的新格局》考察了元与高丽特殊的宗藩关系背景之下的主要文学作品和优秀作家，分析了中国文学对高丽文学的影响，文章指出，高丽文学由仿效唐朝的华靡，转变为模仿白居易诗歌的闲适，再到对苏轼的追捧，这种由唐风到宋韵的嬗变，折射了元丽宗藩体制对高丽文学的影响。⑨ 陈博涵《李穀、李穑父子仕元及其诗歌创作倾向》通过李穀父子与元大都留恋和游离等复杂关系，探讨了其诗歌创作的主要语境以及

---

① 乌云高娃：《高丽与元朝政治联姻及文化交流》，《暨南学报》2016 年 10 月。

② 姜剑云、张静钰：《元代高丽“燕行录”研究评议》，《沈阳师范大学学报》2018 年第 3 期。

③ 孙卫国：《朝鲜王朝官修〈高丽史〉对元东征日本的历史书写》，《古代文明》第 11 卷第 4 期，2017 年。

④ 王子怡：《“宫衣新尚高丽样”——元朝大都服饰的“高丽风”研究》，《艺术设计研究》2012 年第 3 期。

⑤ 竺小恩：《元丽“舅甥之好”与服饰文化交流》，《浙江纺织服装职业技术学院学报》2014 年第 2 期。

⑥ 何永波：《从李齐贤诗中人名运用透视其在华创作的心路历程》，《延边大学学报》2009 年第 3 期。

⑦ 常大群：《高丽入元太子与丽元文化交流》，《山东师大学报》2001 年第 4 期。

⑧ 吴明微：《高丽向元朝人口迁移中的音乐文化交流》，《福建师范大学学报》2015 年第 5 期。

⑨ 陶然：《论宗藩体系下元丽文学交流的新格局》，《浙江大学学报》2011 年第 5 期。

对朝鲜半岛文学发展的贡献。① 吴光旭《略论高丽儒臣李穑汉诗中的忧国忧民之情怀》论述了高丽诗人李穑汉文诗歌的内容与表现特征。② 刘刚《试论李齐贤对朱子学在高丽传播和发展的贡献》考察了李齐贤在元朝期间与中国学者交流和研究朱子学、回国教育子弟、传播朱子学的情况。③ 梁旭《由李齐贤〈奉使录〉中的诗作看其元代中国观》通过李齐贤出使元朝期间写的诗，考察他对元朝的认识和他对元朝统治的态度。④ 张建松《高丽境内的元丽教育文化交流》考察了元朝派到高丽的征东行省儒学提举司官员、王京儒学教授等对于高丽教育的贡献，以及高丽官方和民间聘请的中国士人在高丽开展汉语教育的情况。⑤ 姜剑云《儒释相非久，谁知我独亲——略说高丽大儒李穑之亲佛》考察了李穑与佛教的交游及其佛教思想。⑥

从以上日本、韩国、中国学者关于元代高丽史研究的成果可以看出，尽管在研究方法和研究取向方面各有千秋，不过，关于这一课题的研究成果确实已经非常丰富。这些研究成果集中在元朝对高丽的征伐、元朝对高丽的统治政策、高丽王的权力与政治活动、高丽与元朝的人员往来、高丽与蒙古色目的通婚、高丽贡女制度、东北的高丽移民、高丽文学的特征、高丽和元朝之间的商品贸易与经济交流等。

（二）与本书有关的研究成果综述

相对于前面论述的几个研究领域而言，中国、韩国和日本等学术界对于元代出仕中国高丽人群体的研究则显得比较薄弱，除了韩国李玠奭和中国尚衍斌、达力扎布、于磊、舒健、徐付等学者以外，学术界对这一课题关注不多，发表的研究成果也比较有限。李玠奭的研究成果前面已经述及，下文主要就国内学者的相关研究进行综述。

王崇时的《元代入居中国的高丽人》是较早涉及这一问题的研究成果，

---

① 陈博涵：《李穀、李穑父子仕元及其诗歌创作倾向》，《民族文学研究》2022 年第 1 期。

② 吴光旭：《略论高丽儒臣李穑汉诗中的忧国忧民之情怀》，《中国科教创新导刊》2014 年第 5 期。

③ 刘刚：《试论李齐贤对朱子学在高丽传播和发展的贡献》，《大庆社会科学》2013 年第 6 期。

④ 梁旭：《由李齐贤〈奉使录〉中的诗作看其元代中国观》，《阴山学刊》2013 年第 6 期。

⑤ 张建松：《高丽境内的元丽教育文化交流》，《元史及民族与边疆研究集刊》第 36 辑，上海古籍出版社，2018 年。

⑥ 姜剑云：《儒释相非久，谁知我独亲——略说高丽大儒李穑之亲佛》，《兰州学刊》2015 年第 11 期。

文章考察了蒙元时期高丽人来到中国的不同方式、数量、分布等重要问题，不过，该文主要对于元代分布于辽阳行省的高丽移民和生活在元大都的部分高丽人进行了探讨，没有专门考察其在中国的仕宦情况。① 徐付《在元做官的高丽人》是专门研究元朝出仕中国高丽人的文章，该文章将出仕中国高丽人分为降元而仕、科举入仕、随高丽世子入质而仕三个部分，分别进行了论述，由于该文章在收集史料方面的缺陷，只能就个别人物进行简单的考证，未能涉及其仕宦的具体情况。② 尚衍斌《元及明初高丽韩氏家族事辑》考察了元代出仕中国的高丽典型人物——韩永及其家族在中国、高丽的仕宦情况以及元明之际的延续。③ 王桂东、达力扎布《元代高丽裔洪氏家族研究》一文，对于投降蒙元政权的洪福源及其家族的生平、事功及对高丽的态度等方面进行了考察。④ 于磊《辽阳洪氏家族与高丽王室关系述论》对于高丽洪氏家族与高丽王室关系的发端与演进过程进行了考察，分析了元世祖以后洪氏家族逐步衰落的原因。⑤ 舒健《入居元大都的高丽人》对于定居元大都高丽人的类型（贵族子弟、妇女与宦官、降人、僧人、暂居人口）以及元大都高丽人的政治、文化活动进行了考察，这些高丽人中的一部分是本书研究的出仕中国的高丽人。⑥ 李鹏《国内近三十年元丽人员往来研究概述》对于近年来元丽之间人员往来的研究成果进行综述，文章将这些人物分为高丽向元朝的人员流动、元朝向高丽的人员流动和往来于元丽之间的重要人物三个方面，进行了全面的综述。⑦ 李廷青《中国人入仕高丽朝考论》考察了元代中国人入仕高丽的方式、情况及原因，探讨了入仕高丽的中国人对于双方政治、文化交流的影响。⑧ 于东新、罗海燕《元代文坛高丽士人研究评述：以李齐贤为中心》对于国内关于李齐贤生平和文学的研究进行了总结。⑨ 陶然《论元朝高丽文人的本位意识——以李齐贤为例》探讨了出仕元朝高丽人的代表人物之

① 王崇时：《元代入居中国的高丽人》，《东北师大学报》1991 年第 6 期。

② 徐付：《在元做官的高丽人》，《语文学刊》2010 年第 2 期。

③ 尚衍斌：《元及明初高丽韩氏家族事辑》，《元史及民族与边疆研究集刊》第三十四辑，上海古籍出版社，2018 年。

④ 王桂东、达力扎布：《元代高丽裔洪氏家族研究》，《中国边疆史地研究》2015 年第 3 期。

⑤ 于磊：《辽阳洪氏家族与高丽王室关系述论》，《元史论丛》第十三辑，天津古籍出版社，2010 年。

⑥ 舒健：《入居元大都的高丽人》，《元史论丛》第十三辑，天津古籍出版社，2010 年。

⑦ 李鹏：《国内近三十年元丽人员往来研究概述》，《内蒙古大学学报》2010 年第 5 期。

⑧ 李廷青：《中国人入仕高丽朝考论》，《韩国研究论丛》第 23 辑。

⑨ 于东新、罗海燕：《元代文坛高丽士人研究评述：以李齐贤为中心》，《内蒙古民族大学学报》2017 年第 2 期。

一——李齐贤的生活和精神世界，重点考察了他的民族和国家意识。① 葛昊福、张瑞霞《入元高丽宦官在两国关系中的作用》考察了进入元朝的高丽宦官的概况以及他们对元丽关系的影响。② 李鹏的博士学位论文《入元高丽人研究》考察了入元高丽人进入元朝的原因、概况、构成、以及政治、经济、生活状况，在此基础上探讨了入元高丽人回国后对高丽的影响。③ 刘刚《李谷入元考辩》则对李穀入元的次数和在元朝居留的时间进行了考证。④

除了元朝入元的高丽人以外，近年来也出现了一些有关高丽奇皇后与高丽政局的研究，如李梅花《试论奇皇后对元末元丽政治关系的影响》，论述了元末奇皇后政治势力干涉高丽王废立对元丽关系的影响。⑤ 李岭《丙申之祸与元丽关系》考察了高丽恭愍王诛杀奇辙等高丽奇氏家族党羽的丙申之祸的过程，分析了这一事件对元丽关系的影响。⑥

从上述研究成果来看，目前学术界已经涉及出仕中国高丽人研究课题的一些方面，如一些人物的研究、一些特定人群的研究(如宦官、使臣)，对于这一课题的各种专门研究，目前学术界还没有开展，这正是本书努力要完成的研究任务。

本书在前人研究的基础上，以元丽关系建构和发展进程为背景，考察元朝高丽人在中国的仕宦情况，包括元代出仕中国高丽人的生平、出仕中国高丽人仕宦方式、出仕中国高丽人的仕宦情况、其政治方面的两面性、其主要政治活动、其社会交游与在中国的日常生活以及这个政治群体对于高丽历史发展和元朝政治进程的影响等。本书研究的时间从元太祖成吉思汗征伐高丽到蒙元政权退出中国历史舞台，涵盖了整个大蒙古国和元朝的历史过程。本研究所涉及的地理范围，包括朝鲜半岛和中国，重点考察元朝大都、腹里地区和江南地区出仕中国的高丽人情况。本书所指高丽人的“出仕”中国，指高丽人在中国元朝得到官方任命的职务。包括：中央和地方政府的各种实授的官职、临时从事某项任务的使臣、进入元朝宿卫组织的怯薛执事、宫廷服务的宦官以及为了表彰一些高丽人而任命给他们非

---

① 陶然：《论元朝高丽文人的本位意识——以李齐贤为例》，《浙江社会科学》2010 年第 6 期。

② 葛昊福、张瑞霞：《入元高丽宦官在两国关系中的作用》，《唐山师范学院学报》2015 年第 3 期。

③ 李鹏：《入元高丽人研究》，延边大学博士学位论文，2011 年。

④ 刘刚：《李谷入元考辩》，《长春工业大学学报》(社会科学版)2014 年第 1 期。

⑤ 李梅花：《试论奇皇后对元末元丽政治关系的影响》，《内蒙古大学学报》2008 年第 3 期。

⑥ 李岭：《丙申之祸与元丽关系》，《广播电视大学学报》2006 年第 3 期。

实授的职务或称号。希望本书的出版，能够填补该领域的研究空白，丰富元代高丽与中国诸问题的认知。

三、研究思路与研究方法

元朝是中国历史上一个特殊的时代，一些学者称其为“征服王朝”。元朝在征服的过程中，将亚欧大陆其他一些民族成员带到中国，伊斯兰文明、天主教文明等相继传入中国，使当时中国出现了政治、文化的多元化景象。元代出仕中国的高丽人群体正是在这种政治、文化多元化的大背景之下，在元、丽政权互动的过程中进入中国，成为当时的中国政治舞台上一个活跃的政治群体。这个外国人群体的出仕方式、仕宦情况、政治态度、政治活动、社会网络以及对于元朝历史发展进程的影响，都是非常令人感兴趣的问题。本书充分利用中韩双方留存下来的文献资料，对上述问题进行全面考察，并在此基础上探讨元代外国人政治群体在中国的生存方式和政治诉求。

本书将历史学和社会学的基本方法结合起来，通过实证研究、资料统计以及个案考察等研究方法，从多个侧面考察元代出仕中国高丽人的仕宦情况、仕宦途径、政治取向和人际交游网络等问题。在史料的收集与取舍方面，本书将中国传世文献与韩国传世文献结合起来，将元代高丽人的有关记述与元代中国人的有关记述结合起来，通过对双方史料的综合分析，得出研究结论。在对待学术界已有的研究成果方面，本书充分重视中国、韩国和日本学者的研究成果，在这些研究成果的基础上，进行新的考察与探讨。

第一章　从“伐不止”到“优渥有加”

——蒙元之际元丽互动与蒙古统治高丽制度的构建

元王朝是中国历史上第一个由少数民族建立的大一统王朝，元朝与周边国家建立藩属关系，并试图统治这些国家和地区，这种情况已经大大超出了中国传统王朝朝贡关系的范畴，在中外关系史方面可以说是独树一帜。元朝对高丽的统治制度在元世祖忽必烈时期建构完成，此后，元朝以此为模板，建构与日本、安南等周边国家的关系模式。尽管元朝与这些国家的互动有成功也有失败，无可否认，元王朝对高丽的统治制度是这一时期中外关系中最重要的，也是最成功的中外关系模式，反映了元朝蒙古统治者对周边国家进行间接统治的基本思路。元朝对高丽的统治制度被高丽概括成元朝“世祖成宪”的组成部分，作为他们抗拒元朝在高丽设立行省、推行直接统治的政治根据；一些元朝官员在讨论对高丽的政策时，同样会以此作为理论根据，反对元朝对高丽的直接统治。因此，忽必烈时期建构的统治高丽的制度体系，对于高丽在元朝时期的发展走向以及此后元朝统治高丽的决策，都具有深远的影响。

有关元丽关系，学术界相关研究成果较多，大多数研究成果从蒙元与高丽之间的战争、元朝对高丽内政的控制、元朝对高丽王任命以及元丽之间的经济、文化交流等方面，考察元丽之间的关系，为本书的研究奠定了厚实的学术基础。① 不过，学术界在研究元丽关系时，大多从上面谈到的几个方面进行专门考察，对于元丽政权之间的互动过程，特别是元朝统治

---

① 有关中国(元朝)与高丽关系的主要研究成果如下：李玠奭：《高丽—大元关系研究》，韩国知识产业出版社，2013 年。李益柱：《高丽与元朝关系建构研究——以世祖旧制为中心》，韩国国史编撰委员会编《韩国史论》第 36 卷，韩国民族文化出版社，1996 年。萧启庆：《元丽关系中的王室婚姻与强权政治》，《元代史新探》，台湾新文丰出版公司，1983 年。杨昭全、何彤梅：《中国—朝鲜 · 韩国关系史》，天津人民出版社，2001 年。王小甫、徐万民、宋有成：《中韩关系史》，社会科学文献出版社，2014 年。乌云高娃：《元朝与高丽关系研究》，兰州大学出版社，2012 年。陈得芝：《忽必烈的高丽政策与元丽关系的转折点》，《元史及民族与边疆研究集刊》第二十四辑。

高丽制度构建过程中，元朝的政治目的、高丽政权的接受与反应、元朝对于高丽政治诉求的认可与妥协等问题，中外学者缺乏关注。本章在前人研究的基础上，从上述方面出发，对于元朝统治高丽制度的建构过程，进行全面的考察，并在此基础上探讨这一制度促成的因素及其对元丽互动进程的影响。

一、“伐不止”：蒙古对高丽的征伐阶段

1206 年成吉思汗建立大蒙古国，开启了中国历史新的一页。太祖六年(1211)成吉思汗南下攻伐金朝，太祖九年(1214)金朝迁都汴京(今开封市)，次年(1215)蒙古占领金朝中都(今北京市)。成吉思汗南征的同时，大蒙古国将领木华黎率军进攻辽东，驻守辽东的契丹人耶律留哥投降蒙古。元太祖十年(1215)金朝派去镇压耶律留哥的将领蒲鲜万奴宣布独立，太祖十一年(1216)蒲鲜万奴向木华黎投降，蒙古控制了辽东半岛。太祖十年(1215 年)耶律留哥部将叛变，次年于澄州(今辽宁海城市)建立政权。不久，蒙古大军与耶律留哥一起讨伐叛军，叛军将领金山、元帅六哥等逃亡高丽。太祖十三年(1218)成吉思汗派将领哈只吉、札剌以及投降蒙古的女真将领蒲鲜万奴、契丹将领耶律留哥等军队进入高丽，征讨高丽的契丹叛军。面对蒙古军的到来，高丽政权表现出灵活的态度，给蒙古军队提供军粮，并出兵助战。太祖十四年(1219)蒙古、高丽联军将六哥等契丹叛军包围在高丽江东城，攻灭叛军，为蒙古和高丽建立藩属关系创造了条件。①

(一)蒙丽之间的“约为兄弟”

蒙古军攻陷高丽江东城之前，天降大雪，蒙古军队军粮供应出现问题，于是蒙古统帅哈真(哈只吉)以“约为兄弟”为诱饵，请高丽提供军粮，《高丽史·赵冲传》记载：

> 会天大雪，饷道不继，贼坚壁以疲之，哈真患之，遣通事赵仲祥与我德州进士任庆和来牒元帅府曰：“皇帝以契丹兵逃在尔国，于今

① 这次征伐的具体情况，请参考乌云高娃《元朝与高丽关系研究》，兰州大学出版社，2012 年，第 11~23 页。

> 三年未能扫灭，故遣兵讨之，尔国惟资粮是助，无致欠阙。”仍请兵，其辞甚严。且言帝命破贼之后，约为兄弟，于是以尚书省牒答曰：“大国兴兵救患，弊封凡所指挥，悉皆应副。”冲即输米一千石，遣中军判官金良镜率精兵一千护送。及良镜至，蒙古、东真两元帅邀置上坐，宴慰曰：“两国结为兄弟，当白国王受文牒来，则我且还奏皇帝。”①

上述记载说明，哈真向高丽请求军粮供应，“辞甚严”，并且“言帝命破贼之后，约为兄弟”，可以说既有威胁，也有利诱。当赵冲命下属送达军粮以后，哈真说关于两国“结为兄弟”的问题，他要“还奏皇帝”。既然有“帝命”，为什么还要再“还奏”？这让我们怀疑哈真这种在国家层面上与高丽“结为兄弟”承诺的真实性。

高丽方面对于蒙古军比较配合，“高丽王瞮奉牛酒，出迎王师，始行归行之礼，且遣枢密院使、吏部尚书、上将军、翰林学士承旨赵冲来助，并力攻灭六哥。札剌与冲约为兄弟，以结世好，请岁输贡赋。札剌曰：尔国道远，难于往来，每年可遣使十人，赍特赴上”②。这里的“约为兄弟”应是二人“约为兄弟”，属于一般人际交往，请“岁输贡赋”，是札剌请高丽“岁输贡赋”，还是赵冲自动请求“岁输贡赋”？二人都是蒙古和高丽双方的将军，是否被授权代表两个政权之间订立盟约呢？下面结合其他史料分析。

《元史》的《高丽传》对于上述同一事件记载：

> 高丽王瞮亲奉牛酒，出迎王师，且遣其枢密院使、吏部尚书、上将军、翰林学士承旨赵冲共讨灭六哥，札剌与冲约为兄弟，冲请岁输贡赋，札剌曰：“尔国道远，难于往来每岁可遣使十人入贡。”③

上述记载与前一则材料基本一致，其中的“冲请岁输贡赋”，说明赵冲代表高丽要求“岁输贡赋”，也说明了高丽对蒙古政权的归附。此后的整个元朝时期，在元朝与高丽的沟通过程中，高丽官方文献包括高丽王室

---

① 郑麟趾：《高丽史》卷103《列传16·赵冲》，页四、页五，韩国延世大学校东方研究所《国故丛刊》第一，韩国景仁文化社，1976年。本书所引部分古籍的页码标注为原本筒子页，同一古籍的详细版本情况在第一处说明，下文不再赘述。

② 佚名：《大元高丽纪事》，页二，《史料四编》，台湾广文书局有限公司，1972年。

③ 宋濂：《元史》卷208《高丽传》，中华书局，1976年，第4608页。

给元朝的《陈情表》《贺表》以及高丽大臣给元朝中书省的奏章等，一般都会提及“约为兄弟”的典故，以此表明高丽与元朝由来已久的密切关系。① 关于“约为兄弟”的具体情况，高丽人李齐贤有详细记载：

> 十二月哈真、札剌两元帅……讨丹贼，诣江东城，会天大雪，饷道不继，贼坚壁以疲之，哈真患之，使者十二人与我德州进士任庆和来请兵粮，且言：“帝命破贼之后，约为兄弟”，我元帅以闻，王许之。②

上述史料与前面《赵冲传》的记载相呼应，其中“约为兄弟”是哈真对高丽政权的承诺，赵冲响应蒙古军要求，得到了高丽王（王瞰）的允许。这就可以理解前面的“冲请岁输贡赋”，实际上是在得到高丽王允许的情况下，代表高丽请求向蒙古“岁输贡赋”。蒙古和高丽“约为兄弟”的具体过程李齐贤接着写道：

> 己卯二月，公（金就砺）与知兵马使韩光衍，领十将军兵及神奇大角内厢精卒往焉……哈真见其状貌，又闻其言，大奇之，引与同坐，问年几何？公曰：“近六十矣。”哈真曰：“我未五十，既为一家，君其兄而我其弟乎？”使公东向坐……数日，赵公亦至，哈真问元帅年与兄孰长？公曰：“长于我矣。”乃引赵公坐上座，曰：“吾欲一言恐为非礼，然于亲情不宜自外，吾其坐两兄之间如何？”公曰：“是诚吾等所望，但未敢先言耳。”坐定，置酒作乐。③

以上是金就砺到蒙古军营，蒙古将军哈真（哈只吉）与金就砺“约为兄弟”以及几天以后赵冲到蒙古军营，哈真与赵冲“约为兄弟”的情况。需要说明的是，这里“约为兄弟”中的蒙古将领由前面《元史》等史料记载的札剌，变成另一位将领哈真（哈只吉）。其中原因尚不明朗，或许当时的高丽人分不清两位蒙古将领，将名字搞错，或许他们故意将“约为兄弟”的

① 关于蒙丽兄弟盟约的问题，韩国学者有一些研究成果，具体请参考李玠奭《高丽—大元关系研究》，第22~48页；李益柱《高丽与元朝关系建构研究——以世祖旧制为中心》，《韩国史论》第36卷，第19页。

② 李齐贤：《益斋先生文集》卷六《门下侍郎平章事判吏部事赠谥威烈公金公行军记》，《韩国历代文集丛刊》13册，韩国景仁文化社，1993年，第333页。

③ 李齐贤：《益斋先生文集》卷六《门下侍郎平章事判吏部事赠谥威烈公金公行军记》，《韩国历代文集丛刊》13册，第333页，该段记载也见于郑麟趾《高丽史》卷103《金就砺传》。

对象写成地位较高的哈真(哈只吉)，来表明这种情感联络更具有国家层面的意义。不过，从上面的记载来看，这种“约为兄弟”，只是酒场上称兄道弟而已，既没有仪式，也没有盟约。此后首先“约为兄弟”的金就砺反而少有提及，赵冲成为“约为兄弟”书写的主要对象。可能因为赵冲是元帅，金就砺是下属，赵冲政治地位较高的原因。

实际上，蒙元政权的地方将领或官员有通过“约为兄弟”的方式笼络周边政权归顺的例子，《元史·赛典赤赡思丁传》记载：

> 交趾叛服不常，湖广省发兵，屡征不利。赛典赤赡思丁遣人谕以逆顺祸福，且约为兄弟，交趾王大喜，亲至云南。赛典赤赡思丁郊迎，待之以宾礼，遂乞永为藩臣。①

这个例子中，赛典赤赡思丁就是通过“约为兄弟”的方式，让交趾(今越南)国王归顺元朝。因此，所谓的“约为兄弟”并不能说明蒙古政权对于高丽的优待，也不能说明蒙古与高丽结为兄弟之盟，只是一种蒙古将领个人的笼络方式而已。

(二)蒙古对高丽的征伐

蒙丽之间的“约为兄弟”并没有建立双方的平等和亲密的关系，不久，在蒙古与高丽的互动中，“兄弟”情义消失了，蒙古征服者的贪婪与傲慢充分体现出来。太祖十四年正月二十四日，蒙古政权派使臣持成吉思汗的诏书到高丽宣谕，具体情况《高丽史》记载：

> 庚寅，哈真遣蒲里俗完等十人赍诏来请讲和。王遣侍御史朴时允迎之，命文武官具冠带，自宣义门至十字街，分立左右。蒲里俗完等至馆外，迟留不入，曰：“国王须出迎。”于是，使译者再三诘之，遂乘马入馆门。辛卯，王引见于大观殿，皆毛衣冠，佩弓矢，直上殿，出怀中书，执王手授之。王乃变色，左右遑遽，莫敢近。侍臣崔先旦泣曰：“岂可使丑虏近至尊耶？设有荆轲之变，必不及矣。”遂请出蒲里俗完等，更服我国衣冠入殿行私礼，但揖而不拜。及还，赠金银器、紬布、水獭皮有差。②

---

① 宋濂：《元史》卷125《赛典赤赡思丁传》，第3065页。

② 郑麟趾：《高丽史·世家》卷22《高宗一》，页十六、页十七。

上述材料中的蒲里俗完代表大蒙古国政权，宣谕成吉思汗的诏书，因此代表了蒙古征服者对于被征服者——高丽的态度，高丽从国王到大臣非常不适应，甚至愤怒，为以后双方关系的对立和曲折发展埋下伏笔。

太祖十四年春末，成吉思汗率军西征中亚，以其弟铁木哥斡赤斤主持蒙古帝国事务，此年九月到太祖十八年，蒙古使臣五次持“皇太弟”的书信来到高丽，勒索贡物。这些贡物数量较大，给高丽带来沉重负担，比如太祖十六年铁木哥斡赤斤派着古与等使臣来到高丽索贡：

> 皇太弟钧旨：索獭皮一万领，细紬三千匹，细苎二千匹，绵子一万觔，龙团墨一千丁，笔二百管，纸十万张，紫草五觔，葒花、蓝笋、朱红各五十觔，雌黄、光漆、桐油各十觔。着古与等传旨讫，将下殿，各出怀中物投王前，皆年前所与粗紬布也。遂不赴宴，又出元帅札刺及蒲黑带书各一通，皆征求獭皮、绵紬、绵子等物。①

上述材料中，蒙古汗廷索要的獭皮等物品，数量确实很大。另外，使臣着古与等八人还当着高丽王的面，将年前上贡的粗紬布扔在他的前面，侮辱性很强。除了蒙古汗廷的勒索，蒙古军官札剌和蒲黑也给高丽列出清单，勒索物品。

蒙古的恃强凌弱引起高丽国王的不满，太祖十六年高丽高宗王瞮“召群臣四品以上于大观殿，问蒙古后使迎接可否？王欲设备拒而不纳，群臣皆曰：‘彼众我寡，若不迎接，彼必来侵，岂可以寡敌众，以弱敌强乎？’王不悦”②。高丽对蒙古的不满，最终导致双方关系出现紧张。太祖十九年(1224)蒙古使臣着古与出使高丽，索要物品，次年年初，他在渡鸭绿江以前，“赍国赆獭皮，其余紬布等物皆弃野而去。(他)中途为盗所杀，蒙古反疑我，遂与之绝”③。当时成吉思汗已经去世，蒙古政权无暇东顾，蒙丽之间往来断绝，直到窝阔台即位后的太宗三年(1230)，蒙古军开始征伐高丽。

从元太宗窝阔台汗三年到中统元年(1260)忽必烈继位以前，高丽与蒙古的关系出现了“伐不止”的局面，一方面蒙古大军联合高丽降将洪福

① 郑麟趾:《高丽史·世家》卷22《高宗一》，页二十。
② 郑麟趾:《高丽史·世家》卷22《高宗一》，页二十。
③ 郑麟趾:《高丽史·世家》卷22《高宗一》，页二十七。

源连年征讨,① 另一方面，高丽在武力抵抗十分困难的情况下，高丽王和百姓迁到海岛躲避，消极抵抗。蒙丽之间的朝贡关系几乎断绝。

太宗三年(1230)窝阔台命撒里塔火里赤征讨高丽，高丽请和，蒙古"随置王京及诸州郡达鲁火赤七十二人镇抚"②。太宗四年(1231)高丽叛，"杀各县达鲁花赤，率王京及诸州郡人民，窜于海岛据守"③。八月窝阔台复遣撒里塔火里赤领兵讨之，撒里塔火里赤战死，蒙古军撤回，高丽反击，将洪福源势力赶出高丽。这期间，蒙古致力于灭亡金朝的战争，无暇顾及高丽。太宗七年(1234)金朝灭亡，窝阔台命唐古拔都鲁与洪福源征伐高丽，占领高丽凤州、海州、慈州、归信城、金山城等地区。高丽请议和，恢复了向蒙古的进贡，但拒绝迁出海岛。定宗二年(1247)，贵由派阿母侃与洪福源征伐高丽，攻占高丽威州、平虏城，次年贵由去世，军事行动中止。元宪宗蒙哥继位，宪宗三年(1253)命宗王耶虎与洪福源征高丽，攻下禾山城、东州、春州、三角山城等地，宪宗四年(1254)蒙哥改命札剌鲟与洪福源同征。此后的四年(1255—1258)，战争一直进行。

(三)蒙古征伐对高丽的影响

蒙古政权对高丽大规模的征伐，造成高丽惨重损失，迫使其逐步屈服。实际上，双方战争进行的同时，蒙丽之间的交涉并没有停止。太宗五年(1232)窝阔台给高丽的圣旨，历数高丽五大罪状，要求高丽高宗王瞰"悔过来朝"。④ 太宗十一年(1238)，窝阔台三次给高丽圣旨，"征瞰入朝"，高丽王王瞰以母亲去世需要守丧为由拒绝。此年十二月高丽王命高丽新安公王佺等奉表入贡。⑤ 太宗十二年(1239)蒙古给高丽诏书，要求高丽"迁出海岛，点数民户，出秃鲁花(纳质)，捉拿有过之人"⑥。己酉年(1249)蒙古皇后给高丽懿旨，要求高丽"迁海岛，点数民户，亲身朝见，出力供职"⑦。这些要求大部分被高丽拒绝。元宪宗蒙哥继位，六次命蒙古军征讨(宪宗三年、宪宗四年、宪宗五年、宪宗六年、宪宗七年、宪宗

---

① 关于洪福源及其家族与高丽政权的关系以及洪氏家族在元(蒙)丽关系中的作用，请参考申万里《蒙元之际的高丽洪氏家族——兼论元丽关系的发展与定型》，《中国区域文化研究》第四辑，中国社会科学出版社，2021年，第9~32页。

② 佚名:《大元高丽纪事》，页四。

③ 佚名:《大元高丽纪事》，页五。

④ 佚名:《大元高丽纪事》，页五。

⑤ 佚名:《大元高丽纪事》，页九。

⑥ 佚名:《大元高丽纪事》，页十一。

⑦ 佚名:《大元高丽纪事》，页四。

八年)高丽,① 高丽损失惨重，稍后的时间，在燕京的士人郝经写诗描述蒙古征伐给高丽造成的影响：

> 高丽立国千余年，跨山连海东北偏……自被天兵都破碎，称臣纳质兵弗退，残灭虏掠五十年，穷蹙无聊竟何罪。尽将生口卖幽燕，年年探借高丽钱。肌肤玉雪发云雾，罗列人肆真可怜。前年令公辅太子，钓鱼山前见天子。掩面过市众皆哭，哭声痛入燕人耳。几回事宋事辽金，不似今番冤苦深。甘心曲股浑不信，要把高丽都杀尽。呜呼哀哉，何时免此杀戮运。②

诗中通过一个中国士人的视角，描述了高丽人被“残灭虏掠五十年”以后的惨状，对高丽表示了强烈的同情。这一时期，蒙古和高丽双方交涉，大多是蒙古将领与高丽方的阵前交涉。太宗十三年(1241)高丽高宗王瞮以族子王綧赴蒙古政权入质，宪宗末高丽王王瞮又“遣其世子倎入朝”③，表明高丽政权在蒙古的征伐之下，逐步向蒙古政权屈服。

二、元朝高丽政策的调整与蒙古统治高丽制度的形成

元世祖忽必烈是成吉思汗之孙，元宪宗蒙哥汗之弟，蒙哥即位后被任命总管漠南汉地的事务。忽必烈继位之前，在燕京做秃鲁花(质子)的高丽世子王倎与忽必烈有一段交往，对忽必烈继位以后改变蒙古对高丽的政策产生了重要影响，《高丽史》记载：

> 初宪宗皇帝南征驻跸钓鱼山，王自燕京赴行在，道过京兆潼关，守土者迎至华清宫，请浴温泉，王谢曰：“此唐明皇所尝御者，虽异世，人臣安敢亵乎?”闻者叹其知礼。至六盘山，宪宗皇帝晏驾，而阿里孛哥阻兵朔野，诸侯虞疑，罔知所从，时皇弟忽必烈观兵江南，

① 征伐记录见佚名《大元高丽纪事》页十四；另外，《元史》中有“自定宗二年至宪宗八年凡四命将军征之，凡拔其城十有四”(中华书局，1976年，第4610页)，其中的四次征伐与《大元高丽纪事》不同，估计是统计标准不一样造成的。

② 郝经：《陵川集》卷十《高丽叹》，页十六，《北京图书馆古籍珍本丛刊》第91册，北京图书馆出版社，1998年，第566页。

③ 宋濂：《元史》卷208《外夷一·高丽》，第4610页。

王遂南辕，间关至梁楚之郊，皇弟适在襄阳，班师北上。王服软角乌纱幞头、广袖紫罗袍、犀鞓象笏，奉币迎谒道左。眉目如画，周旋可则，群僚皆以品服排班于后，皇弟惊喜曰："高丽万里之国，自唐太宗亲征而不能服，今其世子自来归我，此天意也。"大加褒奖，与俱至开平府。①

这条史料说明，当时还是高丽世子身份的王倎，在往钓鱼山宋蒙战争前线觐见蒙哥汗的途中，得知蒙哥去世的消息，王倎转而迎接长江前线归来的忽必烈，并与忽必烈一起到开平，参加了忽必烈继位典礼。王倎的政治择从，得到忽必烈的赞赏，中统元年(1260)三月高丽高宗王瞮死，忽必烈"命倎归国为高丽国王，以兵卫送之，仍敕其境内"②。上述事件对蒙丽关系产生了重要影响，有学者将其称为"蒙丽关系的转折点"③。从元朝和高丽相关的史料记载来看，此后忽必烈确实改变了元宪宗时期的军事征伐策略，采用以政治胁迫为主、军事手段为辅的手段，逐步构建统治高丽的制度。

(一)忽必烈对高丽的笼络与政治胁迫

中统元年忽必烈继位，在给高丽王(高丽称元宗)王倎的诏书中，承诺解决蒙古军马的侵扰、归还高丽逃民、高丽人犯罪、军人掳掠等问题。此年八月，忽必烈又在给王倎的诏书中强调：

(高丽)衣冠从本国之俗，皆不改易；行人惟朝廷所遣，予悉禁绝；古京之迁迟速量力；屯戍之撤，秋以为期；原设达鲁花赤孛鲁合、反儿拔覩鲁一行人等，俱敕西还……今后复有似此告留者，断不准从。④

上述材料包括允许高丽保留其国俗、禁止蒙古权贵滥派使臣勒索、撤回设在高丽的驻军和蒙古政权设立的达鲁花赤等，对于高丽从海岛迁都陆地(古京，迁都以后称王京，今开城)，忽必烈则允许高丽量力而行。从

① 郑麟趾：《高丽史·世家》卷25《元宗一》，页八。
② 宋濂：《元史》卷208《外夷一·高丽》，第4610页。
③ 陈得芝：《忽必烈的高丽政策与元丽关系的转折点》，《元史及民族与边疆研究集刊》第二十四辑。
④ 郑麟趾：《高丽史·世家》卷25《元宗一》，页十九。

这些政策可以看出，忽必烈继位以后，确实照顾到高丽面临的困难处境，改变了此前仅靠武力征讨的政策。不过，在对高丽进行笼络的同时，忽必烈对于高丽的威逼、施压政策同样不遗余力。中统二年（1262）十二月，忽必烈给高丽的诏书中指出：

> 凡远迩诸新附之国，我祖宗有已定之规则，必纳质而籍民，编置邮而出师旅，转输粮饷，补助军储。今者除已尝纳质外，余悉未行，卿自有区处，必当熟议，庸候成言，其岁贡之物，依例入进，毋怠初心，以敦永好。①

这则诏书列举了成吉思汗对于附属国的制度，委婉地批评了高丽元宗王禃②（王倎中统二年六月改名王禃），督促他尽力完成蒙古政权的要求。中统五年（1264）忽必烈招王禃来中国，王禃向忽必烈保证三年迁回旧京。至元五年（1268）王禃的承诺并没有实现，引起忽必烈的不满，这一年王禃的弟弟高丽安庆公王淐来到元朝，忽必烈当面斥责他：

> 尔国诚降，则当出军助战，转粮，请达鲁花赤，点数民户，尔胡不然，尔国曾于先帝时，遣王綧为质，朕所知也，先帝敕尔王亲朝，尔王不能亲朝，以我有兄弟之乱也。尔王到京兆府还归，朕之所护，尔王所知，人而不知有德，可谓人乎？尔王奏云：“我国地窄，今西京入排屯田军民尽令还归，则当召集残民力农，三年然后复都旧京。”今屯田军民尽还，未还旧京乎？朕使至尔国，则尔使人围守，真降之意，当如是耶？尔国来聘，朕亦使人守汝使乎？和尚奏云：“尔等赍来国赆纻布，减于旧额，又甚麤恶。”何也？尔国素称知礼义，今乃若尔可乎？相战人所不好，尔欲好战，当约其地也。尔与日本交通，尔国人来居此者，无不知之，尔于前日何言未尝交通，以欺朕乎？尔等所奏皆是妄说，不必答也。③

不久，忽必烈给王禃的诏书，言辞同样非常严厉：

---

① 郑麟趾：《高丽史·世家》卷25《元宗一》，页二十六到页二十七。

② 禃，《高丽史》作“禃”，《元史》作“禃”，本书统一作“禃”。

③ 郑麟趾：《高丽史·世家》卷26《元宗二》，页十三到页十四。

朕惟天道难谌，人道贵诚，而卿之事，朕率以饰辞见欺，朕若受其欺而不言，是朕亦不以诚遇卿也，故于卿弟淐面数其事，无有所隐。向卿自请："撤兵三年，当去水就陆。"撤兵之请既已从之，就陆之期今几年矣？以前言无征，是用为问，卿意必曰："舍险即夷，则虑致不虞。"或未取信，听其所止，惟我太祖成吉思皇帝制度，凡内属之国，纳质、助军输粮、设驿、供户数籍、置达鲁花赤，已尝明谕之矣，继有来章称："竢民生稍集，然后惟命是从。"稽留至今，不以诚言见报，闻汝国之政，例在左右，得非为所梗蔽使卿不闻欤？抑卿实闻之而未之思欤？是岂爱而身利而国者也？且纳质之事，惟我太宗皇帝朝王綧等已入质，代老补亡，固自有例，其驿传亦粗立，自余率未奉行。今我朝方问罪于宋，其助士卒、舟舰，自量能办多少？所输粮饷，则就为储积，及达鲁花赤、户版之事，卿意谓何？今特遣使持诏以往，当尽情实。①

这两则材料反映了忽必烈对于笼络高丽政策已经失去耐心，不久出现的高丽国王废立事件，成为忽必烈改变对高丽政策的转折点。

（二）高丽王废立事件及影响

至元六年（1269）高丽大臣林衍"遣中书舍人郭汝弼如蒙古，进王逊位表"，表中以王禃的语气说：

疹病斯作，多方欲救，一效莫期，既以弥留，恐颠跻之无日，如或不幸，将付托于何人？且元子朝觐而未还，噫！小邦保厘之难旷，况臣父尝据祖宗典故而嘱臣曰："苟有递代，当先弟及。"臣弟安庆公淐三入天庭而亲觐，累蒙圣眷之特加，民望所归，侯封堪守，兹禀遗训，又循佥言，乃以六月二十二日俾摄国事。②

从该表来看，高丽高宗王禃退位的原因首先是生病，不能行使权力。其次是王禃之子（世子）王愖③在元朝担任秃鲁花，不在高丽。最后是高丽"祖宗典故"有"苟有递代，当先弟及"。这三个原因中，第一个王禃生病，

① 郑麟趾：《高丽史·世家》卷26《元宗二》，页十四到页十五。
② 郑麟趾：《高丽史·世家》卷26《元宗二》，页二十一。
③ 愖，《高丽史》作"谌"，《元史》作"愖"，本书统一作"愖"。

根据以后的发展，并不是实情。第二个原因世子在元朝亦不合逻辑，元朝与高丽交通已经畅通，世子回国继位不是难事。第三个原因高丽的祖宗典故才是高丽更换国王的主要根据，说明此时的高丽是在以本国的制度对待国王更替，高宗王禃是在忽必烈继位时朝见而得到信任，被元朝选为国王，继而回国任职的，王禃是否得到高丽各方政治势力的真心拥护，元朝并没有考虑这一点。此后，元丽对于高丽国王任命的争夺，成为双方斗争的焦点。

至元六年八月乙卯，王禃弟王淐在大臣林衍支持下继位，尊王禃为太上王，世子王愖被废。不久，回国途中的王愖得到消息，他“痛哭还入蒙古”，回到元朝以后，他“遣大将军郑子玙以书谕国人曰：‘须复父王位，不尔，则立顺安侯悰’”①。王愖还立即向忽必烈报告：“本国臣下，擅废国王。”忽必烈得到消息，非常愤怒，认为：“国王禃嗣位以来，未闻有过失，苟有过失，谏而不悛，当控告朝廷以听我区处，不告朝廷，臣下擅自废置，恒古以来，宁有是理？”②这里，忽必烈将高丽当成“臣下”，与前面高丽大臣根据“祖宗典故”独立废立国王的独立倾向正好相反，实际上是元朝与高丽控制与反控制之间的交锋，当然引起忽必烈的重视。元朝立即派斡脱儿不花、李谔等与世子书状官金应文到高丽，警告高丽方面，“如其果然敢有将国王与世子并其族属一有戕害者，朕必无赦”③。

至元六年九月，林衍派金方庆等人赴元朝解释王淐继位的情况。十一月，忽必烈派兵部侍郎黑的等赴高丽，敦促高丽王禃“与安庆公淐及林衍偕诣阙下，面陈情实”④。并派头辇哥国王率兵压境，进行军事威慑。

在元朝的政治胁迫和军事威胁之下，至元六年十一月甲子，高丽元宗王禃重新继位，继位的情况，《高丽史》记载：

> 癸亥，王宴黑的等，使坐上座，黑的等让曰：“今王太子已许尚帝女，我等帝之臣也，王乃帝驸马大王之父也，何敢抗礼，王西向，我等北面，王南面，我等东面。”王辞曰：“天子之使，岂可下坐？”固辞，东西相对。甲子，王复位，淐还私第，百官诣王府扈驾入阙，蒙使从之，观者感泣。蒙使请观百官贺礼，王服紫袍出庭，向北遥谢，

---

① 郑麟趾：《高丽史·世家》卷26《元宗二》，页二十三。
② 佚名：《大元高丽纪事》，页二十四。
③ 郑麟趾：《高丽史·世家》卷26《元宗二》，页二十四。
④ 郑麟趾：《高丽史·世家》卷26《元宗二》，页二十六。

更黄衣受贺于康安殿。[①]

材料中的蒙古使臣黑的对于王禃的礼敬，向高丽各方政治势力展示了元朝的政治态度，王禃复位的仪式，元朝使臣黑的等亲自参加，表示了元朝对王禃的支持。

为了表示对元朝的感激，王禃继位五天以后，宣布赴元朝觐见。[②] 至元七年(1270)王禃赴元朝觐见忽必烈，其间他向元朝请求惩办高丽叛臣、归还叛变的疆土以及为世子向元皇室求婚、请求元朝向高丽派达鲁花赤等。忽必烈同意元军不进入高丽以及在高丽设立达鲁花赤。五月，王禃在蒙古国王头辇哥等护送下回到高丽，主持高丽政权的出陆和迁都王京。可以说，元宗王禃的重新继位，成为元朝统治高丽制度建构过程中的一个重要转折点。

(三)高丽元宗到忠烈王期间元朝对高丽控制的加强

王禃重新继位以后，改变了高丽王室对元朝妥协和防范的基本政策，开始按照元朝的要求迁出海岛和迁都王京。高丽政权对于元朝政府的要求，甚至对在高丽元朝官员的要求也是尽力迎合。至元十一年(1274)元宗王禃去世，世子王愖继位，是为忠烈王。王愖长期生活在元朝，又与元朝公主忽都鲁揭里迷失结婚，从心理上更加依附元朝。这期间出现的林惟茂反抗和更大规模的三别抄之乱，反映了高丽政治势力对于元朝统治的反抗。[③] 随着这些反抗被元朝镇压，元丽之间的关系逐步发生改变。高丽此后大力支持元朝征讨日本，就是元丽这种新的关系的体现。

值得注意的是，高丽的上述表现并没有达到元世祖的要求，这一时期元朝并没有削弱对高丽控制，主要措施如下：

首先，在高丽王京设立达鲁花赤。王禃重新继位以后，至元七年(1270)亲自到元朝觐见忽必烈。他到元朝以后，上表向元朝提出如下要求：第一，为世子请婚。第二，请派兵护送他回国。第三，请惩治高丽叛臣崔坦，归还其控制的高丽领土。第四，请在高丽设达鲁花赤。忽必烈除了同意元朝军队不越境高丽骚扰和设立达鲁花赤以外，拒绝了其他要求。[④] 当然，请求在高丽设立达鲁花赤是王禃讨好元朝的表现，忽必烈正

---

① 郑麟趾：《高丽史·世家》卷26《元宗二》，页二十七。
② 郑麟趾：《高丽史·世家》卷26《元宗二》，页二十七。
③ 具体情况可参考乌云高娃《元朝高丽关系研究》第73~78页，这里不再详述。
④ 郑麟趾：《高丽史·世家》卷26《元宗二》，页三十二。

好借坡下驴，在高丽设立达鲁花赤对高丽进行控制。从至元七年到至元十六年，元朝在高丽王京设立达鲁花赤持续了九年。

当然，元朝此后还在济州等地设立负责治安、牧马的达鲁花赤，这些达鲁花赤仅负责高丽地方具体事务，与元丽关系的发展关系不大。下面考察的是这九年期间元朝在高丽王京设立的达鲁花赤的情况。根据《高丽史》记载，将元朝在高丽设立的达鲁花赤统计如表 1-1。

表 1-1　元设高丽达鲁花赤统计表

姓名	任职情况	任职时间	出处
脱朵儿		至元七年任命，至元八年卒于任	《高丽史·元宗二》
焦天翼	副达鲁花赤	至元八年	《高丽史·元宗三》
黑的		至元十一年	《高丽史·忠烈王一》
石抹天衢	至元十二年为副达鲁花赤，次年专为达鲁花赤	至元十二年	《高丽史·忠烈王一》
张国纲	至元十二年到十六年在任	至元十二年	《高丽史·忠烈王一》

这一时期的高丽达鲁花赤地位较高，负责监督高丽王，实施元朝高丽政策和承办元朝交给高丽的具体事务。具体如下：

其一，对高丽王的监督是这一时期高丽王京达鲁花赤首要的职责，这一点高丽王和达鲁花赤本人都非常清楚。以首任王京达鲁花赤脱朵儿为例，至元八年(1271)脱朵儿在高丽病重，当时的情况《高丽史》记载：

> (十月)达鲁花赤脱朵儿卒，脱朵儿沉重宽厚，抚恤人民，听断明白，未尝枉法，王亦甚重之，及疾作，国医进药，脱朵儿却之曰："我病殆不起，若饮此而死，则谗构尔国者，必曰高丽毒之。"遂不饮而卒，国人惜之。①

上面史料反映了高丽王王禃与脱朵儿的关系，既然是监督，王禃给脱

① 郑麟趾：《高丽史·世家》卷 27《元宗三》，页二十四。

朵儿吃药而死，他会被认为有杀人灭口的嫌疑。正因为达鲁花赤的这种职责，高丽王不论是元宗王禃还是忠烈王王愖，对达鲁花赤都比较尊敬。至元十年元朝任命的新达鲁花赤来到高丽，“王出迎于宣义门外”①。高丽王在打猎的时候也会邀请达鲁花赤参加，如“(正月)壬辰，王及公主与达鲁花赤观猎于猫串”②。

从史料来看，即使高丽王对达鲁花赤非常尊敬，甚至可以说是巴结逢迎，元朝高丽达鲁花赤对高丽王还是毫不客气。在高丽忠烈王的继位典礼上，《高丽史》记载：

> (王谌)受群臣朝贺，仍宴诏使，诏使以王驸马推王南面，诏使东向，达鲁花赤西向坐，王行酒，诏使拜受，饮讫，又拜达鲁花赤，立饮，不拜。诏使曰：“王天子之驸马也，老子何敢如是，吾等还奏，汝得无罪耶？”答曰：“公主不在，且此先王时礼耳。”③

上述达鲁花赤某的行为，反映出其在高丽较高的政治地位。达鲁花赤黑的与高丽忠烈王的关系也类似，“黑的……及为达鲁花赤，甚倨，王屡抑之，不敢肆其志，及是告归，王与公主留之，不听”④。这里，黑的的“甚倨”，说明了他在高丽的蛮横。对于一些政治问题，达鲁花赤可以直接向高丽王质疑，至元十三年(1276)三月“达鲁花赤诘之(忠烈王)曰：‘称宣旨、称朕、称赦，何僭也？’王使佥议中赞金方庆、左承宣朴恒解之曰：‘非敢僭也，但循祖宗相传之旧耳，敢不改焉？’”⑤对于高丽王的统治政策，达鲁花赤同样可以质疑，至元十四年(1277)正月“达鲁花赤石抹天衢言于王曰：‘王何疏贤士而亲无赖之人？’王默然”⑥。这里忠烈王对于达鲁花赤石抹天衢质疑他任用非人只能尴尬地“默然”，反映了高丽王对于达鲁花赤干涉高丽政治的无奈。

其二，高丽达鲁花赤负责执行元朝对高丽的政策。高丽达鲁花赤主要负责在高丽禁兵器和宵禁等政策，至元八年(1271)高丽副达鲁花赤焦天翼向高丽王提出：“兵器不可畜于私家，收国人攻珍岛兵仗，悉输于盐州

---

① 郑麟趾：《高丽史·世家》卷27《元宗三》，页四十三。
② 郑麟趾：《高丽史·世家》卷28《忠烈王一》，页十三。
③ 郑麟趾：《高丽史·世家》卷28《忠烈王一》，页二。
④ 郑麟趾：《高丽史·世家》卷28《忠烈王一》，页十。
⑤ 郑麟趾：《高丽史·世家》卷28《忠烈王一》，页十四。
⑥ 郑麟趾：《高丽史·世家》卷28《忠烈王一》，页二十。

屯所。”[①]至元十年(1273)五月，高丽达鲁花赤黑的“禁人挟弓矢”。[②] 至元十三年(1276)十一月达鲁花赤张榜：“国人、军士外，禁持弓箭兵器。”[③] 至元十四年(1277)正月，“元枢密院牒达鲁花赤，禁国人持弓矢……时达鲁花赤依蒙古制置巡马所，每夜巡行，禁人夜作”[④]。

其三，元朝高丽达鲁花赤负责督促元朝在高丽安排的一些具体事务，如至元十年十一月，元中书省移文达鲁花赤杀于琁。[⑤] 十二月，达鲁花赤以中书省牒往东界及庆尚道，求蜃楼脂，蜃楼脂，鲸鱼油也。[⑥] 杀于琁和赴高丽庆尚道收集鲸鱼油，都是中书省安排的具体事务。

其四，作为高丽国王监督者的达鲁花赤，在高丽军事行动中也有较大的权力，《高丽史》记载：

> 五月癸亥朔，洪茶丘领兵讨珍岛。是日，脱朶儿与宰枢阅兵于郊，凡五百余人，其都领指谕给马，人一匹，军卒每十人给马一匹，及行，军卒多掠取行人马，脱朶儿问曰：“宰枢子弟有从军者乎?”答云：“无”，脱朶儿乃令宰枢各出马给军官。[⑦]

前面已经说明，脱朶儿是元朝高丽王京的达鲁花赤，元朝讨伐珍岛叛军以前，脱朶儿不光负责阅兵，还调整军人装备，在马匹紧缺的情况下，脱朶儿命高丽宰相出马给军官。

从以上可以看出，尽管元朝在高丽王京设立达鲁花赤仅持续九年，但这段时间这一职务在元丽关系方面承担了重要角色，起到了监督高丽王和控制高丽政局的作用，最后一个达鲁花赤张国纲返回元朝时对高丽忠烈王说：“今达鲁花赤、元帅及官军皆还，一国之福也。”[⑧]这里，张国纲将元朝废除高丽设立的达鲁花赤作为高丽的“一国之福”，说明作为达鲁花赤

---

① 郑麟趾：《高丽史·世家》卷27《元宗三》，页二十四。
② 郑麟趾：《高丽史·世家》卷28《忠烈王一》，页九。
③ 郑麟趾：《高丽史·世家》卷28《忠烈王一》，页十九。
④ 郑麟趾：《高丽史·世家》卷28《忠烈王一》，页二十。
⑤ 郑麟趾：《高丽史·世家》卷27《元宗三》，页四十二。于琁为高丽白州别将，中统元年(1260)投降蒙古，随元朝使臣出使日本和高丽，于琁后来回到高丽定居，娶权臣林衍家属林未梱之妻蔡氏，元朝怀疑于琁与遭到镇压的林衍家族勾结，以“琁娶之罪莫大焉”的借口，至元十年(1273)命高丽王京达鲁花赤诛杀之。见《高丽史》卷130《列传43·叛逆4·于琁》，页三十二到页三十三。
⑥ 郑麟趾：《高丽史·世家》卷27《元宗三》，页四十二到页四十三。
⑦ 郑麟趾：《高丽史·世家》卷27《元宗三》，页十四。
⑧ 郑麟趾：《高丽史·世家》卷28《忠烈王一》，页四十三。

本人，他明显感到了这一职务对高丽的危害。

其次，通过在高丽的驻军将领牵制高丽王势力。高丽王王禃重新继位，在高丽引起反抗，最大规模的反叛是三别抄之乱，元朝派蒙古将领忻都率领的蒙古军（元军）和洪茶丘率领的高丽军进入高丽平叛。高丽叛乱平定之后，元朝发动了征讨日本之役，这些军队以屯田的方式留在高丽，以忻都、洪茶丘为主的元朝将领成为制约高丽王权力和影响元丽关系的重要因素。洪茶丘与高丽王室有杀父之仇，他在高丽期间对高丽国王和官员肆意报复，引起了高丽上下一致反对。① 忻都是一位征服者意识较强的蒙古军将领，他在与高丽大臣金方庆的一次对话中，"有雀雏在堂下，忻都令捕之自弄，既而扑杀，谓方庆曰：'如何?'方庆曰：'农夫作苦此物，一聚啄禾谷殆尽，公杀之亦恤民意。'忻都曰：'吾见东人皆知书信佛，与汉儿相类，每轻我辈，以谓蒙人业杀戮，天必厌之，然天赋吾俗以杀戮，只当顺受，天不以为罪，此子等所以为蒙人奴仆也。'"②忻都的上述言语，反映了其作为征服者的傲慢，对于高丽君臣来说确实难以接受。

至元八年（1271）元朝命忻都"行经略司于凤州等处营军屯田"，此年五月，忻都、洪茶丘等讨伐珍岛高丽叛军。珍岛叛军平定以后，忻都掳掠大量高丽百姓，高丽王王禃"谕元帅忻都，令还胁从者，忻都不听"③。高丽方面于是上书元世祖忽必烈。九月，达鲁花赤脱朵儿等往忻都屯所乌山，"请还逆贼外人民，忻都坚执不许，脱朵儿称圣旨，力诘，稍令拣出"④。至元十年（1273）忻都率军讨伐耽罗叛军，六月叛军平定，高丽王大宴群臣，"忻都将入京，王使大将军朴成大迎劳于郊，忻都怒酒薄，困辱成大，不入京，遂还元"⑤。至元十五年（1278）忻都再与高丽忠烈王发生冲突，此年六月，"忻都奏帝曰：'高丽宰相多占匿民户，免避赋役，请禁之。'又请罢诸领府为军，帝曰：'汝与国王议奏耶?'曰：'否'，帝不许。忻都见王议其事，王不对，忻都颇愤恚"⑥。七月忠烈王赴元朝觐见忽必烈，忻都与高丽王的冲突白热化，《高丽史》记载：

王谒帝，帝使枢密副使孛剌问官军骚扰之事，忻都在侧曰："吾

---

① 具体情况可参考申万里《蒙元之际的高丽洪氏家族——兼论元丽关系的发展与定型》。
② 郑麟趾：《高丽史》卷104《列传17 · 金方庆》，页十三。
③ 郑麟趾：《高丽史 · 世家》卷27《元宗三》，页二十。
④ 郑麟趾：《高丽史 · 世家》卷27《元宗三》，页二十三。
⑤ 郑麟趾：《高丽史 · 世家》卷27《元宗三》，页四十。
⑥ 郑麟趾：《高丽史 · 世家》卷28《忠烈王一》，页三十三。

> 军所以扰民，王如知之，今可言矣。"王曰："尔麾下因方庆事侵吾儿家，执以付汝，汝即杖之，吾儿家尚未免，况百姓乎？汝等诉予以不能安集百姓，汝之骚扰如是，予乌能安集哉？"谓孛剌曰："予不忍与此辈共处，帝赐臣一区地，臣率吾民以来，尽力于上，臣所愿也。"孛剌曰："帝只问官军骚扰耳，王何至如此奏乎？"①

上述材料表明，高丽对于元朝驻军的骚扰已经非常愤怒且难以忍受，高丽王与高丽驻军将领的关系之紧张可见一斑。

(四)高丽对元朝的臣服

尽管元朝对高丽百般限制，从高丽元宗王禃到忠烈王王愖，高丽对于元朝臣服的态度发生了明显的变化。这种变化表现在以下方面：

第一，剃发。中国包括蒙古人在内的北方民族，在发型上与中原汉族有明显的区别，"蒙古之俗，剃顶至额，方其形，留发其中，谓之怯仇儿"②。对于蒙古征服的高丽人来说，剃发意味着服从。至元八年(1271)高丽西京就有投降元朝的地方势力胁迫属下高丽百姓剃发的记载，如"有西京百户福大始至其处，胁其人民而开剃"③。高丽一些大臣也劝告高丽王剃发，不过，元宗王禃拒绝剃发，《高丽史》记载："初印公秀常劝元宗效元俗，改形易服，元宗曰：'吾未忍一朝遽变祖宗之家风，我死之后，卿等自为之。'"④至元八年(1271)入质元朝的高丽世子王愖回到高丽，"国人见世子辫发胡服，皆叹息，至有泣者"⑤。这种态度反映了高丽人对剃发的抗拒。高丽忠烈王王愖继位，开始强迫高丽大臣剃发，至元十一年十一月，高丽王对没有剃发的高丽官员提出批评：

> 辛酉，幸西北面，迎公主，顺安公悰、广平公譓、带方公澄、汉阳侯儇、平章事俞千遇、知枢密院事张镒、知奏事李汾禧、承宣崔文本、朴恒，上将军朴成大、知御史台事李汾成从行，王责汾、禧等不开剃，对曰："臣等非恶开剃，唯俟众例耳。"……王入朝时已开剃，

---

① 郑麟趾：《高丽史·世家》卷28《忠烈王一》，页四十。
② 郑麟趾：《高丽史·世家》卷28《忠烈王一》，页四。
③ 郑麟趾：《高丽史·世家》卷27《元宗三》，页二十。
④ 郑麟趾：《高丽史·世家》卷28《忠烈王一》，页六。
⑤ 郑麟趾：《高丽史·世家》卷27《元宗三》，页二十七。

而国人则未也，故责之①。

忠烈王对剃发的态度，推动了高丽大臣接受剃发，至元十一年的十二月，“丁巳，宰枢议曰：‘金侍中若还，必即开剃，开剃一也，盍先乎？’于是，宋松礼、郑子玙开剃，而朝余皆效之”②。

第二，通婚姻，改官制。忠烈王继位，忽必烈要求高丽与元朝通婚姻(包括献美女)与改官制，至元十二年(1275)忽必烈给高丽的诏书中说：

尔国诸王氏娶同姓，此何理也？既与我为一家，自宜与之通婚，不然岂为一家之义哉！且我太祖皇帝征十三国，其王争献美女、良马、珍宝，尔所闻也。王之未为王也，不称太子而称世子；国王之命，旧称圣旨，今称宣旨；官号之同于朝廷者，亦其比也。又闻王与公主日食米二升，此则宰相多而自专故耳，凡此皆欲令尔知之，非苟使尔贡子女、革官名、减宰相也。③

该诏书的意思是敦促高丽献美女、与元朝通婚和修改官制，很快得到高丽的回应，这一年的十月，高丽就“将献处女于元，禁国中婚嫁”，又宣布“改定官制”。至元十三年又“改宣旨曰王旨，朕曰孤，赦曰宥，奏曰呈”④。

有关两国通婚，除了高丽献美女以外，还出现了元朝赴高丽与新附军军人娶妻的闹剧。至元十一年三月，元朝派江南媒聘使肖郁来高丽，《高丽史》记载：

中书省牒云：“南宋襄阳府生券军人求娶妻室，故差委宣使肖郁，押官绢一千六百四十段前去，下高丽国，令有司差官一同求娶施行。”肖郁令选无夫妇女一百四十名，督之甚急，于是置结昏都监自是至秋，穷搜闾井，独女、逆贼之妻、僧人之女仅盈其数，怨咨大兴，例给一女资妆绢十二匹，分与蛮子，蛮子即率北还，哭声震天，观者莫不凄唏。⑤

---

① 郑麟趾：《高丽史·世家》卷28《忠烈王一》，页四。
② 郑麟趾：《高丽史·世家》卷28《忠烈王一》，页六。
③ 郑麟趾：《高丽史·世家》卷28《忠烈王一》，页十一。
④ 郑麟趾：《高丽史·世家》卷28《忠烈王一》，页十四。
⑤ 郑麟趾：《高丽史·世家》卷27《元宗三》，页四十六。

上述强制婚姻的情况确实非常凄惨。至元十三年(1276)三月，元朝再次为归附军人到高丽娶妻。“元遣杨仲信赍币帛来，为归附军五百人聘妻。”高丽忠烈王“遣寡妇、处女推考别监正郎金应文等五人于诸道”①。

第三，狩猎。狩猎是中国北方草原民族的习俗，有元一代，蒙古贵族对于狩猎乐此不疲。忠烈王继位后，娶蒙古公主，蒙古狩猎之俗也带入高丽。至元十三年八月，“王与公主猎于德水县马堤山，王率忽赤、鹰坊，亲御弓箭，鹰鹞纵横驰骛，父老见者皆叹息”②。从高丽父老对于忠烈王打猎“皆叹息”，说明高丽对于国王打猎的反对，但出于讨好元朝公主的需要，忠烈王坚持下来。至元十四年(1277)高丽官员指出：“公主怯怜口及内僚，广占良田，标以山川，多受赐牌，不纳租税，请还赐牌。”高丽忠烈王的回应是“不听”。③ 至元十七年(1280)有关鹰坊问题再次引起争论，这一年元朝使臣塔纳来到高丽，《高丽史》记载：

> 有人告塔纳曰：“吾邑之民尽隶鹰坊子遗，贫民何以供亿？欲还朱记于国家，竢死而已。”塔纳来责宰相曰：“东民独非天子之赤子乎？困苦至此而不之恤，朝廷驰一使以问，何辞以对？”宰相白王：“请去鹰坊之弊。”王怒，欲请回回之见信于帝者以来分管诸道鹰坊，抑令宰相不敢复言。赵仁规力谏而公主亦言不可，乃止。④

这一次争论以后，高丽忠烈王打算从元朝请忽必烈信任的“回回”大臣掌管诸道鹰坊，尽管没有成功，反映了忠烈王对于打猎的坚持。

从上述记载可以看出，至元六年高丽废除元宗王禃的事件以后，高丽与元朝的关系出现了转折，重新继位的元宗和元宗以后继位的忠烈王对于元朝的态度发生了实质性的转变。尽管忽必烈仍采取多种方式对高丽王进行压制，但高丽争取独立自主的愿望逐步消失，对元朝言听计从。前面已经说明，至元十五年(1278)忽必烈撤回了设在高丽王京的达鲁花赤，忻都为首的高丽驻军也撤回元朝，说明忽必烈对高丽王信任度大大增加。高丽忠烈王二年(1276)高丽大臣金方庆随忠烈王赴元朝贺圣节，“方庆奉币礼毕，上殿，亡宋幼主后至，二人执袂前导，帝命幼主坐皇太子下，有司请方庆与宋群臣坐次，帝曰：‘高丽慕义自归，宋力屈乃降，何可同也？

① 郑麟趾：《高丽史·世家》卷28《忠烈王一》，页十四到页十五。
② 郑麟趾：《高丽史·世家》卷28《忠烈王一》，页十七。
③ 郑麟趾：《高丽史·世家》卷28《忠烈王一》，页二十二。
④ 郑麟趾：《高丽史·世家》卷29《忠烈王二》，页九。

唯宋福王于幼主大父行，年且老，赐坐金宰相上，其余皆下坐’”①。上述记载中，忽必烈招待高丽大臣的规格高于南宋大臣，反映了当时高丽在元朝的政治地位。

至元二十年(1283)忽必烈“册(忠烈)王为征东中书省左丞相，依前驸马高丽国王，命与阿塔海共事”②。这样，在元朝派驻高丽的达鲁花赤撤销，元朝在高丽驻军回国的情况下，高丽王又成为征东行省的左丞相，此时尽管有蒙古将领阿塔海与他一起“共事”，起到制约作用，但高丽王对于高丽的掌控基本完成。至元三十年(1293)九月，忽必烈授高丽王王昛(王愖改名王昛，又改名王昛)“特进上柱国、开府仪同三司、征东行中书省左丞相、驸马、高丽王”③。这次加封，高丽王进入元朝贵族行列，政治地位有明显的提高，为忽必烈去世以后元丽关系的长期稳定奠定了基础。

本章小结

蒙元之际的元(蒙)丽关系分成两个阶段，从元太祖十三年蒙古赴高丽征讨契丹叛军，到中统元年(1260)元世祖忽必烈继位，是第一个阶段。这个阶段，高丽对于蒙古政权屈服与抵抗并存，蒙古强大的军事力量，让高丽无法进行全面的抵抗，只能表示投降与归附。但蒙古使臣对高丽的侮辱以及蒙古政权和蒙古军将领对高丽贪婪的勒索，使高丽几乎无法应付。此后高丽维护国家尊严的抗争，引起蒙古更大规模的进攻，“所过无不残灭”，高丽只能慨叹：“我势既穷无奈何也！”④避往海岛，成为高丽无奈之举。不过，从高丽永宁公王綧入质蒙古到1259年高丽世子王倎入质蒙古，说明经过蒙古的征伐，高丽归附蒙古政权的趋势越来越明显。

元世祖忽必烈继位以后，改变了对高丽武力征讨为主的政策，通过撤军、归还掳掠人口、通婚等手段怀柔高丽，同时又通过胁迫、掌握国王任免和武力威慑等手段，使高丽纳入元朝的控制体系。至元六年高丽王废立事件，既反映了高丽争取独立的努力，也反映了元朝利用控制高丽王任免，控制高丽政治策略的成功。此后，元朝在高丽忠烈王时期撤销了派驻

---

① 《高丽史》卷104《列传17·金方庆》，页十二。

② 郑麟趾：《高丽史·世家》卷29《忠烈王二》，页四十四。

③ 佚名：《大元高丽纪事》，页四十一。

④ 郑麟趾：《高丽史·世家》卷24《高宗三》，页十九。

高丽王京的达鲁花赤，元朝在高丽的驻军返国，高丽忠烈王得到元朝的册封，还被任命为征东行省的左丞相。元朝统治高丽制度建构基本完成。

那么，是什么因素促成了元朝统治高丽制度的构建？这要从元丽双方政治诉求来解释。从高丽方面来看，首先，蒙古的军事打击使高丽面临亡国的危险，在不能依靠抵抗消除亡国危机的情况下，臣服求全成为高丽当下唯一的选择。其次，忽必烈通过下嫁公主、封高丽王功臣号、封王等手段，给了高丽王足够的政治地位；元朝以高丽王兼任征东行省左丞相，也给了他直接统治高丽的权力，这是高丽上层统治者能够臣服元朝的重要原因。最后，高丽臣服元朝以后，高丽世子及其陪臣长期住在大都，大量高丽政治精英、高丽宦官进入元朝担任中央、地方政权和宫廷职务，出身高丽的宫女甚至成为元朝皇后，因此，元朝高丽人对于元朝政治有一定的影响，这是元朝统治高丽制度能够延续下来，得到高丽从国王到一般政治精英认可和遵守的重要因素。

从元朝方面来看，首先，高丽避兵海岛，蒙古军很难彻底消灭高丽政权，依靠军事取胜困难较大，用军事威慑、政治胁迫手段迫使高丽臣服，达到了元朝扩张的目的。其次，根据成吉思汗制定的对待被征服民族的政策，只要被征服者同意投降、纳质、出军等基本条件，蒙古就支持其对本土的统治。这一政策作为蒙古旧俗，在金朝灭亡以后的中原世侯中广泛推行。对高丽的让步政策符合蒙古旧俗，只是忽必烈建立元朝以后废除了中原的世侯制度，而高丽由于特殊情况，保留了国家独立。再次，元世祖忽必烈一直致力于征服日本，高丽正好是进攻日本的物质供应基地和中转站，这是忽必烈迎合高丽部分政治诉求，建构对高丽统治制度的因素之一。最后，尽管元朝对高丽有一些让步和笼络政策，但高丽政治、军事仍然在元朝的控制之下，这一点是元朝构建和推行统治高丽政策的基本因素。

元朝统治高丽制度包括两个方面的内容：一是高丽对元朝称臣、高丽国王由元朝任命、高丽王与元朝公主通婚、高丽王世子入质、入贡(包括贡女)以及元朝通过公主参政和征东行省等对高丽进行政治控制。二是元朝撤回派驻高丽王京的达鲁花赤、撤回在高丽的驻军，高丽王担任征东行省左丞相，被封为沈王。三是元朝决定高丽王的任命、高丽王本人或使臣定期到元朝朝贺。这种统治制度元丽双方都可以接受，成为此后元丽互动的主要规范，为双方关系长期稳定和经济、文化交流提供了便利。

第二章 “观光天子之庭”

——元代出仕中国高丽人辑考

蒙元之际元丽关系的基本架构在元朝统一中国以后逐步建立。此后元朝中后期，元丽之间处于长期和平时期，双方政治、经济和文化之交流非常频繁。就元丽之间的官方交流，高丽人崔瀣记载：

> 三韩古与中国通，文轨未尝不同，然其朝聘不以岁时，故宠待有出于常夷，盖所以来远人也。每遣人使，必自慎简官属，其带行或至三五百人，少亦不下于一百。使始至中国，遣朝官接之境上，所经州府，辄以天子之命致礼饩，至郊亭，又迎劳，到馆抚问。除日支丰腆，自参至辞，锡燕内殿，设食礼宾，御札特赐茶香酒果、衣袭、器玩、鞍马礼物，便蕃不绝。而随事皆以表若状，称陪臣伸谢。而其私宰执，又多启札往复……自臣附皇元以来，以舅甥之好，视同一家，事敦情实，礼省节文。苟有奏禀，一个乘传，直达帝所，岁无虚月。故使不复择人，恩至渥也。独于年节，例以表贺，而且有贡献。故国卿充其使副，而粗如旧贯焉。①

崔瀣的记载，反映了中原王朝特别是元朝与高丽官方的密切关系以及频繁的政治互动。在元丽关系和谐稳定的大环境之下，一般高丽百姓和商人自由往来高丽和中国的条件已经具备。高丽人李穀写道：“王京去京师才四千里，又无道途危险梗涩之虞，传遽往来络绎。而商旅之行，日夜不绝。”②在元丽交往和互动的过程中，高丽人大量进入中国，一些人取得了出仕中国的机会，成为这一时期中国政治舞台一种特殊的政治势力，对元

---

① 崔瀣：《送郑仲孚书状官序》，《拙藁千百》卷二，页一，民族文化推进会《韩国文集丛刊》第3册，韩国景仁文化社，1990年，第22页。

② 李穀：《稼亭集》卷九《送白云宾还都序》，页六，民族文化推进会《韩国文集丛刊》第3册，韩国景仁文化社，1990年，第155页。

朝的政治及历史发展进程产生了一定的影响。

上述高丽与中国官方和民间的频繁的往来交流，说明元王朝统治时期成为双边关系的特殊时期，中国台湾学者简锦松总结道：

> 大元，是历史上韩国人在中国活动最自由的一个朝代。从坏的一面来看，元廷透过与高丽王室联姻，对高丽进行了紧密的控制；但从好的一面来看，元皇室对高丽王是关心而且崇信的，高丽官员即使在元朝没有官职，仍可以在中国内地自由旅行，有时还可以使用公务驿站，这一点在唐宋或明清各代，是难以想象的。①

上述简锦松的论述说明了两个方面的内容，一是元朝对高丽控制的严密；二是元朝对高丽人的“崇信”以及元朝高丽人在中国的自由。从第一个方面来看，元朝公主下嫁高丽王，高丽世子入质中国，拉近了这两个政权之间的距离，元朝皇帝的节庆、游猎、封赠等重要活动中，几乎都能看到高丽官员和使臣的身影。在元丽的互动过程中，元朝利用征伐日本等借口对高丽的胁迫，以及高丽为了自己的利益向元朝频繁的“陈情”；元朝对于高丽内政的干涉与高丽对于元朝的各种针对性的应对，这些渠道都比较顺畅。从第二个方面来看，元朝高丽人在中国比较自由，为他们广泛地参与元朝的政治、经济和社会文化活动提供了机会。元丽之间的密切互动，对高丽政治精英产生了强烈的吸引力，“起迹东方，仕于天子之朝，践历清华”，这样的人生履历成为高丽精英的向往。高丽人崔大中出仕元朝监察御史，“公使辽阳，因谒告过庭，以今月十七日，称觞献寿以庆。宗姻毕至，国族聚观，莫不赏咨，叹未曾见，国中冠儒冠者咸赋诗”②。这种欢迎出仕元朝高丽人的壮观场面，对于鼓励高丽精英到元朝发展的舆论引导作用非常强烈。从史料来看，高丽精英非常重视来自元朝的消息，崔瀣记载：“是故，时闻有客至自中原，则辄往候之，冀得余论，以写平生之怀焉。”③从崔瀣的记载来看，高丽政治、文化精英在元丽之间各种互动的过程中，看到了赴中国实现人生价值的机会，出仕中国成为他们非常向往且自豪的事情。

从元朝和高丽双方留下来的史料记载来看，元代在中国仕宦的高丽人

---

① 简锦松：《高丽诗人李齐贤成都纪行诗词现地研究》，台湾《汉学研究》第32卷第4期，2014年，第95页。

② 崔瀣：《拙藁千百》卷二《崔御史为大人庆八十序》，页三十四。

③ 崔瀣：《拙藁千百》卷二《送张云龙国琛而归序》，页二十五。

数量较多，其与中国各级官员和士大夫的密切互动，也是中国历史上其他朝代前所未有的。可以说，元朝国家体制中，仕宦于其中的高丽人群体成为一道特殊的政治“风景”。

元代出仕中国的高丽人的职位分布在武职、文职和内廷官职(包括宦官)等多个方面，其活动也分布在元朝时期政治、经济、文化等多个场域，有关元代高丽人出仕中国的研究，学术界有了不少研究成果。韩国学者李玠奭《元朝宫廷高丽宦官与元丽关系》，考察了元朝对高丽宦官的任用，高丽宦官在元朝宫廷的角色，高丽宦官对元朝政治决策的影响以及对元丽关系的塑造。① 韩国学者裴淑姬的《元代科举制下高丽进士的应举与授官》，考察了元代高丽进士赴中国参加会试以及高丽进士授官与仕宦情况。② 韩国学者朴现圭《高丽伊斯兰教徒剌马丹》一文，通过广州新发现的剌马丹的墓碑，考察了元代高丽人剌马丹入仕元朝，死后葬在广州的情况。③ 王桂东、达力扎布《元代高丽裔洪氏家族研究》一文，对于投降蒙元政权的洪福源及其家族的生平、事功及对高丽的态度等方面进行了考察。④ 于磊《辽阳洪氏家族与高丽王室关系述论》对于高丽洪氏家族与高丽王室关系的发端与演进过程进行了考察，分析了元世祖以后洪氏家族逐步衰落的原因。⑤ 舒健《入居元大都的高丽人》对于入居元大都高丽人的类型(贵族子弟、妇女与宦官、降人、僧人、暂居人口)以及元大都高丽人的政治、文化活动进行了考察，这些高丽人中的一部分是本书研究的出仕中国的高丽人。⑥ 李鹏《国内近三十年元丽人员往来研究概述》对于近年来元丽之间人员往来的研究情况进行综述，文章将这些人物分为高丽向元朝的人员流动、元朝向高丽的人员流动和往来于元丽之间的重要人物三个方面，进行了全面的综述。⑦ 中国台湾学者简锦松《高丽诗人李齐贤成都纪行诗词现地研究》考察了李齐贤1316年奉高丽忠宣王之命，赴四川峨眉山

---

① 李玠奭:《元朝宫廷高丽宦官与元丽关系》,《东洋史学研究》第113辑，2010年，第143~170页。

② 裴淑姬:《元代科举制下高丽进士的应举与授官》,《东洋史学研究》第104辑，2008年，第121~154页。

③ 朴现圭:《高丽伊斯兰教徒剌马丹》,《海交史研究》2006年第2期。

④ 王桂东、达力扎布:《元代高丽裔洪氏家族研究》,《中国边疆史地研究》2015年第3期。

⑤ 于磊:《辽阳洪氏家族与高丽王室关系述论》,《元史论丛》第十三辑，天津古籍出版社，2010年。

⑥ 舒健:《入居元大都的高丽人》,《元史论丛》第十三辑，天津古籍出版社，2010年。

⑦ 李鹏:《国内近三十年元丽人员往来研究概述》,《内蒙古大学学报》2010年第5期。

降香的行程、诗词以及行进路线。① 乌云高娃《高丽忠烈王及随行人员在元朝的活动》考察了忠烈王与元朝的密切互动过程，对于随行大臣赵仁规、康允绍、柳清臣、方臣祐等政治活动，也进行了论述。② 尚衍斌《元及明初高丽韩氏家族事辑》考察了出仕中国的高丽人韩永及其家族的发展情况。③ 桂栖鹏《元代科举中的高丽进士》与《高丽人入仕元朝考论》，对元代高丽进士的仕宦情况，进行了考察。④ 陶然《论元朝高丽文人的本位意识——以李齐贤为例》探讨了出仕元朝高丽人的代表人物——李齐贤的生活和精神世界，重点考察了他的民族和国家意识。⑤ 李廷青《中国人入仕高丽朝考论》考察了高丽王朝统治时期中国人入仕高丽政权的情况。⑥上述研究成果大多是特定出仕中国高丽人的个案研究以及一些出仕中国高丽人某一群体(如进士)的专门研究，这些研究中，一些关于历史人物的个案研究偏重其文学成就与特点。大部分元朝出仕中国的高丽人没有列入考察的范围，这些出仕中国高丽人的出仕方式、职务分布、任职期间履职状况等问题，目前还没有专门的研究成果，本章在前人研究的基础上，对元朝出仕中国的高丽人分阶段进行全面的辑录，并在此基础上探讨他们出仕的方式及特征。

为了研究的方便，本章将元代出仕中国的高丽人分为三个阶段：蒙古征服时期、元朝世祖忽必烈时期和元朝中后期，分期进行考察。另外，元代进入中国的高丽宦官，属于一种特殊的出仕中国的高丽人，本章将其列入内廷服务部分进行考察。

一、蒙古征服时代出仕中国的高丽人

根据第一章的研究，元太祖十一年(1216)蒙古以讨伐金源契丹叛军为名入侵高丽，其后的元太宗(窝阔台)、定宗(贵由)、宪宗(蒙哥)时

① 简锦松：《高丽诗人李齐贤成都纪行诗词现地研究》，台湾《汉学研究》第32卷第4期，2014年。

② 乌云高娃：《高丽忠烈王及随行人员在元朝的活动》，《中国史研究》2016年第3期。

③ 尚衍斌：《元及明初高丽韩氏家族事辑》，《元史及民族与边疆研究集刊》第三十四辑，上海古籍出版社，2018年，第1~18页。

④ 桂栖鹏：《元代进士研究》，兰州大学出版社，2001年。

⑤ 陶然：《论元朝高丽文人的本位意识——以李齐贤为例》，《浙江社会科学》2010年第6期。

⑥ 李廷青：《中国人入仕高丽朝考论》，《韩国研究丛刊》第23辑，第279~309页。

期，蒙古多次入侵高丽，征伐不止。对于元朝的军事打击，高丽表示有限的臣服，并多次派使臣与蒙古政权交流。一些人因担任双方语言交流的翻译，在沟通高丽与蒙古政权过程中，得到蒙古的信任，被任命为相应的职务。同时，一些人在征服战争中投降蒙古，加入蒙古对高丽的征服战争，从而得到蒙古政权的任用。

就语言沟通方面来看，蒙古政权重视与高丽沟通人员的培养，太祖十四年(1219)蒙古元帅哈真(哈只吉)离开高丽，“以东真官人及傔从四十一人留义州，曰：‘尔等习蒙古、高丽语，以待吾复来’”①。这里，哈真将一些随他出征的女真官员和部下留在蒙古与高丽交界处的义州学习高丽语言，为以后双方交流服务。此外，出于蒙丽交流的需要，元朝也任命一些投降的高丽人参与翻译等交流工作。②

为了牵制高丽，对于一些投降蒙古的高丽地方势力，元朝也会欣然接受，并任命他们统治原高丽的一些地方。一些地方首脑成为类似于中国北方世侯的地方割据势力，其子孙跟随蒙古军队征伐，出仕蒙古政权，定居中国。另外，一些定居中国的高丽人加入中国北方世侯的军队，元朝以后他们的子弟在中国仕宦，中断与高丽的联系。最后还有被高丽派往中国入质的高丽王室成员(王綧)，由于长期定居中国，其子弟得到元朝任命的职务，参与元朝征伐蒙古诸王叛乱或征伐高丽叛乱势力的军事行动。这样，首批出仕中国的高丽人产生了。现根据史料记载，将这一时期得到元朝任命的高丽人考察如下：

1. 洪高伊，《高丽史》无传，具体情况不详。他在1250—1251年随蒙古使臣三次来到高丽，他在宪宗元年(1251)来高丽时，对高丽高宗王瞮说：“国之北鄙残破已甚，如家无藩篱，何可复都旧京？宜据江以自固，我当归奏皇后，无令东扰。”王瞮听了以后非常高兴，“待之弥厚”。③ 从洪高伊将高丽称为“国”以及他与高丽王说话的语气可以推断，他应是在窝阔台去世，六皇后当政期间给蒙古政权服务的高丽人，其职务估计是充当翻译。

2. 王綧，高丽王瞮之族子，美容仪，善骑射，读书通大义。他以质子身份被派到蒙古，岁癸丑(1253)，高丽权臣高令公叛，宪宗命雅勒呼(耶虎)大王东征，王綧受命为使臣讲和，仍镇守其地。时高丽人户新附

---

① 郑麟趾：《高丽史·世家》卷22《高宗一》，页十七。

② 乌云高娃对于元丽之间的语言翻译与沟通问题有专门的研究，见氏著《元朝与高丽关系研究》第7章《元朝与高丽关系中的译者》，兰州大学出版社，2012年。

③ 郑麟趾：《高丽史·世家》卷24《高宗三》，页一。

者，命綧领之。中统元年(1260)授金符总管，升佩虎符兼领军民。至元三年(1266)，率兵征济南李璮，至元七年(1270)，高丽大臣林衍叛，忽必烈派头辇哥国王讨之，綧率领部民一千三百户与蒙古军同行，是年十一月以疾辞还家，二十年(1283)九月卒，寿六十一。①

3. 洪大宣，洪福源之父，为高丽麟洲都领，太祖十三年(1218)成吉思汗派哈真(哈只吉)等征讨高丽，洪大宣“诣军中降”，② 成为第一个投降蒙古的高丽地方势力。

4. 洪福源(1206—1258)，高丽麟洲人，元太祖十三年(1218)随其父洪大宣投降蒙古。甲午年(元太宗六年，1234)夏五月，元太宗窝阔台特赐金符，任命他为管领归附高丽军民长官。乙未年(元太宗七年，1235)他与唐古拔都儿进讨高丽。宪宗即位，改授虎符，仍为管领归附高丽军民长官。戊午年(元宪宗八年，1258)高丽族子王綧，“阴欲并统本国归顺人民，谮福源于帝，遂见杀”。当时洪福源五十三岁。后元朝赠嘉议大夫、沈阳侯，谥忠宪。③

5. 赵晖，高丽汉阳府人，后迁居龙津县，宪宗八年(1258)以高丽和州投降蒙古。蒙古在和州设立双城总管府，以赵晖为总管。④ 赵晖从此以和州为据点，与高丽政权多有摩擦争执。赵晖去世，其子赵良琪袭双城总管府总管。⑤

6. 卓清，高丽定州人，宪宗八年(1258)与赵晖一起投降蒙古，蒙古任命他为双城总管府千户。⑥

7. 陆子襄，高丽衙内都兵马录事，中统元年(1260)“剃发投于蒙古”，⑦ 充任译语。高丽方面囚禁了他的家人，中统二年蒙古政权为保护其家人，将陆子襄妻子接到中国。⑧

8. 康守衡，也称康和尚，高丽晋州人，小时被俘入蒙古，改名守衡。中统元年(1260)被元朝任命为高丽王京达鲁花赤。⑨ 此后，康守衡还担任

---

① 宋濂：《元史》卷166《王綧传，附王阿剌帖木儿传、王阔阔帖木儿传、王兀爱传》，第3891页。

② 宋濂：《元史》卷208《外夷一·高丽》，第4607页。

③ 宋濂：《元史》卷154《洪福源传(附俊奇、君祥、万)》，第3627~3268页。

④ 郑麟趾：《高丽史·世家》卷24《高宗三》，页三十八。

⑤ 郑麟趾：《高丽史》卷130《列传43·叛逆·赵晖》，页十二。

⑥ 郑麟趾：《高丽史·世家》卷24《高宗三》，页三十八。

⑦ 郑麟趾：《高丽史·世家》卷25《元宗一》，页六。

⑧ 郑麟趾：《高丽史·世家》卷25《元宗一》，页二十七。

⑨ 郑麟趾：《高丽史·世家》卷25《元宗一》，页七。

过元朝大宁路总管,① 他自幼在蒙古长大，通蒙古语和高丽语，长期在蒙古和高丽之间担任译语。

9. 康允绍，高丽新安公王佺家奴，通晓蒙古语，得到高丽元宗的宠幸，多次出使元朝，累迁将军。他在元朝依附洪福源之子洪茶丘，捏造高丽多畜军粮等情报，洪茶丘将其报告元朝中书省，元朝遣使来高丽督军粮。② 高丽元宗尝贺圣节，元朝设立的达鲁花赤率其属立于右，康允绍阿附达鲁花赤，率其党胡服直入，自比客使，见高丽王不拜。其间他行蒙古礼，高丽元宗怒不能制。③

10. 崔坦，高丽西北面兵马使营吏，至元六年(1269)为高丽龟州都领，投降元朝。次年，崔坦请蒙古兵三千来镇高丽西京，忽必烈赐崔坦金牌，诏令其地内属，改号东宁府，画慈悲岭为界,④ 并以崔坦为东宁府总管。至元二十七年(1290)元朝罢东宁府归还高丽。⑤

11. 李伯祐，三韩(高丽)人，金元之际世侯真定史氏下属将领，父，李福，务农。李氏如何来到中国，史料记载不详。李伯祐跟随史天泽平定武仙之乱，金亡，移兵伐宋，攻下徐州与其县丰、沛，功授金符，摄本路兵马都总管。从征襄阳，中统二年(1261)，参与平定李璮之乱，受到奖赏，遂致仕。以至元某年卒，年八十三。⑥

12. 金甫成，高丽北界人，其父叛高丽入辽阳，成为洪茶丘腹心。金甫成与李汾禧等交往甚厚，李死，从速鲁哥回到高丽，因出卖高丽利益受到指责。⑦

13. 车信，初名车忽解，高丽人，被掳入元，居燕京。后车信母亲成为元朝齐国大长公主忽都鲁揭里迷失的乳母。高丽忠烈王娶齐国大长公主，车信为公主的家奴，在高丽累迁上将军，官至赞成事。⑧

14. 李岘，高丽人，性贪婪，他出使中国以后不返，留在元朝。李岘在元朝背叛高丽，引导元朝派蒙古将领也窟进攻高丽。李岘得到蒙古金

① 郑麟趾:《高丽史》卷105《列传18·赵仁规》，页十三到页十九。
② 郑麟趾:《高丽史》卷123《列传36·康允绍》，页七。
③ 郑麟趾:《高丽史》卷106《列传19·金坵》，页十三。
④ 郑麟趾:《高丽史·世家》卷26《元宗二》，页三十一。
⑤ 郑麟趾:《高丽史》卷130《列传43·叛逆·崔坦》，页三十七。
⑥ 姚燧:《牧庵集》卷十九《侍卫亲军都指挥使李公神道碑》，丛书集成初编本，商务印书馆，1936年，第247~249页。
⑦ 郑麟趾:《高丽史》卷123《列传36·嬖幸·李汾禧》，页十二。
⑧ 郑麟趾:《高丽史》卷123《列传36·嬖幸·张舜龙》，页三十四。

牌，在攻下高丽杨根、天龙二城以后，自为达鲁花赤。①

15. 赵彝，高丽咸安人，幼为僧人，后归俗，学举子业。赵彝在高丽及第以后，来到中国，由于他“能解诸国语”，得到元世祖忽必烈的信任。他向世祖告发“高丽与日本邻好”。元朝遣使日本，令高丽出向导，高丽元宗派宋君斐陪同元朝使臣赴日本。使团到达巨济岛，因海浪凶险而还。高丽元宗派宋君斐到元朝解释：“日本大洋万里，风涛险恶，且小邦未尝通好。”忽必烈大怒，高丽元宗只好遣潘阜再赴日本，又遣高丽安庆公王淐到元朝解释。由于赵彝的唆使，忽必烈怒不解，责淐甚严。王淐回国途中，赵彝矫旨将他滞留途中，王淐返回大都，上报元朝中书省，乃得还。王淐因此事忧愤成疾。不过，赵彝故意以高丽为敌，很快被忽必烈识破，最后“竟不得志而死”。②

16. 金裕，高丽人，永宁公王綧赴元朝入质，被选中跟随。金裕来到中国以后，图谋借元朝的权威，作为元朝使臣出使高丽，以逞其欲。他对元朝丞相安童曰：“海东三山有药物，若遣我可得。”安童信之，遂遣金裕、申百川等为使臣，勒索药物。金裕背叛高丽的行为，受到高丽的抵制。③

17. 李枢，高丽人，初名唐古，私自来到元朝，向元朝上奏说：“金漆、青藤、八郎虫、榧木、奴台木、乌梅、华梨、藤席等物产于本国。”忽必烈于是派遣必阇赤黑狗与李枢等一起来到高丽，索要上述物产。元朝后来又遣李枢来高丽索取巨型木材，高丽王因李枢侵扰不已，只好刻意讨好他，封他为将军。李枢载木材及其勒索的奴婢、货财而去。④

18. 韩洪甫，高丽榅城人，投降蒙古，蒙古将领也速达爱之如子。他自称：“吾在本国窖藏白金，人莫知之，且吾兄家产颇饶，闻今已死，请往收兄财及吾藏银而来。”也速达许之，仍遣二人伴行，韩洪甫在金郊驿逃跑，投靠高丽王请求庇护。也速达牒请捕送，韩洪甫被送回元朝处死。⑤

19. 李安社，高丽全州人，性豪放，有志四方，尝知宜州，有惠政。以姻娅故，移居江陵府之三陟县。既而入中原，仕于蒙古氏，为南京五千

① 郑麟趾：《高丽史》卷130《列传43·叛逆·李岘》，页八到九。
② 郑麟趾：《高丽史》卷130《列传43·叛逆·赵彝》，页二十七。
③ 郑麟趾：《高丽史》卷130《列传43·叛逆·赵彝》，页二十八。
④ 郑麟趾：《高丽史》卷130《列传43·叛逆·赵彝》，页二十九。
⑤ 郑麟趾：《高丽史》卷130《列传43·叛逆·赵彝》，页三十。

户所达鲁花赤。①

上面是在蒙古征伐时期出仕中国的高丽人的情况，为了便于分析，现将他们出仕的职务情况列表，如表2-1。

表2-1 蒙古征服时期出仕中国的高丽人任职情况统计表

类别	中央官职	地方官职	军职	辽阳行省官职	高丽官职	特殊任命	翻译
数量	0	7	2	0	0	6	4
百分比	0%	36.84%	10.53%	0%	0%	31.58%	21.5%

上面19人都是在蒙古征伐时期投降蒙古，得到蒙古任命的高丽人，包括下面几种情况：一是战争中被蒙古俘获或直接投降蒙古的高丽军政官员，这些人受到蒙古的保护，其家属也得到蒙古的照顾，一般在蒙古与高丽的互动中担任语言翻译，称译语。

二是高丽官员或低级军官在蒙丽战争中归附蒙古，这些人有的得到蒙古和元朝的重用，被任命为官职，随蒙古军参与对高丽的征讨，如洪福源及其子孙。有的被蒙古准许在原高丽和元朝的交界处割据，这些人被任命为总管、千户等名目，成为蒙古政权认可的高丽与蒙古之间的地方势力，用于牵制高丽政权。

三是被迫在高丽入质或父母在蒙古征服以前就迁到高丽，如高丽贵族王綧及其家族，由于长期定居蒙古，被任命担任管理蒙古境内的高丽人，其本人及其子孙也随蒙古或元军参与征伐叛乱的贵族和高丽出现的叛乱。李伯祐作为真定史氏下属的军事家族，其先辈就来到中国定居，到他这一代得到该地世侯史天泽的庇护，成为其下属将领，随着真定史氏与蒙古合作，成为世侯，李天祐也得到元朝任命的职务，出仕元朝。

四是高丽国内的投机者。他们看到蒙古的强大和高丽在蒙古武力征服面前所表现出来的软弱与妥协，于是背叛高丽，依附蒙古，妄图依靠强大的蒙古政权勒索高丽，满足自己的贪欲。这些投机者一般通过满足蒙古对于特殊物质的需要，向蒙古或投降蒙古的地方势力传递消息，受到蒙古贵族或元朝皇帝的信任，从而得到蒙古任命的职务(一般是使臣)，然后回

① 李穑：《牧隐文藁》卷十五《高丽国赠纯诚劲节同德辅祚翊赞功臣，壁上三韩三重大匡，门下侍中判典理司事完山府院君，朔方道万户兼兵马使，荣禄大夫判将作监事李公神道碑铭(并序)》，页一，《韩国文集丛刊》第5册，韩国民族文化推进会，1990年，第123页。

高丽勒索奴婢和财物。这些人为高丽官民所痛恨，但受制于蒙古政权的压力，高丽不得不满足其中一些人的贪欲。

这一时期影响最大的入仕中国的高丽人是洪福源和王綧。洪福源家族除了得到类似于中国北方汉族世侯的待遇，由于其高丽人的身份，以及统领一支高丽人组成的军队，被忽必烈作为制约高丽政权的政治势力，政治地位较高，在高丽周边的辽阳行省影响较大，具体情况将在后面专门讨论。王綧在元太宗十三年(1241)入质蒙古，他此后除了几次随元朝征讨或受蒙古任命回高丽处理一些事情以外，大部分时间居住在中国，被任命与洪福源家族一起管理归附中国的高丽军民，该家族成员也与洪氏家族成员一样，参与了东征日本和平定蒙古诸王叛乱以及镇压高丽权臣叛乱的军事行动。

这一时期由于蒙古与高丽大部分时间处于战争状态，高丽与蒙古的交通基本断绝，高丽人很难顺利到达中国。只有蒙古有了特殊的需要，这些高丽人才会得到蒙古政权任命，因此，数量有限，这批人是最早出仕中国的高丽人。

二、元世祖时期出仕中国的高丽人

元世祖忽必烈继位以后，改变了蒙哥政权以军事征伐为主的政策，采用政治手段和军事威慑相结合，迫使高丽一步步臣服。在高丽元宗和忠烈王时期，这种政策逐步奏效，一个元朝主导下的，高丽政权全面配合的元丽关系架构逐步形成。这一时期，前期投降蒙古的洪氏家族子弟洪茶丘、洪君祥在元朝与高丽的互动中表现活跃，早期作为质子来到元朝的高丽贵族王綧的子孙同样得到元朝的信任，参与政治、军事活动。较早来到中国的李伯祐家族子弟也以北方世侯的身份，取得了较多在中国仕宦的机会。另外，由于元宪宗九年(1259)高丽世子王倎入质燕京，高丽世子入质元朝成为制度，他们的陪臣在大都长期定居，有不少机会接触元大都士人、官员和宫廷中的蒙古贵族，一些人受到赏识，被纳入宿卫，加入元朝怯薛队伍，进而取得出仕中国的机会。可以说，元世祖忽必烈时期，出仕中国的高丽人的数量明显增多，取得元朝任命职务的途径也有所增加，反映了元丽关系的发展。这一时期入仕中国的高丽人主要有：

1. 洪俊奇(1244—1291)，小字茶丘，高丽人，洪福源第二子。幼从军，以骁勇受知世祖。中统二年(1261)秋，洪茶丘雪父冤，世祖诏其带元降虎符，袭父职，管领归附高丽军民总管。至元六年(1269)高丽权臣林衍叛，元世祖诏洪茶丘率其家族高丽军三千，从蒙古国王头辇哥讨平之。至元十一年(1274)洪俊奇(茶丘)受命到高丽监造战船，经营征讨日本国事。不久，元朝授他东征右副都元帅，与都元帅忽敦等领舟师二万，渡海征日本。至元十四年(1277)正月，元朝再授洪俊奇(茶丘)镇国上将军，东征都元帅，镇高丽。至元十七年(1280)授龙虎卫上将军、征东行省右丞，十八年(1281)与右丞忻都进攻日本。至元二十四年(1287)洪茶丘随忽必烈亲征乃颜。凯还，元朝授他辽阳等处行尚书省右丞。至元二十八年(1291)洪茶丘以疾卒。①

2. 洪万(？—1310)，小字重喜，高丽人，洪茶丘长子。至元十三年(1276)入宿卫，十八年(1281)洪重喜(万)袭职为怀远大将军安抚使、高丽军民总管，仍佩父洪茶丘所佩虎符。二十四年(1287)乃颜叛，重喜率兵征之。此后至元二十五年(1288)、二十七年(1290)、二十八年(1291)洪万(重喜)三次从征漠北叛王。至元二十八年(1291)十月元朝授重喜龙虎卫上将军、辽阳等处行中书省右丞，二十九年(1293)洪重喜仍佩元降虎符，总管高丽、女直、汉军万户，兼安抚使、高丽军民总管。六月重喜改资德大夫、辽阳等处行中书省右丞。大德十一年(1307)武宗即位，重喜朝于上都，七月复授辽阳行省右丞，至大二年(1309)重喜被谪漳州，行至杭遇赦而止，明年卒。②

3. 洪君祥(？—1309)，小字双叔，高丽人，福源第五子。他年十四随兄洪茶丘见世祖于上京，元世祖令选师儒教之。至元三年(1266)借高丽民三百人为兵，令洪君祥统之，他此后从秃花、秃烈、伯颜等军筑万寿山，又参加开凿通州运河工程。六年(1269)林衍叛，洪君祥随头辇哥征之。至元十一年(1274)洪君祥以蒙古、汉军都镇抚，参与蒙宋战争，在镇江等地劝降南宋守将，升武略将军、中卫亲军千户，至元十五年(1278)升明威将军、中卫亲军副都指挥使，十九年(1282)元朝授君祥枢密院判官，二十三年(1286)转昭武大将军同佥枢密院事，二十四年(1287)诸王乃颜叛，洪君祥从世祖亲征，二十八年(1291)授辽阳行省右丞，用枢密院留，担任同佥枢密院事。大德二年(1298)诏使高丽，台臣劾洪君祥以他事，中道追回，已而事罢，三年(1299)奉使江浙，问民间疾苦，使还，退居昌平之皇华山，绝口不论时事者五年，九年(1305)洪

① 宋濂：《元史》卷154《洪福源传(附俊奇、君祥、万)》，第3629~3639页。

② 宋濂：《元史》卷154《洪福源传(附俊奇、君祥、万)》，第3633~3634页。

君祥擢大司农，俄拜中书右丞，十年(1306)春，洪君祥改江浙行省右丞，秋，改辽阳右丞。武宗即位，任命他为同知枢密院事，进荣禄大夫、平章政事、商议辽阳等处行中书省事，改辽阳行省平章政事，俄改商议行省事。至大二年(1309)卒。①

4. 洪迈，洪君祥子，奉训大夫、同知开元总管府事。②

上述四人属于前面论及的洪福源家族子弟，由于得到忽必烈信任，仕宦比较优越。

5. 王阿剌帖木儿，高丽人，王綧长子，袭职，授虎符，总管高丽人户。至元八年(1271)王阿剌帖木儿将兵讨伐叛臣金通精，十一年(1274)进昭勇大将军，从都元帅忽都征日本，有战功。至元十五年(1278)元朝加王阿剌帖木儿镇国上将军、安抚使、高丽军民总管，寻升辅国上将军、东征左副都元帅。至元十八(1281)年王阿剌帖木儿复征日本，遇风涛，没于军。③

6. 王阔阔帖木儿，高丽人，王綧次子，他入侍武宗潜邸，授太中大夫、管民总管。④

7. 王兀爱，高丽人，王綧第三子，袭兄阿剌帖木儿职，佩金虎符，授安远大将军、安抚使、高丽军民总管、东征左副都元帅。至元二十四年(1287)诸王乃颜叛，王兀爱力战屡捷，复从月鲁儿那演讨塔不歹、朵欢大王。二十五年(1288)王兀爱从征哈丹、秃鲁干，隶平章阔里帖木儿麾下，论功居多。次年，元朝加授王兀爱昭武大将军、辽阳等处行中书省事。二十七年(1290)，哈丹等入寇高丽国境，遣兀爱镇守，他修城壁，严卒伍，军威大振，贼遂潜遁。二十八年(1291)王兀爱入觐世祖于内殿，世祖嘉其战功，赐尚方玉带及银酒器。二十九年(1292)元朝改东征左副都元帅府，立总管高丽女直汉军万户府，授兀爱三珠虎符，升镇国上将军、总管高丽、女直汉军万户府兼沈阳安抚使、高丽军民总管。⑤

上面三人是前面提到的王綧的家族子弟，由于属于高丽贵族出身，得

① 宋濂：《元史》卷154《洪福源传(附俊奇、君祥、万)》，第3631~3633页。

② 宋濂：《元史》卷154《洪福源传(附俊奇、君祥、万)》，第3633页。

③ 宋濂：《元史》卷166《王綧传，附王阿剌帖木儿传、王阔阔帖木儿传、王兀爱传》，第3891页。

④ 宋濂：《元史》卷166《王綧传，附王阿剌帖木儿传、王阔阔帖木儿传、王兀爱传》，第3892页。另外《高丽史》记载了王维，认为：“维，本国宗室，仕元朝，为揔管。”(郑麟趾《高丽史》卷31《世家·忠烈王二十四年》)这个王维或许就是王阔阔帖木儿。

⑤ 宋濂：《元史》卷166《王綧传，附王阿剌帖木儿传、王阔阔帖木儿传、王兀爱传》，第3892页。

到在中国仕宦的机会。随着高丽元宗和忠烈王在元朝地位的提高，王綧家族子弟在元朝逐渐被疏远。

8. 李珣，高丽人，李伯祐子，真定等路管军千户。

9. 李珏，高丽人，李伯祐子，宝庆路总管。

10. 李珪，高丽人，李伯祐子，宝庆路总管。

11. 李公懋，高丽人，李伯祐子，沭阳县令。

12. 李琳，高丽人，李伯祐子，越州人匠总管府提举。①

上述五人是李伯祐的家族子弟，由于具有北方世侯的跟脚，仕宦机会较多。

13. 于琔，高丽镇州人，高丽元宗朝以译语累迁郎将，尝出使蒙古，因留不返，请元朝取其家属。至元五年、至元六年两次陪蒙古使臣来到高丽，于琔又与高丽叛臣金守磾俱剃发，向蒙古将领也速达告发“高丽有急，必迁济州，今言复都旧京非实”。也速达令于琔与高丽世子王愖对辨，王愖拒绝。于琔后来回到高丽定居，娶权臣林衍家属林未梱之妻蔡氏，元朝怀疑于琔与遭到镇压的林衍家族勾结，以“琔娶之罪莫大焉”的借口，至元十年(1273)命高丽王京达鲁花赤诛杀之。②

14. 赵仁规，字去尘，高丽平壤郡人。至元六年(1269)，忠烈王以世子入觐，仁规从之。以能华言，善辞令，在高丽政权历任要职。世祖尝谓曰：“汝非国人耶？何其敷对详明，辞色举止绝不类东人也。”③至元十七年(1280)，元授赵仁规为宣武将军、王京断事官兼脱脱禾孙，赐金牌印信。④ 初高丽人虽学蒙古语，未有善敷对者，高丽使臣来到大都，必令大宁总管康守衡引入奏。仁规尝献画金磁器，世祖问曰：“画金欲其固耶？”对曰：“但施彩耳。”曰：“其金可复用耶？”对曰：“磁器易破，金亦随毁，宁可复用？”世祖善其对，命自今磁器毋画金勿进献，又曰：“高丽人解国语如此，何必使守衡译之？”有人提议高丽改土风，奏报元世祖，赵仁规单骑入觐，敷奏明辨，事遂寝。高丽王对赵仁规非常信任，高丽有请求，一般会派赵仁规去沟通，“凡奉使者三十，颇著勤劳”。⑤

15. 赵瑞，赵仁规子，仁规以赵妃事被逮留元，瑞从之。赵瑞在大都

---

① 姚燧：《牧庵集》卷十九《侍卫亲军都指挥使李公神道碑》，第 249 页。

② 郑麟趾：《高丽史》卷 130《列传 43 · 叛逆 4 · 于琔》，页三十二到页三十三，关于于琔被杀的情况，第一章进行了考述，可参考。

③ 李穀：《稼亭先生文集》卷三《赵贞肃公祠堂记》，页九。

④ 郑麟趾：《高丽史 · 世家》卷 29《忠烈王二》，页三十。

⑤ 郑麟趾：《高丽史》卷 105《列传 18 · 赵仁规》，页三十九。

率诸弟拦元成宗御驾，替父申辩，赵仁规不久被放还。赵瑞到中国贺千秋节，元成宗授他为怀远大将军、高丽国副元帅，赐三珠虎符。①

16. 李行里，高丽全州人，父出仕蒙古为南京五千户所达鲁花赤，李行里袭职千户。世祖征日本，天下兵船会于海东，高丽忠烈王遣重臣，造大舰，选名将，领精卒往讨焉。时南京千户亦以朝命来会，李行里见忠烈王至于再三，益恭益虔。王曰：“卿本仕族，岂忘本乎？今观卿举止，足知心之所存矣。”②

17. 金方庆，字本然，安东人，新罗敬顺王之远孙。金方庆一生参与了高丽元宗到忠烈王期间的重要历史事件，有军功，在高丽有很高的政治地位。至元十七年(1280)元朝任命金方庆为中善大夫、管领高丽国都元帅。③

18. 赵芬，高丽永春人。至元三十年(1293)选充内侍，至正初年升为荣禄大夫、太医院使。④

19. 李三真，高丽宦官，元世祖忽必烈年间入仕元朝内廷，元朝授平章，高丽忠宣王封他为淮阴君。李三真代表元朝来高丽降香，途中恃势纵暴，“其降香诸道守令微有过，辄杖之”。李三真拜见高丽淑妃，淑妃宴慰甚厚，又赐给他银瓶二十口，令买其父第。⑤ 李三真在高丽的恶劣行为，引起高丽官民的不满。李三真退休后定居大都，以其安富里宅第为佛祠，名之法王，召高丽僧人孜信主之，为元世祖告天祝寿。⑥

20. 金侁，高丽人，仕元为辽阳行省参政，至元十八年(1281)元朝进攻日本，溺死。⑦

21. 郑可臣，字献之，高丽罗州人，高丽忠宣王老师。忠烈王十六年(1290)，高丽世子如元，可臣及闵渍等从行。一日，帝引世子于便殿隐几而卧问：“尔读何书？”对曰：“有师儒郑可臣、闵渍在此，宿卫之暇，时从质问《孝经》《论(语)》《孟(子)》。”帝大悦曰：“试唤可臣来。”世子引

---

① 郑麟趾：《高丽史》卷105《列传18·赵仁规》，页四十二。

② 李穑：《牧隐文藁》卷十五《高丽国赠纯诚劲节同德辅祚翊赞功臣、壁上三韩三重大匡、门下侍中判典理司事完山府院君、朔方道万户兼兵马使、荣禄大夫判将作监事李公神道碑铭(并序)》，页一，《韩国文集丛刊》第5册，第123页。

③ 郑麟趾：《高丽史》卷104《列传17·金方庆》，页二十一。

④ 李穀：《稼亭先生文集》卷四《大都天台法王寺记》，页三。

⑤ 郑麟趾：《高丽史》卷122《列传35·宦者·李大顺》，页二十二。

⑥ 李穀：《稼亭先生文集》卷四《大都天台法王寺记》，页四。

⑦ 金宗瑞：《高丽史节要》卷19《元宗顺孝大王二·甲戌十五年》，页二十五，韩国东国文化出版社，1960年。

与俱入，世祖遽起而冠，责曰："尔虽世子，吾甥也，彼虽陪臣，儒者也，何得令我不冠以见。"仍赐坐，问本国风俗，世代相传理乱之迹，自辰至未，听之不倦。后命公卿议征交趾，诏与高丽世子师二人同议，可臣等曰："交趾远夷，劳师致讨，不若遣使招来，如其执迷不服，声罪征之，可一举万全。"奏对称旨，忽必烈授郑可臣翰林学士、嘉议大夫，时人荣之。……元世祖尝观《辽东水程图》，欲置水驿，语可臣曰："汝国所产唯米、布，若陆输道远物重，所输不偿所费，今欲授汝江南行省左丞，使主海运，岁可致若干斛匹，岂唯补国用，可给东人寓都之资。"对曰："高丽山川林薮居十之七，耕织之劳，仅支口体之奉，况其人不习海道，以臣管见，恐或不便。"帝然之。[①] 郑可臣在大都期间与当时京城的士大夫多有诗歌唱酬，王恽赠给他的一首诗中写道："豹管潜窥见异姿，鸡林诗好动京师。恩深自比沧溟阔，国小方资节相毘。宝瑟听来多雅唱，人生乐处是新知。"[②]王恽在诗中以"鸡林诗好动京师"，盛赞郑可臣的文采。

22. 闵渍，字龙涎，高丽骊兴人，高丽忠宣王老师。受到元世祖忽必烈召见，奏对称旨，忽必烈遥授其为翰林直学士，时人荣之。后元欲复征日本，令高丽造战舰。高丽王到元朝欲陈东征不便，闵渍以左副承旨从行。闵渍找到枢密院佥院洪君祥，因语曰："倭之于大元，岂啻若唐之于高丽乎？况往岁之役，本国民力竭矣，今若不寝，乃吾民何？惟公图之。"君祥曰："君有命敢不从？"闵渍以君祥言，议从臣，欲罢造舰。印侯张舜龙曰："此朝廷大事，岂以一佥院言止之乎？"渍曰："后若有诘，我自当之，非诸君所知也。"遂白王罢之，人以渍为劲直。[③]

23. 金富允，初名用成，高丽免山郡人，隶左都知侍卫军，补校尉。金富允后担任忠烈王入质元朝期间的随从武官。虽值险艰，执节不移。元世祖知其名，授金富允为武德将军、征东行中书省理问所官。[④]

24. 朴全之，高丽竹州人，年未弱冠登第，忠烈五年，元世祖诏选衣冠子弟入侍，朴全之被选中。他此后定居中国，与中原名士游，商榷古今，山川风土如指诸掌，高丽王重之。元朝授朴全之征东省都事，既还高丽，除吏、兵二部侍郎……（忠肃八年）沈王之党诬高丽忠肃王以罪，上书元朝中书省，逼朴全之署名，全之奋然曰："狗奴敢污我邪？"遂遣其子

---

① 郑麟趾：《高丽史》卷105《列传18·郑可臣》，页二十五。
② 王恽：《秋涧先生大全文集》卷22《和赠高丽郑学士诗韵》，四部丛刊初编本，页十二左。
③ 郑麟趾：《高丽史》卷107《列传20·闵渍》，页四十二。
④ 郑麟趾：《高丽史》卷107《列传20·金富允》，页十二。

瑗，闻于王所。①

25. 金台铉，字不器，光州人，高丽忠烈元年高丽国子监试第一，授左右卫参军，直文翰署。他作为高丽使臣到元朝贺圣节，至上都，适元世祖到甘肃，诏：“天下进贡使皆至京师而止。”金台铉言于中书省曰：“下国自事大以来，岁时朝贺，未尝有阙。止于京师帝命也，达于行在吾君命也，吾宁获罪于帝，不敢废吾君命。”于是金台铉到达元世祖行在，忽必烈嘉其忠悫，大加赏赉，赐御馔以宠之。元授他为征东行中书省左右司郎中。②

26. 薛景成，高丽人，世业医，为高丽知名医生。高丽忠烈王每次生病，都会命薛景成治疗，由是有名。元世祖不豫，遣使求医，安平公主赐装钱及衣二袭遣之，用药有效，元世祖喜赐馆廪，得以时时出入皇宫。薛景成留元二年，告归。世祖赏赐甚厚，并告诉他：“得无念室家耶！汝归挈家以来！”薛景成回高丽，因其妻拒绝到中国，于是留在高丽。此后数次来往于高丽中国之间，世祖遇之益厚，前后所赐不可胜纪。元成宗生病，又召薛景成诊疗，从此留在中国。高丽忠宣王继位，韩国公主妒赵妃，诬妃父赵仁规罪，元遣使鞫问，以薛景成副之。景成不与用事者通，高丽特加赞成事致仕。③

27. 曹允通，高丽耽津县人，以棋知名，又善玄鹤琴，创作别调行于世。元世祖召与南人善棋者试之，曹允通辄胜，元世祖对他优待，允许他乘驿随意往来高丽和中国。高丽忠烈王时，元朝遣使召允通，挈家入朝，忽必烈问曰：“世传人参产汝国者嘉，汝能为朕致乎？”对曰：“臣若管其事，岁可得数百斤。”帝赐传遣之，自是允通岁巡州郡，发民采之，或小有朽败，或非地产未及期者，辄征银币以营私利，民甚苦之。高丽王遣张舜龙奏曰：“曹允通奉圣旨采人参，人参唯产东北界，允通强令诸道民就产处采纳，臣请随所产处以时采贡。”元世祖又命允通管东界鹰坊，高丽王亦赐红鞓，官至赞成事，致仕卒。④

28. 尹秀，漆原县人，其舅父宋义随高丽使臣出使蒙古，了解到蒙古将征讨高丽，逃还以告，高丽王迁都江华岛，以避蒙古军的征讨，后高丽以功累迁宋义枢密副使致仕。不久，蒙丽关系改善，高丽恢复王京。宋义和尹秀害怕蒙古追究，相与谋投蒙古军统帅国王头辇哥，逃到中国。忠烈

---

① 郑麟趾：《高丽史》卷109《列传22·朴全之》，页四一。
② 郑麟趾：《高丽史》卷110《列传23·金台铉》，页四。
③ 郑麟趾：《高丽史》卷122《列传35·方技·薛景成》，页九。
④ 郑麟趾：《高丽史》卷123《列传36·嬖幸·曹允通》，页三十五。

王在大都为秃鲁花，尹秀在中国得到忠烈王的信任，忠烈王即位，尹秀自沈阳来到高丽，掌管高丽鹰坊，“恃势纵恶，人以禽兽目之。尝如元献鹞，还言帝以鹰坊子五十人处之罗州，凡属鹰坊者，勿使侵扰，且令朴义掌之，以秀自请也”。忽必烈遣鹰坊子郎哥歹等二十人往庆尚道河阳永州，尹秀伴行。高丽王以尹秀为全罗道鹰坊使，元卿、宋义、李贞为庆尚、忠清、西海道王旨使用别监。①

29. 元卿，元傅子也，性豪奢，好射御，不喜儒，高丽忠烈朝累迁中郎将。元卿幼习蒙语，屡从高丽王到中国，元世祖常称呼他曰“纳麟哈剌”(蒙古语：黑谋士)，以其应对详敏，举止便捷，故曰纳麟，须髯美黑，故曰哈剌。元朝命他为武略将军、征东行中书省都镇抚，带金符。②

30. 朴光挺，元世祖时期，始以本国子弟被选，宿卫阙庭，受天子之命，带金符为昭信校尉、高丽西京等处水手军副万户兼匡靖大夫、平壤府尹而卒。孙秃满，世袭其职，阶皆昭信。③

31. 高适，高丽耽罗贵族，至元八年夏，高丽神义军三别抄叛入耽罗。至元十年四月，元朝与高丽联合讨之。元朝以高适为留总管，特令安集余民。至元十五年(1278)高适赴朝，元朝亲授金牌。至元十八年，耽罗配合元朝征伐日本，造船一百艘。至元二十一年(1284)耽罗建立总管府，高适为军民安抚使事，又受宣命金牌、明威将军安抚司使。至元二十九年以征东行中书省札付充耽罗指挥使，至是，乃与副使文昌佑、同知金瑄定议，奏达元朝，归属高丽。④

上面是元世祖忽必烈时代入仕中国的高丽人，现将任职情况统计如表2-2所示。

表 2-2 元世祖时期出仕中国高丽人任职情况统计表

职务	元朝中央	元朝地方	元朝军职	辽阳行省	征东行省	高丽国内	特殊任命	宦官
数量	3	5	5	3	6	3	5	1
百分比	9.68%	16.13%	16.13%	9.68%	19.35%	9.68%	16.13%	3.22%

① 郑麟趾：《高丽史》卷124《列传37·嬖幸·尹秀》，页一到页三。

② 郑麟趾：《高丽史》卷124《列传37·嬖幸·元卿》，页五到页六。

③ 崔瀣：《拙藁千百》卷二《平原郡夫人元氏墓志》，页三。

④ 徐居正：《东文选》卷一百一郑以吾《星主高氏家传》，页十七，日本内阁文库藏朝鲜刊本。

表 2-2 说明了元世祖时期出仕中国高丽人的任职情况。这一时期是元丽关系由动荡到稳定的过渡时期，世祖以前投降蒙古的显赫家族子弟依然得到重用，其职务分布于军事、政治等方面。由于洪福源和王綧与高丽的特殊关系，我们看到，这两家的子弟的任职，都是辽阳行省的职务，其原因是辽阳行省内部有数量较多的在蒙古征服时期投降或掳掠而来的高丽人，忽必烈以高丽人管理中国境内的高丽人，同时通过两个家族的竞争相互牵制，达到控制全局的目的。对于另一位较早投降北方世侯的李伯祐来说，他与高丽没有任何利益关系，几乎成为元朝中国北方的汉人，因此，他的后人以中国地方官员为主。这一时期进入元朝中央机构的高丽人有三人，其中洪君祥为元朝枢密院同知，属于实授的职务，其他二人郑可臣、闵渍所授的翰林学士、翰林直学士都不是实授，只是给个名号鼓励而已。

忽必烈时期高丽与元朝关系逐步稳定，高丽世子入质、高丽王与元朝公主通婚以及各种高丽使臣定期出使元朝等制度逐步建立起来。元丽双方围绕讨伐日本、平定内乱等互动也很频繁，因此，作为高丽世子陪臣的高丽人和作为两个政权交流角色的高丽人在中国非常活跃，元朝对于这种类型的高丽人，一般会任命征东行省的职务或者是高丽内部的职务，这些职务应该是由高丽国王任命，元朝的越俎代庖应是表明对这些人在政治上支持的态度。需要说明的是，这一时期元朝会派一些有特殊职务的高丽人到高丽征集人参等特殊物资，为一些高丽投机者提供了机会。高丽医生开始受到元朝重视，担任太医或其他任命。由于元朝公主下嫁高丽，蒙古狩猎习俗传入高丽，为任职鹰坊的投机高丽人提供了机会。最后，高丽宦官到元朝进行宫廷服务还没有形成制度，人数不多。

三、元朝中后期出仕中国的高丽人

元朝中后期是元丽关系的稳定时期，尽管元朝对高丽统治中土化的努力增强以及高丽内部政治斗争加剧，但这种斗争被限制在一定的范畴，忽必烈时期建构的元丽关系的框架没有改变，对于元朝和高丽关系的大局也没有产生明显的影响。元朝中后期，元丽之间政治、文化交流频繁，高丽政治、文化精英受到元政权的信任，他们与中国士大夫的关系也开始密切，因此，高丽精英大量出仕中国。从后面的考察与统计就可以看出，这一时期出仕中国的高丽人数量大大增加，除了与高丽世子、高丽王有关的陪臣大量被元朝政权任命为宿卫和外廷官员以外，高丽宦官在元朝内廷充当了重要角色，对大都政治和宗教文化等产生的影响，也有明显的增强。延祐元年(1314)元朝实行科举，高丽所在的征东行省有固定的录取名额，一些高丽士人在通过高丽当地(征东行省)的乡试以后，到元朝大都参加会试和殿试，一些人考中进士，被元朝任命官职，并返回高丽“荣亲”，在高丽引起轰动。出于参加科举的需要，一些高丽士人到元朝游历或游学，其中也有被荐举做官的机会。元末奇完者忽都成为元朝皇后，生皇太子爱猷识理达腊，奇氏母子在元末权力较大，一些高丽人依附于其间，成为一股较大的政治势力。一些高丽人依附于奇皇后和皇太子，得到元朝任命的职务，出仕中国。元朝中后期出仕中国的高丽人主要有：

1. 赵伯颜不花，高丽水原府龙城县人，他在元武宗海山时期，入为宿卫，后跟随武宗长子合世瑓(后为元明宗)到漠北，元顺帝继位，赵伯颜不花待遇益丰，担任中政院使，五迁荣禄大夫，官级一品。①

2. 赵忽都不花，高丽水原府龙城县人，赵伯颜不花之兄，任元朝资善库提点。②

3. 赵完泽，高丽水原府龙城县人，赵伯颜不花之弟，由承徽寺丞，三转利用监少监。③

4. 权汉功，高丽安东人，高丽忠宣王王璋侍臣，王璋奉御香南游江浙，至宝陁山，权汉功与李齐贤从之。元英宗流忠宣于吐蕃，王璋之子忠肃王王焘逮捕权汉功。权汉功与忠肃王构怨，他与闵渍、李瑚等，请立沈王暠。权汉功等还在慈云寺招高丽百官集体签名，支持沈王王暠为高丽王。权汉功将签名书呈达元朝中书省，请求元朝支持王暠继位。后来高丽忠惠王被押送到元朝，高丽宰相、国老会旻天寺，议上书请赦忠惠王罪，权汉功反对，认为：“今王无道，天子诛之，何得而救乎！”权汉功受元命为太子左赞善，忠定元年(1349)卒。④

5. 蔡河中，蒙古名哈剌帖木儿，高丽忠肃时拜护军，为沈王王暠党羽，忠肃王稽留元朝，蔡河中偕元使金家奴来高丽，宣布：“帝以暠为国王。”百官诣暠母安妃贺。蔡河中在元，谋划担任高丽宰相，当时元朝征讨江南的红巾军，蔡河中请求元朝命他回国，命令高丽出兵助征。于是蔡

① 李穀：《稼亭集》卷四《大元赠奉训大夫、辽阳等处行中书省左右司郎中、飞骑尉、辽阳县君赵公墓茔记》，页六。

② 李穀：《稼亭集》卷四《大元赠奉训大夫、辽阳等处行中书省左右司郎中、飞骑尉、辽阳县君赵公墓茔记》，页六。

③ 李穀：《稼亭集》卷四《大元赠奉训大夫、辽阳等处行中书省左右司郎中、飞骑尉、辽阳县君赵公墓茔记》，页六。

④ 郑麟趾：《高丽史》卷125《列传38・奸臣1・权汉功》，页三十一。

河中回到高丽，传达元朝丞相脱脱命令：“两国相好已久，今汉贼大起，吾受命南征，王宜遣勇锐以助之！”①

6. 李承庆，高丽京山府人，任辽阳行省参知政事。②

7. 金伯颜察，高丽人，自大德初来到中国，入侍宫闱，一家蒙恩，担任元朝中奉大夫、中尚卿，在中国仕宦三十余年。③

8. 金朵儿赤，金伯颜察之子，担任元朝奉议大夫囊八都总管。④

9. 朴琐鲁兀大，高丽人。⑤ 元武宗之初，奉旨入充内侍，武宗常呼小琐鲁兀大，因赐为名。朴琐鲁兀大初拜仪鸾局大使，再迁朝列大夫、同知大都路北怯怜口诸色民匠都总管府事，入为内侍，自武宗之世已承恩渥。元仁宗继位，朴琐鲁兀大以东宫旧臣，眷遇异常。⑥

10. 郑仁，蒙古名郑秃满达，高丽河东郡人。大德四年(1300)，郑秃满达十一岁，以内侍从高丽忠烈王入觐，因留下服务元朝内廷。成宗爱其颖悟，诏他入国子学，习书礼，既通大意，命他给事仁宗潜邸。至大二年(1309)，郑仁拜典宝监丞，官奉训大夫，又迁典瑞太监，六转为典瑞监大使、资善大夫，后摄利用监，监金玉府。天历初年，郑仁又为典瑞监大使，四迁光禄大夫、徽政院使、延庆使、提调掌谒司事。“其在徽政也，孜孜以荐进贤能为己任，故士论翕然归之。”⑦

11. 朱完泽帖木儿，高丽人，元朝至正四年(1344)为大府太监。⑧

12. 申当住，高丽人，后至元三年(1337)为元朝典瑞使。⑨

13. 崔伯伦，高丽人，元朝高丽进士崔瀣之父，擢高丽科举第一，官至民部议郎，元授高丽王京儒学教授。⑩

14. 崔瀣，字彦明父，一字寿翁，鸡林人。瀣幼颖悟，九岁能诗，延祐元朝恢复科举取士，闻诏乃曰：“可试所学。”既而果中制科，同年

---

① 郑麟趾：《高丽史》卷125《列传38·奸臣1·蔡河中》，页三十三。

② 李穑：《牧隐文藁》卷十五《有元奉议大夫、征东行中书省左右司郎中、高丽国端诚佐理功臣、三重大匡、兴安府院君、艺文馆大提学、知春秋馆事、谥文忠公樵隐先生李公墓志铭(并序)》，第7页。

③ 李穀：《稼亭先生文集》卷二《京师金孙弥陁寺记》，页六。

④ 李穀：《稼亭先生文集》卷二《京师金孙弥陁寺记》，页六。

⑤ 李穀：《稼亭先生文集》卷三《京师毂积山灵岩寺石塔记》页七。

⑥ 李穀：《稼亭先生文集》卷三《大元高丽国广州神福禅寺重兴记》，页十三。

⑦ 李穀：《稼亭先生文集》卷四《韩国公郑公祠堂记》，页三。

⑧ 李穀：《稼亭先生文集》卷四《大都天台法王寺记》，页五；《大都穀积山新作罗汉石室记》，页七。

⑨ 李穀：《稼亭先生文集》卷六《大都大兴县重兴龙泉寺碑》，页五。

⑩ 郑麟趾：《高丽史》卷109《列传22·崔瀣》，页二十七。

状元宋本称其才，二人多有唱和诗，元授辽阳路盖州判官。① 及东还，高丽艺文、成均、典校三馆出迎于迎宾馆，迁艺文应教。崔瀣不久到中国赴任，盖州地僻，判官职冗，居五月，移病东归。高丽累官至检校成均大司成。瀣才奇志高，其诗文在高丽影响较大，有文集《拙藁千百》行于世。②

15. 安轴，字当之，号谨斋，高丽福州兴宁人。泰定元年(1324)，到元朝大都参加会试和殿试，考中第三甲第七人，授盖州判官。时高丽忠肃王(王焘)与沈王王暠争夺高丽王位，被元朝扣留大都。安轴谓同志曰："主忧臣辱，主辱臣死，吾曹之学如此!"乃上书讼王之无它，王甚嘉之，任命高丽国成均乐正。元朝盖州知州遣人礼请任职，高丽王正准备大用之，故不能去国之任。③ 仕高丽，被封兴宁君。

16. 安辅，字员之，安轴之弟，年十九登第高丽，调庆州司录，选补春秋修撰，累升编修官，高丽忠穆王元年(1344)中元朝进士，授辽阳行中书省照磨兼承发架阁库，辅曰："既受命不供职是不恭也，况照磨惟收掌文书，无他务，吾当赴省。"既上官，省官重其才，皆礼貌之。辅曰："吾今足以塞吾责，母老不归养，非孝也。"于是弃官东归。后高丽任命他为右代言兼执义，高丽忠定王时为典法判书。④ 李穑记载："予之在都也，韩仲辅御史言，吏部官有知先生者，拟进翰林国史院编修官，省臣却不奏。"⑤看样子安辅中举以后，吏部有人提议任命他为翰林国史院编修官，被中书省大臣否定。

17. 赵廉，字鲁直，高丽淳昌人，忠肃王时期高丽登第，又考中元朝进士，授辽阳等路总管知府事，高丽任命他为典理佐郎。忠惠王初，除正言，后拜左司议大夫。⑥

18. 元某，具体名字不详，高丽人，元仁宗时期"公献赋阙下，擢为太常博士"。元英宗继位盛典上，丞相拜擢为礼官，"相皇帝亲享太庙"，元某"实为大丞相所尊礼，考验故实，其为功居多"，说明他在元英宗继位之时，通过辅助主持继位仪式，得到拜住的赞赏。后来元某"九命而贰

① 李穀：《稼亭先生文集》卷十一《大元故将仕郎、辽阳路盖州判官、高丽国正顺大夫、检校成均大司成、艺文馆提学、同知春秋馆事崔君墓志》，页六。

② 郑麟趾：《高丽史》卷109《列传22·崔瀣》，页二十八。

③ 李穀：《稼亭先生文集》卷十一《大元故将仕郎、辽阳路盖州判官、高丽国三重大匡、兴宁府院君、领艺文馆事、谥文贞安公墓志铭》，页十。

④ 郑麟趾：《高丽史》卷109《列传22·安轴》，页二十一。

⑤ 李穑：《牧隐文藁》卷十九《鸡林府尹、谥文敬公安先生墓志铭(并序)》，页四。

⑥ 郑麟趾：《高丽史》卷109《列传22·赵廉》，页三十一。

宪节于江东”，即被任命为元朝江东道肃正廉访副使。不久，又被任命为太常礼仪院佥事。他后来返回高丽，元朝后期再“以观风之使入天子朝，为奉常”，即任职于元朝的礼官。①

19. 韩永，字贞甫，高丽清州人。至元十六年(1279)其父韩谢奇以秃鲁花的身份，挈家入元。② 韩永少长辇毂，学于中国。大德七年(1303)选充宿卫，十一年(1307)为元仁庙潜邸侍卫，至大初年授承务郎、资武库提点。皇庆元年(1312)，除寿武库使，延祐元年(1314)转利器库使。延祐七年(1320)出守锦州。至治二年(1322)移高州知州。天历元年(1328)为懿州知州，未任，改授河西陇北道佥廉访司事。元统元年(1333)迁河南府路总管，后至元二年(1336)三月二十六日，以疾卒于官，年五十二。③

20. 崔诚之(曾用名：阜、珰、琇、实)字纯夫，号松坡，高丽忠宣王侍臣，随其入质元朝。大德末年，参与元朝宫廷内争，拥立元武宗继位。崔诚之常居高丽忠宣王王左右，出谋划策，后高丽忠宣王被英宗流放吐蕃。崔诚之追至关西，半年方还。英宗时有人建议设三韩行省，直接统治高丽，崔诚之与高丽前宰相金廷美、李齐贤等，献书陈利害，遂寝其议。至顺元年(1330)卒于第，寿六十五。④

21. 李齐贤，字仲思，号益斋。幼中高丽进士，出仕高丽。延祐元年(1314)以高丽王侍臣召至元朝大都，京城士大夫姚燧、阎复、元明善、赵孟頫咸游王(忠宣王)门，“公周旋其间，学益进，诸公称叹不已”。延祐三年(1316)奉使西蜀，所至题咏，脍炙人口。延祐六年(1319)王降香江南，楼台风物，遇兴遣怀，每从容曰：“此间不可无李生也。”奏授高丽王府断事官。至治二年(1322)冬还京师，忠宣王被英宗流放吐蕃，至治三年(1323)李齐贤前往探视，讴吟道中，忠愤蔼然。⑤ 此后李齐贤长期任职高丽，高丽人李穑评价认为：“先生登名王官，掌帝制优游台阁，则功业成就，决不让向之数君子者。敛而东归，相五朝，四为冢宰，东民则幸矣。”⑥

---

① 杨翮：《佩玉斋类稿》卷四《送元太常序》，页八，《文渊阁四库全书》第1220册，第82页。

② 郑麟趾：《高丽史》卷107《列传20·韩康》，页二。具体情况见尚衍斌《元及明初高丽韩氏家族事辑》，收入《元史及民族与边疆研究集刊》第三十四辑，第3~4页。

③ 李穀：《稼亭先生文集》卷十二《有元故亚中大夫、河南府路总管兼本路诸军奥鲁、总管管内劝农事、知河防事、赠集贤直学士、轻车都尉、高阳侯、谥正惠韩公行状》，页九。

④ 李齐贤：《益斋乱稿》卷七《推诚亮节功臣、重大匡、光阳君崔公墓志铭》，页十三。

⑤ 李齐贤：《益斋乱稿》附录《鸡林府院君谥文忠李公墓志铭》，页三。

⑥ 李齐贤：《益斋乱稿》前序，页二；李穑《益斋先生乱稿序》，《韩国文集丛刊》第2册，第497页。

22. 崔云，字蒙叟。高丽东州昌原县人。大德七年(1303)，以世家子随瑞兴侯琠，在元朝担任宿卫。①

23. 郑誧(字仲孚)，号雪谷，仕于高丽，后奉表至元朝大都，为丞相别哥普化公所重，将荐之天子，不久，郑誧病死。②

24. 崔安道，高丽人，蒙古名那海，通丽、蒙、汉三种语言。至顺二年(1331)奉旨来到元朝，为宿卫。元统元年(1333)特除中尚监丞，官奉议大夫。至元二年(1336)转太府监少监，官朝请大夫。后至元六年(1340)又转本监大监，官中议大夫。任官京师九年，三转官，至正元年(1341)卒。泰定初年(1324)，时朝中议论在高丽设立行省，“(崔)安道与金怡等力辩乃止”③。

25. 李穀，字中父，号稼亭，高丽忠清道韩州人。泰定三年(1326)中征东省乡试第三名，次年(1327)会试大都，下第。至顺三年(1332)中征东行省乡试第一名，次年(1333)会试中第，殿试第二甲，赐进士出身，授承事郎、翰林国史院检阅官。元统二年(1334)奉元顺帝勉励学校诏书出使高丽，后至元元年(1335)还京师，次年(1336)授儒林郎中政院管勾兼承发架阁库。后至元三年(1337)授儒林郎征东行中书省左右司员外郎。至正元年(1341)赍征东省贺改元表赴京师，因留居。至正三年(1343)授奉训大夫、中瑞司典簿，至正六年(1346)赴高丽颁正朔，次年(1347)还大都。至正八年(1348)还高丽，至正十年(1350)授奉议大夫、征东行中书省左右司郎中。至正十一年(1351)卒。④

26. 李穑，字颖叔，号牧隐，高丽忠清道韩州人。父李穀，在元朝为中瑞司典簿。李穑以元朝朝官之子，补元朝国子学生员，学习三年。至正十三年(1353)中征东行省乡试第一名，后以进奉使书状官身份赴大都。至正十四年(1354)二月，翰林学士承旨欧阳玄、礼部尚书王思诚同掌会试，李穑考中。三月参加殿试，中第二甲第二名，授应奉翰林文字、承仕郎、同知制诰兼国史院编修官，归高丽。至正十五年(1355)充书状官，奉表至大都。八月任职元朝翰林院，权翰林院经历。至正十六年(1356)

---

① 崔瀣：《拙藁千百》卷一《皇元高丽故通宪大夫、知密直司事、右常侍上护军崔公墓志铭》，页十四。

② 李齐贤：《益斋乱稿》《拾遗·雪谷诗序》，页七。

③ 崔瀣：《拙藁千百》卷二《崔大监墓志》，页三十六；郑麟趾：《高丽史》卷124《列传37·崔安道》，页二十五。

④ 李穀：《稼亭先生文集》卷首《稼亭先生年谱》，《韩国文集丛刊》第3册，第100页；陈旅：《安雅堂集》卷四《送李中父使征东行省序》，《元人珍本文集汇刊》，台湾图书馆，1970年，第174页。

正月，以母老弃官东归，回到高丽。①

27. 洪义孙，字仲谊，高丽人，累迁监察御史，左司都事，出为江西省员外郎，卒于任。②

28. 李公遂，高丽益州人，仕于高丽。至正二十三年(1363)高丽王杀奇皇后兄奇辙等，李公遂奉命到大都解释事情原委，他在中国被留置，并被任命官职，具体情况李穑记载：“拜太常礼仪院使……二十七日之任。资政院奉懿旨盛设礼食，以飨同寮，宗庙大享，公再为大常卿，循蹈礼则，观者敬之。”③从上述记载来看，李公遂到元朝以后，担任了太常礼仪院使，并主持了当时元朝的宗庙大祭。

29. 崔耐卿，号逊斋，高丽人，初为内史府官，仁宗朝负责京城商税的征收，“常数之外，岁赢五十余万缗，不私取一毫，而悉归之公。又恐其数增而后难继，则或至于厉民也，乞不以为例”。崔耐卿的廉洁和仁爱得到中国大都士大夫的称赞。高丽忠肃王羁留京师，崔耐卿竭智殚力帮其复位。④ 后崔耐卿见天子(元泰定帝)于王邸，泰定帝非常喜欢，泰定元年(1324)任命他为兵部员外郎。⑤

30. 伯颜不花，高丽人，泰定二年(1325)为江南行御史台监察御史。⑥

31. 崔帖木儿普花，高丽人，天历二年(1329)为江南行御史台监察御史。⑦

32. 李朵尔济，字仲善，高丽人，至正十二年(1352)为浙西道肃政廉访司佥事，他认为平江路为国家东南大藩屏，苟城隳堑湮，无以御盗。于是，谋于守臣，筹备平江建立城墙事宜。“经费方不给，公乃集众议，广众思，斟酌民资厚薄多寡，量城丈尺而分筑之。盖城周四十余里，高四十

① 李穑：《牧隐先生文集》卷首《行状》，权近《朝鲜牧隐先生李文靖公行状》，《韩国文集丛刊》第3册，第506页。

② 李穑：《牧隐藁·诗藁》卷二《谒洪仲谊博士》，页四。

③ 李穑：《牧隐先生文集·牧隐文藁》卷十八《有元资善大夫、大常礼仪院使、高丽国推忠守义同德赞化功臣、壁上三韩三重大匡、益山府院君、谥文忠李公墓志铭(并序)》，页十一。

④ 吴澄：《吴文正集》卷二十六《送崔兵部序》《文渊阁四库全书》第1197册，第269页。

⑤ 袁桷：《清容居士集》卷二十三《赠崔兵部序》，四部丛刊初编本，页十三左到页十四右。

⑥ 张铉：《至正金陵新志》卷六下《监察御史》，页五十八，台湾成文出版社有限公司影印元至正四年刊本，第1832页。

⑦ 张铉：《至正金陵新志》卷六下《监察御史》，页五十九，台湾成文出版社有限公司影印元至正四年刊本，第1833页(上)。尚衍斌认为，这位崔帖木儿普花应是韩永长子韩孝先，具体原因他谈了三点，可以参考。见尚衍斌《元及明初高丽韩氏家族事辑》，《元史及民族与边疆研究集刊》第三十四辑，上海古籍出版社，2018年，第12页。

余尺，费以万计。”不久，红巾军进攻杭州等地，平江因为有坚固的城墙而免于兵燹。当地士大夫对李朵尔济大加称赞。①

33. 申月鲁帖木儿，高丽人，元朝衢州路总管。明正书院学田被僧人侵夺，儒生多次上诉衢州路总管府，均不能归还。皇庆初年，申月鲁帖木儿赴任，看到历代的诉讼文书，核其实，悉返所侵田。“有挟教门檄来争之者，(申月鲁帖木儿)弗为动。”②

34. 朴不花，高丽人，皇后奇氏微时，与不花同乡里，相为依倚。奇氏选为宫人得宠，成为第二皇后，居兴圣宫，又生皇太子爱猷识理达腊，其地位和影响大大提高。于是，朴不花以阉人入事皇后，皇后爱幸之，累迁官至荣禄大夫、资政院使。至正十八年(1358)京师饥疫，朴不花帮助奇皇后赈济饥民，掩埋尸体，并作法会超度。后来他参与了奇皇后迫使顺帝退位的“内禅”，又负责策划废除高丽恭愍王和进攻高丽的军事行动，二者都以失败告终。朴不花的专权受到御史台官员的弹劾，孛罗帖木儿入大都，朴不花被杀。③

35. 奇赛因帖木儿，高丽人，奇辙之子，皇后奇完者忽都之侄，仕元为平章，因在元朝，免于高丽恭愍王的诛杀。元亡，与辽阳行省平章金伯颜等据东宁府，割据一方。④

36. 李承庆，高丽人，蒙古名帖木不花，入仕元朝，历任御史、肃政廉访使，以善断狱闻名，累迁辽阳省参政。高丽恭愍王六年(1356)，奔母丧回到高丽。明年，元遣辽阳省事塔海帖木儿召之，承庆不赴。⑤

37. 安震，高丽人，延祐元年(1314)登高丽进士第，延祐五年(1318)来大都参加会试、殿试，中第三甲第十五名，回本国，任官不详。⑥

38. 赵廉，字鲁直，高丽淳昌人，泰定元年(1324)参加元朝大都的会试，下第。至顺元年(1330)再次参加元朝会试，登进士第，授辽阳等路总管府知事，后回高丽任职。⑦

---

① 郑元祐：《侨吴集》卷八《赠李宪佥序》，页十二到页十三，《北京图书馆古籍珍本丛刊》第95册，第777~778页；陈基：《夷白斋稿》卷17《李佥事政迹序》，页三到页五，《文渊阁四库全书》第1222册，271页。

② 黄溍：《金华黄先生文集》卷八《续稿五·明正书院田记》，四部丛刊初编本，页十二左到页十三右。

③ 宋濂：《元史》卷240《宦者·朴不花传》，第4551~4554页。

④ 郑麟趾：《高丽史》卷114《列传27·池龙寿》，页十。

⑤ 郑麟趾：《高丽史》卷109《列传22·李兆年(附承庆传)》，页十三。

⑥ 郑麟趾：《高丽史》卷74《选举志二》，页八。

⑦ 萧启庆：《元代进士辑考》，台湾《“中央研究院”历史语言研究所专刊》108，2012年，第274页。

39. 尹安之，高丽人，至正五年(1345)赴元朝参加会试，落第。至正八年(1345)重新参加元朝科举，中选，授大宁路锦州判官，后归国任职。①

40. 白弥坚，高丽人，字介夫，号乃翁，中元朝进士，后仕于本国。②

41. 李舒，字杨伯，高丽洪州人，登元朝至正十七年(1357)进士第，仕于高丽。③

42. 李信，高丽人，后至元年间，仕为元朝中政院使。④

43. 崔伯渊，高丽人，任湖北道廉访司佥事，李信之侄。⑤

44. 金晦翁，高丽人，任元朝化平府光州知州。⑥

45. 蔡河中，高丽人，入元朝宿卫，任太傅府咨议参军。⑦

46. 韩孝先，韩永长子，一名帖木儿不花。由近侍累迁元朝大府监左藏库副使、征东行中书省员外郎、资政院都事、江南诸道行御史台监察御史、大司农司都事、佥山南江北道肃政廉访司事，授监察御史。⑧

47. 韩仲辅，韩永次子，一名观音奴。由侍仪司通事舍人，迁中兴武功库副使。⑨

48. 韩文献，韩永第三子，一名承寿，为东宫皇太子侍卫。⑩

49. 崔文度，号春轩，字义民，崔诚之之子。自幼宿卫元朝，习蒙古字语。“出则手弓剑，入则目简编，濂溪、二程、晦庵之书皆汇而观之。”

---

① 萧启庆：《元代进士辑考》，台湾《“中央研究院”历史语言研究所专刊》108，2012年，第332页。

② 萧启庆：《元代进士辑考》，台湾《“中央研究院”历史语言研究所专刊》108，2012年，第121页。

③ 萧启庆：《元代进士辑考》，台湾《“中央研究院”历史语言研究所专刊》108，2012年，第357页。

④ 李榖：《稼亭先生文集》卷六《大都大兴县重兴龙泉寺碑》，页六。

⑤ 李榖：《稼亭先生文集》卷六《大都大兴县重兴龙泉寺碑》，页六。

⑥ 李榖：《稼亭先生文集》卷十《送金晦翁赴化平府序》，页一。

⑦ 李榖：《稼亭先生文集》卷十一《有元奉议大夫、太常礼仪院判官、骁骑尉、大兴县子、高丽纯诚辅翊赞化功臣、三重大匡、右文馆大提学、领艺文馆事、顺天君蔡公墓志铭》，页四。

⑧ 李榖：《稼亭先生文集》卷十二《有元故亚中大夫、河南府路总管兼本路诸军奥鲁、总管管内劝农事、知河防事、赠集贤直学士、轻车都尉、高阳侯、谥正惠韩公行状》，页十二。

⑨ 李榖：《稼亭先生文集》卷十二《有元故亚中大夫、河南府路总管兼本路诸军奥鲁、总管管内劝农事、知河防事、赠集贤直学士、轻车都尉、高阳侯、谥正惠韩公行状》，页十二。

⑩ 李榖：《稼亭先生文集》卷十二《有元故亚中大夫、河南府路总管兼本路诸军奥鲁、总管管内劝农事、知河防事、赠集贤直学士、轻车都尉、高阳侯、谥正惠韩公行状》，页十二。

高丽忠宣王流放吐蕃。崔文度从大都出发前去探望，往返万里。①

50. 朴光挺，高丽人，以高丽子弟被选为元朝宿卫，受元朝之命，带金符，为昭信校尉、高丽西京等处水手军副万户兼匡靖大夫平壤府尹。②

51. 崔濬，字大中，号伯渊，小字帖穆尔普化，高丽人，出身高丽权贵之家。③ 元人虞集有一首写给他的诗云："熊掌来东国，分甘到老夫。鸾刀寒断节，翠釜暖柔肤。兔脱中山醢，鱼藏丙穴腴。藜肠浑未厌，玉食恐时须。"④诗中说崔濬送给他熊掌，说明他具有一定的经济实力。崔濬游大都，被荐举为御史台的监察御史。任职期间，他"以廉谨自持，而为时论所称首"⑤。后累官至辽阳行省参知政事。⑥ 从正七品的监察御史到从二品的辽阳行省参政，崔濬的仕宦确实非常成功。

后至元五年(1339)崔濬出仕辽阳行省，十二月回高丽与其父祝寿，"以今月十七日，称觞献寿以庆。亲姻毕至，国族聚观，莫不赍咨，叹未曾见，国中冠儒冠者咸赋诗"⑦。其中，目前看到的诗有二首，郑誧写道："鸡林多俊士，御史最为魁。负履游京辇，飘缨入宪台。三年思觐省，千里赋归来。始自乘槎去，终能衣锦回。欢心宁可既，笑口数相开。"⑧李穀写道："天邑蜚英早，频为执宪臣。拜章皆得体，听讼动如神。持斧宣明诏，称觞庆老亲。三韩无此事，千载有斯人。"⑨从诗中可以看出，崔濬从高丽到元朝大都游历，得到荐举任职元朝，他回高丽省亲，受到高丽士人的吹捧。

52. 石完者帖木儿，高丽人，高丽大臣石坚庶子，元授礼部尚书。石完者帖木儿在元朝得官以后回高丽，任政丞，因故胁迫高丽王。高丽王无奈，只好赐马慰谕。不久他被元朝召回中国。⑩

53. 王维，高丽宗室，封咸宁侯，仕元朝为总管。⑪

---

① 李齐贤：《益斋乱稿》卷七《有元高丽匡靖大夫、都佥议参理、上护军、春轩先生崔良敬公墓志铭》，页二十八。

② 崔瀣：《拙藁千百》卷二《平原郡夫人元氏墓志》，页三。

③ 郑誧：《雪谷集上》《题伯渊崔御史庆亲诗卷》，页十九，《韩国文集丛刊》第3册，第254页。

④ 虞集：《道园遗稿》卷二《酬崔御史送熊掌》，《文渊阁四库全书》第1207册，第740页。

⑤ 崔瀣：《拙藁千百》卷二《崔御史为大人庆八十序》，页三十四。

⑥ 郑誧：《雪谷集上》《题伯渊崔御史庆亲诗卷》，页十九，《韩国文集丛刊》第3册，第254页。

⑦ 崔瀣：《拙稿千百》卷二《崔御史为大人庆八十序》，页三十四。

⑧ 郑誧：《雪谷集上》《题伯渊崔御史庆亲诗卷》，页十九。

⑨ 李穀：《稼亭集》卷15《题崔御史庆亲诗卷》，页十。

⑩ 郑麟趾：《高丽史》卷104《列传17·金周鼎(附石坚传)》，页五十五。

⑪ 郑麟趾：《高丽史》卷31《世家31·忠烈王四》，页二十二。

54. 王帖古不花，高丽王室，王暠子，仕元为中书平章政事。①

55. 崔濡，高丽人，蒙古名崔帖木儿不花，高丽同知密直崔安道之子，因在高丽长期横行不法，遭到政敌围攻，元末逃到元朝。元朝征讨高邮张士诚，崔濡策划赴高丽征兵。此后，崔濡投靠元朝丞相搠思监及宦官高丽人朴不花，担任元朝的将作同知和同知枢密院事，策划通过元朝奇皇后的影响推动高丽王位更替。崔濡还领导了元末奇皇后派兵征伐高丽的军事行动，失败。高丽要求元朝将他押解回高丽，元朝监察御史纽怜也对他进行弹劾。最后崔濡被送还高丽，被高丽恭愍王处死。②

56. 全普门，高丽判三司事，至正二十六年(1366)四月担任元皇太子定难还都的贺正使，元顺帝授翰林侍讲学士、知制诰、同修国史。全普门是文盲，被封为高丽文人羡慕的元朝翰林学士，引起震动，“高丽人大骇，元末官爵之滥如此”③。

57. 金齐颜，金方庆之孙。恭愍王十五年(1365)，以高丽军簿佐郎从田禄生联络河南王扩廓帖木儿。至燕京，皇太子爱猷识理达腊对高丽与扩廓帖木儿联络非常警觉，命其东还。金齐颜谓田禄生曰：“公(高丽)大臣，不可留，予且留必达使命。”遂称疾留燕，寄书其兄金齐闵曰：“燕都虽不如昔，丈夫可居之地也。”高丽恭愍王以金齐颜有谋略，征例赐钱谷。不久，金齐颜自燕单骑走河南，送交高丽国书。金齐颜曰：“宰相田禄生被令旨还国，齐颜以王命不可不达，又乐闻大王名，不远万里而来。”金齐颜仍献玉烛，扩廓帖木儿问：“何物？”曰：“此明灯之具，熏而暗，修则复明，冀王修德若此。”金齐颜又上书扩廓，以为：“我王聪明仁武，坐歼红贼百万之众，以安帝室，为天下倡。今大王忠义闻天下，欲东西协力，削平僭乱，夹辅帝室。”王大喜，奏授金齐颜中议大夫、中书兵部郎中，佥书河南江北等处行枢密院事。齐颜素善琴，至是为王弹之，王悦。未几，扩廓帖木儿派其幕客郭永锡来高丽联络。高丽授金齐颜内书舍人，左迁典校副令。④

58. 元忠，字正甫，十八岁被召，在大都担任高丽忠宣王侍臣。高丽忠肃王复位，元忠落职留元，受元朝皇帝命带虎符，为武德将军兼提调征东都镇抚司事。⑤ 后至元二年，元忠奉徽政院差使，回到高丽。“自是见

① 郑麟趾：《高丽史》卷91《列传4·宗室2·江阳公滋》，页十四。

② 郑麟趾：《高丽史》卷131《列传44·叛逆5·崔濡》，页二十六到页二十八。

③ 郑麟趾：《高丽史》卷41《世家41·恭愍王四》，页十。

④ 郑麟趾：《高丽史》卷104《列传17·金方庆》，页二十七。

⑤ 郑麟趾：《高丽史》卷107《列传20·元傅(附元忠)》，页七。按：高丽人崔瀣《有元故武德将军、西京等处水手军万户兼提调、征东行中书省都镇抚司事、高丽宰相元公墓志》(《拙藁千百》卷二)中，以元傅为元忠祖父，元瓘为元忠父。《高丽史》元忠本传则记载元傅为元忠父，元瓘、元忠同为元傅子。这里从《高丽史》。

事至无可奈何，而志在求田问舍而已。”①说明他因认识到元政权的衰落，从此归隐，不问政治。

59. 洪彬，字文野，高丽南阳人。洪彬先世入中国，他生于至元二十五年（1288），稍长，宿卫内廷。皇庆元年（1312），他用长官荐，授从事郎大都路霸州同知，转抄纸房提领，阶承务郎，干事之才，为人所服。天历二年（1329）洪彬担任松江府判官，吏不敢欺，后担任都水监经历，又转奉训大夫太常礼仪院经历，未几，丁外艰。高丽忠肃王受到沈王中伤，稽留元朝，洪彬为王出死力讼其屈而别白之。忠肃王复位东还，洪彬从之，忠肃王念彬功，奏授征东省理问所官，拜高丽都佥议赞成事、判军簿事。忠肃王去世，遗命洪彬代理征东省事。当时高丽曹頔作乱，率洪彬及省官等袭高丽忠惠王宫，頔败死，余党皆受到处罚，洪彬则被原谅。不久，元朝遣使执高丽忠惠王及洪彬等到大都，囚王于刑部，又械彬等于狱。高丽忠惠不能自明，洪彬曰：“彬以先王遗命权行省事，事干邦宪者，彬实当之，王不当坐。”辞气慷忾，人皆为彬危之。忠惠王复位，洪彬策勋为一等，封唐城君，开府，仍奏彬为行省郎中。

高丽忠穆王嗣位，洪彬在高丽再次受到诬陷，洪彬曰：“吾不可久于此。”于是离开高丽回到中国，被任命为兴国路总管，其间“公莅民以恩，御吏以法，至今遗爱存焉”。高丽恭愍王即位，洪彬返回高丽，拜高丽右政丞，赐推诚翊戴同德协义辅理功臣号，封唐城府院君，卒年六十六，谥康敬。洪彬与李穀父子相善，李穑写道：“予先君稼亭公佐幕东省，于公为同寮，又相善也。是以，予得同受业焉，日且晚将归，公辄留之，动逾旬月。公之食我馆我，其恩又深矣。”②

60. 洪寿山，高丽南阳人，洪彬之子，仕元朝，累转内藏库副使、高州同知、秘书郎、中尚监经历、陆运提举等。③

61. 李承庆，蒙古名帖木不花，入仕元朝，历御史，廉访诸路，以能断决闻。累迁辽阳省参政。恭愍六年（1356）奔母丧东还。明年，元遣辽阳省事塔海帖木儿召之，承庆不赴，高丽命为门下侍郎平章事。④

---

① 崔瀣：《有元故武德将军、西京等处水手军万户兼提调、征东行中书省都镇抚司事、高丽宰相元公墓志》，《拙藁千百》卷二，页十九。

② 李穑：《牧隐文藁》卷十九《唐城府院君洪康敬公墓志铭》，页十一到页十四。

③ 李穑：《牧隐文藁》卷十九《唐城府院君洪康敬公墓志铭》，页十四；王士点、商企翁：《秘书监志》卷十，浙江古籍出版社，1992 年，第 207 页。

④ 郑麟趾：《高丽史》卷 109《列传 22 · 李兆年》，页十三。

62. 廉悌臣，字恺叔，小字佛奴。六岁而孤，其姑夫元朝中书平章末吉召置之左右，迎儒生授业。泰定元年(1324)泰定帝也孙铁木儿入继大统，末吉率廉悌臣迎驾于和林，泰定帝一见奇之，命他宿卫禁中，眷顾异常。末吉以病不能朝，泰定帝有所疑，必命廉悌臣咨于家；末吉有所奏，也是廉悌臣达之。① 御史大夫帖失因南坡之变被诛，泰定帝以女弟赐之，悌臣曰：“臣虽无知，不愿近逆党。”泰定帝益重之。居数岁，以久不省母，廉悌臣乞告东归，泰定帝命他降香金刚山，授金字圆牌。是时元朝使者旁午，皆仗元朝威灵，凌辱宰执，视守令如犬马。廉悌臣于宰相恭，于守令加礼貌，且无一事干谒于上。廉悌臣既还，授尚衣使。至顺二年(1331)廉悌臣又降香高丽，愈益谨。又请归养，授征东省郎中。当时行省同僚颇弄威福，悌臣力争之，多所裁抑；田民词讼，悉还攸司。高丽忠肃王叹曰：“廉郎中清简矣。”不久，元朝召回廉悌臣，授翊正司丞，后奉使江浙省，会计中政院钱货。途中官吏多行赂求媚，悌臣一切却之，江浙行省大臣别哥不花待以殊礼。别哥不花如中书省为丞相，向元顺帝推荐曰：“老臣在江浙，知廉佛奴清白。”元顺帝将用之，廉悌臣以母病力请东归。高丽忠穆王封廉悌臣为三司右使，赐输诚翊戴功臣号，转都佥议评理，进赞成事。②

恭愍初，高丽人蔡河中利用丞相脱脱攻打张士诚的机会，请求回高丽征兵助征。蔡河中推荐廉悌臣有勇略，请他带兵助征。廉悌臣知之，上书自退，王亦逼，悌臣只好应许，行至鸭绿江，康允忠谋于众曰：“吾辈离亲戚左坟墓以就死地，何日旋归？欲以精骑五十驰还京城，斩始谋发兵者。”廉悌臣曰：“非计也，吾君天也，天可逃乎？忠臣义士岂有反侧之言？”既至大都，恭愍王遣使请还悌臣，“帝曰：廉某高丽之大臣，且大族也，其礼而遣之，赐宴徽政院以宠之。”当时高丽恭愍王诛奇辙，“朝廷遣使者至境，问乱之所由生，公具陈奇氏覆国明征，先发后闻之义，果回天怒，曲赦一方，皆公应对之力也”。丙辰(洪武九年，1376)十月，元朝(北元)礼部尚书翟钦来锡宣命资德大夫将作院使，公拜受，语使臣曰：“臣老矣，乃蒙圣恩，末由图报，区区之情，有如天地。”③

---

① 李穑：《牧隐文藁》卷十五《高丽国忠诚守义同德论道辅理功臣、壁上三韩三重大匡、曲城府院君、赠谥忠敬公廉公神道碑(并序)》。

② 郑麟趾：《高丽史》卷111《列传24·廉悌臣》，页一到页二。

③ 郑麟趾：《高丽史》卷111《列传24·廉悌臣》，页二；李穑：《牧隐文藁》卷十五《高丽国忠诚守义同德论道辅理功臣、壁上三韩三重大匡、曲城府院君、赠谥忠敬公廉公神道碑(并序)》，页十五到页十八。

63. 柳濯，字春卿，有胆略，善武艺……元将南征红巾等贼，求勇士，蔡河中荐濯及廉悌臣等四十余人有勇略，元遣使召之，濯等率兵数千如元，从太师脱脱征高邮贼张士诚，连战颇有功。①

64. 安遇庆，世系履历未详，恭愍八年(1358)从安祐等抵抗侵入高丽的红巾军，后与祐等收复京都，录功俱一等，元以平红巾军之功，遣使授奉训大夫、广文监丞。②

65. 崔莹，平章事崔惟清五世孙，至正十三年(1353)，拜大护军，与柳濯从元丞相脱脱等征高邮，前后二十七战，城将陷，脱脱被谮师罢。明年，崔莹在淮安路与红巾军激战，红巾军八千余围淮安城，力战却之。至正二十三年(1363)，崔濡奉德兴君渡鸭绿江，崔莹被高丽任命为都巡慰使，将精卒急趣安州，节度诸军，在獭川打败元军。③

66. 埜思不花，高丽人，入元以后，得到元顺帝宠爱，服务元朝内廷。其兄弟在高丽倚仗他的权威，得到重要职务。埜思不花受命来高丽降香，所至纵暴，高丽官员多被辱骂，莫敢违忤。至全州，郑之祥迎候恭谨，埜思不花待遇甚倨，接伴使洪元哲有求于之祥，之祥不听，元哲怒。埜思不花曰："之祥慢天使。"于是，埜思不花縶缚辱之，之祥忿恚，大叫绐州吏曰："国家已诛诸奇，不复事元，命宰相金敬直为元帅守鸭江，此使者易制耳，若等何畏而不我救？将见尔州降为小县也。"邑吏呼噪而入，解缚扶出，郑之祥遂率众逮捕埜思不花、元哲等囚之，夺其所佩金牌，驰还京，郑之祥来白恭愍王，王惊愕，下巡军，命行省员外郑晖，逮捕全州牧使崔英起及邑吏等，又遣车蒲温赍内醖慰埜思不花，还其牌。④

67. 尹吉甫，高丽人，善击球，元仁宗为太子，尹吉甫因宦者伯颜秃古思得出入东宫，由是忠宣王亦宠遇之，授中郎将，言无不从。时淑妃得幸于王，顺妃之女伯颜忽笃入侍太子，谋辱淑妃，诉太子令淑妃赴都。王患之，尹吉甫白太子乃止，王喜谓吉甫曰："汝宜继乃父为班主！"吉甫辞曰："臣年少，请授臣兄。"乃拜尹吉孙鹰扬军上护军，吉甫大护军，后尹吉甫忤伯颜秃古思，失职东还。⑤

68. 李仁复，字克礼，高丽京山府人。至正二年(1342)会试京师，中选，授将仕郎大宁路锦州判官。后李仁复出仕高丽，担任高丽右副代言、

① 郑麟趾：《高丽史》卷111《列传24·柳濯》，页十一。
② 郑麟趾：《高丽史》卷113《列传26·安遇庆》，页十八。
③ 郑麟趾：《高丽史》卷113《列传26·崔莹》，页二十三。
④ 郑麟趾：《高丽史》卷114《列传27·郑之祥》，页二十四到页二十五。
⑤ 郑麟趾：《高丽史》卷124《列传37·尹秀》，页三。

密直提学、三司左使等职务，元朝授征东行省员外郎。至正二十四年(1364)高丽“遣赞成事李仁复如元，谢复位”①。当时，孛剌(罗)帖木儿引兵入朝，黜丞相代其位，入奏实难其人，李仁复入见丞相，辞简貌重，丞相屡目之。李仁复回国，恭愍王奏授他为征东行省左右司郎中。② 洪武七年(甲寅，1374)李仁复病发，“命加元服于身，萧然而逝”③。

69. 尹硕，字善之，高丽海平人。从高丽忠肃王至京师，以才闻名大都，元朝特授镇国上将军、高丽都元帅。泰定帝去世，元文宗在大都宣布继位，并北上迎接明宗合世球。明宗中毒死，元朝六军乱。尹硕与高丽宰相曹益清等保护忠肃王，被赐功臣铁券。至顺元年升大护军，尹硕略通蒙古语，举止如北庭人。④

70. 奇辙，蒙古名伯颜不花，幸州人，元朝奇皇后之兄，至正初年，元朝封为征东行省参知政事。高丽以奇辙为政丞，封德城府院君。⑤

71. 奇辕，幸州人，元朝奇皇后之兄，至正初年，元朝封为翰林学士。高丽封德阳君。⑥

72. 秃满迭儿，高丽人，入元朝为宦官，元文宗元统元年担任元朝徽政院使。⑦

73. 李淑，小字福寿，平章郡人，初李淑受宠于忠烈王，后选入元为宦官。忠烈王对元朝有所奏请，李淑从中斡旋，忠烈王待之甚厚。李淑尝奉御香来高丽，请以爱妓子郑承桂为内乘别监，忠烈王许诺，但不履行，李淑不悦。李淑将往金刚山，忠烈王设宴邀之，淑怒不至。后李淑与王惟绍谋废忠宣王，立瑞兴侯王琠，失败。⑧

74. 任伯颜秃古思，初为高丽尚书朱冕家奴，自宫为宦官，高丽忠宣王时，任伯颜秃古思来到中国，在元仁宗藩邸服务。他为人阴险，高丽忠宣王深嫉之。伯颜秃古思了解忠宣王对他的态度以后，多次对忠宣王中伤，由于元仁宗及皇太后对他的信任，忠宣王对他无可奈何。一次，任伯

① 郑麟趾：《高丽史》卷41《世家40・恭愍王三》，页四十。

② 郑麟趾：《高丽史》卷112《列传25・李仁复》，页十二到页十三。

③ 李穑：《牧隐文藁》卷十五《有元奉议大夫、征东行中书省左右司郎中、高丽国端诚佐理功臣、三重大匡、兴安府院君、艺文馆大提学、知春秋馆事、谥文忠公樵隐先生李公墓志铭(并序)》，页八到页十一。

④ 李穑：《牧隐文藁》卷十七《海平君谥忠简尹公墓志铭(并序)》，页十三。

⑤ 郑麟趾：《高丽史》卷131《列传44・叛逆5・奇辙》，页十五。

⑥ 郑麟趾：《高丽史》卷131《列传44・叛逆5・奇辙》，页十五。

⑦ 任崇岳：《庚申外史笺证》，中州古籍出版社，1991年，第11页。

⑧ 郑麟趾：《高丽史》卷122《列传35・宦者・李淑》，页十八到页十九。

颜秃古思当面对忠宣王无礼，忠宣王请求皇太后杖之。忠宣王还将任伯颜秃古思在高丽不法之事告知皇太后，皇太后命将他所夺高丽人土田、臧获归还其主。元仁宗去世，皇太后亦退居别宫，伯颜秃古思开始无所畏惧，通过贿赂元朝权臣，诬陷高丽忠宣王。元英宗将忠宣王流放吐蕃，伯颜秃古思更是谗诉不已，祸几不测，赖丞相拜住营救得免。元英宗至治三年(1323)任伯颜秃古思被杀，籍其家。①

75. 方臣祐，小字小公，高丽尚州中牟人，宦官。高丽忠烈王时，给事宫中，后从忠烈王妃蒙古安平公主②来到元朝，裕圣皇后③因留之，赐名忙古台。元武宗朝方臣祐事寿元皇太后④兴圣宫，任将作院使。不久，辽阳行省右丞洪重喜赴中书省诬告高丽忠宣王不奉法、恣暴等事，并请求与之廷辨。中书省上奏元武宗，忠宣王非常担忧。方臣祐奏告寿元皇太后曰："重喜高丽逋民也，敢肆诬妄，谋覆宗国，罪已可诛，顾令与王对辨耶?"皇太后言于元武宗，元武宗杖重喜，流放潮州，这一行为受到高丽官民的一致赞同。不过，方臣祐后来倚仗元朝权威，在高丽作威作福，产生了不好的影响。元武宗时期，元朝派遣方臣祐来高丽，监书金字藏经。皇太后送金箔六十余锭，方臣祐聚僧俗三百人写之。金字藏经完成以后，方臣祐将其藏于神孝寺，为皇太后祈福，并强迫高丽释放囚犯，宣布大赦。方臣祐来到高丽后，"郡县守宰皆被骂辱，至有受杖者，其降香诸道也，提察守令抽敛民财，赠遗甚厚，全罗提察使李仲丘赠以纸，臣祐不受，因折辱之"。泰定帝继位，方臣祐得到泰定皇后的宠幸，先后担任太子詹事、徽政院使、储庆司使。

元泰定帝时期，蒙古藩王八驴迷思率众归附元朝，元朝打算将其安置在鸭绿江之东。这里是高丽领土的范围，对高丽来说影响很大。方臣祐上奏："高丽地狭多山，无所田牧，北俗必不乐居，徒令东民惊动耳。"泰定帝接受了方臣祐的建议。不久，元朝又准备在高丽设立行省，实行中土化管辖，方臣祐马上意识到这一政策对高丽的损害，他找到寿元皇后哀告，事遂止。方臣祐具有元代很多出仕中国的高丽人身上具有的两面性，民族意识较强，上述行为是他忠于高丽国家、民族的体现。高丽忠肃王封他上

---

① 郑麟趾：《高丽史》卷122《列传35·宦者·李淑》，页十九。

② 忽必烈之女，原称齐国大长公主，名忽都鲁揭里迷失，元成宗继位，封安平公主。

③ 皇太子真金妃子，元成宗之母，名伯蓝也怯赤，至元三十一年尊为皇太后，大德四年崩，谥号曰徽仁裕圣皇后。

④ 忽必烈孙答剌麻八剌妃子，元武宗、元仁宗母亲，名答己，延祐二年上尊号曰仪天兴圣慈仁昭懿寿元全德泰宁福庆皇太后。

洛府院君，并赐“推诚敦信亮节”功臣号。

方臣祐作为高丽宦官，事元朝七朝二太后，参掌机密，累赐貂裘、金玉以及江南腴田四千亩，黄白金宝钞不可胜计。他在至顺元年(1330)回到高丽养老，修禅兴寺，至正元年(1341)被召回中国，次年死。①

76. 李大顺，高丽宦官，苏泰县人，入元得幸，高丽忠宣王为讨好他，升苏泰为泰安郡，封李大顺为泰安府院君。李大顺倚仗元朝的宠幸，在高丽恣横一时。他夫人韦氏与高丽永平宫争奴婢，元帝命高丽方面处理。高丽典书金士元、散郎李光时主其案，李大顺败诉。李大顺怒，使元使臣八扎等称制杖流金士元等高丽官员。高丽郎将白应丘奉使全罗道，夺回李大顺在这里霸占的人户，李大顺勾结另一高丽宦官李三真，假借元朝皇帝的名义，将白应丘囚禁于征东行省。高丽忠烈到元朝，李大顺请于元帝，诏高丽王以其弟李公世为别将，元帝令李大顺自白于王，忠烈王曰：“汝兄校尉耳，越散员而授别将，非旧例也。”大顺不敢复言。后忠烈王迫于元朝的压力，授李公世为郎将。李大顺的另一位弟弟李公甫也由一般百姓，官至佥议评理，封泰安君。②

77. 高龙普，高丽宦官，受到元朝宠幸，担任资政院使，高丽忠惠王封他完山君。至正三年(1343)元朝赴高丽逮捕忠惠王。高龙普先以元顺帝之命，向忠惠王赐衣酒。一个月以后，元朝遣朵赤、别失哥等来高丽颁赦诏。在高龙普的配合下，元朝顺利逮捕忠惠王，将其押到中国。高龙普又遣人逮捕忠惠王身边侍从，然后他与征东行省官奇辙等封内帑，回到中国。高丽忠穆即位，迫于高龙普的淫威，赐他十二字功臣号。高龙普被元顺帝宠幸，引起了元朝朝中大臣的警觉，元朝御史台监察御史上书，“请诛之以快天下之心”。元顺帝将他流放于高丽金刚山，不久高龙普被召回元朝，后又复返回高丽。高丽恭愍王时期，赵日新之乱杀掉奇辕等亲元朝的大臣，高龙普逃匿免死，在高丽伽耶山海印寺落发为僧。不久，高丽恭愍王遣御史中丞郑之祥斩之，为忠惠王报仇。③

78. 赵琏，字温仲，赵仁规子，以父荫任官，高丽忠肃王王焘与沈王王暠争夺王位，被羁留中国。赵琏受元命为高丽王府断事官，佩三珠虎符。赵琏代理征东行省事务凡五年，元朝使臣络绎往来，率使气逞暴，琏善辞以对，怒辄解，赵琏卒，高丽国人皆泣。④

---

① 郑麟趾：《高丽史》卷122《列传35・宦者・方臣祐》，页二十到页二十二。

② 郑麟趾：《高丽史》卷122《列传35・宦者・李大顺》，页二十二。

③ 郑麟趾：《高丽史》卷122《列传35・宦者・高龙普》，页二十三到页二十四。

④ 郑麟趾：《高丽史》卷105《列传18・赵仁规》，页四十一。

上面是元朝中后期出仕中国的78位高丽人的情况，现将任职情况统计如表2-3所示。

表2-3 元朝中后期出仕中国高丽人任职情况统计表

职务	元朝中央职务	元朝地方职务	元朝军职	辽阳行省职务	征东行省职务	高丽国内职务	特殊任命职务	内廷服务
数量	12	14	2	7	5	6	3	26
百分比	16%	18. 67%	2. 67%	9. 33%	6. 66%	8%	4%	34. 67%

元朝中后期是元丽关系稳定发展的时期，直到至正二十三年(1363)高丽恭愍王杀奇皇后兄奇辙，元朝与高丽之间的关系长期稳定，这为高丽政治精英出仕元朝提供了客观条件。从上面的考察和基于其上的统计结果来看，这一时期出仕中国高丽人78人，数量大大增加，不过，由于3人职务不详，实际列入表2-3统计的人数为75人。从统计的数据可以看出元朝中后期出仕中国高丽人的特点：

首先，出仕中国高丽人数量最多的是在元朝宫廷服务的宿卫、内廷官员和宦官。其比例占统计75人总人数的34. 67%，其次是出仕元朝中央机构的高丽人，占统计总人数的16%，由于这两类人主要在元朝大都就职，加起来占统计人数的50. 67%，反映了这一时期出仕中国高丽人大多分布在元朝都城大都，也可以说，元大都是出仕中国高丽人活动的主要舞台。实际上，元朝大都的高丽人除了上述出仕元朝的以外，还有高丽世子的陪臣、元朝派来上表和承担其他任务的使臣、来元朝学习的学生、高丽来元朝担任宗教职务的僧人、退休的高丽籍的官员、游士、游方僧人等，这些更增加了元朝大都高丽人的数量。

从前面的考察来看，元代中央机构任职的高丽人大多在文职机构任职，如李穀父子任职的翰林院等，其中更多的只是给一个称号，并不是实授，如奇辕受封翰林学士、全普门授翰林侍讲学士等。这一时期在元朝中书省、御史台和枢密院等担任实职的高丽人较少。与此相反，这一时期在元朝内廷服务的高丽人得到的大多是实授职务，如方臣祐的徽政院使、朴不花、高龙普的资政院使等。这说明元朝中后期出仕中国的高丽人中，在中国掌握权力和政治资源的，以这些在元朝内廷服务的高丽人为主。

值得注意的是，元祖忽必烈时期，一些高丽精英被元朝皇帝、贵族看中，通过宿卫加入元朝怯薛组织，此后担任各种职务出仕中国。元朝中后期，高丽宦官大量来到元朝内廷，成为当时中国政坛有影响的政治势力，《高丽史》写道：

> 高丽阉人其本系非氓，则贱隶也。高丽不用腐刑，在襁褓为狗所啖者皆是。然但备宫闱永巷之任而已，不得拜参官，其虑深远矣。(高丽)毅宗时，郑诚、白善渊始用事，然诚之为衹候宰相，台谏固争而不奉旨，盖犹有先王之遗风焉。齐国公主尝献数人于元世祖，颇得执侍闺闼，出纳帑藏。有奉诏来，使复其家，官其族，恩宠至厚。于是，残忍侥幸之徒转相慕效，父宫其子，兄宫其弟，又其强暴者小有愤怨，辄自割势，不数十年间，刀锯之辈甚多。元政渐紊，阉人用事，此辈或官至大司徒者，遥授平章政事者。其次皆为院使、司卿，姻娅，弟侄并受朝命，第宅车服，僭拟卿相，富贵光荣，汉、南人所不及。国家每有奏请，必赖其力，故忠烈之世已有封君者。忠宣久留于元，数出入三宫，此辈因与相狎，多有请谒。王择其尤近幸者皆封君赐爵，余皆拜检校、佥议、密直，由是旧典尽坏而熏腐未燥者，亦轻视本国，如伯颜秃古思、方臣祐、李大顺、禹山节、李三真、高龙普等皆反吠其主，谗谮构祸，言之可谓痛心。①

上述材料以高丽人的口吻，叙述了高丽的宦官制度，特别是高丽宦官受到元朝宠幸以后，对高丽的不利影响。其中对方臣祐等宦官的评价并不全面，但反映了出仕中国的高丽宦官对于高丽的重要影响。

其次，这一时期出仕元代地方政权的高丽人占了一定比例，从上面的考察来看，这些担任中国地方职务的高丽人，大部分是实授的职务，都城税务官、地方路总管府官员、地方监察官员等，一些高丽地方官员如韩永、洪彬、崔濬、申月鲁帖木儿、李朵尔济等，他们在任职期间表现优良，受到元朝政府和地方士大夫的肯定。

元朝中后期出仕中国的高丽人中，在元朝担任军职的不多，元朝蒙古统治者非常重视军事，军队管理、军事情报控制很严，严禁一般百姓打探，高丽人尽管在元朝受到信任，但军事领域除了蒙古人、色目人以外，其他族群很难染指。

元朝中后期出仕辽阳行省的官员占 9.33%，有一定的数量。一方面辽阳行省与高丽接壤，高丽人在这里做官比较适应，因此，高丽进士多数

① 郑麟趾：《高丽史》卷122《列传35·宦者》，页九到页十。

被任命为辽阳行省的职务。其次是辽阳行省在蒙古征服期间安置了通过战争掳掠和直接投降蒙古的高丽人，一些政治势力如洪福源家族、王綧家族在辽阳行省都有其势力和政治影响。元朝任命高丽人担任辽阳行省的职务，应该是出于这种政治考量。

元朝任命的高丽人官职中，有不少是征东行省的官员，虽然他们在高丽任职，处理的大多是高丽国内的事情，但他们是元朝任命的，可以说是代表元朝管理高丽，因此应该属于出仕元朝的高丽人群体。元朝征东行省的大小官员以高丽人为主，高丽人李榖写道："本京虽置省，惟国王丞相独领之，又其寮宷之命于朝者，皆所自辟，其余内外百司，并依本国之旧，中原士大夫无自而来也。"①李榖的记载说明了元代征东行省的官员主要由高丽政权任命的情况。高丽人崔瀣也有类似的记载："天子以东国首先向化，世许尚公主，委王省权，而其幕属，皆从辟置，非自朝廷选授之也。然则中原子弟，末由致之，而又素贲丘园，不肯屑就者，其可得而笼络哉?"②上述材料可以看出，在元朝中后期，关于征东行省官员的选用，高丽王有较大的权力。不过，元朝出于政治方面的考量，也会对征东行省官员的任命施加影响。如元末奇辙等人就被元朝任命担任征东行省的要职，目的是牵制高丽国王的自主倾向。另外，一般征东行省的职务，元朝也会任命高丽人担任，如李榖、李穑父子，都担任过征东行省的一般职务。

对于高丽国内的军政职务，元朝也会任命一些高丽人担任，不过，从上面的考察来看，元朝任命高丽人担任高丽国内的职务，大多是给予名誉而已，都不是实授。

最后，元朝中后期，随着元朝与高丽关系的正常化，元丽之间的高丽投机者大大减少，说明了元丽关系稳定以后，元朝任命高丽人担任各种官职，会考虑到高丽的利益与政治态度。

四、元代高丽人在中国的出仕途径

高丽人出仕中国，是在元王朝特殊的政治体制之下，出现的一个特殊的政治现象，这些高丽人在中国得到各种官职，说明了元政权对高丽开放

---

① 李榖:《稼亭集》卷九《送白云宾还都序》，页六。

② 崔瀣:《拙藁千百》卷一《送卢教授西归序》，页三十七。

的政治态度以及利用高丽政治精英的聪明才智为当时元政权服务的基本想法。元朝蒙古统治的根本原则是实用主义，将高丽政治文化精英为元政权所用，这明显是蒙古统治实用主义的表现。前面三节已经对128位出仕中国高丽人的基本情况进行了考察，本节进一步考察其出仕中国的主要途径。

关于元代高丽人出仕中国途径问题，目前学术界还没有研究成果，因此需要进行细致的考察。从上节所引证的主要史料来看，元朝高丽人出仕中国的途径比较复杂，既有高丽人主动投奔元朝而为元朝所用的情况，如高丽人的归附、宿卫、荐举和科举，也有元朝为了牵制高丽政权在征东行省和辽阳行省任命高丽人职务，当然还有元朝为笼络高丽政治文化精英主动授给高丽人官职。

下面通过上一章考察的128位出仕中国高丽人的信息，对于三个时期（蒙古征伐时期、元世祖忽必烈时期、元朝中后期）高丽人的出仕途径进行统计，并在此基础上分析元代高丽人出仕中国的特点。具体情况见表2-4。

表2-4 元朝出仕的高丽人仕宦途径统计表

方式	归附	宿卫	荐举与科举	任命	奖励	内廷服务
征伐时期	17			1		1
元世祖时期	2	1		18	7	4
元朝中后期	1	11	12	21	9	18
总计	20	12	12	40	16	23
百分比	16.26%	9.75%	9.75%	32.52%	13.01%	18.71%

注：128人中，有5人仕宦途径不详，表中统计总人数为123人。

表2-4对于三个时期出仕中国高丽人的出仕途径进行了统计，尽管这些途径之间的分别并不是非常明显，有的人会身兼两个或两个以上的出仕途径，不过，这种分类对于解释元朝高丽人在中国得到仕宦的原因及影响都具有重要的学术价值。下面就表2-4中的仕宦途径的分布特征进行分析。

第一，以“归附”的方式出仕元朝实际上就是在蒙古征伐时期投降蒙元政权，此后再以投降者的身份得到蒙古任命，为蒙古政权服务。这种途径主要出现在蒙古征伐时期，一些高丽军政官员、地方割据势力，通过归附获得生存下来的机会，再通过为蒙古政权服务，获得蒙古政权的任命，在蒙古政权取得政治地位，并为子孙和家族的发展创造条件，洪福源和李伯祐家族就是这一时期以归附途径出仕中国的代表。

从成吉思汗开始，高丽政权对蒙古的归附多次出现摇摆，元朝为了征服高丽，数次派大军进行征讨。① 洪福源及其家族就是在这种动荡的时期归附蒙古政权，并坚定地站在蒙古一方，帮助蒙古讨伐高丽叛臣，得到定宗贵由、宪宗蒙哥和元世祖忽必烈的信任。洪福源归附蒙古政权以后，派次子洪茶丘(俊奇)到大蒙古国入质，史料说明，忽必烈见到洪茶丘称他为察球儿，说明洪茶丘已经剃发，其家族也死心塌地投靠蒙古。② 此后，元世祖利用洪氏家族与高丽的对抗牵制高丽，直到元武宗继位，元朝对于高丽王室已经完全信任，洪氏家族才被抛弃，政治地位下降。具体情况将在后面专门论述，这里不再展开。

另一个归附蒙元政权的李伯祐家族成为真定世侯史氏的部将，其祖先何时从高丽来到中国定居，在姚燧写李伯祐的《神道碑》的时候就已经不清楚了。李伯祐在史氏与武仙、李璮等争斗中起了重要作用，但李璮之乱以后，忽必烈开始废除世侯制度，史氏的军队收归国家，李伯祐及其家族的影响也逐步削弱。李伯祐有 15 个儿子，其中“(李)珣，真定等路管军千户，总管则宝庆路(李)珏与(李)珪也。(李)公懋沭阳令，(李)琳提举越州人匠”③。有仕宦经历的有 5 人，2 人路总管，1 人千户，1 人县令，1 人提举州人匠，应该说这个家族在元朝与一般的世侯家族一样，在政治方面受到优待，属于元代北方汉人群体的根脚家族。李伯祐家族虽然出身高丽，但长期在中国生存，已经逐步失去高丽的民族特性，应是属于完全汉化的高丽人。

另外，在高丽和蒙古之间有一些投机者，他们投降蒙古或元朝政权，然后以特殊物质或财富利诱蒙古任命其特殊职务，再回高丽勒索高丽官民，满足自己的贪欲，这种情况也属于归附。这种情况主要出现在蒙古征服时期，一方面蒙古政权鼓励高丽地方势力归附，以加快征服高丽的步伐。另一方面，蒙古和高丽之间缺乏沟通，蒙古对于高丽物质的贪婪索求与高丽投机者不谋而合，于是产生较多的高丽投机者，如韩洪甫、李枢、

---

① 具体情况可以参照《元史》卷 208《外夷一·高丽》，这方面的研究成果有：郝时远《蒙古东征高丽概述》考察了大蒙古国时期蒙古对高丽的征伐(《蒙古史研究》第二辑，内蒙古人民出版社，1986 年)。云高娃的学术专著《元朝与高丽关系研究》，对蒙古和元朝时期高丽与中国和战等问题有专门的探讨(乌云高娃《元朝与高丽关系研究》，兰州大学出版社，2012 年)等。

② 佚名:《朝鲜史略》卷八记载:“元制，剃顶至额，方其形留发，谓之察球儿。”(《文渊阁四库全书》第 466 册，台湾“商务印书馆”1986 年，第 485 页)

③ 姚燧:《牧庵集》卷十九《侍卫亲军都指挥使李公神道碑》，丛书集成初编本，第 249 页。

金裕、赵彝之流，给高丽国家造成一定的损失。元朝中后期以后，随着元丽关系稳定，这种情况大大减少。

第二，宿卫出仕者占 9.75%，数量不大。怯薛制度是蒙元王朝最重要的制度之一，形成于成吉思汗时期的宿卫制度，元朝继承下来。怯薛制度不仅是皇帝的宿卫制度，也是一种人才储备制度，怯薛执事种类繁多，蒙古皇帝随时需要他们参与机务和出职担任中央和地方职务。元代怯薛出职非常普遍并且往往在出职以后担任重要职务，因此被称为“大跟脚”。元世祖忽必烈以后，为了笼络高丽，将元朝公主下嫁高丽王，使高丽王成为元朝黄金家族的驸马，高丽世子则成为黄金家族的外甥。① 这种元丽关系的转变，给高丽人进入元朝宫廷创造了条件。入质的高丽世子长期住在大都，参与元朝皇帝的主要活动，一些高丽官员、陪臣来到中国以后被元朝皇帝、皇后、太子等赏识，进入怯薛组织成为宿卫，然后出职，成为元朝中期以后，高丽人出仕中国的途径之一。

元朝进入怯薛组织的高丽人列入统计的就有 12 位，其进入怯薛组织的途径当然也各不相同。如金伯颜察，“自大德初入侍宫闱，一家蒙恩三十余年，爵已高，衣食已足”②。通过在中国的仕宦，他全家受惠。朴琐鲁兀大，武宗之初，“奉旨入充内侍，帝常呼小琐鲁兀大，因赐为名”③。他是被元武宗看中，而进入怯薛宿卫组织。郑秃满达在大德四年(1300)十一岁的时候，“以内侍从忠烈王入觐，因留事阙庭。成宗爱其颖悟，壬寅(大德六年，1302)，诏入学齿胄(国子学)，习书礼，既通大意，命给事仁宗潜邸”④。从上面记载看，郑秃满达到中国时才十一岁，被元仁宗看中，进入国子学学习，成为仁宗的宿卫。高丽永春人赵分，“自昔至元癸巳(至元三十年，1293)选充内侍，给事掖庭，以迄于今”⑤。材料说赵

---

① 据《元史》卷 208《外夷一 · 高丽》(第 4620～4021 页)：至元十一年五月，皇女忽都鲁揭里迷失下嫁于高丽王世子王愖，王愖不久改名睶(賰)，至元十五年，改铸驸马高丽王印赐睶(賰)，至元十八年，睶(賰)“又请易宣命职衔，增驸马字，从之”。这方面的研究成果有：萧启庆《元丽关系中的王室婚姻与强权政治》考察了元朝公主与高丽国王的通婚制度，对元朝公主在高丽的权力与地位以及高丽王室的蒙古化等问题进行了深入的探讨(收入萧启庆论文集《元代史新探》，台湾新文丰出版公司，1983 年)。陈得芝《忽必烈的高丽政策与元丽关系的转折点》论述了从大蒙古国到元朝的蒙元政权对高丽政策的变化(陈得芝：《忽必烈的高丽政策与元丽关系的转折点》，《元史及民族与边疆研究集刊》第二十四辑，上海古籍出版社，2012 年)。

② 李榖：《稼亭先生文集》卷二《京师金孙弥陁寺记》，页六。

③ 李榖：《稼亭先生文集》卷三《大元高丽国广州神福禅寺重兴记》，页十三。

④ 李榖：《稼亭先生文集》卷四《韩国公郑公祠堂记》，页二。

⑤ 李榖：《稼亭先生文集》卷四《大都天台法王寺记》，页三。

芬是被选中进入怯薛组织，他因为善医，成为太医院使。赵伯颜不花“自武宗之时，入为宿卫，俄从明皇(元明宗和世㻋)于朔方，间关万里，夷险十年”。就是说，他开始是元武宗的侍卫，后来跟武宗长子和世㻋(元仁宗令和世㻋出居云南，和世㻋在西安反，逃到察合台汗国)去了漠北，可以说经历独特。① 申当住“昵侍帷幄，久承宠眷”②。他是在文宗时期的太皇太后(元文宗祖母)处担任侍卫。朴光挺“始以本国子弟被选，宿卫阙庭，受天子之命，带金符为昭信校尉、高丽西京等处水手军副万户，兼匡靖大夫、平壤府尹”。③ 这里的朴光挺属于元朝从高丽选取少年子弟担任宿卫，后来得到仕宦。崔安道(小名那海)仕宦于高丽，至顺二年(1331)“奉旨入朝，克宿卫，元统元年(1333)，特除中尚监丞，官奉议大夫”④。这里的崔安道也是奉旨入宿卫，应该也是元朝选入的。

从上述高丽人进入怯薛组织的例子来看，高丽世子的陪臣、高丽王入觐的随从官员，都有可能进入元朝宫廷，被蒙古贵族选中担任侍卫。元朝还经常从高丽子弟中选拔一些俊秀进入宫廷，担任宿卫，这些高丽人担任宿卫以后，或在宫廷服务，或被任命到中央、地方政权中任职，得到出仕中国的机会。

第三，荐举与科举占统计入仕中国高丽人的9.75%，数量不多，并且这部分得到仕宦的高丽人特点突出，即以高丽文化精英居多。元代在官吏的选任方面盛行荐举制度，中央地方权贵、监察机构(三品以上)都可以推荐一些人做官。这种制度在中国导致了游士之风的盛行，大量的全国各地士人到元朝都城大都游历，侦候于权贵之门，以求他们垂青，获得一官半职。⑤ 高丽人来到中国，通过直接或间接对中国的观察，亲身感受到中国的强大，高丽人李穑写道：“元兴百余年，文理大洽，四方学士，咸精其能，蔚乎一代之盛矣！是以论者谓其文似汉，其诗似唐，其字似晋。”⑥这里，李穑对于元朝“文理大洽”的评价确实有夸张的成分，但反

① 李穀：《稼亭先生文集》卷四《大元赠奉训大夫、辽阳等处行中书省左右司郎中、飞骑尉、辽阳县君赵公墓茔记》，页六。

② 李穀：《稼亭先生文集》卷六《大都大兴县重兴龙泉寺碑》，页六。

③ 崔瀣：《拙藁千百》卷二《平原郡夫人元氏墓志》，页三。

④ 崔瀣：《拙藁千百》卷二《崔大监墓志》，页三十六。

⑤ 具体情况可以参考丁昆健《从仕宦途径看元代游士之风》，萧启庆主编《元代的历史与文化——蒙元史学术研讨会论文集》，台北学生书局，2001年。申万里《元代江南儒士游京师考述》，《史学月刊》2009年1期。

⑥ 李穑：《书上札补正雪庵大字卷后》，徐居正编《东文选》卷一百二，页十二，日本内阁文库藏朝鲜刊本。

映了元朝高丽政治、文化精英对中国政治文化的向往，这是他们纷纷到中国寻找发展机会的动力。由于高丽与元朝的特殊关系，他们在中国有很多机会接触到权贵，以至于得到其垂青和推荐，取得在中国仕宦的机会。高丽人赵仁规元初作为高丽使臣来到中国，“当是之时，夷夏始通，宣上德，达下情，动资舌人，而公以能华言，善辞令，拔擢飞腾”①。李齐贤的才华和对高丽王的忠诚传为美谈，延祐元年(1314)他来到大都，“姚牧庵(姚燧)、阎子静(阎复)、元复初(元明善)、赵子昂(赵孟頫)咸游王门，公周旋其间，学益进，诸公称叹……己未(延祐六年，1319)，王降香江南，楼台风物，遇兴遣怀。每从容曰：‘此间不可无李生也。’庚申(延祐七年，1320)……(高丽王)奏授高丽王府断事官”②。这里，李齐贤是得到高丽王的厚爱以后，高丽王“奏授”他官职，其中的“奏”，当然是向元朝皇帝上奏，而“授”也是元朝皇帝任命，其实是一种形式的荐举。郑誧(字仲孚)作为高丽王朝官员到中国上表，“为丞相别哥普化公所重。将荐之天子”③。可惜在即将任命官职的时候，他生病而死。

科举是中国隋唐以来通过考试选拔人才的制度，通过考试进行选拔相对公平，为社会下层进入国家政权体制创造了条件，成为中国唐宋以来社会流动的重要推动力量。科举的兴盛是中国唐宋变革以后进入近世社会的重要表现，促进了教育事业的发展与文化扩散。

高丽王朝一直仿效中国实行科举制度，中国元朝的科举则出现了很多波折。作为蒙古统治的元朝，科举的实行会导致各族群政治势力的变化，扩大汉族士人掌握国家政权的机会，因此，蒙古灭金和灭亡南宋统一中国以后，一直没有实行科举制度。④ 直到元仁宗的延祐元年(1314)，才在汉族儒臣的强烈呼吁之下实行科举。元代科举分乡试、会试和殿试三场考试，就征东行省(高丽)来说，高丽举人先参加征东行省的考试，然后到中国参加在大都举行的会试和殿试。

科举的实行使高丽人在中国出仕增加了新的途径，元代科举的每一科几乎都有高丽举人参加，有十余人通过了元朝的会试和殿试，获得元朝官

① 李穀：《稼亭先生文集》卷三《赵贞肃公祠堂记》，页八。

② 李齐贤：《益斋乱稿》附录《鸡林府院君谥文忠李公墓志铭》，页二、页三。

③ 李齐贤：《益斋乱稿》附录《拾遗·雪谷诗序》，页七，《高丽名贤集·二》，第376页。

④ 关于元代科举的研究成果很多，主要有姚大力《元朝科举制度的行废及其社会背景》(《元史及北方民族史研究集刊》第六辑，1982年，第26~59页)、丁昆健的《元代科举制度》(《华学月刊》第124期，1982年，第46~57页；《华学月刊》第125期，1982年，第28~51页)、萧启庆《元代科举特色新论》(台湾《“中央研究院”历史语言研究所集刊》第八十一本第一分，2010年，第1~36页)等。

方的进士资格和职务任命。[1] 元代关于进士的授官规定：

(两榜)第一名赐进士及第，从六品。第二名以下及第二甲，正七品。第三甲皆正八品，两榜并同。[2]

对于高丽籍的进士，授官与中国进士有一些不同，元人陈旅写道：

高丽在我朝，如古封建国，得自官人，其秀民皆用所设科，仕于其国。皇庆间诏大比，天下士自是始有试礼闱者，然多缀末第，或授东省宰属，或官所近州郡。既归，即为其国显官，鲜更西度鸭绿水者。[3]

从上面陈旅的记载来看，高丽人在元朝的科举名次和任官方面实际上处于不利的地位，但考中元朝的进士回到高丽以后，会受到高丽政权的重用，因此，虽然只是得到一些征东行省或靠近高丽附近中国州县(指辽阳行省)的小官，但也是值得的。另外，高丽人在元朝考中进士，在当时是非常荣耀的事情，陈旅接着写道：

夫自封建既废，天下仕者无不登名王朝，其势然也。今高丽得自官人，而其秀民往往已用所设科仕其国矣，顾复不远数千里来试京师者，盖以得于其国者，不若得诸朝廷者为荣，故虽得末第冗官，亦甚荣于其国，况擢高科，官华近，为天下之所共荣者乎?[4]

高丽进士崔瀣也自豪地说：

幸遇天启皇元，列圣继作，天下文明，设科取士已七举矣，德化丕冒，文轨不异，顾以予之疏浅，亦尝滥窃，挂名金榜，而与中原俊

---

① 元代高丽人的科举情况，见裴淑姬《元代科举制度下高丽进士的应举与授官》(《东洋史学研究》第104辑)和萧启庆《元代进士辑考》(台湾《“中央研究院”历史语言研究所专刊》108)。裴淑姬在其论文中考证出通过中国科举的高丽进士10人，萧启庆在该论文的基础上新发现高丽进士2人。

② 《抄白元降圣旨》，陈高华《元朝科举诏令文书考》，《暨南史学》第一辑，第155页。

③ 陈旅：《安雅堂集》卷四《送李中父使征东行省序》，页十四，《元人珍本文集汇刊》，台湾图书馆，1970年，第174页。

④ 陈旅：《安雅堂集》卷四《送李中父使征东行省序》，页十四，《元人珍本文集汇刊》，台湾图书馆，1970年，第174页。

士得相接也。①

予在少日始读书，盖知有天下之广，则有四方之志焉。及仕王国，乃为职縻，切抱飞不越阶之叹。至治中，滥应宾兴，观光天子之庭，喜或其如愿。②

崔瀣参加了元朝的科举，考中进士，他对自己“挂名金榜，而与中原俊士得相接”和“观光天子之庭，喜或其如愿”，感到欣慰和自豪。高丽进士李穀考中元统元年进士，次年赴高丽颁布元朝勉励学校诏书，在高丽征东行省任职。至正元年李穀重返元朝大都任职。朋友在送别李穀返回元朝的诗中写道：“翰林豪气浩难收，湖海元龙百尺楼。我欲随君游上国，安能郁郁在荒陬。”③诗的最后两句反映了元朝科举对于高丽文化精英的吸引力。元代高丽进士授官的具体情况见表 2-5。

表 2-5 元代高丽进士任官统计表

姓名	授官	姓名	授官
李穀	承事郎翰林国史院检阅官	安震	不详
李仁复	将仕郎大宁路锦州判官	赵廉	沈阳等路总管府知事
李穑	应奉翰林文字、承仕郎、同知制诰兼国史院编修官	安辅	辽阳行省照磨
崔瀣	盖州判官	尹安之	大宁路锦州判官
安轴	盖州判官	白弥坚	不详
学尉	不详		

上面 11 名高丽进士的授官情况，除了李穀、李穑父子比较特殊以外，其余高丽进士的授官情况与前面史料中的记载完全符合。关于李穀，元人陈旅记载说：“元统元年(1333)，天子亲策进士，旅(陈旅)叨掌试卷帘内，高丽李穀所对策，大为读卷官所赏，乃超实乙科。宰相遂奏为翰林国史院检阅官。”④从陈旅的记载来看，李穀的试卷得到了殿试读卷官的好评

① 崔瀣：《拙藁千百》卷二《东人之文序》，页十三。

② 崔瀣：《拙藁千百》卷二《送张云龙国琛西归序》，页二十六。

③ 郑誧：《雪谷先生集》上《送中父李翰林还朝》，页十七。

④ 陈旅：《安雅堂集》卷四《送李中父使征东行省序》，页十四，《元人珍本文集汇刊》，台湾图书馆，1970 年，第 174 页。另外，史料中的“乙科”，应是当时人对于进士三甲中乙科的俗称，三甲对应甲科、乙科和丙科。

而“超实乙科”，被任命为地位较高的翰林国史院检阅官。李榖之子李穑，先是进入元朝国子学读书，后回高丽参加征东行省的乡试，取得第一名，次年他回中国参加科举考试，考中第二甲第二名，授地位较高的应奉翰林文字、承仕郎、同知制诰兼国史院编修官。① 因为任官较优，李榖、李穑父子在元朝任官时间较长，并被晋升更高的职务，有关李榖、李穑父子在中国的仕宦情况，将在后面章节中专门考察。

对于元朝所授予的科举进士名次和官职，大部分高丽进士并不满意，如崔瀣，“顾因科劣，得倅下州，碌碌奔走，非性所堪，移病而免”②。其他的人情况也类似，大部分没有赴任而回国。

尽管大部分高丽进士在元朝科举中没有得到优待或者说没有得到比较公正的待遇，但是，科举毕竟为高丽人在中国仕宦开辟了一个新的途径，给了他们在中国展示政治才华的机会。对于这些高丽籍的元朝进士来说，他们考中进士以后，高丽也会授给他们相应的官职，如李仁复“中元朝制科，授大宁路锦州判官。东还，迁起居注。忠穆即位，以仁复中制科，有名望，四转为右副代言，进密直提学”③。这里，李仁复考中元朝进士以后，在高丽仕宦方面受到优待。其他进士，如崔瀣、安轴、李榖、李穑都有这种情况。高丽政权一般会重用他们，给予高官厚禄，所以科举的回报还是比较丰厚的。

第四，元朝任命的高丽人数量最多，占了统计高丽人总数的32.52%，这反映了元朝政权注意利用高丽政治精英的聪明才智为元朝统治服务的实用主义用人观。关于元朝任命高丽人担任中国官员，前文已经进行了一些考察与分析，这里再做一些补充。从元朝对高丽人任命的职务来看，分为四个部分：元朝地方官员、元朝辽阳行省官员、征东行省官员、高丽国内的特殊职务。这四个部分的目的有两点，其一，元朝任用高丽政治精英到中国地方担任地方行政职务（如路总管）和地方监察职务（如监察御史），是将能力突出的高丽人纳入元朝国家治理者的行列，为元朝政治和社会的顺利发展服务。其二，元朝任命辽阳行省、征东行省和高丽国内特殊的职务，目的是推行元朝对高丽的统治政策，减缓中国国内官府员多阙少的矛盾。这些官员基本上是实授，对当时的政治发展进程产生了

① 李穑：《牧隐先生文集》卷首附录，权近《朝鲜牧隐先生李文靖公行状》，《高丽名贤集·三》，第217页下。

② 崔瀣：《拙藁千百》卷二《送张云龙国琛西归序》，页二十六。

③ 郑麟趾：《高丽史》卷112《列传25·李仁复》，页十一到页十二。

重要影响。这一问题将在下一章展开讨论。

第五，元朝作为对特殊高丽人的奖励，授予其的名誉职务占了统计综述的13.01%，应该处在不小的分量。授予特殊高丽人职务作为元朝对于高丽人的“施恩”举措，实际上是元朝对高丽进行政治笼络的一种形式。这种任命由于所处环境不同，各有具体的政治目的。如忽必烈任命高丽忠宣王老师闵渍翰林直学士，任命另一外老师郑可臣为翰林学士，是对高丽用中国传统文化教育高丽世子的鼓励。忽必烈任命金方庆、赵仁规官职，是对高丽忠烈王这两位得力大臣的认可。元末元顺帝任命奇辕为翰林学士，表明当时元朝对于高丽皇后家族的支持。这些任命都不是实授，只是彰显元朝对高丽的一种政治态度。

第六，元朝高丽人得到内廷服务职务的人数占统计总人数的18.71%，数量较多。前面已经说明，在元朝出仕中国的高丽人中，得到实际权力的是地方职务和内廷职务。内廷宦官，虽然不是一个固定的职位，但作为一个职业或特定的身份，高丽宦官在元代内廷管理中居于重要地位，因此，也可以作为一种特殊的职务。蒙古出身中国北方游牧民族，建立政权较晚，内廷以怯薛宿卫制度为主，没有宦官制度。元政权建立以后，宦官制度很不健全，南宋、高丽和中亚国家的宦官(火者)进入元朝内廷，填补了这一不足。特别是高丽宦官在元朝中后期大量进入元朝，一些人取得蒙古皇帝和贵族的信任，拥有重要权力，如高丽宦官方臣祐：

> 方臣祐，字小公，忠烈王时，给事宫中，“齐国大长公主性严明，左右有过，毫发不贷，独以谨慎，日见亲信。至元二十六年(1289)，随公主入朝，因谒东宫，裕圣皇后一见留之，赐名忙古台。成宗尊裕圣为皇太后，特授奉正大夫掌谒丞，寻加通奉大夫泉府大卿。元武宗朝方臣祐事寿元皇太后兴圣宫，任将作院使。①

方臣祐因为得到下嫁高丽的忽必烈女儿齐国大长公主的喜爱而来到中国，被真金妃子裕圣皇后宠幸，特授宫中职务。后又被武宗母亲寿元皇太后宠幸，担任将作院使。方臣祐后来还侍奉泰定帝皇后，并担任太子詹事、徽政院使、储庆司使等重要职务。高丽宦官朴不花因与元奇皇后的密切关系，掌握了内外权力，在元末政治舞台影响更大。可以说，如果说元

① 李齐贤：《益斋乱稿》卷七《光禄大夫、平章政事、上洛府院君方公祠堂碑》，页三。

代高丽人对于中国政治发展历程影响较大的话，这种影响表现在元朝的内廷和元朝地方政治方面，也可以说，元代出仕中国高丽人的影响，主要表现在这两个方面。

本章小结

本章考察了元朝出仕中国的高丽人的仕宦情况和仕宦途径。下面从这两个方面进行总结。

第一，根据前面考察，出仕中国高丽人共128人，其中，蒙古前四汗时期19人，元世祖忽必烈时期31人，元朝中后期78人。这三个阶段出仕中国高丽人的特点，前面也进行了分析，现将这些数据整合一下，分析元代出仕中国高丽人总的仕宦特点。

首先，元代出仕中国高丽人数量特征。具体数据见表2-6。

表2-6 元代出仕中国高丽人总量统计表

时期	忽必烈以前（1206—1259）	忽必烈世祖朝（1260—1294）	元朝中后期（1295—1368）
数量	19	31	78
年平均数	0.36	0.91	1.06

从表3-6明显可以看出随着蒙元与高丽关系的发展，出仕中国高丽人数量的变化。从每年的0.36到0.91，再到1.06，蒙元时代出仕中国的高丽人人数逐步增多。前面已经说明，元世祖忽必烈以前，高丽与蒙古之间的关系以战争为主，限制了高丽人出仕中国，出仕中国的高丽人也是以归附和语言翻译为主。元世祖忽必烈时代是元丽制度架构逐步建立的时期，高丽的一些政治精英通过宿卫等形式，得到仕宦中国的机会。元朝中后期是元丽关系的稳定时期，大量高丽政治文化精英得到在中国仕宦的机会，元朝国家体制中的高丽籍官员已经成为一个比较重要的政治群体。

其次，元代出仕中国高丽人的职务分布特征，见表2-7。

表 2-7 元朝出仕中国的高丽人任职情况汇总表

职务	元朝中央职务	元朝地方职务	元朝军职	辽阳行省职务	征东行省职务	高丽国内职务	特殊任命职务	内廷服务
数量	19	26	9	10	10	10	12	27
百分比	15.44%	21.14%	7.31%	8.13%	8.13%	8.13%	9.75%	21.97%

表 2-7 是元代 123 位出仕中国的高丽人职务分布情况(其中蒙古征伐时期的 4 位高丽翻译未统计这 125 位之内，另外还有仕宦不详者 1 人)，前面三个阶段的具体仕宦特征已经论述，这里主要看总的情况。

一是，这些职务任职地域分布特征。元朝中央职务和内廷服务的职务，其任职地点主要在元大都，这两个部分占了统计总人数的 37.41%。元代特殊任命职务的高丽人，其在元朝的任职地点应该也是以元大都为主，加上这一部分，达到 47.16%，因此可以肯定，元朝出仕中国的高丽人有近一半左右分布在元大都。其他在各地任职的占 21.14%，考虑到这些职务在第一阶段的蒙古征伐时期都是在高丽北部边界，实际上在元朝地方任职的高丽人应在 20%以下。其他在辽阳行省、征东行省和高丽本土任职的达到 24.39%，约占总人数的 1/4。

二是，元代出仕中国高丽人的权力分布。仕宦是国家权力的占有和使用，出仕中国的高丽人到底在元朝政权中占有了哪些权力？前面已经提到，在元代中央机构任职的高丽人一些是分布在翰林院、国史院等文职机构，大部分则是虚职，这一部分高丽人对元朝国家权力掌握有限。元代蒙古统治者对军权控制较严格，军事领域除了早期的洪福源和王綧控制的辽阳行省高丽武装以外，出仕中国的高丽人控制元朝军队的可能性不大。出仕辽阳行省、征东行省和高丽本土的高丽人，基本上处在高丽政权的控制之下，其掌握的不是元朝政权范畴内的权力。因此，真正在中国掌握了元朝权力的高丽人分布在元朝的内廷和地方职务之中。特别是元朝中后期在元朝内廷服务的宿卫、宦官，他们通过掌握内廷服务的权力，影响元朝皇帝、皇后，取得对元朝政治的发言权，进而影响到元朝中后期的对于高丽政策的决策权。

第二，元朝出仕中国高丽人的出仕途径较多，在出仕的现象背后，则有元朝实用主义的考量以及高丽精英们人生发展的规划。

成吉思汗 1206 年建立蒙古政权，开辟了蒙古帝国的新时代。朝鲜半岛是蒙古世界帝国对外征服的对象之一。从元太祖十三年到蒙哥汗时期，蒙古多次征讨高丽，促使其臣服中国。元世祖忽必烈继位以后，元丽关系逐步完善，高丽世子入质元大都、高丽王娶蒙古公主等成为固定的制度。元世祖以前，高丽人以归附的方式来到中国，一些军事家族归附以后，取得了中国北方汉世侯的待遇。元世祖以后，特别是元朝中后期，大量高丽人来到中国并得到出仕的机会。如果说元世祖时期以前，到中国出仕的高丽人具有某种程度上被强制的成分，元朝中后期以后，大量高丽人来中国已经成为制度，一些人将来中国“观光天子之庭”作为他们开辟个人前程的重要手段。而“男儿须宦帝王都”，① 成为高丽政治、文化精英的共识。

从元代高丽人入仕中国的途径来看，元朝高丽人大量出仕中国，一方面是蒙古政权对于高丽政治和社会精英的需要，在蒙古征伐时期，蒙古政权需要归附的高丽地方势力巩固元朝的征伐成果，牵制高丽政权反抗蒙古统治的倾向。而一些投机者则是通过给蒙古传递消息，满足蒙古在特殊物资方面的需要获得出仕机会。这一时期出仕中国的高丽人确实有被强迫的因素。忽必烈时期以后，特别是元朝中后期，元朝对于高丽政治、文化和社会精英的需求更加多样化：元朝需要高丽政治精英完善地方行政和地方监察制度，需要高丽人才主持大都的税收，需要通过任命辽阳行省、征东行省和高丽本土的职务，调整元朝对高丽的统治，需要通过任命职务笼络一些高丽官员和其他势力，这些实际需要为元代高丽人出仕中国提供了条件。特别需要指出的是，元朝宫禁制度形成较晚，元朝需要利用高丽人的忠诚，完善宿卫制度、宦官制度、宫廷管理制度。由于元朝可以从南宋宫禁制度中得到的资源有限，中亚地区的火者更是数量稀少，因此，高丽人作为出仕中国的一个特殊群体，在元朝的内廷发挥了重要作用，元末奇完者忽都成为皇后，应该就是高丽人投身元朝内廷服务的结果。总之，元朝高丽人出仕中国的现象首先是元朝蒙古统治者实用主义统治方式的表现，蒙古统治者需要充分利用高丽的人力、智力资源为元朝统治服务。

另一方面，就来中国的高丽人来看，元朝对高丽的征服以及元丽关系框架的形成，为他们的人生发展开辟了一种在其他王朝时代没有的可能性。高丽是一个半岛国家，资源有限，历史上与中国维持朝贡的关系。到中国仕宦，对于高丽政治、文化和社会精英来说，是其人生价值的一个重要突破。这成为高丽人出仕中国的重要动力。另外，出仕天子之国，也会

---

① 李穀：《稼亭集》卷十八《用家兄诗韵寄示儿子纳怀》，页四。

给他们在高丽带来声誉，回国以后可以开辟在本国发展的新局面。因此，出仕中国既有实现人生价值的需要，也有现实方面的考量。不论是归附、宿卫、荐举、科举、任命和内廷服务，这些途径只要能达到目的，就有一些高丽人积极尝试。

第三章 “登庙堂而铭勋业”

——元代高丽人在中国的仕宦情况

高丽人在中国得到较多的入仕机会是元朝特有的政治现象，这些高丽人进入中国元朝的各级统治机构以后的仕宦情况如何，对中国的政治产生了什么影响？这是研究元代出仕中国高丽人必然要面对的问题。目前学术界除了个别人物仕宦情况的个案以外，研究成果还非常薄弱。① 基于这一点，本节主要考察元代出仕中国的高丽人在中国的仕宦情况，并在此基础上探讨他们忠于职守的原因。为了论述的方便，本节将元朝出仕中国的高丽官员分为武职官员、文职官员和内廷服务三个方面分别论述。

一、武职高丽官员的仕宦情况

元代出仕中国的高丽人武将群体包括前面已经提到的洪氏家族、李伯祐家族和高丽王室王綧家族，其中影响最大的是洪氏家族和高丽王室的王綧家族。这些家族的子弟作为军事将领归附蒙元政权，在平定高丽权臣叛乱、东征日本和平定元初蒙古诸王的叛乱中立下汗马功劳。

关于洪福源军事家族的仕宦情况，本书将在下一章专门考察，这里主要考察高丽王室的王綧家族在元朝的仕宦情况，《元史》记载了王綧家族子弟的贡献：

---

① 如前面《绪论》部分提到的尚衍斌《元及明初高丽韩氏家族事辑》(《元史及民族与边疆研究集刊》第三十四辑)，考察了高丽人韩永在燕朝的仕宦情况。徐付《在元做官的高丽人》(《语文学刊》2010 年 2 期)仅涉及个别个案。舒健《入居元大都的高丽人》(《元史论丛》第十三辑，天津古籍出版社，2010 年)考察了元朝大都高丽人的政治和文化生活。李廷青《中国人入仕高丽朝考论》(《韩国研究论丛》第 23 辑)考察了高丽人入仕中国的三种方式。李鹏的博士学位论文《入元高丽人研究》(延边大学博士论文，2011 年)考察了入元高丽人进入元朝的原因、概况。

王綧，高丽王瞮之犹子也……岁癸丑(1253)，高丽权臣高令公叛，宪宗命耶虎大王东征，綧奉旨为使讲和，仍镇守其地。时高丽人户新附者，命綧总之……中统三年(1262)，率兵征济南李璮，至元七年(1270)，高丽臣林衍叛，世祖遣头辇哥国王讨之，綧佥领部民一千三百户与国王同行……(长子)阿剌帖木儿袭职，授虎符，总管高丽人户。至元八年(1271)将兵讨叛贼金通精，贼败走躭罗。十一年(1274)进昭勇大将军，从都元帅忽都征日本国，预有战功……十八年(1281)复征日本，遇风涛，遂没于军。(次子)阔阔帖木儿入侍武宗潜邸，积劳授太中大夫、管民总管。(三子)兀爱袭兄阿剌帖木儿职，佩金虎符，授安远大将军、安抚使、高丽军民总管、东征左副都元帅。二十四年(1287)乃颜叛，力战屡捷，复从月鲁儿那演讨塔不歹、朵欢大王于蒙可山、那江，统兵五千余众，与八剌合赤脱欢相拒，绝流战黑龙江，箭中右臂，忍伤复战，敌大败。二十五年(1288)征哈丹秃鲁干，隶平章阔里帖木儿麾下，论功居多。冬十二月，叛军古都秃鲁干次于斡秃鲁塞，平章率兀爱讨降之。……明年(至元二十七年)，哈丹等入寇高丽国境，遣兀爱镇守，仍修城壁，严卒伍，军威大振，贼遂潜遁。九月，哈丹秃鲁干复寇缠春，兀爱引兵击却之。①

从上面引证的史料可以看出，王綧来到中国以后，其父子不论是征讨高丽叛臣还是讨伐蒙古叛乱诸王，都忠心耿耿，置生死于度外，通过战功表达了他们对元朝的忠诚。

除了上述显赫的家族，一般出仕中国的高丽武职人员也有贡献，如高丽人金侁，仕元为辽阳行省参政，至元十八年(1281)元朝进攻日本，溺死。② 上一章已经介绍的李伯祐，从史天泽平定武仙之乱，金亡，移兵伐宋，攻下徐州与其县丰、沛，功授金符，摄本路兵马都总管。从征襄阳，中统二年(1261)，参与平定李璮之乱。受到奖赏，遂致事。③ 元末中国政治动荡，红巾军起义爆发，元朝征发一些高丽军队参与平定红巾军，一些出仕中国的高丽武职人员表现得非常勇敢，如崔莹至正十三年(1353)与柳濯从元丞相脱脱等征高邮，“前后二十七战，城将陷，脱脱被谮师罢。

① 宋濂：《元史》卷166《王綧传，附王阿剌帖木儿传、王阔阔帖木儿传、王兀爱传》，第3891～3892页。
② 金宗瑞：《高丽史节要》卷19《元宗顺孝大王二·甲戌十五年》，页二十五。
③ 姚燧：《牧庵集》卷十九《侍卫亲军都指挥使李公神道碑》，第247～249页。

明年，崔莹在淮安路与红巾军激战，红巾军八千余围淮安城，力战却之”①。柳濯（字春卿），“元将南征红巾等贼，求勇士，蔡河中荐濯及廉悌臣等四十余人有勇略，元遣使召之，濯等率兵数千如元，从太师脱脱征高邮贼张士诚，连战颇有功”②。

从蒙古对高丽的征伐时期，到元世祖忽必烈一统天下，再到元朝末年平定内乱，担任元朝武职的高丽人从高丽贵族到一般军官，都做出了明显的贡献。在蒙元政权讨伐高丽叛臣、东征日本、平定中国国内叛乱、征伐南宋以及元末镇压红巾军起义等军事行动中，都可以看到出仕中国的高丽武职人员的身影。这些出仕中国的高丽武职人员在元朝的优异表现，对于蒙古统治者改变对高丽的态度、提高对高丽政权的信任等方面，产生了一定影响。

二、文职高丽官员的仕宦情况

前面已经说明，出仕中国高丽人中的文职官员，主要是在元朝中后期任命的中央和地方官员、辽阳行省官员、征东行省官员以及高丽国内官员。这些人在中国历史的特殊时代，登上中国政治舞台，从相关史料看，大部分高丽文职官员在出仕中国的过程中，展示了他们对元朝的忠诚、强烈的政治责任感和较强的工作能力。元代出仕中国的文职官员较多，下面从其职务特征方面对其仕宦情况进行考察。

元代高丽人在元朝中央、地方行政机构和监察机构任职的记载较多，这些官员中，政绩突出者大有人在，因而得到同时期中国和高丽社会舆论的好评。元人吴澄记载了担任元朝兵部员外郎的高丽人崔耐卿（号逊斋），负责大都商税征收的情况：

> 兵部员外郎崔耐卿，高丽人也，今上潜龙时官内史府，仁宗朝入典京城商征，常数之外，岁赢五十余万缗，不私取一毫，而悉归之公。又恐其数增而后难继，则或至于厉民也，乞不以为例。③

---

① 郑麟趾：《高丽史》卷113《列传26·崔莹》，页二十三。

② 郑麟趾：《高丽史》卷111《列传24·柳濯》，页十一到页十二。

③ 吴澄：《吴文正集》卷二十五《送崔兵部序》，《文渊阁四库全书》第1197册，第269页。

元朝都城大都是全国最大的商品交易中心，商业发达，商税的数量巨大，对于当时的官场来说，这一职务是一个肥缺。高丽人崔耐卿担任这一职务以后，商税数量大增。他不仅没有中饱私囊，还奏请皇帝不要以此为标准，以免以后继任者不能办集而加剧盘剥百姓。这一行动得到吴澄的极力称赞，吴澄接下来写道：

> 此一事也，而见其义焉，见其仁焉。高丽王羁留于京师，竭智殚力以匡赞之，而得复位，晨夕惓惓，慕父母送其王归国，而因过家以觐省，此一事也。而见其忠焉，见其孝焉。中国之与之接者，靡不爱之、敬之如兄弟、如僚友，亦其仁义忠孝之天昭昭然不昧，有以感动夫人也。①

从上述材料来看，吴澄除了称赞崔耐卿担任大都税务官员的政绩，对于崔某忠于高丽国王的行为，吴澄将其提升到“义”和“仁”的高度同样加以赞美，并对他表示尊敬，反映了元朝中国士大夫对于出仕中国高丽人的宽容态度。元人袁桷记录了同一事迹，并对崔耐卿下一步担任兵部员外郎的职务进行了展望：

> 高句丽崔君耐卿，往督征税于京师，不私其余，以进于官。既又惧为后来者之莫继焉，则慊然曰：“吾岂为奉上之罪人哉。”复疏以告于上，曰：“事适然，愿勿以为程数。”……崔君往为内史府官，见天子于王邸，大器异之，今即位，首拜兵部员外郎，兵曹之事多于昔，飞符调发，水陆之需，顷刻在立办。宽则事不能以济；稍苛急，民之病有甚于专征之弊。崔君推昔日之心，明以核之，仁以处之，政绩之著，有逾于昔。将步武日跻广经济之志，不愆于素守，桷也愿拭目以观，因志其美以俟焉。

接着，袁桷在文章中感慨道：

> 噫！崔君仁矣哉！今世善言利者，督括虚籍，峻鞭朴以求媚，尝諰諰以告：“吾所居官，能赢余以自效，当升夫资秩。”相率以效，朘削日广，而其徒争不肯自置，其猥阘者则攘臂以取，不顾利害，其弊

① 吴澄：《吴文正集》卷二十六《送崔兵部序》，《文渊阁四库全书》第1197册，第269页。

有不可胜言者。今崔君两得之，不希于公，不病于民，絜矩之道至而徹，夫在位者，皆得以同是道也。①

袁桷(1266—1327)，庆元路(今浙江宁波)奉化州人，知名学者，在元大都翰林国史院、集贤院任职，任翰林待制、集贤直学士等高级文职职务，在大都士人中间影响较大，袁桷对于崔耐卿不吝赞美之词，反映了这位高丽人在大都士大夫中间良好的声誉。

除此之外，吴澄还给崔耐卿居住的地方“逊斋”写了《逊斋铭》②，虞集则在他回高丽之前写诗给他送别。③

另外一个仕宦成功的高丽人官员是元朝皇庆年间衢州路总管申月鲁帖木儿，黄溍写道：

宋南渡后，衢之先贤忠简赵公而下六人，盖尸祝之旧矣。景定末，王侯已守是邦，始谂于朝，即故吏所据祠地为道院者，辟书堂曰：“明正”，且以其没入之田百七十有六亩隶焉。咸淳间，继之者赵侯孟奎，又益以它田六十有三亩，祠事以备。国朝因之，建书院额，设山长员，而兹田之夺于浮屠老氏者什七八，有司漫弗加省也。皇庆初，上新即位，垂意庠序之事，凡田之在学官者，冒取有禁。于是总管申侯为阅累岁之讼牒而核其实，悉返所侵田。有挟教门檄来争之者，侯弗为动。……申侯名月鲁帖木儿，高丽人。④

上面的材料记载了衢州路总管高丽人申月鲁帖木儿归还书院被佛道侵占学田的事迹。元代佛、道势力膨胀，儒学和书院的土地、学产经常被其霸占，地方政府往往无能为力。申月鲁帖木儿担任衢州路总管以后，为书院夺回被侵夺的土地，有利于当地文教事业发展和社会教化的推广，这一举动理所当然受到士人的赞美。有趣的是，黄溍在文章之后专门指出：“申侯名月鲁帖木而，高丽人。”说明他对元朝出仕中国高丽人的良好印象。

① 袁桷：《清容居士集》卷二十三《赠崔兵部序》，四部丛刊初编本，页十三左到页十四右。

② 吴澄：《吴文正集》卷五十三《逊斋铭》，《文渊阁四库全书》第1197册，第530页。

③ 虞集：《道园学古录》卷二《赠别兵部崔郎中暂还高丽即回中朝》，四部丛刊初编本，页十三右。

④ 黄溍：《金华黄先生文集》卷八《明正书院田记》，四部丛刊初编本，页十二左到页十三右。

作为元末浙西道肃政廉访司佥事的高丽人李朵尔济，在江浙一带也有很好的影响，他的贡献是主持了平江城墙的修筑，使平江城免于红巾军的烧掠，得到当地士人的称赞，元人郑元祐写道：

> 至正壬辰(至正十二年，1352)春，海寇烧劫嘉定昆山，而得朝鲜李公分宪吴下，深惟吴乃财赋所由出，实国家东南大藩屏，苟城隳堑湮，无以御盗。于是谋于守臣，而经费方不给，公乃集众议，广众思，斟酌民赀厚薄多寡，量城丈尺而分筑之。盖城周四十余里，高四十余尺，费以万计，为役可谓大矣。况民不可与虑，始故筑甃之初，谤诅毁恨，莫究由来，而公恬然一弗听，炎埃赤日，挥汗如雨，略弗少惮，巡察城上下，以稽工役，勤赏怠罚，威行惠敷，杵桢齐集，矩度整截，雉堞森然，俨如金汤，百工甫毕，而红巾贼起矣。始犯钱唐，次及吴兴，毗陵、京口相继残破，而耽耽吴城独克完峙。于是吴之民乃始欢忻悦怿，变嗟怨为言笑，易叹恨为讴歌，以为中吴非公缮完，城池亦且摧陷锋镝，肝脑涂地，莫知其所以也。感公恩如父母，戴公德犹更生，而公亦释然自喜自慰。当传闻警急时，昼夜身巡市里，累旬弗懈，虽有穴墙鼠狗，亦皆革化。故吴民获奠枕安寝者，伊谁之力哉？若公推宪平允，扬清激浊，不茹柔吐刚而使奸邪黠猾之摄伏，此吴民于公当尸而祝之于社，虽百世不易者也。公名朵尔济，字仲善，朝廷录是功，特进重位，登庙堂而铭勋业于其常者，应自兹始云。①

从上面的材料来看，李朵尔济作为一名地方监察官员，带领平江路百姓防患于未然，修筑城墙并在危机的时候率领军民守卫城池，为保卫当地百姓的生命财产做出了重要贡献，得到当地百姓的敬仰和感激。

高丽方面的史料也对一些在中国仕宦成功的高丽官员有所记载，李穀记载了高丽人韩永在中国仕宦的情况：

> 延祐庚申(延祐七年，1320)，(韩永)出为锦州。至治壬戌(至治二年，1322)，移刺高州。高古奚契丹地，屡经兵战，民物荡然，边夷杂种所聚，无耕蚕产，常以剽窃为事。公(韩永)知其然，克自检束，务以德化而诚感之，苟为奸宄不悛者，痛绳以法而不少贷，一境

① 郑元祐：《侨吴集》卷八《赠李宪佥序》，页十二到页十三，《北京图书馆古籍珍本丛刊》第95册，第777~778页。

称治。天历之元，又除懿州。制未下，御史台荐公可任风宪，改授河西陇北道佥廉访司事。

方兵兴之时，宁夏土豪借威乘衅，沮坏宪司。公下车，即将本路点吏张能因事断罢，余皆解散。总管忻都、文推官畏缩托疾，公独守监司一年，而风纪复振矣。又以营田水利，主者不得其人，夤缘为奸。斥逐八十余人，乃选廉能者修开河道，民赖以便。先是，宁夏在边远鄙，客旅之死，无所殡，至有骸骨暴露者。公乃令经历张珪筑垣作屋，收厝其中五百七十余，以千字文为记。标其姓名乡贯，令其亲戚易为稽考，仍穴垣内，以葬其暴露者。关陕旱饥，流民多就食，而露宿野处，病于风雨。公辍俸以倡，豪富争出钱以助，为屋二十余间，其所典鬻男女，官给衣食，还其父母。于是死者得所，而生者不至于病矣。

其于谳狱，一本于钦恤。宁夏囚党氏妇因奸药杀其夫，狱已成矣，审按二年而无异词，公一问而知之，再问而得其情，其夫果死于病，并其奸夫即治出之，人服其神明。至顺二年(1331)，转陕西省员外郎，阶亚中大夫。凡分省陕西及为幕职者，以御史台同建于彼，每惮召呼应对，有受命而不屑就者。既上，以疾告者，其或不能期月，往往以罪去者。时行省官僚皆以贪墨劾罢，公孑然独居二年，竟以能闻。先时，铨选不公，惟势是附，非贿不成。公悉知其弊，因籍先后定阙等差，唱名注拟，即行榜示，请嘱经绝，高下其手者无所措，奉檄之士莫不悦服。会选守令，元统元年迁河南府路总管。公始下车，访求民瘼，利无不兴，害无不除。河南当西北孔道，西自阌乡，北自孟津，东自巩县，凡十一驿，人户损乏，十室九空。检校隐蔽，覆按得实，蠲除其贫弱，佥补其丰厚，而又新馆舍、辟州路、建里门、劝农桑，作惠民药局以救穷民，收置铜仪以谨测候。民既悦服，则令之曰："讲求治道，莫先学校，庙宇圮陋，斋舍倾颓，岂朝廷隆师重道之意乎?"于是，捐俸劝率，兴工修理，建大成门及东西庑序，总四十有九间。后有梁总管宜文其事于碑，略而不悉，可恨也已。既新庙学，则程督诸生课讲，凡公退，治后之梅花堂，集僚吏讲说经史，寒暑不辍。凡远近之民冤抑久不得伸者，宪司悉委之公，公亦心诚求之，咸得其情。①

① 李穀：《稼亭先生文集》卷十二《有元故亚中大夫、河南府路总管兼本路诸军奥鲁、总管管内劝农事、知河防事、赠集贤直学士、轻车都尉、高阳侯、谥正惠韩公行状》，页九到页十一。

李穀的记载非常详细，韩永在做地方监察官员和地方行政官员期间，都能公正廉洁，认真负责，在他的语境里，韩永是一个中国帝制时代典型的能官、清官。

高丽人崔瀣记载了崔濬在中国的仕宦情况。崔濬，字大中，号伯渊，小字帖穆尔普化，高丽人，出身高丽权贵之家。① 崔濬游大都，被荐举为御史台的监察御史。任职期间，他“以廉谨自持，而为时论所称首”②。李穑记载了高丽人洪义孙(字仲谊)的情况：“累迁监察御史，左司都事，出为江西省员外郎，卒于任。”③

从上面的例证可以看出，元代出仕中国的高丽文职官员不仅数量较多，他们在仕宦的过程中确实也能做到尽职尽责，受到当时中国官员、士人和百姓的敬仰。前面已经说明崔耐卿等高丽籍的官员受到士大夫赞赏和敬仰的情况，作为一个典型的清官，韩永死后，“士庶闻者莫不哀泣思慕，至于狱讼之人，亦皆呼哭失声，且谓：‘自有府路以来，未见廉能循良若公比者’”④。

元朝出仕中国的高丽人中，大多数是在中国担任一种类型的职务，任满后回高丽继续任职，直到退休。也有一些人在元朝受到信任，担任元朝和高丽之间多种类型的职务，在双方都产生影响，高丽人廉悌臣是典型代表：

> 廉悌臣，字恺叔，小字佛奴，高丽中赞承益之孙。少孤，长于姑大元平章木吉家，泰定帝自晋邸入继统，木吉率悌臣迓驾于和林，帝一见奇之，命宿卫禁中……授征东省郎中，同僚颇弄威福，悌臣力争之，多所裁抑，田民词讼，悉还攸司，忠肃叹曰：“廉郎中清简矣。”左右司请署文移，必曰：“吾郎中署乎？”有则行，无则止。元召授翊正司丞，后奉使江浙省，会计中政院钱货，官吏多行赂求媚，悌臣一切却之，丞相别哥不花待以殊礼。及入相，荐于顺帝曰：“老臣在江浙，知廉佛奴清白。”具以事白，帝将用之，悌臣以母病力请东归，

---

① 郑誧：《雪谷集上》《题伯渊崔御史庆亲诗卷》，页十九，《韩国文集丛刊》第3册，第254页。

② 崔瀣：《拙藁千百》卷二《崔御史为大人庆八十序》，页三十四。

③ 李穑：《牧隐藁·诗藁》卷二《谒洪仲谊博士》，页四。

④ 李穀：《稼亭先生文集》卷十二《有元故亚中大夫、河南府路总管兼本路诸军奥鲁总管管内劝农事、知河防事、赠集贤直学士、轻车都尉、高阳侯、谥正惠韩公行状》，页十一到页十二。

忠穆朝拜三司右使，赐输诚翊戴功臣号。①

材料中，廉悌臣首次被元朝任命为征东行省的职务，尽管在高丽任职，他是元朝任命的，应是代表元朝承担征东行省郎中的职责。他在任职过程中“同僚颇弄威福，悌臣力争之，多所裁抑，田民词讼，悉还攸司”。反映了他与其他同僚的不同。廉悌臣另一个职务是元朝的翊正司丞，他的职责是到江浙行省，“会计中政院钱货”，期间“官吏多行赂求媚，悌臣一切却之”，反映了他在出仕中国，担任元朝任命官职的过程中，尽职尽责、不贪污、不受贿的高贵品质。另一位担任多次元朝任命的职务，同时也在高丽担任职务的是洪彬，史料记载：

公讳彬，字文野……宿卫内庭，积其劳。皇庆壬子，用长官荐，授从事郎大都路霸州同知……再转抄纸房提领，阶承务郎，干事之才，为人所服。天历己巳奏授承直郎松江府判官，吏不敢欺。以都水监经历召还，升承德郎，都水之政不少挠。又转奉训大夫太常礼仪院经历，未几，丁外艰。忠肃王被谗留京师者五年，公于是多为王出死力，讼王之屈而别白之。及其复爵，从之东归，实后至元丁丑也。王念公功笃，将留之佐政，驰请于朝，授公征东省理问所官。又曰：“词讼不足以烦公。盍以国事委之。”遂拜都佥议赞成事，阶重大匡带上护军，俄而进判军簿司事。人之称之，则曰二相。己卯春三月忠肃王礼陟，遗命权征东省事……遂如京，知公者皆喜曰：“文野来矣。”荐之朝，将显擢。公又求出，于是总管兴国路，阶正议大夫。公莅民以恩，御吏以法，至今遗爱存焉。②

材料中，高丽人洪彬以宿卫的身份，出仕中国，最初担任了大都路霸州同知、抄纸房提领、松江府判官、都水监经历等四个职务，其间“吏不敢欺”“政不少挠”，以至于“干事之才，为人所服”，表现出非凡的政治才能。此后，洪彬的才能被高丽忠肃王发现，洪彬随高丽忠肃王到高丽任职。忠肃王向元朝推荐他担任征东行省理问官，实际上让他担任高丽宰相的职务。此后洪彬在卷入高丽内斗的情况下脱身回到中国，又担任了元朝兴国路总管，任职期间能够“莅民以恩，御吏以法”，受到吏民的称赞。

① 郑麟趾：《高丽史》卷111《列传24·廉悌臣》，页一到页二。

② 李穑：《牧隐文藁》卷十九《唐城府院君洪康敬公墓志铭》，页十一到页十四。

从洪彬的仕宦经历来看，他有出色的政治才能，这使他在元朝和高丽担任多个职务时游刃有余，出色完成任务。另外，洪彬出身怯薛宿卫，具有“大跟脚”，深得元朝和高丽政权的信任，因此，元朝多次任命他职务，高丽忠肃王任命他担任高丽宰相，他正直、忠诚的个性，也是他作为出仕中国高丽人仕宦成功的重要条件。

从上面这些例子可以看出元代出仕中国的高丽人仕宦的基本情况。元朝中后期以后，大量的高丽人取得在中国仕宦的机会，不论是在元朝中央机构还是在地方行政、地方监察机构，或是元朝任命的辽阳行省和征东行省等机构的任职过程中，元代出仕中国高丽人表现出强烈的责任心和较强的工作能力，不少人取得成功，得到中国官员和士大夫的赞誉。可以说，虽然高丽人作为外国人出仕中国，但这些高丽籍的官员能够忠于职守，尽其所能做好本职工作，在任职期间有不俗的表现，为元朝政权的顺利运行和发展贡献了忠诚和聪明才智。

三、元代服务内廷高丽官员的仕宦情况

元代出仕中国的高丽人除了武职、文职的职务以外，还有相当一部分人服务元朝的内廷，这些内廷服务人员中，一部分后来出职，担任元朝武职官员和文职官员（如韩永、洪彬、廉悌臣），但其中大部分人则一直服务内廷。这些服务内廷的高丽人有的是宿卫，有的是太医，有的是宦官，他们从广义上仍然属于出仕中国的高丽人群体，他们与在外廷任职的高丽人一样，在元朝内廷各司其责，在元朝和高丽之间的政治互动中承担了重要角色。

来到中国，担任宫廷宿卫，进入元朝怯薛组织，是出仕中国高丽人担任内廷职务的重要条件。元朝皇宫和蒙古皇后斡耳朵等地都有完备的怯薛组织，能够加入这些组织，成为怯薛成员，是得到蒙古皇帝、皇后和蒙古贵族信任的必要条件。前面已经介绍的优秀高丽文职官员韩永，就是在内廷服务成功以后，出职担任元朝的地方官。李穀记述了韩永担任元朝内廷职务的情况：

> 初，本国遣世家子第为质子，公之考在选中，遂挈家而来。公由是少长辇毂，学于中国。大德七年（1303），选充宿卫。十一年（1307），入侍仁庙潜邸，为上所知，至大初制授承务郎、资武库提

点，皇庆元年(1312)除寿武库使，延祐元年(1314)移使利器库。时明宗即封于周，将行，请细甲于仁宗，上命给之。江浙省丞相答失蛮时为武备卿，抵寺欲取镇库者，公曰："卿不闻乎，世祖赐以尚衣御铠，若曰：'以此镇武库。'后世嗣圣或乘戎辂者服之，否则秘藏，世以宝守，寺官相传，奉之惟谨。"卿曰："吾将取观耳，无他也。"及见，即持走。公大叫："卿违制。"奔及而手夺之，仅得兜牟，卿复来夺。公曰："我头可得，此不可得也。"乃抱之哭，卿无如之何，止以铠上王邸。后数月，仁宗命取是铠，主者以实对，上怒，置卿极刑，竟无以存兜牟，事上闻者三库，皆尚方戎器秘藏，公再三管钥，克勤以慎，无丝毫失。及卿被刑，人益重之。①

在上面的材料中，韩永由于恪尽职守，得到仁宗的认可，后出职担任地方职务。高丽宦官方臣祐(方忙古台)由嫁到高丽的齐国大长公主的带到中国，留在元朝宫中，成为元朝皇太后的侍臣而得到信任。李齐贤记载：

平章小字小公，忠烈王时，给事宫中，改名臣祐。齐国大长公主性严明，左右有过，毫发不贷，独以谨慎，日见亲信。至元二十六年(1289)随公主入朝，因谒东宫，裕圣皇后一见留之，赐名忙古台。成宗尊裕圣为皇太后，特授奉正大夫、掌谒丞，寻加通奉大夫、泉府大卿。武宗朝，事寿元皇太后于兴圣宫，改将作院使，进阶正奉大夫，兼掌谒卿。帝曰："忙古台宣力宫省，年且劳矣，朕嘉其功。"皇太后曰："忙古台自先太后时至今，吾见其益勤，而未见其少懈也。"进阶荣禄大夫、平章政事，依前将作院使、掌谒卿。又曰："高丽人善楷字，孰能往使金书藏教以来，非忙古台不可。"经成，辇至京师，则曰："吾固知忙古台敏而能敬，可属大事。"泰定皇后遇之益厚，晋邸老珰或毁之，后曰："忙古台逮事裕圣，明习法度，非汝曹所及。"特授太子詹事，改徽政院使。

文宗天历二年(1329)加光禄大夫、储庆司使。事七朝二太后，参掌机密，献纳谋谟，无不称旨。累赐貂裘、珠衣、帽、金玉七宝腰带、江南腴田四千亩、黄白金宝钞不可胜计。三年，乞退东归……今上皇帝至正壬午(至正二年，1342)夏，召还朝，年七十六，精力不

① 李穀：《稼亭先生文集》卷十二《有元故亚中大夫、河南府路总管兼本路诸军奥鲁、总管管内劝农事、知河防事、赠集贤直学士、轻车都尉、高阳侯谥正惠韩公行状》，页九。

衰。上异之，赐金龙绣衣、宝钞万贯。明年九月，遘微疾，庚寅(至正十年，1350)卒于第……至大间，辽阳洪重喜诉忠宣王鐕用事，大臣求与王廷辨，平章入侍兴圣宫，色有不豫。太后问其故，跪曰：“重喜，高丽逋民也，顾今与王为两造耶。且王性刚，必不能堪其辱，臣恐不复见故主，以此内忧耳。”因泣下沾襟，太后感悟，言之帝，即日斥去重喜。皇庆初，朔方蕃王八驴迷思，率众自归。朝议将处之鸭绿之东，平章奏曰：“高丽地佚多山，无所田牧，北俗居之必不乐，徒令东民惊动，或不能按堵耳。”仁宗然其言而止。禄守耶律希逸为征东省官，既受命矣，平章白兴圣宫，以为高丽树功帝室非一世矣，衣冠典礼，不改其旧，惟世皇诏旨是赖。今遣禄守等，无乃非世皇意乎？于是有旨留禄守等勿遣。倒剌沙之为左相也，主立省之议甚力，平章白中宫，谕辅臣如前意，倒剌沙议诎，事遂寝。①

从李齐贤的记载可以看出，方臣祐由于受到两位皇太后的宠幸，多次得到升迁和赏赐，更重要的是，他可以“参掌机密，献纳谋谟”，可以说对国家最高事务有不小的发言权。材料中记录的四件大事：(1)洪氏家族与高丽王室之争，(2)漠北藩王八驴迷思部安置高丽，(3)禄守、耶律希逸赴高丽就任征东行省官员，(4)元泰定帝时期在高丽设立行省。这四件大事对于高丽来说，都是事关高丽政权生存和发展的大事，如果实施，将会对高丽产生重大影响。由于方臣祐的参与，四件大事全部按照方臣祐的意见，以对高丽政权有利的原则处理，对当时的高丽关系重大。方臣祐的行为，反映了他对高丽国王与高丽国家利益的维护，也显示了他作为高丽宦官，通过在元朝宫廷服务，对于元朝国家大事具有的非凡影响力。其他成功在元朝内廷任职的高丽人还有很多，如朴琐鲁兀大：

君小字琐鲁兀大，武宗之初，奉旨入充内侍。帝常呼小琐鲁兀大，因赐为名。初拜仪鸾局大使，再迁朝列大夫、同知大都路北怯怜口诸色民匠都总管府事。性慎重，既知遇列圣矣，已而谦退，老于佛事云。②

① 李齐贤：《益斋乱稿》卷七《光禄大夫、平章政事、上洛府院君方公祠堂碑》，页三、页四。

② 李穀：《稼亭先生文集》卷三《大元高丽国广州神福禅寺重兴记》，页十三。

相对于朴琐鲁兀大，郑秃满达更加成功：

> 秃满达即徽政公也……初大德庚子(大德四年，1300)，徽政生十一岁，以内侍从忠烈王入觐，因留事阙庭。成宗爱其颖悟，壬寅诏入学齿胄，习书礼，既通大意，命给事仁宗潜邸。至大己酉(至大二年，1309)拜典宝监丞，官奉训大夫。俄迁典瑞太监，洎升监为院，六转为使。加资善大夫，摄利用监，监金玉府。其被仁庙所以爱遇之，内臣无出其右。天历初，移章佩卿，已而复使典瑞。又四迁光禄大夫徽政使、延庆使、提调掌谒司事。其在徽政也，孜孜以荐进贤能为己任，故士论翕然归之。①

从这段文字记载来看，郑秃满达受到元仁宗信任，在元朝内廷仕宦非常成功，需要特别指出的是，他任职宫廷重要机构徽政院使时，“孜孜以荐进贤能为己任”，有权推荐人才到元朝做官，这为他推荐高丽人在中国任职提供了条件。

高丽人赵伯颜不花经历比较特殊，他“自武宗之时。入为宿卫。俄从明皇于朔方……夷险十年”。顺帝继位，赵伯颜不花“待遇益丰，官跻一品”②。赵伯颜不花跟随武宗长子和世剌流落漠北察合台汗国十年，可以说经历非常特殊，顺帝继位，命赵伯颜不花官居一品，也是对他忠诚的肯定与回报。

高丽人崔安道(那海)在元朝内廷服务九年，也算是出仕元朝内廷的成功者，高丽人崔瀣记载：

> 公幼颖，随朝请公事太尉沈王于京邸，遂通三国语，叙为先王官属……(至顺)二年(1331)奉旨入朝，克宿卫。元统元年(1333)特除中尚监丞，官奉议大夫。(后)至元二年(1336)转太府监少监，官朝请。六年(1340)又转本监太监，官中议。凡官京师九年，三转官。③

崔安道在元朝内廷服务九年，三次升职，从奉议大夫(正五品)到中议大夫(正四品)，应该是比较快的。在后世颇受争议的是高丽宦官朴不

---

① 李穀:《稼亭先生文集》卷四《韩国公郑公祠堂记》，页二、页三。

② 李穀:《稼亭先生文集》卷四《大元赠奉训大夫、辽阳等处行中书省左右司郎中、飞骑尉、辽阳县君赵公墓茔记》，页六。

③ 崔瀣:《拙藁千百》卷二《崔大监墓志》，页三十六。

花，他以宦官身份任职元朝内廷，元末他的正式职务是荣禄大夫、资正院使，官居一品，应该是元朝后期仕宦中国高丽人中成功的人物。《元史》记载：

朴不花，高丽人，亦曰王不花。皇后奇氏微时，与不花同乡里，相为依倚，及选为宫人有宠，遂为第二皇后，居兴圣宫，生皇太子爱猷识理达腊。于是，不花以阉人入事皇后者有年，皇后爱幸之，情意甚昵，固累迁官至荣禄大夫资正院使。资正院者，皇后之财赋悉隶焉。

至正十八(1358)年京师大饥疫，时河南北、山东郡县皆被兵，民之老幼男女避居聚京师，以故死者相枕藉。不花欲要誉一时，请于帝，市地收瘗之……不花出玉带一、金带一、银二锭、米三十四斛、麦六斛、青貂银鼠裘各一袭以为费，择地自南北两城，抵卢沟桥，掘深及泉，男女异圹。人以一尸至者，随给以钞，舁负相踵。既覆土，就万安寿庆寺建无遮大会，至二十年(1360)四月，前后瘗者二十万，用钞二万七千九十余锭，米五百六十余石，又于大悲寺修水陆大会三昼夜，凡居民病者予之药，不能丧者给之棺。翰林学士承旨张翥为文颂其事曰《善惠之碑》。

于是，帝在位久，而皇太子春秋日盛，军国之事皆其所临决。皇后乃谋内禅皇太子，而使不花喻意于丞相太平，太平不答。至正二十年(1360)太平乃罢去，而独搠思监为丞相。时帝益厌政，不花乘间用事，与搠思监相为表里，四方警报，将臣功状，皆抑而不闻，内外解体，然根株盘固，气焰熏灼，内外百官趋附之者十九。又宣政院使脱欢与之同恶相济，为国大蠹。

二十三年(1363)监察御史也先帖木儿、孟也先不花、傅公让等乃劾奏朴不花、脱欢奸邪，当屏黜。御史大夫老的沙以其事闻，皇太子执不下，而皇后庇之尤固，御史乃皆坐左迁。治书侍御史陈祖仁连上皇太子书切谏之，而台臣大小皆辞职。皇太子乃为言于帝，令二人皆辞退。而祖仁言犹不已，又上皇帝书言：“二人乱阶祸本……”

(顺帝)以不花为集贤大学士、崇正院使……未几，孛罗帖木儿遣秃坚帖木儿以兵向阙，声言清君侧之恶……帝度其势不可解，不得已，执两人畀之，其兵乃退。朴不花遂为孛罗帖木儿所杀。①

① 宋濂：《元史》卷204《宦官·朴不花》，第4552~4554页。

从上面的记载来看，至正十八年(1358)到至正二十年(1360)，朴不花在京城救济饥民，掩埋尸体，做了很多有意义的社会慈善工作，当时京城为此事立"善惠之碑"，碑文为当时知名文臣张翥所写，肯定他在这方面的贡献。他晚年依附奇皇后和皇太子爱猷识理达腊，密谋以太子取代元顺帝，引发宫廷尖锐斗争，他乘机控制朝廷，导致元朝政权内外分裂，加速了元朝的灭亡。

元朝担任内廷职务的高丽人众多，他们通过宿卫取得职务，在得到元朝皇帝、皇后等权贵的信任以后，不仅待遇好，升迁快，还取得了参与国家机务和推荐人才的权力，从前面的论述来看，元朝中期以后，出仕元朝内廷的高丽人，对元朝制定关于高丽的政策有重要影响，如果说元朝中期的方臣祐通过他与元朝皇太后的关系，干涉元朝对高丽政策的话，到了元末，高丽宦官朴不花已经在奇皇后和皇太子的支持下把持朝政，官居一品，使高丽人对于元朝政局的影响达到令人吃惊的程度。有关高丽奇皇后与元朝政治，本书将在后面专门研究，这里不再展开论述。

本章小结

有元一代，出仕中国的高丽人群体活跃在中国政治舞台，对元王朝的历史发展进程产生了一定的影响。从跟随蒙古贵族征伐和平定叛乱，到分布在元朝内廷和中央、地方官僚机构中担任各种职务，元代高丽人用他们的忠诚和努力，取得了元朝统治者的信任，也得到了中国士大夫的肯定。目前中国和高丽的相关史料中，对于这一时期出仕中国的高丽人，特别是内廷服务的高丽宦官在高丽恃势横暴记载较多，如方臣祐出使高丽后，"郡县守宰皆被骂辱，至有受杖者，其降香诸道也，提察守令抽敛民财，赠遗甚厚，全罗提察使李仲丘赠以纸，臣祐不受，因折辱之"①。不过，对于这些出仕中国高丽人在中国仕宦期间的贪赃、腐败和横暴行为，史料则没有记载，可以说，元代出仕中国的高丽人的仕宦是成功的。元代出仕中国高丽人仕宦成功的原因主要有：

第一，元代来中国的高丽人是经过层层选拔的高丽政治文化精英，政治素质、文化素质较高，有很强的处世能力。大部分人能够胜任元朝任命他们的职务。

---

① 郑麟趾：《高丽史》卷122《列传35·宦者·方臣祐》，页二十。

第二，出仕元朝中央和地方机构的高丽人远离家乡，社会关系简单，牵累较少。在汉族和蒙古族为主的官场，高丽官吏属于少数，没有声援，没有依靠，生存压力较大，很难在某些政治场域形成权力的垄断。这种势单力孤的环境，促使他们在仕宦过程中非常谨慎，尽职尽责。

第三，元朝出仕中国高丽人在内廷服务的相对较多，内廷服务工作非常敏感，只有非常忠诚，才能得到信任。

第四章　高丽世侯

——蒙元之际的洪福源及其家族

洪氏家族在蒙元之际是一个比较特殊的家族，其成员在唐朝时期从中国来高丽定居，蒙古征伐时期投降蒙古，回归中国。洪氏家族崛起的代表人物洪福源(1206—1258)出身高丽军人之家，父子镇守高丽麟洲。元太祖十三年(1218)投降蒙古，此后在元太宗、定宗、宪宗时期作为投降蒙古的将领，配合蒙古征讨高丽。尽管洪福源在元宪宗八年(1258)被杀，但元世祖忽必烈时期，洪氏家族子弟仍然受到信任，洪俊奇(茶丘)、洪君祥、洪万(重喜)仍活跃在元朝政治舞台。他们在征讨高丽、平定蒙古诸王叛乱、征伐日本和统一南宋过程中屡立战功。更为重要的是，洪氏家族在延续三代，持续时间近五十年的历程中，一直与高丽政权有着密切的互动，从洪福源对高丽的征讨、洪茶丘对高丽的非理性报复、洪君祥对高丽的理解与支持到洪重喜与高丽的最后较量，洪氏家族的发展历程与元丽之间的互动息息相关。

蒙元之际中国北方地方割据武装投降蒙古政权，一般会受到优待，时人统称世侯。洪氏家族投降元朝以后，成为当时唯一的高丽世侯，取得了管理中国境内高丽人的权力，也参与元朝与高丽相关的事务。洪氏家族还长期担任元朝辽阳行省的重要职务，对高丽政权形成重要制约。随着元朝利用高丽王室统治朝鲜半岛的政策日益完善，高丽王与蒙古皇室联姻，高丽王室在元朝的政治地位大大提高。洪氏家族的政治影响与高丽王室相比则逐步减弱，最终失去了制衡高丽政权的作用而逐步式微，洪氏家族的发展进程，折射了元朝对于高丽统治制度发展和定型的整个过程。

在蒙元之际中国北方军事家族中，洪氏家族的研究对于考察蒙元政权统治高丽制度发展和定型的过程，具有重要的学术意义。目前有关中国北方世侯军事家族的研究成果较多，有关高丽洪氏军事家族的研究也有一些研究成果，于磊《辽阳洪氏家族与高丽王室关系述论》对于高丽洪氏家族与高丽王室关系的发端与演进过程进行了考察，分析了元世祖以后洪氏家族逐步衰落的原因。① 王桂东、达力扎布《元代高丽裔洪氏家族研究》，从生平、事功和其对高丽的政治态度等方面，考察了洪氏家族的发展历程。② 其他有关高丽的研究专著也会涉及洪氏家族的一些问题。③ 本章在前人研究的基础上，结合元、丽双方的史料，考察洪氏家族在蒙元之际的发展历程，并在此基础上探讨元朝统治高丽制度的发展和成熟的过程。

一、崛起：洪福源时代的洪氏家族

洪福源，初名福良，本高丽唐城人，其先徙居高丽麟州。父大纯为麟州都领。④ 关于唐城，《元史》记载，洪福源祖先是中国人，唐朝时定居高丽，“子孙所居地曰唐城”，洪氏子弟以唐人自诩。⑤ 洪福源父子在金末高丽的身份是“都领”和“神骑都领”，属于当时高丽的武官，驻守在高丽麟洲。⑥ 元太祖十一年(1216)，金朝统治下的契丹武装对于高丽的入侵，改变了洪氏家族的命运。此年契丹九万余人攻入高丽，元太祖十三年(1218)冬十二月，成吉思汗命哈赤吉、扎剌将兵追讨，此年，蒙古军达到江东城，洪福源之父洪大纯迎降。⑦ 元太祖十四年(1219)高丽派大将赵冲、金就砺与哈真(哈只吉)等合兵，围江东城，契丹军开门出降。元太祖二十年(1225)蒙古使臣在高丽“中途为盗所杀”⑧，元太宗三年(1231)蒙古再次举兵攻打高丽，索要巨额赔偿，“洪福源又迎降于军”⑨。元太宗四年(1232)八月“(高丽)西京巡抚使人将军闵曦与司录崔滋温，密使将校等谋杀蒙古派驻高丽的达鲁花赤。西京人闻之曰：“‘如是，则我京

① 于磊：《辽阳洪氏家族与高丽王室关系述论》，《元史论丛》第十三辑，天津古籍出版社，2010年。

② 王桂东、达力扎布：《元代高丽裔洪氏家族研究》，《中国边疆史地研究》2015年第3期。

③ 乌云高娃的专著《元朝与高丽关系研究》(兰州大学出版社，2012年)，对于元丽之间的战争和元朝征伐日本的战争研究比较深入，其中涉及洪福源和洪茶丘在战争中的表现。

④ 郑麟趾：《高丽史》卷130《列传43·叛逆·洪福源》，页三，韩国景仁文化社影印本，1976年。

⑤ 宋濂：《元史》卷154《洪福源传(附俊奇、君祥、万)》，第3627页。

⑥ 宋濂：《元史》卷154《洪福源传(附俊奇、君祥、万)》，第3627页。

⑦ 郑麟趾：《高丽史》卷130《列传43·叛逆·洪福源》，页三。

⑧ 郑麟趾：《高丽史》卷22《世家22·高宗一》，页二十七。

⑨ 郑麟趾：《高丽史》卷130《列传43·叛逆·洪福源》，页三。史料中没有说明洪福源投降的具体时间，乌云高娃考证是在1231年9月。见乌云高娃《元朝与高丽关系研究》，兰州大学出版社，2012年，第30页。

必……为蒙兵所灭’，遂叛”①。不久，“西京人毕贤甫、洪福源等杀宣谕使大将军郑毅、朴禄全，举城叛。十二月，崔瑀遣家兵三千与北界兵马使闵曦讨之，获贤甫送京，腰斩于市。福源逃入蒙古，（高丽）擒其父大纯、弟百寿及其女子，悉徙余民于海岛，西京遂为丘墟”。②

洪福源投降以后，率领下属军民，与蒙古将领撒里答并力攻未附者，又与阿儿秃等进至高丽王京。元太宗六年(1234)五月蒙古政权赐洪福源金符，任命他为管领归附高丽军民长官，“仍令招讨本国未附人民”③。元太宗七年(1235)元太宗窝阔台命唐古拔都儿与洪福源进讨高丽。元宪宗蒙哥继位，改授洪福源虎符，仍任命他为归附高丽军民长官。庚戌年(1250)三月：“北朝(蒙古)征宗亲及洪福源父入朝。”④说明当时的大蒙古国政权保护洪福源的家属，将其迁往中国。洪福源投降蒙古以后，受到信任，高丽政权对他的敌意也与日俱增。《高丽史》写道：

> 福源在元为东京总管，领高丽军民，凡降附四十余城，民皆属焉。谗构本国，随兵往来怡患之。欲悦其心，官大纯为大将军；百寿时为僧，发之为郎将，以张暐为福源女婿，贿赂不绝。福源感之，谗构稍弛。然自是元兵岁至，攻陷州郡，皆福源导之也。⑤

上述材料说明，洪福源投降蒙古以后，取得统治高丽降民的权力，其父亲及其弟皆升为将军、郎将等武官职务，高丽只好通过对他贿赂，才能使他“谗构稍弛”，反映了洪氏家族与高丽王政权的微妙关系。此后，洪福源一直在高丽驻守，高丽贿赂他的记载两次出现。元宪宗三年(1253)“(四月)甲寅，阿母侃、洪福源诣帝(蒙哥汗)所，言高丽筑重城无出陆归款意。帝命皇弟松柱帅兵一万，道东真国入东界。阿母侃、洪福源领麾下兵趣北界，皆屯大伊州”⑥。同年十一月，高丽“遣永安伯僖、仆射金宝鼎致书于也窟、阿母侃、于悦、王万户、洪福源等遗土物。……也窟在忠州得病，卜者曰：‘久留则难返。’也窟留阿母侃、洪福源守之，率精骑一千北还”⑦。元宪宗四年(1254)七月壬辰，高丽“命大将军李长诣蒙兵屯所

---

① 郑麟趾：《高丽史》卷23《世家23·高宗二》，页十四。
② 郑麟趾：《高丽史》卷23《世家23·高宗二》，页二十七。
③ 宋濂：《元史》卷154《洪福源传(附俊奇、君祥、万)》，第3628页。
④ 郑麟趾：《高丽史》卷23《世家23·高宗二》，页四十二。
⑤ 郑麟趾：《高丽史》卷130《列传43·叛逆·洪福源》，页四。
⑥ 郑麟趾：《高丽史》卷24《世家24·高宗三》，页六。
⑦ 郑麟趾：《高丽史》卷24《世家24·高宗三》，页十。

普贤院，赠车罗大、余速秃、甫波大等元帅及永宁公綧、洪福源金银酒器皮币有差”①。

上面提到的“永宁公綧”即王綧，“高丽王瞮之犹子也，美容仪，慷慨有志略，善骑射，读书通大义，以质子入朝”②。王綧入质的具体情况，《高丽史》记载：“(高丽高宗)二十八年(1241)夏四月，以族子永宁公綧为子，率衣冠子弟十人入蒙古为秃鲁花，遣枢密院使崔璘、将军金宝鼎、左司谏金谦伴行，秃鲁花华言质子也。”③王綧的到来，对洪福源及其家族产生了很大影响，《元史》载：“戊午年(元宪宗八年，1258)洪福源遣其子洪俊奇(小名茶丘)，从扎剌台军。”而“王綧阴欲并统本国归顺人民，谮福源于帝，遂见杀”④。这条史料说王綧为了取得对于归附蒙古高丽人的控制权而中伤洪福源，导致他被杀，其具体情况，反映高丽人观点的《高丽史》进行了如下记载：

> 永宁公綧之入质也，寓于福源，福源待之甚厚。久乃生衅，綧积不平……福源密令巫，作木偶人，缚手钉头，埋地或沈井呪诅。校尉李绸，尝逃入元依綧，觇知之以奏。帝遣使验之，福源曰：“儿子病虐，故用以厌之耳，非有他也。”因谓綧曰：“公受恩于我久矣，何反使谗贼陷我耶？所谓‘所养之犬，反噬主也”。綧妻蒙古女也，闻其语声甚厉不逊，呼译者具问，大怒，呵福源伏于前，切责曰：“汝在尔国，为何等人?”曰：“边城人。”又问：“我公为何等人?”曰：“王族。”曰：“然则真乃主也，汝实为犬，反以公为犬噬主，何哉？我皇族也，帝以公为高丽王族而嫁之，妾以是朝夕恪勤，无贰心。公若犬也，安有人而与犬同处者乎？吾当奏帝。”遂诣帝所，福源号泣，叩头乞罪，綧追止之，不及。福源倾产，备贿货与綧，倍道追之，中途遇敕使，敕使即令壮士数十人，蹴杀福源，籍没家产，械其妻及子茶丘、君祥等以归。福源诸子，憾父之死，谋陷本国，无所不至。⑤

这则材料从高丽人的视角，记载了洪福源被杀事件的来龙去脉。细读一下，疑点甚多：

---

① 郑麟趾：《高丽史》卷24《世家24·高宗三》，页十五。
② 宋濂：《元史》卷166《王綧传》，第3891页。
③ 郑麟趾：《高丽史》卷23《世家23·高宗二》，页三十五。
④ 宋濂：《元史》卷154《洪福源传(附俊奇、君祥、万)》，第3268页。
⑤ 郑麟趾：《高丽史》卷130《列传43·叛逆·洪福源》，页四到页五。

第一，事件发生的时间。相关记载除了前面引用《元史》的戊午年(1258)以外，《高丽史》有一条云：元宪宗九年(1259)十一月癸卯，李世材偕蒙使于散等四人来。初世材在燕朝，洪福源子使人诉于帝曰："高丽出降非真也。"世材知之，先告也速达曰："闻有谗者，愿勿听。"也速达即收福源子。① 这个记载发生在1259年，内容是洪福源儿子向在"燕朝"的李世材中伤高丽"出降非真"。尽管史料未说明这是洪福源的哪一个儿子，但说明此时洪福源已经被杀。因此，洪福源被杀于1258年的结论应该没问题。

第二，事件发生的地点。前面已经引述《高丽史》的《世家部分》记载王綧入质是在1241年，即元太宗十三年，这时燕京虽然归蒙古统治，但蒙古汗廷在和林，王綧作为秃鲁花在燕京的可能性不大。不过后来他离开和林，回到高丽。《元史・王綧传》记载："岁癸丑(1253)，高丽权臣高令公叛，宪宗命耶虎(也窟)大王东征。綧奉旨为使讲和，仍镇守其地。时高丽人户新附者，命綧总之。"②这条记载说明，王綧在1253年回到高丽。此后直到1256年，王綧都在高丽，《高丽史》有两条记载：元宪宗六年(1256)四月"慎执平自蒙兵屯所还，言：'车罗大、永宁公云，若国王出迎使者，王、太子亲朝帝所，兵可罢还，否则以何辞而退乎？'时车罗大、永宁公屯潭阳，洪福源屯海阳"③。元宪宗六年(1256)八月"辛巳，车罗大、永宁公、洪福源等到甲串江外，大张旗帜，牧马于田，登通津山，望江都退，屯守安县"④。这两条史料的"永宁公"就是王綧。王綧什么时间回到中国这一点无关紧要，上引李世材的一则记载提到洪福源之子在"燕朝"向他中伤高丽，使用的"燕朝"，而非蒙古，说明前者应是忽必烈的燕京政权，而不是位于和林的蒙古汗廷。因此，洪福源的家是在燕京而不是和林，事件发生以前王綧住在洪福源家，二人都在燕京，应该可以肯定，洪福源的不幸事件无疑发生在燕京。

第三，下令杀掉洪福源的是蒙哥汗还是忽必烈？我们知道，蒙哥汗1251年继位，此后忽必烈被封主管漠南汉地事务，燕京和金莲川是忽必烈的政治中心。宪宗八年(1258)蒙哥汗南下征宋，其行军路线是六盘山南下陕西、四川，他并没有到过燕京。洪福源事件发生的燕京，正是忽必烈政权的政治中心，因此，可以推断是忽必烈下令杀死洪福源的。

---

① 郑麟趾：《高丽史》卷25《世家25・元宗一》，页三。
② 宋濂：《元史》卷166《王綧传》，第3891页。
③ 郑麟趾：《高丽史》卷24《世家24・高宗三》，页二十五。
④ 郑麟趾：《高丽史》卷24《世家24・高宗三》，二十七。

第四，就事件经过来看，疑点较多。首先是洪福源巫蛊王綧不合常理，前面已经说明，洪福源投降蒙古以后，尽管由于攻打父母之国，受到从高丽国王到一般官员（包括王綧）的嫉恨，但还是只能通过贿赂减少他对高丽的伤害。王綧寄居在洪福源的家里，如果是出于嫉恨洪福源和争夺对于投降蒙古高丽人的统治权，巫蛊之人应是王綧，而不是洪福源。李绸告发以后，洪福源解释是儿子得了痁疾，用巫术给儿子治病，这种解释反而更容易讲得通。其次，王綧来到蒙古入质，身边带来一些随身官员，校尉李绸投奔王綧，告发洪福源可以理解，洪福源知道王綧告发他，发怒指责王綧忘恩负义，这也没有什么不可理解的，毕竟是洪福源照顾他的生活。接下来王綧的蒙古妻子成了事件发展的决定因素，她自称蒙古皇族，嫁给王綧，并表示要告诉忽必烈。事件发生反转，祈求宽恕的变成洪福源。在追赶的途中遇到忽必烈派来的使臣，以壮士数十人将洪福源当场打死，并抄家逮捕其家人。这里，王綧的妻子的身份有疑点。王綧 1241 年来蒙古，1253 年回到高丽，再来到燕京，住在洪福源家里，他在蒙古的时间有十二年，娶蒙古族女子为妻有可能，不过，这时候高丽王室还没有与蒙古黄金家族通婚，以他的身份，不可能娶到黄金家族的女子，整个事件好像经过精心的策划。

由于没有明确的史料证实这次事件的策划者是谁，我们不能妄加推测，不过事件的影响还是很大的。就洪氏家族来说，显然受到沉重打击，洪福源的子弟感受到背叛蒙古的严重后果，此后对蒙古（元朝）政权更加忠诚。另一方面，这种严重后果的制造者则由王綧的自称皇族（黄金家族）的妻子引到王綧的身上，并指向高丽王室。此后洪福源儿子洪茶丘为父报仇的对象，就是高丽王室。可以说，洪福源被杀使洪氏与高丽王室的仇恨表面化，《高丽史》认为"福源诸子，憾父之死，谋陷本国，无所不至"①。最后，忽必烈在中统二年（1261）与洪茶丘的对话值得玩味，此年，"茶丘雪父冤，世祖悯之，诏谕之曰：'汝父方加宠用，误絓刑章，故于已废之中，庸沛维新之泽，可就带元降虎符，袭父职，管领归附高丽军民总管'"②。这里忽必烈认为洪福源之死是"误絓刑章"，对其死表示同情。我们从事件的前前后后看不出洪福源违反蒙古法制的证据，反而从忽必烈的同情感受到某些事件策划者的信息。忽必烈制造洪氏与高丽王室的矛盾，利用其争斗控制高丽王室的安排在洪福源死后变成现实。

---

① 郑麟趾：《高丽史》卷 130《列传 43 · 叛逆 · 洪福源》，页五。
② 宋濂：《元史》卷 154《洪福源传（附俊奇、君祥、万）》，第 3629 页。

从元太祖成吉思汗开始，高丽政权对蒙古(元朝)的归附多次出现反复，蒙古(元朝)为了征服高丽，数次派大军进行征讨。① 洪福源及其家族归附蒙古政权，并坚定地站在蒙古一方，帮助蒙古讨伐高丽叛乱，得到蒙古贵族包括忽必烈的信任。洪福源归附蒙古政权以后，派次子洪茶丘(俊奇)到大蒙古国入质，说明他已经同当时中国北方的割据势力——世侯一样，尽了纳质、随军出征等一般世侯的义务。不过，洪福源毕竟与当时中国北方其他世侯不同，他还有牵制高丽王室的特殊使命。于是，如前面所说，利用洪福源的死制造洪氏与高丽的矛盾，再通过洪氏后人的复仇心理引起争斗，牵制高丽王室，成为忽必烈最初统治高丽的重要策略。就高丽方面来看，洪福源投降是对高丽国家的背叛行为，洪福源对于高丽的征讨，更是伤害了高丽王室和百姓的民族感情。洪氏家族与高丽王室的矛盾和斗争已经不可避免。

二、兴盛：洪茶丘、洪君祥时代的洪氏家族

洪福源被杀，只是洪氏家族发展历程中的一个意外事件，在此后的忽必烈时代，洪氏家族仍然具有不可替代的作用。洪福源的儿子洪茶丘、洪君祥时期，洪氏家族在元朝的影响和政治地位得到明显提升，该家族在元丽关系中的作用也是更加突出。就洪氏与高丽王室的关系来看，双方在争斗的主流趋势之下，也有缓和的迹象。洪福源的儿子洪茶丘(一名俊奇，1244—1291)、洪君祥成为洪福源去世以后洪氏军事家族的代表人物。

(一)洪茶丘对高丽的报复

洪俊奇，洪福源第二子，小名茶丘，幼从军，以骁勇受知元世祖。元世祖“尝以小字呼之”,② 此后在大多数场合元朝和高丽都称其为洪茶丘。前面已经说明，中统二年(1261)秋，洪茶丘袭父职，担任管领归附高丽军民总管。不过，受到洪福源事件的影响，1258—1268 的十年期间，洪

① 具体情况可以参照宋濂《元史》卷 208《外夷一・高丽》，这方面的研究成果有：郝时远《蒙古东征高丽概述》，《蒙古史研究》第二辑，内蒙古人民出版社，1986 年。乌云高娃《元朝与高丽关系研究》，兰州大学出版社，2012 年。

② 宋濂：《元史》卷 154《洪福源传(附俊奇、君祥、万)》，第 3629 页。另据佚名《朝鲜史略》：“元制，剃顶至额，方其形留发，谓之察球儿。”(《文渊阁四库全书》第 466 册，台湾“商务印书馆”，1986 年，第 485 页)洪俊奇幼年加入蒙古军，以骁勇受知忽必烈，估计他已经剃发，忽必烈称其小名，应与蒙古语“察球儿”有关。

茶丘的处境非常不利。前面提到，元宪宗九年(1259)十一月“洪福源子”向忽必烈告密说“高丽出降非真”，高丽使臣李世材将此情况告诉了蒙古官员也速达，也速达“收福源子”。这位被捕的洪福源的儿子应是当时只有十五岁的洪茶丘。中统元年(1260)“世祖即位，授撒吉思北京宣抚……会高丽有异意，上遣使究切，则委罪于彄臣洪察忽，械送京师。道辽东，撒吉思访知洪以直谏忤意，故即奏疏，为直前謾，上命释洪”①。史料中的“洪察忽”即洪茶丘，他这一年十六岁，就敢于“直谏”而被“械送京师”，反映了他个性的强势。

1270—1280年的十年间，也就是洪茶丘在26~36岁期间，是他在元丽互动过程中最活跃的时期，根据《高丽史·世家》记载，至元七年(1270)洪茶丘与王綧等到高丽传达元朝圣旨。② 七月，洪茶丘以管领归附高丽军民总管的身份随蒙古国王头辇哥“巡视全罗、庆尚、东界三道”。③至元八年(1271)正月忽必烈以秘书监赵良弼为国信使途经高丽出使日本，洪茶丘率军护送他至高丽。此后忽必烈向高丽元宗下达圣旨，等赵良弼返回，“姑令(洪茶丘等)金州等处屯住，所需粮饷，卿专委官赴彼，逐近供给，鸠集船舰，待于金州，无致稽缓匮乏”④。这条史料说明洪茶丘开始率元军驻守高丽。不久，高丽官奴崇谦、功德等聚众谋杀元朝达鲁花赤及当时官员，发动叛乱，“洪茶丘等会(高丽)宰枢，捕崇谦等十余人”，平定叛乱。⑤ 五月一日，洪茶丘领兵讨伐珍岛高丽叛军⑥，不久“金方庆、忻都、茶丘、熙雍等率三军讨珍岛，大破之”⑦。

至元九年(1272)八月，元朝派遣侍卫亲军千户王岑与茶丘“议征取耽罗之策”。⑧ 十二月“洪茶丘自南道来，遂如元，王慰遣之”。⑨ 从至元八年(1271)洪茶丘驻守高丽金州屯田，到至元九年(1272)十二月洪茶丘回国，他在高丽有一年的时间。

至元十年(1273)元朝出军讨伐高丽耽罗叛乱，此年二月洪茶丘率军

---

① 苏天爵：《元文类》卷70《高昌偰氏家传》，国学基本丛书本，上海商务印书馆，1936年，第1017页。
② 郑麟趾：《高丽史》卷26《世家26·元宗二》，页三十一。
③ 郑麟趾：《高丽史》卷26《世家26·元宗二》，页三十五。
④ 郑麟趾：《高丽史》卷27《世家27·元宗三》，页四。
⑤ 郑麟趾：《高丽史》卷27《世家27·元宗三》，页五。
⑥ 郑麟趾：《高丽史》卷27《世家27·元宗三》，页十四。
⑦ 郑麟趾：《高丽史》卷27《世家27·元宗三》，十五。
⑧ 郑麟趾：《高丽史》卷27《世家27·元宗三》，页三十四。
⑨ 郑麟趾：《高丽史》卷27《世家27·元宗三》，页三十五。

回到高丽，“与达鲁花赤李益及马绛等诣阙，议出军”。(四月)高丽与洪茶丘军“以全罗道一百六十艘，水陆兵一万余人至耽罗，与贼战，杀获甚众，贼众大溃，斩金元允等六人，分处降者一千三百余人于诸船，其元住耽罗者按堵如故，于是贼悉平”。这一年闰(六)月，耽罗留镇将军宋甫演“搜捕贼将金革正、李奇等七十余人，送于茶丘，皆杀之”①。至元十一年(1274)元朝“以昭勇大将军洪茶丘为监督造船官军民总管”,② 负责打造战船，为第一次征讨日本做准备。五月，“元遣使诏劝课农桑，储峙军粮，仍命洪茶丘提点农事”③。此年十月，元朝大举讨伐日本，洪茶丘为右副元帅，讨伐失败，洪茶丘逃回高丽，至元十二年(1275)正月，洪茶丘北还元朝。④ 这是洪茶丘在高丽的第二段时间，持续两年。

至元十四年(1277)二月，“洪茶丘引兵将入我境，帝召还，又敕还归附军五百人，举国皆喜”⑤。这则史料说明洪茶丘至元十四年(1277)打算率军返回高丽，被元世祖阻止。至元十五年(1278)正月洪茶丘赴高丽与高丽忠烈王、公主会审金方庆谋反案⑥，三月忽必烈召还⑦。至元十八年(1281)洪茶丘与征东行中书省右丞忻都赴高丽,⑧ 商讨征讨日本问题。五月征讨开始，不久失败，八月，忻都、洪茶丘、范文虎等元朝将领返回元朝。⑨ 此后洪茶丘再没有东赴高丽的记载。洪茶丘在高丽期间，出于为父报仇的目的，做出不少对高丽报复的事情，遭到广泛反对。《高丽史》云：“茶丘常怨本国”,⑩ 反映了普通高丽人对他的看法。洪茶丘与高丽王室的矛盾也公开化。洪茶丘的报复行为主要表现在：

第一，设计陷害高丽王室。

至元八年(1271)洪茶丘出使高丽：

> (高丽元宗)十二年(1271)，茶丘奉诏来见王，不拜，以中书省牒，索其叔父百寿，王拜百寿枢密副使致仕。将遣之，茶丘故为迁

---

① 郑麟趾：《高丽史》卷27《世家27·元宗三》，页四十。
② 郑麟趾：《高丽史》卷27《世家27·元宗三》，页四十三。
③ 郑麟趾：《高丽史》卷27《世家27·元宗三》，页四十八。
④ 郑麟趾：《高丽史》卷28《世家28·忠烈王一》，页三、页七。
⑤ 郑麟趾：《高丽史》卷28《世家28·忠烈王一》，页二十二。
⑥ 郑麟趾：《高丽史》卷28《世家28·忠烈王一》，页二十九。
⑦ 郑麟趾：《高丽史》卷28《世家28·忠烈王一》，页三十。
⑧ 郑麟趾：《高丽史》卷29《世家29·忠烈王二》，页三十二。
⑨ 郑麟趾：《高丽史》卷29《世家29·忠烈王二》，页三十五。
⑩ 郑麟趾：《高丽史》卷130《列传43·叛逆·洪福源》，页七。

延，竟不偕去，盖欲激帝怒，恐动之也。时官奴崇谦、功德等反，谋杀达鲁花赤，事觉，捕鞫之。茶丘欲使崇谦等辞连本国，因起兵袭取京城，密引达鲁花赤脱朵儿议之。蒙古法，凡议事，意合则脱冠以示其从，茶丘等皆脱冠，脱朵儿不脱，为之明辨，故免。茶丘讨三别抄于珍岛，其族属及无赖之徒多从之。明年倭船泊金州，庆尚道安抚使曹子一恐元(朝)责，交通密令还去。茶丘闻之，严鞫子一，锻炼以奏曰："高丽与倭相通。"①

材料中洪茶丘对高丽王不拜，并且两次借故陷害高丽，这是对高丽政权的刻意报复，他的这种行为，被蒙古达鲁花赤脱朵儿识破，其借口崇谦叛乱攻打高丽王京的计划，被脱朵儿阻止。至元十五年(1278)洪茶丘再次借口金方庆叛乱事件实施报复，《朝鲜史略》记载：

(高丽忠烈王四年)先是，韦得儒、卢进义以私怨谋陷金方庆，诬告云："方庆与其子忻、婿赵忭等谋去王及公主、达鲁花赤，入据江华以反。"王命柳璥与忻都、大衢等杂问，知诬妄，释之。洪茶丘挟憾本国，尝欲伺衅，及闻方庆事，奏于帝，请中书省来鞫。诏与王、公主同问，于是王与忻都、茶丘复鞫方庆及其子忻。茶丘以铁索圈其首，若将加钉，又叱杖者击其头，裸立终日。时天极寒，肌肤冻如泼墨，茶丘必欲服之，加以惨毒，身无完肌，绝而复苏者屡矣。方庆曰：小国戴上国如天，爱之如亲，岂有背天逆亲，自取灭亡哉？顾谓茶丘曰：欲杀便杀，我不以不义屈。于是只以藏甲为罪，流方庆于大青岛，忻于白翎岛，国人皆遮道泣送。②

上述材料中的金方庆，高丽安东人，时任高丽丞相，有军功，元赐虎头金牌，蒙古元帅忻都与金方庆有一段对话："帝命我管蒙军，子管高丽军，子每事推王，王又推子，果谁任之？"方庆曰："阃外则将军制之，阃内则受制于君，固也。"③这段对话可以看出金方庆在高丽的重要地位。如此人物涉案，不论对于高丽还是元朝来说，都是影响重大的事件。高丽官方文献《高丽史》记载较详，引证如下：

① 郑麟趾：《高丽史》卷130《列传43·叛逆·洪福源》，页五到页六。

② 佚名：《朝鲜史略》卷9，《文渊阁四库全书》第466册，台湾"商务印书馆"，1985年，第488~489页。

③ 郑麟趾：《高丽史》卷104《列传17·金方庆》，页十三。

有人投匿名书于达鲁花赤石抹天衢曰："齐安公淑、金方庆等四十三人谋不轨，复入江华。天衢囚淑及方庆等，令宰相杂问之，赖柳璥力救得免……（韦得儒）乃具状谮于忻都曰："方庆与子忻、婿赵抃、义男韩希愈及孔愉、罗裕、安社贞、金天禄等四百余人谋去王、公主及达鲁花赤，入江华以叛……茶丘与本国有宿憾，欲伺衅嫁祸，闻方庆事，请中书省来鞫。忻都亦尝遣其子吉歹，以得儒言奏帝。诏与国王、公主同问。于是，王与忻都、茶丘复鞫方庆及忻。茶丘以铁索圈其首，若将加钉，又叱杖者击其头，裸立终日。天极寒，肌肤冻如泼墨，王谓茶丘曰："向与忻都已鞫讫，何必更问？"茶丘不听，会郎哥歹还自全罗道，王引与同问，郎哥歹曰："我将还朝，帝若问东方事，当以所闻见对。"茶丘颇屈，后又鞫之，方庆曰："小国戴上国如天，爱之如亲，岂有背天逆亲自取亡灭？吾宁枉死，不敢诬服。"茶丘必欲服之，加以惨毒，身无完肌，绝而复苏者屡。茶丘密诱王左右曰："时大寒，雨雪不止，王亦疲于问讯，若使方庆伏辜，罪止一人，法当流配耳，于国何有？"王信之，且不忍视，语方庆曰："天子仁圣，将明其情伪，不置于死，何自苦乃尔？"方庆曰："王何如是也？臣起自行伍，致位宰相，肝脑涂地不足报国，岂爱身诬服以负社稷。"顾谓茶丘曰："欲杀便杀，我不以不义屈。"竟以藏甲论流方庆于大青岛、忻于白翎岛，余皆释之。

方庆之流，国人皆遮道泣送，茶丘遣人诬奏帝曰："金方庆积谷造船，多藏兵甲，以图不轨，请于王京以南要害之地置军防戍，亦于州郡皆置达鲁花赤，方庆及子、婿、家属悉送京师，以为奴隶，收其土田，以充兵粮。"

及印侯以奏流方庆如元，帝问方庆藏甲几何，对曰："四十六副耳。"帝曰："方庆恃此谋叛乎？高丽州县之租皆漕输王京，造船积谷又何足疑。又方庆起第王京，如谋叛何必起第？遄令茶丘还国，王待草长可来奏。"

得儒进义又谓茶丘曰："国家设谈禅法会，所以诅上国也。"茶丘以语天衢，遣人报中书省，王亦遣将军卢英如元辨对，平章哈伯曰："此何足上闻，汝且归，令王自奏。"王遂如元，道遇帝敕令，方庆父子、得儒、进义等从王入朝，王遣张舜龙召方庆等，方庆、忻自海岛还入，皆涕泣援手曰："不图今日，复见侍中父子面。"王上书都堂辨方庆诬曰……帝谕王曰："诉方庆者皆死，无可对讼，朕已知方庆冤。”遂赦之，命随王还国。①

材料中，郎哥歹，蒙古人，为元朝皇室的使臣，印侯，初名忽剌歹，蒙古人，高丽忠烈王之妻齐国公主的怯怜口。从材料可以看出，金方庆事件是高丽内部政治斗争的结果，洪茶丘首先将事件扩大到元朝中书省的层面进行审问，实施酷刑，以至于高丽王消极应付，元朝皇室使臣郎哥歹对此表示不满。其次，在金方庆不屈服的情况下，洪茶丘向忽必烈诬告高丽反叛，提出对高丽加强军事部署，在高丽州县设置达鲁花赤；对于金方庆处置，则提出送至大都、抄家和没入官奴。这种建议无疑是对高丽实行高压统治。再次，忽必烈从印侯处得知事件真相以后，很快识破洪茶丘的诬陷，将他调离高丽。最后，金方庆事件被忽必烈识破，洪茶丘又将高丽“设谈禅法会，巫蛊元朝”上报元朝中书省，导致高丽王、金方庆父子、诬陷者韦得儒与洪茶丘一起到元廷辩说，忽必烈处死了诬陷之人，为金方庆平反。这一事件反映了洪茶丘报复高丽达到了失去理智的地步。忽必烈虽然没有处罚洪茶丘，但为避免类似事件发生，对于洪茶丘的任用开始慎重。

第二，军事威胁与经济勒索。

洪茶丘屯驻高丽以后，需要军队供应，在当地屯田也需要相关的物质条件。这是他向高丽勒索的借口，史料载：“洪茶丘等议农牛、农器、种子，必定其成数，多般诘责。”②征讨日本是元朝对外关系的重点，洪茶丘利用这一点，在负责高丽造船时期，督责严厉，给高丽官员和百姓带来痛苦。《高丽史》记载：“元世祖将征日本，战舰、军粮、器仗令本国一切丁办，而遣元帅忻都、右丞洪茶丘监督，君臣拱手听命，力不能堪。”③至元十一年(1274)正月“元以昭勇大将军洪茶丘为监督造船官军民总管，茶丘约以正月十五日兴役，催督甚严……是时驿骑络绎，庶务烦剧，期限急迫，疾如雷电，民甚苦之”④。八月，作为东征副元帅的洪茶丘，“以忠清道梢工、水手不及期，杖部夫使、大将军崔沔，以大府卿朴晖代之”⑤。这里洪茶丘不仅“督责”，还对造船拖延的高丽官员用刑，反映了他在处理日常事务过程中对高丽的报复倾向。

① 郑麟趾：《高丽史》卷104《列传17·金方庆》，页十六到页十七。
② 郑麟趾：《高丽史》卷27《世家27·元宗三》，页十三。
③ 郑麟趾：《高丽史》卷106《列传19·朴恒》，页四。
④ 郑麟趾：《高丽史》卷27《世家27·元宗三》，四十三。
⑤ 郑麟趾：《高丽史》卷28《世家28·忠烈王一》，页二。

第三，纵容高丽叛臣，扰害高丽。

洪茶丘注意收罗高丽叛臣，利用他们达到报复高丽的目的。早在至元七年(1270)四月“指谕庾赒、郎将伍夫顺明、药员金允奇，皆投于洪茶丘”①。上文提到金方庆事件的诬陷者韦得儒、卢进义就是在洪茶丘的胁迫下，高丽王“以韦得儒为上将军，卢进义为将军”②。这些投降的高丽叛臣随洪茶丘的军队来到高丽，在他的纵容下“恣意肆恶”，高丽王对此也无能为力。李黄秀就是一个典型的例子，《高丽史》记载：

> 时有李黄秀乃逆臣林衍妻侄，与衍同谋废立，又与惟茂谋拒王师，不出古都，陪臣洪文系、宋松礼等诛惟茂，流黄秀于珍岛。后以三别抄向其地，徙黄秀拘于罗州，黄秀自狱中解鏁而逃，走入上国。今年随洪茶丘以来，恣意肆恶，夺人田民，及攻珍岛，驱掠男女百余人，攘夺衣服百五十余件及米麦，又夺战舰，仍胁船军、蒿工等满载而还，其罪恶当置于法。第缘投托官军，不敢致诘，徒自腐心。③

李黄秀因为投靠洪茶丘，造成高丽王“不敢致诘，徒自腐心”，甚至高丽的达鲁花赤都不能处理，最后只好向忽必烈上奏解决，说明了洪茶丘对高丽的报复行为已经粗暴干涉了高丽内政。

第四，提高洪氏家庭成员在高丽的地位。

至元八年(1271)年正月，洪茶丘到高丽，“出示中书省牒曰……今有叔父洪百寿等五户，尚未曾得，今钦奉圣旨，洪百寿等并取发来”④。十二月，高丽以洪百寿为枢密院副使致仕，⑤ 洪百寿因洪氏家族的关系，在高丽的地位大大提高。此后，洪百寿家族成为高丽的特权之家，《高丽史》对洪百寿后人记载：

> 百寿子诜，官累佥议评理，忠宣初拜赞成事，寻封麟城君，改封江宁君，忠肃五年卒。子绥、铎、翊。孽子明理和尚贪暴骄横，其妹适元宠臣亦剌赤，明理和尚随之，遂为亦剌赤所爱，尝奉御香来，强

① 郑麟趾：《高丽史》卷26《世家26·元宗二》，页三十二。
② 郑麟趾：《高丽史》卷28《世家28·忠烈王一》，页三十。
③ 郑麟趾：《高丽史》卷27《世家27·元宗三》，页十七到页十八。
④ 郑麟趾：《高丽史》卷27《世家27·元宗三》，页四。
⑤ 郑麟趾：《高丽史》卷27《世家27·元宗三》，页一。

奸评理洪顺女、女从兄，洪承衍面辱之，明理和尚诉行省，囚承衍。①

洪茶丘在元朝的行为，侵害了高丽的利益，遭到广泛反对。但忽必烈明显是在利用洪氏家族牵制高丽王室，洪茶丘有元朝作为后盾，高丽王对之无可奈何。至元十五年(1278)高丽忠烈王觐见忽必烈，奏曰：

陛下降以公主，抚以圣恩，小邦之民，方有聊生之望。然茶丘在焉，臣之为国，不亦难哉？如茶丘者，只宜理会军事，至于国家之事，皆欲擅断。其置达鲁花赤于南方，亦非臣所知也，上国必欲置军于小邦，宁以鞑靼、汉儿军无论多少而遣之，如茶丘之军，惟望召还。”帝曰：“此易事耳……谓诸官人曰：“可亟召茶丘还。”②

材料显示，高丽忠烈王有关洪茶丘的请求，得到忽必烈的支持，说明至元十五年(1278)金方庆事件以后，忽必烈已经避免让洪茶丘参与高丽事务。这年十月忠烈王“流茶丘党清州牧使孙世贞、散员张起及录事池得龙、柳宗等十六人于海岛”③。说明高丽逐步清除洪茶丘在高丽的势力。至元十六年(1279)元朝筹划第二次征伐日本事宜，高丽启动制造战船计划，七月忠烈王向元朝中书省提出：“请勿令元帅府监督，元帅茶丘与我有隙，百姓皆怨，若使监督，民必惊疑逃散，未易济事，乞善奏天聪。”④至元十七年(1280)元朝在上都部署第二次征讨日本事宜，当时高丽王也在上都，“忻都、茶丘、范文虎皆先受命。茶丘曰：‘臣若不举日本，何面目复见陛下？’于是约束曰：‘茶丘、忻都率蒙、丽、汉四万军发合浦，范文虎率蛮军十万发江南，俱会日本一歧岛，两军毕集，直抵日本，破之必矣。’”当时高丽王向忽必烈提出：“勿加洪茶丘职任，待其成功赏之。”⑤

忽必烈对于高丽和洪茶丘态度的转变，说明两个问题：第一，元朝在至元十六年(1279)统一全国以后，元世祖忽必烈对于高丽政策逐步定型，元朝逐步撤回高丽屯驻军队和高丽王京等地设立的达鲁花赤，开始以高丽

---

① 郑麟趾：《高丽史》卷130《列传43·叛逆·洪福源》，页七到页八。
② 郑麟趾：《高丽史》卷28《世家28·忠烈王一》，页三十四。
③ 郑麟趾：《高丽史》卷28《世家28·忠烈王一》，页四十五。
④ 郑麟趾：《高丽史》卷29《世家29·忠烈王二》，页六。
⑤ 郑麟趾：《高丽史》卷29《世家29·忠烈王二》，页十四。

王室统治高丽，同意高丽王与元朝公主结婚，通过联姻方式，控制元丽之间的关系。这样，洪氏家族牵制高丽王室的重要性减弱。第二，金方庆事件以后，忽必烈发现了洪茶丘干预高丽事务的危害，尽量避免让他插手高丽事务。

第二次东征日本失败后，洪茶丘的政治活动转移到辽阳行省，至元二十四年(1287)诸王乃颜叛，洪茶丘随忽必烈亲征，凯还，授辽阳等处行尚书省右丞。二十七年(1290)蒙古叛王哈丹窜入高丽，元朝任命洪茶丘镇辽左，赐以金字圆符，命他便宜行事。至元二十八年(1291)洪茶丘以疾卒。①

(二)洪君祥与高丽的和解

洪君祥(？—1309)，小字双叔，洪福源第五子。他十四岁时，随其兄洪茶丘到上都觐见元世祖忽必烈，忽必烈看他聪明，“令选师儒诲之”。至元三年(1264)元朝大都“籍高丽民三百人为兵，令君祥统之”②。这种情况估计是元朝将散居大都的高丽人组织起来，统一管理，洪君祥管理这三百人的军队，反映了元朝利用洪氏家族控制在京高丽人的用心。作为这支高丽军队的统领，洪君祥与蒙古军一起参加了修筑京城万寿山以及开凿通州运河的工程。至元六年(1269)洪君祥随头辇哥、洪茶丘东征高丽叛臣林衍。至元八年(1271)以后。洪君祥被调到元朝与南宋对峙的淮河流域。至元九年(1272)进攻淮西，至元十年(1273)从元帅孛鲁罕突袭淮东射阳湖。③ 至元十一年(1274)洪君祥担任蒙古、汉军都镇抚，参加统一战争，在镇江等地他劝降南宋守将，以功升任武略将军、中卫亲军千户。至元十五年(1278)洪君祥奉命签江南民兵，升任中卫亲军副都指挥使。至元十九年(1282)担任元朝枢密院判官，至元二十三年(1286)升任同佥枢密院事。④ 枢密院是元朝最高军事机构，枢密院同佥正四品，职务比较重要。

至元二十四年(1287)诸王乃颜叛，洪君祥与其兄洪茶丘随元世祖亲征，至元二十八年(1291)元朝授洪君祥辽阳行省右丞，不久，加集贤大学士同佥枢密院事。大德二年(1298)洪君祥奉诏出使高丽，受到御史台弹劾，中道追回。大德三年(1299)洪君祥奉使江浙，问民间疾苦，此后

---

① 宋濂:《元史》卷154《洪福源传(附俊奇、君祥、万)》，第3630页。
② 宋濂:《元史》卷154《洪福源传(附俊奇、君祥、万)》，第3631页。
③ 宋濂:《元史》卷154《洪福源传(附俊奇、君祥、万)》，第3631页。
④ 宋濂:《元史》卷154《洪福源传(附俊奇、君祥、万)》，第3632页。

退居大都附近昌平之皇华山隐居。大德九年(1305)洪君祥担任大司农、中书省右丞等职务。大德十年(1306)改任江浙行省右丞、辽阳行省右丞，武宗继位以后，担任同知枢密院事、商议辽阳等处行中书省事、辽阳行省平章政事等职务。至大二年(1309)卒。①

洪君祥受到很好的教育，统辖过军队，参加过征战，还长期担任元朝枢密院、辽阳行省等要职，具有丰富的政治经验。这可以从他担任辽阳行省平章时重视文教看出来，元朝江南士人叶瑞以游士的身份到辽阳，受到洪君祥叔侄的优待，元人许有壬记载：

> (叶瑞)至辽东，世臣洪氏以好儒闻，阐义学方难其师，有以先生文行言于平章君祥、右丞重喜者，及见大悦，馆而师焉。诸子彬彬以文学济其世美，辽东之人翕然知向学者，先生力也。朝廷以右丞荐，授辽阳路儒学教授，再调大宁路，升将仕郎江洲路湖口县主簿。②

洪君祥、洪万(重喜)叔侄在统治辽阳行省期间，能够重用游士，发展辽东文化教育，充分说明了洪君祥的政治才能。

对于高丽王室与洪氏家族的杀父之仇，洪君祥的处理与其兄洪茶丘的激烈报复不同，表现出成熟与宽容。《高丽史》记载："(洪)君祥以为，宁怨永宁公(王綧)，不敢负国，为本国兴利除害无不力焉。"③从这则记载可以看出，洪君祥在对待高丽王室的态度上，将杀父之仇归为王綧本人，对于高丽政权并不仇视，说明他尚有高丽人的国家认同，因此，洪君祥对待高丽政权能够识大体，以德报怨。

至元二十八年(1291)洪茶丘去世以后，洪君祥与高丽王室保持了密切关系。至元二十七年(1290)"世子自东京至京师……馆于同佥枢密院事洪君祥第"④。材料中，高丽世子来到大都，洪君祥亲自接待，让其住在自己家里，反映了洪君祥与高丽王室关系有所改善。对于征讨日本这种与高丽国家利益密切相关的问题，洪君祥主张听取高丽意见。至元二十九年(1292)元朝讨论征讨日本事宜，洪君祥的表现很能说明问题：

---

① 宋濂：《元史》卷154《洪福源传(附俊奇、君祥、万)》，第3633页。

② 许有壬：《圭塘小稿》卷10《故承务郎、江西等处儒学副提举叶先生墓碑》，《文渊阁四库全书》第1211册，台湾"商务印书馆"，1985年，第661页。

③ 郑麟趾：《高丽史》卷130《列传43·叛逆·洪福源》，页七。

④ 郑麟趾：《高丽史》卷30《世家30·忠烈王三》，页二十三。

> 帝问征日本事，洪君祥进言曰：“军事至大，宜先遣使问诸高丽，然后行之。”帝然之。壬午，元遣洪君祥来，命护送日本人还其国，君祥以帝旨问征日本事，王对曰：“臣既邻不庭之俗，庶当躬自致讨，以效微劳。”君祥献马，遂宴于香阁。①

从这一则史料可以看出，在征讨日本问题上洪君祥主张征求高丽王意见，反映了他对高丽地位的维护。此后洪君祥出使高丽，与高丽王互动较多，态度也比较谦和。如至元二十九年(1292)十月“洪君祥还，(高丽)遣将军洪诜偕君祥如元献香茶、木果等物”②。至元三十年(1293)十二月“王至燕京，舍于佥书中枢院(枢密院)事洪君祥第”③。元贞二年(1296)，忠烈王来大都，“王至燕京，馆于洪君祥第”④。

在前面提到的征讨日本的问题上，洪君祥理解其对于高丽的骚扰，不主张进行征讨。至元三十一年(1294)元世祖去世，成宗继位，朝中议论第三次征讨日本的问题。“时王入朝，欲陈东征不便，且以甲戌、辛巳两年之役，滨水材木斫伐殆尽，造舰实难，冀缓其期。会帝晏驾，洪君祥白丞相完泽，遂寝东征。”⑤从这条记载来看，元朝取消东征，与洪君祥对当时丞相完泽的建议有关。在洪君祥的影响之下，其侄洪波豆儿同样表现出对高丽故国的尊重。至元三十年(1293)八月，他受命赴高丽监督造船，《高丽史》记载：

> 元遣万户洪波豆儿来管造船……将复征日本也。波豆儿乃洪君祥兄熊三之子，望王宫下马，流涕曰：“虽是衣锦还乡，职是劳民，可愧也。”礼遇宰相甚恭，过王宫必下马。⑥

洪君祥叔侄对于高丽王室态度的转变，反映了洪氏家族虽然与高丽王室有仇恨，但他们之中的一些子弟，仍然具有高丽民族和国家认同，这一点与元朝出仕中国的其他高丽精英是相同的。洪君祥的这种政治态度得到

① 郑麟趾：《高丽史》卷30《世家30·忠烈王三》，页三十二。
② 郑麟趾：《高丽史》卷30《世家30·忠烈王三》，页三十五。
③ 郑麟趾：《高丽史》卷31《世家31·忠烈王四》，页四十。
④ 郑麟趾：《高丽史》卷31《世家31·忠烈王四》，页十四。
⑤ 郑麟趾：《高丽史》卷31《世家31·忠烈王四》，页一。
⑥ 郑麟趾：《高丽史》卷30《世家30·忠烈王三》，页三十八。

了高丽王室的回应，元贞元年(1295)高丽忠烈王封“洪君祥为三韩壁上功臣、三重太匡益城侯”①。不久又封他为“都佥议中赞修文殿大学士、监修国史、世子师、临安公”②。

三、衰落：洪重喜时代的洪氏家族

洪万(？—1310)，小字重喜，洪茶丘长子，史料大多称为洪重喜。洪重喜的仕宦历程同样十分显著：至元十三年(1276)入宿卫，至元十八年(1281)袭职为怀远大将军、安抚使、高丽军民总管，佩洪茶丘所佩虎符。至元二十四年(1287)蒙古诸王乃颜叛，洪重喜率兵征之。此后至元二十五年(1288)、二十七年(1290)、二十八年(1291)洪重喜三次参加征讨漠北叛王。至元二十八年(1291)十月诸王薛阇干推荐重喜入朝，忽必烈赐玉带一条、白金五十两，授洪重喜龙虎卫上将军、辽阳行省右丞，至元二十九年(1292)洪重喜还担任高丽、女直、汉军万户，兼安抚使、高丽军民总管。此年六月仍任辽阳行省右丞，大德十年(1306)以其叔父君祥代之。大德十一年(1307)元武宗继位，重喜到上都朝觐，七月复授辽阳行省右丞，至大二年(1309)谪漳州，行至杭遇赦而止，明年卒。③

值得注意的是，洪重喜至元二十八年(1291)始任辽阳行省右丞，除大德十年(1306)其叔父洪君祥取代一年外，洪重喜共担任此职务近17年，这17年的时间里，洪氏家族已经失去直接干涉高丽内政的机会，其与高丽王室的争斗主要在辽阳行省平台展开。

洪重喜首次出使高丽是至大元年(1308)，“元遣右丞阿里灰、洪重喜，中书左丞杨炎龙来，凡乘传者百余”④。这次赴高丽任务是处理高丽宰相赵仁规有关的巫蛊案件。此前的大德六年(1302)，“是岁，辽阳省奏帝，请并征东、辽阳为一省，移司东京”。奏议公布以后，高丽方面坚决反对，高丽王向元朝皇帝和中书省分别上书，强调高丽对于元朝统治的重要性，认为“倘若依准辽阳行省所拟，合并本省，实为未便”⑤。这个建议将辽阳行省与高丽合并，实际上是将高丽作为元朝的一个普通的行省对

① 郑麟趾：《高丽史》卷31《世家31·忠烈王四》，页八。
② 郑麟趾：《高丽史》卷130《列传43·叛逆·洪福源》，页七。
③ 宋濂：《元史》卷154《洪福源传(附俊奇、君祥、万)》，第3634页。
④ 郑麟趾：《高丽史》卷33《世家33·忠宣王一》，页十三。
⑤ 郑麟趾：《高丽史》卷32《世家32·忠烈王五》，页十三。

待，取消高丽国家的独立性，必然受到高丽的强烈反对。这次提议者“辽阳省”背后，应该有洪重喜的操纵，说明洪重喜与高丽争斗的意图并未改变。大德末年洪重喜再次提出在高丽设行省的建议，《高丽史》记载：“大德末，我祖太尉王佐仁宗皇帝平定内乱，行至央骨，迎立武宗皇帝，为定策一等功臣。时有辽阳人重喜请立省小邦，天心赫怒，杖重喜，流远方。”①史料中的“杖重喜，流远方”实际上没有执行，至大元年（1308），“重喜朝（武宗）于上都，七月，复授辽阳行省右丞”②。但也反映出随着高丽王政治地位的提高，洪氏家族成员在元朝的影响削弱的情况。另外，前面已经说明，在高丽建立行省相当于元朝对高丽实行直接统治，并不符合元世祖忽必烈统治高丽的政策，很难被元朝接受。

至大二年（1309）是洪重喜与高丽斗争的关键时期，这一年三月，“元宣政院遣人来督造船，时皇太后欲营佛寺，洪福源之孙重喜、重庆等奏：‘长白山多美材，若发沈阳军二千伐之，流下鸭绿江，使高丽舟载以输，便。’于是，遣辽阳省宣使刘显等来，令本国造船百艘，输米三千石，弊不可言。是时，二宫之役方兴，造船之事又急，西海、交州、杨广之民尤受其害”③。洪重喜兄弟的这次建议，表面上是为了元朝皇太后在高丽营建佛寺提供方便，实际上，该建议的执行给高丽带来了较大的侵扰。不久，洪重喜“以擅改官号，诉于中书省”④。具体情况高丽人李齐贤记载：

> 辽阳洪重喜诉（高丽）忠宣王僭用事，大臣求与王廷辨。平章（方臣祐，高丽庆尚道人）入侍兴圣宫，色有不豫，太后（元武宗母亲）问其故，跪曰：“重喜，高丽逋民也，顾今与王为两造耶。且王性刚，必不能堪其辱，臣恐不复见故主，以此内忧耳。”因泣下沾襟，太后感悟，言之帝，即日斥去重喜。⑤

材料中的“僭用事”，与《高丽史》中的“擅改官号”应是同一件事情，这是至大二年（1309）洪重喜向高丽方发起的又一次挑战，当时担任元朝宫廷宦官的高丽人方臣祐，通过皇太后帮助了高丽忠宣王，洪重喜被“斥

① 郑麟趾：《高丽史》卷36《世家36・忠宣王》，页五到页六。
② 宋濂：《元史》卷154《洪福源传（附俊奇、君祥、万传）》，第3634页。
③ 郑麟趾：《高丽史》卷33《世家33・忠宣王一》，页二十七。
④ 郑麟趾：《高丽史》卷33《世家33・忠宣王一》，页二十七。
⑤ 李齐贤：《益斋乱稿》卷7《光禄大夫、平章政事、上洛府院君、方公祠堂碑》，页四，韩国文集丛刊本，韩国民族文化推进会，1981年。

去”，以失败而结束。这一事件说明洪重喜对高丽政权的敌意并没有消除，而高丽人方臣祐称洪重喜为“高丽逋民”，同样反映出高丽方面对洪氏家族的敌意。

这一事件后元朝发布支持高丽忠宣王即位后采取的主要措施的圣旨：“流窜之人皆免放，唯吴演、梁麟徙置镇边。前者各衙门并省之时，士大夫多无故失职，或有劳降官者，予惟念之不置，可依旧勾当，又，新设衙门官吏各勤其职，毋致废弛。又，前所革近侍茶房三官、五军皆复之。”①这道圣旨是元朝对高丽忠宣王即位后基本措施的肯定，从侧面否定了洪重喜的指控。至大三年(1310)五月元朝明确宣布：“沈阳路官吏毋得隔越沈阳(王)奏请，违者理罪。”②至大元年(1308)高丽王封沈阳王，这道诏令实际上是要求辽阳行省的官员须得到高丽王允许才能奏事，改变了长期以来洪氏家族控制辽阳行省，以行省的名义向元朝提出对高丽不利的议案的局面。元仁宗即位后，皇庆二年(1312)发布诏令，再次重申在高丽不立行省的决定，《高丽史》记载：“(六月)戊辰元降制，令高丽毋置行省。初洪重喜诉于中书，欲立行省，王以祖宗臣服之功奏之，故帝有是命。”③这道诏令是针对洪重喜建议高丽设立行省建议而下达的，此时，洪重喜已经去世，说明洪氏家族在与高丽近五十年的斗争中最后失败。

洪重喜失败的主要原因是元世祖忽必烈晚年统治高丽政策的定型，元朝撤回高丽屯驻军队，撤销高丽大部分地区设立的达鲁花赤，高丽王与元朝黄金家族通婚，这些措施提高了高丽王的地位，也使得洪氏家族牵制高丽王室势力的必要性逐步减少。至大元年(1308)，“元以定策功封(高丽王)沈阳王……又令入中书省参议政事，赐金虎符”④。高丽王的地位已经非往日可比。就是一些高丽的大臣，政治地位也有明显提高，如高丽人崔诚之：“大德末，扶皇大弟定内难，拥立武宗皇帝，公常居左右赞襄之，人无知者。”⑤这说明元武宗对于崔诚之的信任，应该超过洪氏家族子弟。

至大二年(1309)洪重喜“谪漳州，行至杭，遇赦而止，明年卒”⑥。洪重喜死后，洪氏家族子弟仍有仕宦经历。如其子洪滋袭爵，其叔父洪君

---

① 郑麟趾：《高丽史》卷33《世家33·忠宣王一》，页二十七。

② 郑麟趾：《高丽史》卷33《世家33·忠宣王一》，页三十一。

③ 郑麟趾：《高丽史》卷34《世家34·忠烈王二》，页四。

④ 郑麟趾：《高丽史》卷32《世家32·忠烈王五》，页三十四。

⑤ 李齐贤：《益斋乱稿》卷7《推诚亮节功臣、重大匡、光阳君崔公墓志铭(并序)》，页十三，韩国文集丛刊(第2册)影印本，韩国民族文化促进会，1981年。

⑥ 宋濂：《元史》卷154《洪福源传(附俊奇、君祥、万传)》，第3634页。

祥之子洪迈也曾担任开元路同知。① 不过，洪氏家族在元朝的影响及政治地位，已经与他们的父祖辈时期无法相提并论。

本章小结

蒙元之际洪氏家族的发展历程包括三个阶段。洪福源时期是洪氏与蒙古政权互动的第一个阶段，这一时期洪氏通过投降蒙古和配合蒙古征服高丽，得到蒙古政权的信任，洪氏家族得到类似于当时中国北方世侯的待遇。洪福源被杀以后的洪茶丘、洪君祥时期是洪氏家族发展的第二个阶段，洪茶丘、洪君祥参与了元朝两次征讨日本战争、平定蒙古诸王的叛乱以及代表元朝在高丽驻军屯垦，受到元世祖忽必烈的信任，元世祖将洪氏作为制约高丽王政权的一个重要手段。洪茶丘与洪君祥去世以后，洪氏家族发展进入第三阶段。元朝统治高丽的制度在忽必烈晚年成熟起来，洪氏家族对于高丽政权制约的必要性减弱，尽管洪重喜努力维持其父亲对高丽的敌视态度，但高丽王室的地位以及元朝统治高丽制度都发生了重大变化，洪氏家族的衰落已经不可避免。

洪氏家族是蒙元之际元丽互动过程中最重要的家族之一，洪福源、洪茶丘、洪君祥和洪重喜三代参加了镇压高丽叛乱、平定蒙古诸王叛乱、元朝统一战争以及对于日本的征讨，可以说为元朝立下汗马功劳。洪氏家族三代在与高丽的互动中，不论是洪茶丘、洪重喜父子对高丽的报复，还是洪君祥等对高丽的理解与帮助，对于高丽王室以及整个元丽关系的制约非常明显。这说明洪氏家族不仅作为一般世侯得到元朝优待，元朝还将其作为可以信任的势力制衡高丽王室。

洪氏家族的兴衰沉浮受到元朝统治高丽制度的影响，随着元朝对高丽统治制度的成熟，高丽王室成为其主要依靠的势力，高丽王本人和一些忠于高丽王的高丽大臣通过参与元朝宫廷斗争，取得了元武宗的信任，在这种情况下，洪氏家族牵制高丽王室的政治必要性，从元世祖末年到元武宗继位已经明显减弱，这是此后洪氏家族在元朝衰落的主要原因。尽管洪君祥努力改善其家族与高丽王室的关系，但洪氏在高丽的行为已经深深伤害了高丽民族感情，洪氏家族子弟被高丽视为叛臣，因此，在元丽关系定型以后，洪氏家族的衰落不可避免。

---

① 宋濂：《元史》卷154《洪福源传(附俊奇、君祥、万传)》，第3634页。

洪氏家族的发展历程，与元朝统治高丽制度的发展定型的过程相始终，洪氏家族在蒙元之际的发展是观察这一时期蒙元与高丽互动的一个绝好的视角。本章末附蒙元之际洪氏家族结构，如图 4-1 所示。

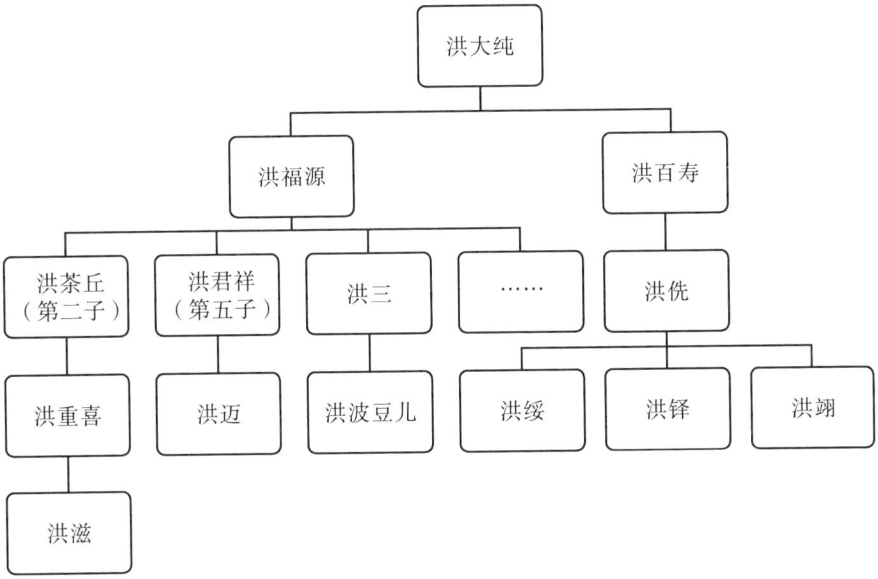

图 4-1　蒙元之际洪氏家族结构图

第五章 “婴心是国家”

——元代出仕中国高丽人的双重政治身份

高丽中期文人群体的国家主体意识、民族自信心渐趋增强，他们甚至对周边政权“以华自居”，产生了与中原政权“并居中华”的高度自信。① 元朝出仕中国的高丽人较多，除了与高丽政权有矛盾（如洪福源及其家族）或有利益冲突（如高丽奇氏家族）以及完全融入中国的高丽人（如李伯祐家族）以外，大部分出仕中国的高丽人属于高丽文人群体，他们承袭了高丽中期文人的国家主体意识和民族自信，同时在接受元朝蒙古统治以后，认同了元朝的宗主地位，由此产生了双重的政治身份，一方面，他们都是高丽精英，其在出仕中国以前或出仕中国回国以后，大部分还要回到高丽政权任职，他们自始至终忠于高丽政权；另一方面，他们出于种种原因来到中国，出仕元朝，成为元朝的官员，从政治上说，他们也忠于元朝，拥护元朝的统治，承认元朝的宗主国地位。这种双重的政治身份，在他们出仕中国的过程中，表现得比较鲜明。具体来说，作为高丽人，他们表现出较强的民族意识和国家意识，非常注重维护高丽的利益和国家形象；同时，他们拥护元朝与高丽的藩属关系，忠于元朝皇帝，尽心尽责为元朝服务。这种双重政治身份，使他们在出仕中国的过程中，在处理元朝政权与高丽政权的关系方面，表现出复杂的面相。

关于高丽人在大都的政治文化活动，学术界已经有所重视，② 对于元代出仕中国的高丽人双重政治身份的考察，学术界目前的研究几乎空白。③ 本章从元代出仕中国高丽人的政治表现，对其双重政治身份进行专

---

① 具体可参考刘畅《高丽中期高丽文人群体的国家主体意识与对华观念转变》，《文史哲》2021年第4期。

② 舒健：《入居元大都的高丽人》（《元史论丛》第十三辑，第108~112页）探讨了元代高丽人在中国的政治和文化活动，文中涉及的部分人物，属于出仕中国的高丽人。前面提到的李鹏的博士论文《入元高丽人研究》（延边大学博士论文，2011年）也有一些涉猎。

③ 这方面的研究成果有陶然《论元朝高丽文人的本位意识——以李齐贤为例》，《浙江社会科学》2010年第6期。这篇文章考察了元朝出仕中国的高丽人的代表人物——李齐贤的生活和精神世界，探讨了他的民族和国家意识。

门研究。

一、元代高丽人在中国的双重政治身份

前面已经说明，除了一些特殊情况以外，元代大部分出仕中国的高丽人具有双重的政治身份，一方面他们出仕中国，是大元王朝的官员，忠于元朝；另一方面，他们是高丽人，大部分人在出仕以前就具有高丽官员的身份，在中国出仕结束回到高丽以后，他们还会继续在高丽任职。这种双重的政治身份使这些出仕中国的高丽人表现出两面性：他们忠于元朝，恪尽职守，努力做好本职工作；同时，他们的特殊经历，也使他们同时或更加忠于高丽政权，在他们出仕中国的过程中，表现出强烈的国家意识和民族意识。

元朝高丽人不论是政治文化精英，还是一般百姓，都表现出对于元朝统治的认可，他们认为自己是大元帝国的一部分，并感到崇敬和自豪。李穀记载了高丽士人金某对元朝的认识：

> 君每于诗酒间，慨然叹曰：“今我皇元，巍巍赫赫，始以武功定天下，今以文理洽海内。起钓筑而当钧衡，弃草莱而谈道义者，不知其几何。男儿不可守一乡局一事也，吾将北学于中国，仍诵《小雅·伐木篇》出于幽谷，迁于乔木，未尝不三复也。”①

上述史料中，金某将元朝称为“我皇元”，反映了他对元朝统治的认可。他对元朝的统治由衷的赞美，以及对于离开高丽到元朝发展寄予厚望，说明他对元朝统治前景的肯定。对于高丽百姓来说，其对元朝的观点与高丽精英类似，《老乞大》记录了赴元朝大都经商的高丽商人对于元朝的观点：

> 如今朝廷一统天下，世间用着的是汉儿言语，咱这高丽言语只是高丽田地里行的，过的义州汉儿田地里来，都是汉儿言语，有人问

① 李穀：《稼亭集》卷八《送金同年东阳游上国序》，页九。

> 着，一句话也说不得时，教别人将咱每做什么人看。①

这里，高丽商人将元朝称为"朝廷"，并认为到中国就要说汉语，如果不会说汉语，感觉低人一等。这反映了高丽人对于元朝统治的认可以及对中国的敬仰。

高丽人认可元朝统治，并不等于他们放弃了高丽国家与民族意识。我们在史料中还可以看到，绝大部分高丽人具有强烈的国家和民族意识。对高丽王的忠诚是这种民族意识的体现之一，同时，他们还会在其力所能及的范围内，维护高丽的国家利益，包括高丽的国家独立、高丽国王的待遇与人身安全、高丽百姓的利益等。当元朝的统治政策与高丽国家和高丽百姓的利益发生冲突的时候，他们会站出来表达自己的政治诉求，希望元朝改变不利于高丽国家独立和社会发展的政策，这是出仕中国高丽人表现出来的另一种忠诚——对高丽国家和民族的忠诚。元代出仕中国高丽人对高丽国家和民族的忠诚主要表现在以下几个方面。

（一）对高丽的国家独立的维护

关于元代高丽的政治地位，元人姚燧在一篇文章中写道：

> 高丽氏则不然，有宗庙蒸尝以奉其先也，有百官布列以率其职也，其刑赏号令专行其国，征赋则尽是三韩之境，惟所用之，不入天府。若是而曰异乎今者，然乎？非欤？……世祖又为乃先王降以安平帝姬，追封秦国，实生今王子，属为甥，而妃又裕皇元子晋王公主。父子先后连姻帝室，当储皇之敉宁内讧也，王与定策，故皇上报之，加开府仪同三司、太子太师、上柱国、沈阳王、驸马都尉、征东行中书省左丞相、高丽国王，后以宗王封大国者惟一字，遂与同之，又原降制惟曰沈王，进尚书右丞相，加推忠揆义协谋佐运功臣，湛露恩光，可谓无以尚者。②

姚燧的这段记载充分说明了元代高丽政治地位之高，有宗庙祭祀，有上下官府，有独立的号令，贡赋自用，不用向元朝缴纳，这些条件保证了

① 佚名：《原本老乞大》，页 2a，收入汪维辉主编《朝鲜时代汉语教科书丛刊》(二)，中华书局，2005 年，第 5 页。

② 姚燧：《牧庵集》卷三《高丽沈王诗序》，丛书集成初编本，第 39~40 页。

高丽王国的独立性。元朝还通过嫁公主、册封等手段提高高丽的政治地位，所以姚燧认为元朝给高丽的优待是“无以尚者”。王恽也有类似的看法，他在送别高丽世子王禃赴高丽继位的诗中写道：“禁脔东床得象贤，远持龙节赴真传。静看丽海风云契，更觉天东雨露偏。万里宠光隆帝馆，三韩春色入吟鞭。百年藩屏敦姻好，合有精忠在日边。”①诗中王恽用“天东雨露偏”，表示元朝政权对高丽的优待，希望高丽世子继位以后与元朝百年敦好。

高丽人对他们在元朝的政治地位也有类似的看法，元人李穀写道：

> 惟昔世皇既一海内而怀柔要荒，嘉我忠宪之归款，忠敬之勤劳，而行崇德报功之典，乃厘降帝女于忠烈王。其贰室之恩，三接之宠，天下无对焉。当是时，贤能并出，奔走辅翼，光大三韩之业。②

这里，李穀在认为元代高丽政治地位“天下无对”的同时，还强调高丽人“贤能并出，奔走辅翼，光大三韩之业”。这反映了元代高丽人对其国家地位的认同和满足。

不过，从中国和高丽双方的史料来看，元朝一直在试图加强对高丽的控制，削弱高丽的这种独立状态，而高丽则尽力维护其政治地位，维护这种相对独立的状态，③ 在元朝与高丽之间的这种控制与反控制的博弈与互动过程中，出仕中国的高丽人群体表现出非常强的民族和国家意识，李穑在一首诗中写道：

> 凉风吹暑去，红树尚交加。入梦唯乡曲，婴心是国家。草深兰更馥，霜重菊犹花。世味初尝鼎，悠哉且饮茶。④

诗中的“入梦唯乡曲，婴心是国家”，就是出仕中国高丽官员民族、国家意识最好的反映。正是他们的这种特点，使得这个群体在高丽与元朝博弈与互动的过程中发挥主要作用。

---

① 王恽：《秋涧先生大全文集》卷22《高丽国王谢事，诏世子嗣位东还，诗以送之》，四部丛刊初编本，页十三左。

② 李穀：《稼亭先生文集》卷十二《高丽国重大臣、佥议赞成事、上护军、平壤君赵公墓志》，页一。

③ 元朝中后期高丽与元朝之间的关系，将在下面的章节专门论述，这里不再展开。

④ 李穑：《牧隐稿》卷二《次仲刚韵》，页二。

首先，在征东行省的控制问题上，元朝与高丽进行了长期的互动与博弈，① 在这种互动与博弈的过程中，出仕元朝的高丽人对于元朝同意高丽政权对征东行省的控制，起到了重要的作用。征东行省是元朝至元十七年(1280)在高丽设立的征伐日本的临时机构，因日本战事停止而废。至元二十年(1283)五月，元朝重新设立征东行中书省，“以高丽国王与阿塔海共事”②。意思是让高丽王与元朝官员阿塔海一起管理高丽，这时候的征东行省改变为元朝控制高丽的机构。元成宗大德三年(1299)五月，元朝侍臣哈散出使高丽还，“言昛(高丽忠烈王)不能服其众，朝廷宜遣官共理之。遂复立征东行省，命阔里吉思为行省平章政事”③。大德四年(1300)二月征东行省平章阔里吉思向元朝汇报征东行省情况时说：

> 高丽国王自署官府三百五十八所，官四千五十五员，衣食皆取之民，复苛征之，又其大会，王曲盖、龙扆、警跸、诸臣舞蹈山呼，一如朝仪，僭拟过甚。④

阔里吉思的汇报显然对高丽不利，元朝“遣山东宣慰使塔察儿、刑部尚书王泰亨赍诏谕之，使厘正以闻”。这一年三月，阔里吉思“复上言，佥议司官不肯供报民户版籍州县疆界，本国横科暴敛，民少官多，刑罚不一，若止依本俗行事，实难抚治”⑤。阔里吉思的态度，其实反映了元朝征东行省官员与高丽政权之间的矛盾，大德五年(1301)，元朝与高丽双方都做了让步，元朝于这一年二月，“为昛罢行省官”，高丽王对高丽国制度也进行了变通，“昔居海岛时，尝用山呼，后改呼千秋，今既奉明诏，一切皆罢，又革官府九十余所，汰官吏二百七十余员，他如杂徭病民、驲骑烦扰驿传者，亦皆省之”⑥。大德以后，高丽王独立掌握征东行省。元朝仁宗时期又一次计划往征东行省派驻官员，高丽人李齐贤记载：

> 禄守、耶律希逸为征东省官，既受命矣，平章(方臣祐，高丽人)白兴圣宫(寿元皇太后，武宗、仁宗的母亲)，以为高丽树功帝室

---

① 关于元代征东行省的研究成果有宋炯《元代的征东行省》，《广西社会科学》2002 年第 5 期。

② 郑麟趾：《高丽史》卷 29《世家 29 · 忠烈王二》，页四十四。

③ 宋濂：《元史》卷 208《外夷一 · 高丽》，第 4623 页。

④ 宋濂：《元史》卷 208《外夷一 · 高丽》，第 4623 页。

⑤ 宋濂：《元史》卷 208《外夷一 · 高丽》，第 4623 页。

⑥ 宋濂：《元史》卷 208《外夷一 · 高丽》，第 4623 页。

非一世矣，衣冠典礼不改其旧，惟世皇诏旨是赖，今遣禄守等，无乃非世皇(元世祖忽必烈)意乎？于是，有旨留禄守等勿遣。①

从李齐贤的这段记载来看，这次元朝加强对高丽控制的行动，因为供职内廷的高丽人方臣祐的干涉而失败。此后，高丽王仍然独立控制征东行省，后至元三年(1337)李毂写道：

高丽古三韩地，风气、言语不同华夏，而衣冠、典礼自为一法，秦汉以降，未能臣之也。今在圣朝，亲为舅甥，恩若父子，民社刑政，俾皆仍旧，而吏治不及焉。凡一国之命，一省之权，总而专之，故称国王丞相。其宠绥之私，委寄之重，为如何也？②

史料中值得注意的是，这时的高丽王已经成为“国王丞相”，高丽国王与征东行省丞相合二为一，说明高丽对征东行省的严密控制。“其幕属。皆从辟置。非自朝廷选授之也。然则中原子弟。末由致之。”③元朝有时会派遣一些行省理问官(负责司法)、儒学教授(负责教育)④等小官，到征东行省任职，这些小官位卑权轻，不能改变征东行省的政治权力格局。

其次，在元朝设立三韩行省直接统治高丽问题上，元朝与高丽进行了密切的互动与博弈，在这一过程中，出仕元朝的高丽人的作用发挥得更加明显。《元史》记载：

(至治二年，1322)朝廷议罢征东省，立三韩省，制式如他省。诏下中书杂议，约(王约，时为集贤大学士)对曰：“高丽去京师四千里，地瘠民贫，夷俗杂尚，非中原比，万一梗化，疲力治之，非幸事也。不如守祖宗旧制。”丞相称善，奏罢，议不行。高丽人闻之，图公像归，祠而事之，曰：“不绝国祀者，王公也。”⑤

---

① 李齐贤：《益斋乱稿》卷七《光禄大夫、平章政事、上洛府院君方公祠堂碑》，页四、页五。

② 李毂：《稼亭先生文集》卷九《送揭理问序》，页七、页八。

③ 崔瀣：《拙藁千百》卷一《送卢教授西归序》，页三十七。

④ 李毂：《稼亭先生文集》卷九《送揭理问序》，页七；崔瀣：《拙藁千百》卷一《送卢教授西归序》，页三十七。

⑤ 宋濂：《元史·王约传》卷一百七十八。

除了王约反对在高丽设立行省，当时担任参议中书省事的康里回的反对可能更有分量，元人宋濂写道：

> 高丽嗣王兄弟弗睦，上欲废其国为郡县。公曰：是不当废，宜遣使谕之，使改过自新，谕之不从，然后择其宗室之贤者而立之尔。丞相偕公入奏，上不听，复叩头力诤，久之乃允。①

上述两则材料说明，王约反对在高丽设立行省，理由是高丽特殊的民风、地理位置和经济情况，他将自己的建议告诉当时的丞相(拜住)，由丞相奏罢之。康里回反对在高丽设立行省，更多是考虑世祖成宪。他与丞相一起入奏元英宗，英宗不同意，他叩头力争，才使元英宗改变了在高丽设立行省的决定。

元英宗设立三韩行省的动议、讨论到最后放弃，好像是英宗君臣讨论的结果，与高丽没有任何关系，翻阅高丽的史料，实际情况并非如此。材料中有一点是明确的，仕元的高丽官员坚决反对在高丽设立三韩行省，并通过他们的政治影响，试图改变这一政策。

高丽仕元官员反对设立三韩行省的大有人在。李齐贤在另一篇文章中记载："会本国人分党相诉，朝廷议立省比内地。公(崔诚之，号松坡)与前宰相金廷美、李齐贤等，献书陈利害，遂寝其议。"②材料中的"分党相诉"，指当时高丽沈王王暠与高丽忠肃王王焘争夺高丽王位的斗争，王焘指使其党高丽人柳清臣、吴潜等上书元朝中书省，给王焘出难题。③ 这则记载有两点需要重视，一是元英宗时期在高丽设立三韩行省建议，由沈王党羽高丽人柳清臣等提出。二是崔诚之了解到这一情况以后，联合金廷美、李齐贤等上书反对。至治三年(1323)李齐贤正好在大都，④ 上书的文本是他写的，原文如下：

> 至治三年(1323)正月日，高丽国都佥议使司某等众员，谨斋沐百拜，献书于中书宰相执事阁下：事将萌芽而逆言之，近乎狂；情有

---

① 宋濂：《元故荣禄大夫、陕西等处行中书省平章政事康里公神道碑铭》，《宋濂全集·潜溪后集》卷八，浙江古籍出版社，1999 年，第 270 页。

② 李齐贤：《益斋乱稿》卷七《推诚亮节功臣、重大匡、光阳君崔公墓志铭》，页十四。

③ 郑麟趾：《高丽史》卷 125《列传 38·奸臣 1·柳清臣》，页二十三到页二十七。

④ 李齐贤：《益斋乱稿》附录《志·鸡林府院君、谥文忠李公墓志铭》，页三。该页记载："至治壬戌冬，还京师。"

郁结而难言之，近乎隐。如不得已，宁狂无隐。伏望阁下宽其率尔而怜察之，幸甚。

中庸曰：“凡为天下国家有九经，所以行之者一也，继绝世，举废国，理乱持危，厚往薄来，所以怀诸侯也。”说之者曰：“无后者续，已灭者封，使上下相安，大小相恤，天下皆竭其忠力，以蕃卫王室矣。”昔齐桓公迁邢而如归，封卫而忘亡，此所以九合一匡，为五霸首也。霸者犹知务此，况居域中之大，以四海为家者哉？窃惟小邦，始祖王氏开国已来，凡四百余年矣。臣服盛朝，岁修职贡，亦且百余年矣。往者岁在戊寅，有辽氏余孽号金山王子者，驱掠中原之民，东入岛屿，陆梁自肆。太祖圣武皇帝遣哈真、扎剌两元帅讨之，会天大雪，馈饷不通。忠宪王命赵冲、金就砺供资粮，助器仗，擒戮狂贼，疾如破竹。于是两元帅与赵冲等誓为兄弟，万世无忘。又于己未年，世祖皇帝班师江南，忠敬王知天命之有归，人心之攸服，跋涉六千余里，迎拜于汴梁之地。（自本国至钓鱼山，又回至汴梁，盖六千余里）忠烈王亦躬修朝觐，未尝少懈，故得厘降公主，世为附马，而不更旧俗，以保其宗社，系世祖皇帝诏旨是赖。当其立天下各处行省，独于小邦不置，后因东征日本，虽有名额，不拘常选。大德中，教阔里吉思为耳目官，因其陈言，都省商量上奏。本国曾蒙世祖皇帝圣旨，休改旧本俗，但换官名。今全都改换不宜也者，成宗皇帝可其奏，即令阔里吉思回来。仁宗皇帝于鼠儿年四月降圣旨：“高丽田地立省的，不拣是谁，休题奏者，钦此。”可见列圣存恤之深意。今闻朝廷欲于小邦立行省，比诸路，若其果然，其如世祖皇帝诏旨何？其如列圣存恤之意何？伏读年前十一月新降诏条：“使邪正异途，海宇乂康，以复中统、至元之理。”圣上发此德音，实天下四海之福也。况小邦累世之功如彼，列圣存恤之□如此，今将四百余年之业，一朝而废绝，其他外国未有寸功于朝廷者，朝廷将何以处之？又其如中统、至元之体何？更念小邦地方不过千里，山川林薮无用之地十分而七，税其地，未周于漕挽；赋其民，未支于俸禄。于国家用度，泰山之微尘，不足有以供奉其万一。加以地远民愚，言语与上国不同，趋舍与中华绝异。恐其闻此，必生疑惧之心，非家至户说而安之者也。又与倭民滨海相望，万一而闻之，无奈以我为戒，而自以为得计耶？伏望执事阁下，体累朝念功之义，记《中庸》训世之言，国其国，人其人，使修其政赋而为之藩篱，以奉我无强之休。岂唯三韩之民，室家相庆，歌咏盛德而已。其宗社之灵，皆将感泣于冥冥间矣。伏惟钧照，无任激切恳迫之至，干黩尊严，伏地待罪，某等百拜。①

从上述材料可以看出，李齐贤在上书中回顾了高丽臣服元朝的过程中，高丽王对元朝的支持与忠诚、元世祖忽必烈对高丽王的优待以及规定的高丽“而不更旧俗。以保其宗社”政策，质问中书省丞相：“列圣存恤之□如此，今将四百余年之业，一朝而废绝，其他外国未有寸功于朝廷者，朝廷将何以处之？又其如中统，至元之体何？”最后，李齐贤还用在高丽设省会产生的消极后果(高丽百姓陷入混乱，日本可能入侵)告诫元朝中书省丞相。这篇有理有据的上书强调了两点，一是“世祖旧制”，元朝对高丽的基本政策是元世祖忽必烈时期定下的，改变对高丽的基本政策，实行行省直接统治，实际上是违背了世祖旧制，这在元朝普遍认为是对世祖成宪的背叛，可以说李齐贤的这篇上书在政治上首先占了主动。二是实行行省的直接危害，即前面所说的日本入侵，高丽百姓陷入混乱，这两点都是元朝所不愿意看到的，因此非常具有说服力，对元英宗最终放弃在高丽设立三韩行省的动议产生了一定的影响，上引史料载：“献书陈利害，遂寝其议”，正是说明了这一点。

元朝放弃在高丽设立三韩行省以后，高丽方面令在元朝的高丽进士崔瀣写了感谢书，送给元朝，其中透露了一些历史信息，内容如下：

伏念小邦世荷累朝涵育，国中君臣之分，一皆依旧。不料迩年乐祸之人间起，以致朝廷有议立省，百姓闻之，人不自安。近者钦蒙圣旨，一切禁之，举国上下，实获再生，唯知蹈舞而已。兹遣小介，奉表进谢，伏望善为闻奏，永示字小之仁。不胜忻庆，不宣。②

材料说：“不料迩年乐祸之人间起，以致朝廷有议立省”，再次说明元英宗大臣设立三韩行省的倡议不是空穴来风，而是高丽内部政治斗争的结果。高丽人提出这个要求以后，得到元朝一些官员的支持，于是出现设立行省的动议。

从上述分析来看，首先是某位高丽大臣提出设立三韩行省的建议，英宗大为所动，大臣王约提出反对，接着任职于元朝大都的高丽官员表示反

① 李齐贤：《益斋乱稿》卷六《在大都上中书都堂书》，页一、页二、页三。
② 崔瀣：《拙藁千百》卷二《又谢不立行省书》，页二十三。

对，并利用自己的影响，通过上书的形式，改变元朝的决策，特别是李齐贤的上书，有理有据，对元朝放弃设立三韩行省的举动产生重要影响，最后元英宗在多种因素影响之下，放弃在高丽设立三韩行省的想法。这一事件的前前后后反映了这些出仕中国的高丽人对高丽国家独立的坚决维护，这个群体的国家和民族意识在这一事件中明显地反映出来。

(二)对高丽国王的忠诚

在元代出仕中国的高丽人群体中，除了蒙元之初归附的洪氏家族和李伯祐家族以外，其他大多来自高丽的官员及其家族，这些人本来是高丽国王的臣民，虽然他们在元朝出仕，但在其观念中，他们与高丽国王的关系并没有因为出仕中国而发生改变，对于高丽王的忠诚是他们政治方面二重性的重要表现之一。上一章在谈到高丽王室与洪氏集团斗争问题时，已经涉及出仕中国的高丽宦官方臣祐维护高丽国王的问题，这里通过高丽忠宣王王璋流放吐蕃事件以及高丽忠肃王稽留大都事件，对这一问题进行论述。

元代出仕中国的高丽人对高丽国王的忠诚，突出表现在高丽忠宣王王璋(謜)英宗初年被流放吐蕃的事件中。[①] 王璋被流放以后，一些人动身到吐蕃去陪同他，另一些人在大都设法营救。动身到吐蕃的是崔诚之(松坡)、崔文度(号春轩)父子。李齐贤记载：

> 德陵(高丽忠宣王)如吐蕃，公之子文度闻难驰赴，道遇公与俱。追至关西，僧圆明叛，阻兵中南不得前。事定，逾陇抵洮，鬼域之境，单骑不可行，留洮上半年方还。[②]

李齐贤的另一篇记载与前面类似：

> 春轩宿卫中朝，习蒙古字语……德陵(高丽忠宣王)逊于西蕃，春轩奉光阳君(崔诚之)奔问洮陇，往返万里，惋容愉色，不懈益虔，

① 关于高丽王王璋的研究成果，请参考王颋《圣王肇业——韩中日交涉史考》(学林出版社，1998年)，其中对于高丽忠宣王的流放问题进行了考察。薛磊《元朝与高丽政治关系中的重要人物——高丽忠宣王王璋》考察了王璋的一生的政治活动，(《内蒙古社会科学》2004年第3期)。王颋、倪尚明《高丽忠宣王西谪吐蕃事件再析》分析了元英宗时期高丽忠宣王被流放吐蕃的原因是元朝内部的权力之争(《华中师范大学学报》2006年第2期)。

② 李齐贤：《益斋乱稿》卷七《推诚亮节功臣、重大匡、光阳君崔公墓志铭》，页十四。

光阳安焉，若在庭闱之中也。①

从崔氏父子的材料来看，高丽忠宣王是在秘密状态下被押往吐蕃的，外人一般不知晓，等二人得到消息前去追赶，已经不可能追上了，只能单骑追寻，到流放地陪伴忠宣王，但因交通问题和其他困难，二人被阻在路上，并没有到达忠宣王的吐蕃流放地。

事件发生时，李齐贤在大都黄土店，听到忠宣王的消息，非常担心，写了三首诗：

世事悠悠不忍闻，荒桥立马忽忘言。几时白日明心曲，是处青山隔泪痕。烧栈子房宁负信，翳桑灵辄早知恩。伤心无术身生翼，飞到云宵一叫阍。

咄咄书空但坐愁，式微何处是菟裘。十年艰险鱼千里，万古升沈貉一丘。白日西飞魂正断，碧江东注泪先流。满门簪履无鸡狗，饱德如吾死合羞。

寸肠冰炭乱交加，一望燕山九起嗟。谁谓鳣鲸困蝼蚁，可怜虮虱诉虾蟇。才微杜渐颜宜赭，责重扶颠发已华。万古金縢遗册在，未容群叔误周家。②

诗中李齐贤表达了对于忠宣王流放事件的悲愤、忧心和无奈。从史料来看，高丽君臣尽最大努力营救忠宣王。至治三年(忠肃王十年，1323)高丽丞相闵渍(骊兴君)与高丽驾洛君许有全、兴宁君金琚来到元朝，上表请求召还忠宣王，闵渍在《陈情表》中写道：

(忠宣王)留侍辇毂，历事五朝，沈酣德泽，贪恋宠光。但期作善以尽忠，不觉执迷而获罪。虽云远谪是帝师兴福之乡，若复寻思，亦君父涤瑕之药，但在自新之迟速，岂无如旧之恩怜？臣等曾无匡救之能……伏望矜我王失计而无他，怜老物忘躯而到此，赐笼鹤得还之，翼令复旧巢。③

① 李齐贤：《益斋乱稿》卷七《有元高丽匡靖大夫、都佥议参理、上护军、春轩先生崔良敬公墓志铭》，页二十八。
② 李齐贤：《益斋乱稿》卷二《诗·黄土店，闻上王见谮，不能自明》，页五。
③ 郑麟趾：《高丽史》卷107《列传20·闵渍》，页二十九到页三十。

闵渍的这次上表，是以高丽丞相的身份代表高丽政府，请求元朝召还忠宣王。文字比较客气，将吐蕃说成帝师“兴福”之乡，将忠宣王流放说成是洗涤他灵魂的良药。闵渍到元朝以后，又以个人名义上书元朝中书省，写道：

伏惟前王以世祖之外甥，历事五朝，凡三十余载。但以广作胜缘，祝延圣筭为己任，一旦不觉，执迷获戾于天，远谪西土者于今四年，岂不痛哉？小邦人民既非木石，谁无犬马恋主之情？然天遥地隔，蚊虻之鸣，上达无由，但日夜呼泣而已。况渍等曾被任用，荷德费恩，既极名位，年且耆耈，岂不百倍于常情乎……由是忍病登途，备尝艰险，幸存余喘，匍匐而来。伏望诸相公哀我王远谪殊方，累经岁月，怜老躯生度三千余里，欲申微愿，善为敷奏，导宣圣泽，回我王万里之行。①

上述闵渍个人名义的上书，感情丰富，表达直白。他写到忠宣王的无辜，高丽人对于流放事件的伤痛以及他忍病赴元朝上书的艰辛，要求中书省官员向元英宗表达高丽人的诉求，将忠宣王释放。同时，留在元大都的高丽人也行动起来，进行营救忠宣王的努力。至治三年(1323)李齐贤与崔诚之一起向元郎中写信，请求他向当时的元朝丞相拜住申请召回高丽忠宣王，② 信中写道：

崔某、李某，奉书再拜郎中元公足下：……弊邑于足下，为恭桑之地，虽出幽迁乔，泥蟠云飞，家中原，仕上国，坟墓亲戚，固在弊邑。于仆等所欲言者，又乌得而无情哉？今圣天子砺精图理，大丞相才略不世出，言听计从，庙无遗算。有一夫不获其所，一物不得其平，必振拔而安措之然后已，实万世一时也。而足下以端悫雄深之质，文之以礼乐诗书，高冠博带，优游东阁，润色伊周而弥缝房杜，亦可谓得青云知己，以行其道者矣。窃惟弊邑，事大以来，百有余岁，岁修职贡，未尝少弛……老沈王，即公主子而世祖亲甥也，自世祖之时，以至于盛代，历仕五朝，既亲且旧。但以功成不退，变生所忽，毁形易服，远窜土蕃之地。去故国万余里，革船渡河，牛箱野

① 郑麟趾：《高丽史》卷107《列传20·闵渍》，页三十到页三十一。

② 郑麟趾：《高丽史》卷35《世家35·忠肃王二》，页十。

宿，间关半年，方至其域。饭麦麨，处土屋，辛苦万状，不可殚说。行路或闻之，尚为之乌邑(呜咽?)，况其策名委质者哉？阊阖阻排云之叫，廊庙无蟠木之容，虽含恤而愤泣，大声而疾呼，孰闻之而孰怜之耶？此某等所以当食忘餐，已卧复起，遑遑栖栖，泪尽而血继者也。盖柔远惇族，先王之政也，以功覆过，春秋之法也。足下何不从容为大丞相言之，明往日之无他，今日之自艾，入奏冕旒，导霈金鸡之泽，赐环而东，复见天日。使圣天子之世，无复有向隅而泣者，则大丞相之德之美，益著于遐迩。而不忘本之义，善救物之仁，天下之人，皆将称颂于足下。岂惟弊邑君臣，铭肌镂骨，图报其万一而已哉？①

这封信以急切的语气叙述高丽忠宣王流放吐蕃的前前后后，恳请元郎中向丞相拜住求情，放回忠宣王。材料中元郎中，其人不详，“郎中”是职务，元朝中书省左右司设郎中，正五品，掌吏、户、礼和兵、刑、工等六部的具体事务。② 关于元某本人的情况，材料中强调高丽对于元某来说“为恭桑之地”，他的“坟墓亲戚，固在弊邑”，其中的“恭桑”，古代汉语指家乡，说明这位元某是出仕中国的高丽人，他此时“优游东阁”，“东阁”在元代指丞相款待宾客的地方，意即他在丞相身边任职，元某担任当时元朝中书省左右司的郎中，说他在丞相身边任职，也能说得过去，他与当时的中书省右丞相拜住也应该能正常交流，因此，李齐贤和崔诚之请他向拜住进言，召回高丽忠宣王。③ 另外，李齐贤在大都还直接向右丞相拜住上书，请求召回高丽忠宣王，文曰：

月日，熏沐斋戒，百拜上书于丞相执事……恭惟丞相执事，光辅圣天子，不动声色，措天下于泰山之安，戴白之老，以为复见中统、

① 李齐贤：《益斋乱稿》卷六《同崔松坡赠元郎中书》，页五、页六、页七。

② 宋濂：《元史》卷85《百官一》，第2123页，

③ 按：史料中还有另一个元公，元人杨翮记载：“粤在仁宗皇帝，崇尚文学，乃高勾丽元公献赋阙下，擢为太常博士。英宗皇帝肇兴盛典，时大丞相尝为礼官，入告出猷，爰修卤簿仪卫，相皇帝亲享太庙，而元公实为大丞相所尊礼，考验故实，其为功居多。闻实章著，光于朝廷，九命而贰宪节于江东，未几，有诏进佥太常院事，名号因华显矣。”(杨翮：《佩玉斋类稿》卷四《送元太常序》，页八，《文渊阁四库全书》第1220册，第82页)这里的元某，元仁宗时期被任命为太常博士，英宗继位盛典，他辅佐丞相拜住完善礼仪制度，后担任元朝江东道肃政廉访司副使，升太常礼仪院的佥事。该元某是高丽人，在元朝中央担任礼官，与拜住有特殊关系，尽管没有他担任“郎中”的记载，崔诚之和李齐贤这封信的对象有可能是他。

至元之理，人之生于此时，可谓大幸矣。如是而有一人焉，困穷之势，甚于饥溺，执事其何以处之哉？往岁我老沈王遭天震怒，措躬无所，执事哀而怜之，生死肉骨于雷霆之下，得从轻典，流宥远方，再造之恩，有逾父母。然其地甚远且僻，语音不同，风气绝异。盗贼之不虞，饥渴之相逼，支体羸瘠，头须尽白，辛苦之状，言之可为流涕，执事忍视之耶？语其亲则世皇之亲甥也，语其功则先帝之功臣也。又其祖考，爰自太祖圣武皇帝草创之时，慕义先服，世著勤王之效，其功不可忘也。虽执迷不悟，罪至罔加，原其本心，固亦无他。窜谪以来，已及四年，革心改过，亦已多矣。伏望执事，既尝力救于初，无忘终惠于后，敷奏黈聪，导宣天泽，俾还故国，以终余年。其为感激，岂止转沟壑者饫美食，陷涛濑者履坦途而已哉？若谓时未可也，姑徐为之，日延月引，而为贤且有力者所先，天下之士，将谓执事见事独迟，小国之人，将谓执事为德不竟，窃为执事惜之。①

上述李齐贤的上书，列举了高丽与元朝的密切关系，强调了高丽忠宣王的悲惨处境，请求拜住奏请元英宗，将其召回。当然，高丽忠宣王王璋被流放涉及元朝高层内部斗争，这些出仕元朝的高丽大臣很难改变元朝最高层的决定，但他们的行动，反映了他们对高丽国王的忠诚。

对于高丽王的尊号，② 元代出仕中国的高丽官员也比较重视，泰定三年(1326)忠宣王(王璋)去世以后，崔瀣上书元朝翰林院，为他请谥号，其中写道：

伏以圣朝功臣世家，例得赠谥，而先太尉沈王薨逝逾年，尚未举行。今具表文启省上闻外，念先王历事六朝，实多劳绩，累被天奖，元臣懿戚，无有不知。若蒙平生行迹，得列华藻，以示将来，则先王可为死而不死，其于存殁，为荣莫大。伏惟照察，不宣。③

上述材料中，崔瀣的这种为高丽王请谥号的行为，也是出仕中国的高丽人对于高丽王忠诚与维护的表现。给高丽王请谥号的还有王煦，史料记载：“自忠宣薨垂二十年未有谥，煦如元请谥，并请忠肃谥，柄国者莫

① 李齐贤：《益斋乱稿》卷六《上伯住(拜住)丞相书》，页三、页四、页五。

② 元朝关于高丽王的待遇问题，曾经有长时期的争论，见刘中玉《蒙元等级体制下高丽待遇之争》，《朝鲜·韩国历史研究》第十一辑。

③ 崔瀣：《拙藁千百》卷二《又与翰林院为太尉王请谥书》，页二十三。

助，煦自以为己责，所费无算，卒得请。”①

高丽忠宣王流放高丽，高丽沈王王暠觊觎高丽王位，挑拨元朝方面将高丽忠肃王软禁在元朝，高丽王位的争夺白热化。这时，一些出仕中国的高丽人又推动了释放忠宣王还国，维护高丽王统的活动。如安轴，高丽人，泰定元年进士，授盖州判官。他对忠宣王的忠诚比较突出，李穀记载：

> 时忠肃王被留辇毂四年矣，公谓同志曰：“主忧臣辱，主辱臣死，吾曹之学如此。”乃上书，讼王之无它，王甚嘉之，超拜成均乐正。盖州守遣人礼请，王方向用，故不能去国之任。②

这条史料中，安轴将高丽王作为自己的主子，在他的心目中，高丽王政治上的重要性，当然高于元朝政权。他考中元朝进士以后，没有接受元朝任命的官职，直接到高丽做官，也反映了这一点。在上述高丽忠肃王王焘与沈王王暠的斗争中，金伦(字无己)的表现也比较典型，《高丽史·金伦传》记载：

> 伦尝从忠烈入朝，忠宣日候于邸，从臣慕顾退缩，伦身兼数任，独侍左右。忠烈嘉其志，忠宣亦待以礼。忠肃留元五年，沈王暠得幸于帝，群不逞诱胁国人上言，愿得沈王为主。伦与弟元尹祸独不署名，或私于伦曰：“违众自异，若后悔何？”伦骂曰：“臣无二心职耳，何后悔之有？”寻以庆尚、全罗都巡问使镇合浦。……后帝遣高龙普赐王衣酒，继遣朵赤执王以归。伦时家居，闻变遽起，痛不及奔问，诣龙普，又知其不可感以义，退与宰相言，所以乞哀朝廷者，咸曰：“陪臣犯天威，恐有大谴。”故政丞姜庄曰：“帝意未测，如之何？如之何？”李凌幹曰：“今天子闻王无道罪之，若上书论奏，是以天子之命为非，可乎？”伦厉声曰：“臣之于君，子之于父，妻之于夫，当尽其恩义耳，其父被罪，为其子者忍不救乎？其言帝意未测者，何谓也？”诸相皆默然，伦又言：“今之呈省，虽不蒙俞，然救其主而得罪，吾知其必无也。”一坐皆然之，遂决议上书，令金海君、李齐贤

① 郑麟趾：《高丽史》卷110《列传23·王煦传》，页十四。

② 李穀：《稼亭先生文集》卷十一《大元故将仕郎、辽阳路盖州判官、高丽国三重大匡、兴宁府院君、领艺文馆事、谥文贞安公墓志铭》，页十。

草之，国老多不署名，竟未就。①

上述材料除了金伦对高丽国王的忠诚以外，还出现了他面对忠于高丽王与“以天子之命为非”的抉择，很明显他坚定选择了前者，说明在他看来，高丽王的重要性高于元朝的皇帝。另外，高丽人王煦在对待高丽和元朝的态度上也有类似的表现，《高丽史·王煦传》记载：

王煦，初姓名权载，蒙古名脱欢……王在元召之，一见遂以为子，赐姓名王煦，系属籍。(忠肃王)七年，宦者伯颜秃古思构忠宣，流于吐蕃，煦欲以身代，帝闻而怜之。秃古思不能害。煦与门客两三人将诣吐蕃，道见使者西去，与语，使者喜曰：“吾奉诏迎王来矣，吾当巡诸路恐晚，公宜先报。”因与驿三骑，煦兼行至临洮见王，既而使者适会，遂陪至京师，及忠宣薨，服衰麻奉柩东还，既葬，每朔望私祭陵下至殁身。忠肃留元，沈王内怀觊觎，诡计百端，而王无所可否，左右多反复，煦独以义自将，终始无间言……元遣使赐煦、永旽衣酒及钞，敦劝整治。煦等以奇皇后族弟奇三万倚势夺人田，恣行不法，杖之下巡军狱死。行省理问所收都监官佐郎徐浩、校勘田禄生讯问，煦与永旽呈书于佥议府曰：“我等亲奉帝命，整治本国，今行省理问所以三万之死，归咎都监，囚浩、禄生，理问河有源挟私枉问，必欲诬服。自今不能整治，冀转达中书省。”既而煦与永旽欲亲奏帝如元，理问所累遣人追之，悉囚都监官，会帝遣中书省右司都事兀理不花等赐衣酒于王及煦、永旽以赏整治。煦、永旽至洞仙驿，遇之乃还。不花以帝命问整治几何，理问所闻之，释浩等，又因浩诬服，囚都监官吴璟、陈永绪、安克仁、李元具、全成安于狱，寻释之。复欲诬加其罪，不服，皆下狱。元闻三万死，遣工部郎中阿鲁、刑部郎中王胡刘等来鞫之，复遣直省舍人僧家奴杖整治官白文宝等十数人，惟煦、安轴以帝命原之，光辙元具以病免杖，帝仍降玺书，复置整治都监，令煦判事。时永旽执己见，煦耻与校，帝诘之，事皆委煦。②

材料中，王煦对高丽忠宣王的忠诚跃然纸上。另外，在奇三万事件

① 郑麟趾：《高丽史》卷110《列传23·金伦》，页九到页十一。
② 郑麟趾：《高丽史》卷110《列传23·王煦》，页十三到页十六。

中，王煦自述："我等亲奉帝命，整治本国。"说明他受到元朝的任命整顿高丽政治，具体职务应是材料后面提到的"整治都监判事"，作为整顿高丽内政的职务，王煦在执行的过程中，杖杀奇皇后族弟奇三万，从高丽来说，是在处理横行不法的豪民，符合高丽百姓的利益。从元朝来看，王煦是在打击奇皇后在高丽的势力，挑战元朝的权威。在高丽和元朝之间，王煦明显选择了高丽，违背了元朝的意愿，反映了出仕中国的高丽人在元朝与高丽之间的明确选择。

元朝末年，元朝奇皇后之兄奇辙为高丽恭愍王所杀，引起元朝震动，元朝宣布废除高丽恭愍王，立德兴君塔思帖木儿为新的高丽国王。李公遂作为高丽恭愍王的使臣，被派到中国解释这一问题。他被留置并被任命了元朝的官职，具体情况如下：

> 四月初三日，帝在兴圣宫，命典瑞院使完泽笃召公入劳之，公献礼物。既而皇后设馔厚慰，谓公曰："公既尽心孝吾母，是吾亲兄也，敢不以待亲兄之礼待公乎？"公曰："周姜嫄大任太姒，育圣基化，风雅存焉。及其中衰，姜后待罪，宣王以兴，褒妲吕武，覆宗绝祀，美恶昭然，千载龟鉴。我高丽之于大朝也，戎臣结为兄弟于初，天子定为甥舅于后，百有余年，鱼水相得。矧今殿下，即周之妊姒也，三韩之幸，于斯为大。今王勤王敌忾，为国树勋，当行赏典昭示四方，以激将帅之气。奈何逞私憾，废公义乎？丙申之祸，实我家盛满不知止足之所致耳，非王之罪也，不知自咎，而欲废有功之主，朝廷无人乎？他日必为天下笑。愿殿下善奏于帝，复吾王，逐奸臣，幸甚、幸甚。"
>
> 皇后虽感其言，怒犹未已，遂令公奉德兴东归，公托疾请留。于是，有旨："高丽人在朝者李公遂外，皆从王行。"二十一日，拜太常礼仪院使，明日入奏："臣生长边方，言语不通，不习中国礼，何敢冒宠取讥？今将帅布列于外，获功者未赏，臣恐天下有以议陛下也。"既不得命，二十七日之任。资政院奉懿旨盛设礼食，以飨同寮，宗庙大享，公再为太常卿，循蹈礼则观者敬之。于是，赠祖祭酒公中奉大夫、集贤学士，考纠正公资善大夫、典瑞院使，祖妣郑氏、妣宋氏、室金氏，皆封陇西郡夫人。皇太子以帝命召公，同上万寿山广寒殿，太子问殿额"仁智"之义，公曰："爱民之谓仁，辨物之谓智，帝王用二字御四海，万世太平矣。"入殿指金玉之柱又曰："老人曾见如此之柱乎？"公曰："闻之，帝王发政施仁，则所居之屋虽朽木犹金玉

之坚；不然，则金石之坚，反如朽木也。”出殿，赐王家奴太师、伯撒里少保坐，命公坐其次。秃鲁帖木儿詹事立，弹瑟。太子取而弹之，未成曲，舍之曰：“久不习，忘之矣。”公即跪曰：“忧民之心，不至于忘，则瑟上一二调，忘之何害？”帝在太液池舟上，太子以公语奏之，帝曰：“吾固知此老贤者也，汝外家唯此一人耳。”

一日，皇后问兄平章家祸所由，公曰：“贪财聚怨，鲜有免者，势激而然，非王之心，非王之罪也。”宦官朴不花密告于皇后，曰：“李某但为其主，岂念其亲。”皇后久不召见。德兴君既至辽阳路，崔濡曰：“李某在都，其心莫测，事或中变，悔之何及。”重赂秃鲁帖木儿、朴不花，必欲得公以归。公知之，谓其书状官林朴曰：“吾既无父母，又无后，位又极矣，岂复有一毫顾藉意耶。”当祝发入山，决不从彼也。二人入奏，帝不允。秋七月，孛罗帖木儿引兵入城，黜丞相搠思监代其位，秃坚帖木儿为台臣，革弊政，乃曰：“高丽王有功无罪，而为小人所困，盍先治之。”于是，降诏复位，械崔濡以送，公亦乞归田里。出齐化门，使苍头吹笛，谓从者曰：“天下之乐。复有加于此者乎？”沿途马困，苍头以一矢买一束菽饲之，公见之曰：“何故夺穷民之食乎？”截绵布以充其价。闾山站无人，粟积于野，公问：“粟一束直木绵几尺？”如其言，书于两端，置于粟积中。从者曰：“持马者回，必取之去，何益？不如不偿之为愈也。”公曰：“吾固知之矣，然必如是，然后吾心安焉耳。”十月二十五日，入京，诣合门告曰：“奉使臣李公遂回，略不及艰苦状，上厚待之。”①

从材料来看，李公遂在元朝的仕宦虽然尽职尽责，但他的政治态度明显是忠于高丽政权，他的言行明显是维护高丽恭愍王和高丽的国家利益。

从上面的论述可以看出，元代出仕中国的高丽人对于高丽国王的忠诚，并没有因为他们离开高丽、出仕元朝而发生改变，他们虽然是中国元朝的官员，但仍然以高丽王朝的官员自居，并自动承担作为高丽大臣应尽的政治义务，这反映了元朝出仕中国高丽人的双重政治身份。有意思的是，元朝的中国官员对他们的这种政治两面性不但不排斥，反而支持和赞赏。元人吴澄记述了担任元朝兵部侍郎的高丽人崔耐卿忠于高丽王的情

① 李穑：《牧隐先生文集·牧隐文藁》卷十八《有元资善大夫、大常礼仪院使、高丽国推忠守义同德赞化功臣、壁上三韩三重大匡、益山府院君谥文忠李公墓志铭（并序）》，页十一。

况，后面的评价耐人寻味：

高丽王羁留于京师，竭智殚力以匡赞之，而得复位。晨夕惓惓，慕父母，送其王归国，而因过家以觐省。此一事也，而见其忠焉，见其孝焉。中国之与之接者，靡不爱之、敬之如兄弟、如僚友，亦其仁义忠孝之天昭昭然不昧，有以感动夫人也。①

从吴澄的评价来看，吴澄并不排斥崔耐卿对高丽王的忠诚，反而认为他具有忠孝的良好品质。作为元代一个著名理学家，吴澄将儒家的忠孝理论，凌驾到高丽和元朝这两个政治实体之上，并以此评价元代出仕中国的高丽人在政治方面的双重身份，并没有把高丽王与元朝皇帝认为是两个主人，而对高丽人进行“一臣不事二君”的价值判断。元朝士人开放、包容的心态和宽阔的胸襟可见一斑。

二、出仕中国的高丽人与元朝的高丽政策

元代出仕中国的高丽人始终关注高丽的政局，对于元朝的高丽政策，他们非常关心并且会主动与元朝沟通，通过上书等形式，对一些不利于高丽的政策进行批评，敦促元朝废除之。这种行为当然也是他们双重政治身份的重要表现。

（一）对元朝高丽政策的影响

元代对高丽王朝实行灵活的政策，以适应双边关系，其中，重视沟通与交流，是元丽关系的一个重要特点，这种频繁的沟通与交流，使双边关系保持平稳，高丽人崔瀣记载：

自臣附皇元以来，以舅甥之好，视同一家。事敦情实，礼省节文，苟有奏禀，一个乘传，直达帝所，岁无虚月。故使不复择人，恩至渥也。独于年节，例以表贺，而且有贡献。故国卿充其使副，而粗如旧贯焉。②

① 吴澄：《吴文正集》卷二十五《送崔兵部序》，《文渊阁四库全书》第1197册，第269页。
② 崔瀣：《拙藁千百》卷二《送郑仲孚书状官序》，页一。

这种“岁无虚月”的使臣交流，密切了元丽之间的关系，也使双方的矛盾得以及时化解。在高丽派往中国的使臣中，有很多就是曾在中国出仕过的高丽人。如李齐贤多次代表高丽出使中国，后至元五年(1339)，高丽忠惠王(王祯)发动政变，清除权臣曹頔，引起元朝的猜疑。曹頔在元朝党羽甚多，试图报复，在“人心疑危，祸且不测”的情况下，“公(李齐贤)愤不顾曰：‘吾知吾君之子而已。’从之如京师，代舌以笔，事得辨析”①。当高丽使臣来到大都以后，一些出仕元朝的高丽人也陪同这些使臣，参加各种各样的活动，李穑在大都的时候，就跟随高丽上贺表的使臣，参加了元朝皇帝生日的庆典——到大明殿进贺表，他当时有诗写道：

大辟明堂晓色寒，旌旗高拂玉阑干。云开宝座闻天语，春满金卮奉圣欢。六合一家尧日月，三呼万岁汉衣冠。不知身世今安在，恐是青冥控紫鸾。②

对于元朝出仕中国的高丽人来说，他们时刻关注着高丽的政局和社会发展，李穀出仕元朝，“时本国官爵猥滥，奴隶亦得轩冕，殿中崔江求为正尹，穀闻之寄诗云：‘不妨正尹生前得，犹胜中书死后加’”③。高丽忠穆王继位。李穀在写给当时高丽宰相的一封信中，表示了对高丽国家政局的强烈关注，文曰：

惟吾三韩，国之不国亦已久矣。风俗败坏，刑政紊乱，民不聊生，如在涂炭。幸今国王受命之国，民之望之，若大旱之望甘澍然。国王以春秋之富，谦恭冲默，一国之政，听于诸公，则其社稷安危，人民利病，士君子之进退，皆出于诸公。夫进君子则社稷安，退君子则人民病，此古今之常理也。然则用人又为政之本也，盖用人则易，知人则难。不问邪正，不论高下，唯货是视，唯势是依，附我者虽奸谄而进之，异己者虽廉谨而退之，则其用人不既易乎？用人易，故政日乱，政乱，故国家随以危亡，此不待远求诸古，实目前之明鉴也。古之人知其然，于一进退人之际，而必察其所行所从来，惟恐黩于货

① 李齐贤：《益斋乱稿》附录《志·鸡林府院君、谥文忠李公墓志铭》，页三。
② 李穑：《牧隐诗稿》卷二《天寿节日，臣穑从本国进表陪臣入觐大明殿》，页一。
③ 郑麟趾：《高丽史》卷109《列传22·李穀》，页十八。

而夺于势也。然犹朱紫相夺，玉石相混，其知人不既难乎？即今本国之俗，以有财为有能，有势为有智，至以朝衣儒冠，为倡优杂剧之戏，直言正论，为闾里狂妄之谈，宜乎国之不国也。穀之所以离亲戚去乡国，久客于辇毂之下者，正为此耳。比闻诸公所以辅政更化者，与前日甚不相远，名虽尚老，而少者实主其柄，名虽尚廉，而贪者实执其权，既斥恶少，而大者不悛其恶，既改旧臣，而新者反附其旧。知人不难，用人甚易，似非国王委任之意，朝廷闻之，得无不可乎？或曰："不必寓书诸公，徒见其怒而无所益也。"穀应之曰："社稷苟安，人民苟利，将具本末言之朝廷，达之天子，岂以诸公之怒，而便含默耶？"是用敢贡狂瞽之说，惟诸公之垂察焉。①

李穀在信中指出了当时高丽政坛的混乱情况，鼓励这些高丽大臣在用人、知人和廉政方面做出成绩，并指出他"之所以离亲戚去乡国，久客于辇毂之下者"，就是为了高丽政治清明，对于本国的感情关注，溢于言表。

对于元朝实行的不利于高丽的政策，元代出仕中国的高丽人也会利用其有利条件，向元朝有关方面上书，呼吁元朝改变政策。后至元年间，高丽人李穀上《代言官请罢取童女书》，得到了元顺帝的重视，"(后)至元三年事得施行"。这篇上书的文字很有代表性，征引如下：

夫其取人之女以媚于上，为己之利，此虽高丽自取之也，既称有旨，岂不为国朝之累乎……今屡降特旨，夺人室女，甚为不可。

夫人之生子，鞠之育之，将以望其反哺也，无尊卑之别。华夷之间，其为天性一也。抑彼风俗，宁使男异居，女则不出，若为秦之赘壻然。凡致养于父母者，有女之尸焉，故其生女也，恩斯勤斯，日夜望其长能有以奉养。而一旦夺之怀抱之中，送之四千里外，足一出门，终身不返，其为情何如也？今高丽妇女在后妃之列，配王侯之贵，而公卿大臣，多出于高丽外甥者，此其本国王族及阀阅豪富之家特蒙诏旨，或情愿自来，且有媒聘之礼焉，固非常事。而好利者援以为例，凡今使其国者，皆欲妻妾，非但取童女而已……侧闻：高丽之人生女者即秘之，唯虑不密，虽比邻不得见。每有使臣至自中国，便

① 郑麟趾：《高丽史》卷109《列传22·李穀》，页十、页十一、页十二；李穀：《稼亭先生文集》卷八《寓本国宰相书》，页五、页六。

失色相顾曰：“胡为乎来哉，非取童女者耶，非取妻妾者耶?”而已军吏四出，家搜户探，若或匿之，则系累其邻里，缚束其亲族，鞭棰困苦，见而后已。一遇使臣，国中骚然，虽鸡犬不得宁焉。

及其聚而选之，妍丑不同，或啖其使臣而饱其欲，虽美而舍之，舍之而它求。每取一女，阅数百家，惟使臣之为听，莫或敢违。何者？称有旨也。如此者岁再焉，或一焉间岁焉，其数多者至四五十。既在其选，则父母宗族相聚哭泣，日夜声不绝。及送于国门，牵衣顿仆，栏道呼泣，悲恸愤懑。有投井而死者，有自缢者，有忧愁绝倒者，有血泣丧明者，如此之类，不可殚纪……高丽之人独有何罪，而受此苦乎？……伏望涣发德音，敢有冒于内旨，上渎圣听，下为己利而取童女者，及使于其国而取妻妾者，明示条禁，绝其后望，以彰圣朝同仁之化，以慰外国慕义之心。消怨致和，万物育焉，不胜幸甚。①

李榖在上书中，历数选美对高丽的危害，文笔锐利，感情真挚，打动了元顺帝，下诏书禁止这种行为。这类上书很多，都涉及一些元朝对高丽的政策问题。后至元三年(1337)，元朝权臣伯颜专权，压制汉人、南人，规定：“汉人、南人、高丽，不得隐藏军器，执把弓箭。除官员存留马匹外，其余尽行拘刷。”李榖上书提出：“以小邦邈居于东土，而旧俗颇异于中原，当太祖天造之时，实先归附，值世皇龙飞之际，尤著勋劳。有锡马三接之荣，余馆甥贰室之庆，约束虽遵于圣制，典章无坠于祖风。苟一日而变更，恐一韩之惊动。”②此后，元朝取消了在高丽拘刷马匹的禁令，允许高丽弓兵(维持地方社会治安的人员)使用马匹。

至正五年(1345)元朝颁布圣旨，禁止汉人、南人、高丽人投充怯薛，这个圣旨限制了高丽人以宿卫出仕于元朝内廷，影响到高丽人的仕宦出路，李齐贤于是写了《陈情表》，文曰：

钦见至正五年 月 日颁降诏书条画内一款，今后汉人、高丽人、南人等，投充怯薛者并在此限。伏读已还，憧惶陨越，不能自已……伏念自圣朝奋义而肇基，惟小国向风而先服，助威讨贼，遏辽民狼顾

---

① 李榖：《稼亭先生文集》卷八《代言官请罢取童女书》，页二、页三、页四；郑麟趾：《高丽史》卷109《列传22·李榖》，页十四到页十八。

② 李榖：《稼亭先生文集》卷十《谢复弓兵马匹表》，页四。

之谋，冒险迎师，赞世祖龙兴之业。由是讲甥舅之亲，而委以保厘之位，征子弟之质，而备于宿卫之行。坐得次于雄吉刺台，饮亦参于阇于也速。况今坤元配德，岂惟万国之荣观，震索储祥，偏是三韩之庆赖？故以愚衷而自揆，与诸异姓而不伦，伏望勿遗既往之忠勤，亦念难遭之缘幸，俾同世戚，免贻沙汰之嫌，益戴皇恩，庶尽粉糜之效。①

李齐贤的这个《陈情表》对元朝限制高丽人投充怯薛感到遗憾，并表示反对，认为这是对高丽人地位的贬低。他认为高丽人为元朝做出了重要贡献，高丽人在元朝的地位应该相当于色目族群，他在一份上表中写道：

顾惟弊邑，服我大邦，敌忾攻辽，助圣武东征之旅。观光过汴，迎世皇北上之师。遂蒙厘降之荣，获守藩宣之寄，洎子孙而相继，讲甥舅之至欢。及际休明，益深缘幸。元良载诞，允孚四海之情；寡昧自矜，私谓三韩之福。因念曾忝联芳于玉叶，更逢毓庆于璿源，既然得附于本支，何乃未同于色目？肆历由中之恳，伫沾无外之恩，伏望赐以俞音，顺其景慕。臣谨当感圣化于桑域，庶臻鲁一变之期，凑忠诚于蘂宸，永贡嵩三呼之祝。②

李齐贤在上表中强烈要求元朝将高丽人作为色目人对待，反映了他对于提高高丽人在元朝政治地位的努力。高丽人安轴也有相同诉求的上表，他的《请同色目表》写道：

伏念小邦，先投圣化，累著殊勋。方初厘降帝姬，永以庆流于万世，今又诞生圣嗣，必将福及于三韩。有何不世之功，值此难遭之幸？亲则是一家甥舅，义则为同体君臣，兹远别于汉、南，得同入于色目。伏望谅臣匪他之恳，知臣附本之心，廓阐至仁，俯颁俞旨。则臣敢不仰日月，披肝露胆，期报恩荣至子孙，竭力输忠，勉修职贡。③

① 李齐贤：《益斋乱稿》卷八《陈情表》，页三、页四。
② 李齐贤：《益斋乱稿》卷八《乞比色目表》，页二、页三。
③ 安轴：《谨斋先生集》卷二《补遗 · 表 · 请同色目表》，页九到页十。

安轴的上表内容与李齐贤类似，都是列举高丽对于元朝的忠诚和元丽甥舅密切关系，请求提高高丽人在元朝的政治待遇。

除了关注元朝对高丽的政策、高丽人在元朝的地位以外，出仕元朝的高丽人对高丽民生的相关问题也非常关注。元朝盛产人参，元朝强迫高丽大量贡献人参，影响了高丽百姓的生活，元朝高丽进士安轴写诗认为“参贡多弊”，为高丽采参百姓呼吁，他写道：

> 神农著书论草名，草中罗蔘药最精。一根三枝开五叶，理人神效难具评。年年贡献圣天子，药局老医皆叹惊。船车商沽竞求买，转卖远方价不轻。从此官家利其利，岁收编民有期程。物之贵者本自贵，非如凡草贱生成。方民采掘遍山谷，千搜万索得一茎。何曾计日足铢两，农衣弊尽披蓁荆。是时秋禾卧风雨，畏吏督纳忘私营。归来对妻苦悲泣，已有弃土流亡情。乾坤生物赋药性，本以至仁济群生。生民一病出于药，理药之药其谁行。有能移根种远方，括根无种非所争。吾民宁作至愚民，不须益智多聪明。①

安轴的诗反映了高丽参农被迫向元朝贡献人参的痛苦，充满对高丽民生的关注。元朝至治、泰定年间，大量百姓逃到辽阳行省与高丽交界处谋生，影响高丽的社会稳定，泰定二年(1325)元朝高丽进士崔瀣上书，请求高丽国王和元朝中书省拘刷流民。② 至正三年(1343)鉴于高丽遇到自然灾害，民不聊生，李齐贤上书元朝中书省，要求元朝“下令，自至正三年已前逋欠贡赋，一切蠲免。前此数年，穷民有因暴敛，典卖男女，请令诸道存抚，按廉使出榜，许其来京自告，因以官财，量给赎还。其买者亦令自首，若不自首，不与其直，勒还父母，甚者治罪”③。安轴和李齐贤的这两次上书，反映了出仕中国的高丽人对于高丽民生的关注。

有关元朝统治高丽的制度，前面已经列举了陈得芝等先生的研究成果。从这些研究成果来看，大多数学者站在元朝的角度，探讨元代对高丽的统治制度，很少有人从高丽的角度，探讨高丽人对元朝统治接受的程度以及他们对有关元朝高丽制度的反应和态度。本节从元朝强迫高丽贡女、贡方物以及元朝给予高丽的政治地位和出仕机会出发，考察出仕中国的高

---

① 安轴：《谨斋先生集》卷一《关东瓦注·参叹》，页六到页七。

② 崔瀣：《拙藁千百》卷二《国王与中书省请刷流民书，泰定乙丑》，页二十二。

③ 李齐贤：《益斋乱稿》卷末附《拾遗·上都堂书》，页六。

丽人对于这些元朝这些特定政策的接受程度以及他们对这些政策的态度，同时，也考察了高丽人就元朝统治制度在实行过程中出现问题，向元朝当局的反馈。从上面的论述可以看出，虽然在中国出仕，这些高丽人还是关心高丽的发展，他们对于元朝统治高丽的制度和一些针对高丽的政策，并不是完全接受，有一些政策他们是极力反对的，作为元朝的官吏，他们代表高丽的利益与元朝高层沟通，劝说或引导元朝高层放弃一些对高丽发展不利的政策，反映了他们政治上的两面性。

除了对元朝统治高丽制度做出反应，元朝出仕中国的高丽人还关心高丽人在元朝的政治地位，要求将高丽人的政治地位提高到与色目人一致。总的来看，他们虽然效忠元朝，但对于元朝的高丽统治，他们并不完全认可，一些他们认为不利于高丽国家发展、百姓生活的政策，他们会通过上书、上表等形式，与元朝政权交流，从高丽国家和民众的角度，表达其政治、经济诉求。从某一方面来说，这些人成了元朝时期高丽国家的代言人，对元朝的高丽统治产生了一定的影响。

(二)以中国境内的高丽人为中心的社交圈子

元代出仕中国的高丽人尽管仕途比较顺利，政治地位属于元朝四族群中的汉人族群。但这个群体来到中国，语言和生活习惯都与中国人有明显的区别，属于中国社会的少数族群，再加上他们有比较强的民族意识和国家认同，因此，尽管他们与中国官员、士人有不少的交流，他们还是属于相对封闭的少数社会族群。关于他们在中国使用的语言，元人杨瑀记载：

> 高丽人写私书，皆以乡音作字，中国人观之，皆不可知。余尝见“绦环”二字，写作“唾环”，余皆类此。①

杨瑀的上述记载说明，在中国的高丽人互相写信的时候，用汉字读音转写高丽语，中国人读不懂，反映了他们在日常生活中对中国人的防范。由于高丽还没有本民族文字，官方书面语言是汉语，因此，绝大部分出仕中国的高丽人接受过汉学教育。他们日常使用高丽语，不能与中国民众直接交流，他们与中国士大夫交流的基本形式是通过写字，与中国人进行“笔谈”交流。王恽记载了中统二年六月十一日高丽世子王禃来到中国，

---

① 杨瑀：《山居新语》(不分卷)，《宋元笔记小说大观》第 6 册，上海古籍出版社，2001 年，第 6073 页。

与中书省官员交流的情况：

> 其高丽世子与参政李藏用(字显甫)，尚书李、翰林直学士南榻坐，亦西向。又有龙舒院、书状等官凡六人，尚书以下三人，皆袜而登席，相次地坐。酒数行，语既不通，其问答各以书相示。①

这里，高丽世子和大臣来中国，中书省设宴款待，双方语言不通，交流方式“各以书相示”，这种方式就是上面所说的“笔谈”。另外，高丽人对待中国人的态度也有特点，高丽人崔瀣写道：“东人见客，虽貌相敬，其心未必有所同也。”②这里的“东人”当然指高丽人，作为蒙元政权的附属政权，高丽人表现出恭敬的外表，但其内心未必就完全认同。这种情况是高丽人崔瀣自己说出来的，反映了元朝作为外国人的高丽人，与中国人之间确实存在一定的隔阂。

在元朝大都，高丽人可供交游的对象有限，李穀、李穑、郑誧在大都生活的诗中，都透露出独自一人生活的场景，郑誧有诗写道：

> 虚檐雨过晚凉侵，小院人稀一室深。壮岁谁怜名未立，他乡只有病相寻。纷纷忧患伤豪气，了了文章见苦心。自笑平生迂且拙，许身妄欲比南金。病起冯颠雪欲侵，抛书兀坐意殊深。流光冉冉不我与，旧事茫茫何处寻。故国江山千里梦，宦途尘土十年心。相如政有长门赋，一字须知直万金。③

诗中记述了郑誧在大都独自生活的情况，以及他在其间对人生、对仕宦的思考，诗中体现出来的孤独无助的悲观情绪，成为郑誧在大都日常生活的常态。至于社会交往对象，出仕中国高丽人还是以本国人为主。一些在大都出仕或者在大都有一定实力或影响的高丽人，都会尽力照顾新来中国的高丽人。如高丽僧人海圆(俗姓赵氏，咸悦郡人)在中国就比较成功，李穀记载：

> 大德乙巳，安西王闻高丽僧戒行甚高，请于成宗，遣使招致之。

---

① 王恽：《秋涧先生大全文集》卷82《中堂事记下》，四部丛刊初编本，页三左、页四右。

② 崔瀣：《拙藁千百》卷一《送卢教授西归序》，页三十七。

③ 郑誧：《雪谷先生集》下《大都旅舍偶题》，页十一到页十二。

公应其命入觐，仍从安西王于朔方。北俗不事耕种，以畜牧为生，食肉饮汁而衣其皮。公居其间再寒暑，宁忍饥绝不茹荤，持戒律益坚，王愈重之。丁未冬，奉武宗之旨，率徒弟食公廪，春秋时巡则令扈驾。仁庙继极，命居是寺，恩遇益丰，道誉益著。追天历初，赐楮币二万五千，盖所以宠异之也。①

上述材料说明，高丽僧人海圆在元成宗时期由蒙古安西王招到中国，后又受到元武宗、元仁宗礼遇。元仁宗时期，海圆法师在大都“开堂讲法”二十余年，可以说是在中国比较成功的高丽僧人。高丽人李穀在元统元年到大都参加科举，就是“寓公别院报恩僧房”，受到海圆的照顾。② 元朝大量的高丽人来到中国，其中包括僧人、妇女和商人、学生、游士等，他们大部分生活在大都，与大都服务元朝内廷的高丽官员互动较多。延祐四年(1317)，高丽忠宣王王璋“买地于故城彰义门之外，创梵刹焉”，名曰“报恩光教寺”。工程完工以后，“命钱塘行上人演天台教”。元英宗时期，王璋江南行香，中途被抓回，并被流放吐蕃。泰定帝继位，王璋被召回，死于大都，元仁宗继位，新任高丽忠肃王王焘和沈王王暠根据王璋的遗令，“召本国天台师”僧人旋公担任主持，旋公是高丽丞相赵仁规之子，在高丽佛教界被称为“三藏法师”，地位崇高，旋公找到在京城任职的高丽人李穀说：“子乡人，寺之故宜知之，盍为之记？”③当时李穀爽快地答应了旋公的请求。高丽人创立的佛寺，请高丽僧人担任主持，并请高丽文人撰写纪念碑文，反映了元代仕宦中国高丽人对本国人的信任。类似的例子还有很多，后至元三年(1337)，中奉大夫、中尚卿高丽人金伯颜察在宛平县之池水村建立金孙弥陁寺，也是请在大都任职的高丽人李穀写纪念碑文。④ 类似的例子还有大都大兴县龙泉寺，李穀记载：

至元三年(1266)四月朔，典瑞使申公当住……奉太皇太后之命，重兴龙泉寺之佛殿，买施之田，俾收岁入，资长明灯用，托佛乘为皇帝、太后、皇后、太子祈天永命，集于休祥，仍命高丽戒明禅师主其寺。……而凡张皇佛事，悉委之申公焉……今所施者二百亩，以其有是也，好利之徒务为争夺。延祐丁巳(延祐四年，1317)，有显琛、

① 李穀：《稼亭集》卷六《大崇恩福元寺高丽第一代师圆公碑》，页十二。
② 李穀：《稼亭集》卷六《大崇恩福元寺高丽第一代师圆公碑》，页十二。
③ 李穀：《稼亭集》卷二《京师报恩光教寺记》，页五。
④ 李穀：《稼亭集》《京师金孙弥陁寺记》，页六。

> 显进者，以寺归之站班达法师。已而师还西域，属中政院使李信为外护。李公为琛、进新文室、僧房、香积之厨，且将新其殿宇，适以事去，托之申公与其侄佥湖北道廉访司事崔伯渊。申公谓佥事之子戒明曰：“吾尝父事中政公，而师又公之亲，新是寺而以师主之，是能成公之志矣。”于是承内旨，施楮镪四万五千以重兴之。时站班达之法嗣永古鲁崇站八灌来自西域，将复居之，闻申公之为，欣然志合。①

这也是一个关于寺庙的例子，由典瑞使高丽人申当住负责，由于权贵觊觎寺庙财产，寺庙住持僧人将寺庙交给藏传佛教僧人站班达法师，才得以保全。法师离开中国以后，中政院使高丽人李信成为寺庙的保护人，李信离开后，其侄湖北道廉访司佥事高丽人崔伯渊继续承担保护寺庙的任务，而后至元三年申当住任命的龙泉寺主持戒明禅师，则是崔伯渊的儿子。大都大兴县龙泉寺的兴衰历程，反映了京城内廷任职的高丽人的相互支持与提携。

大都南城以南的兴福寺属于高丽人改建、高丽人管理的寺庙，具体情况李齐贤记载：

> 有寺曰兴福，去城市不远，萧然有丘壑趣……曰高丽僧元湛，购地五亩，与其徒崇安、法云等，肇基而堂之，有长城郡夫人任氏，亦高丽人，自世祖皇帝时，遇知于椒闱，赏赉甚厚，常思有以祝厘报上者，莫为之计。闻是举也，喜出楮币若干缗，以赡土木经营之费。入腴田五十亩，以充晨香供养之需。鸠工庀材，上栋下宇，经始于皇庆二年秋，落成于延祐四年春。甍桷之崇，房栊之洁，于粲斋厨，有严像设，若有相之，能事毕矣。仍约世以高丽衲子，主盟熏席，盖为其能精于戒律也。②

上述兴福寺的材料中，高丽僧人元湛出资改建寺庙，中国高丽人任某出资、出田，进一步完善寺庙的设施和改善寺庙的经济条件。寺庙完成以后，这些高丽人相约以后永为高丽人主持，理由是高丽僧人“精于戒律”，反映了元代中国高丽人对本国人的信任。

大都天台法王寺的创建，是仕元高丽官员联合抗争下完成的，颇具典

① 李穀：《稼亭先生文集》卷六《大都大兴县重兴龙泉寺碑》，页五、页六、页七。
② 李齐贤：《益斋乱稿》卷七《大都南城兴福寺碣》，页五到页六。

型性。至正三年(1343)，李穀记载了太医院使高丽人赵芬创立佛寺的过程：

> 先是，有泉府使李公三真，舍安富里第为佛祠，名之法王，召乡僧孜信者主之。后入权门为马埒，李欲得其直，别营它所而未能也。既老且病，莫可奈何。闻公(赵芬)之为，即以属之，俾为檀越。公日诉其家，得其直之半，为楮镪者二万五千，并所自施万五千，典瑞使申公当住所助七千，而买地于金城坊，仍属孜信干其事。已而李(李三真)没，公与夫人崔氏，又罄其服饰器皿可直钱者，先为廊三面以僦人，次作殿其中以奉佛。信又示化，庚辰(1340)二月，请天台师一印主席……同知民匠总管府事朴琐鲁兀大，大府太监朱完泽帖木儿各施二千，资长明灯。乡人好善者，约春秋率钱，听诵大经，岁以为常。①

这个材料中，任职于元朝内廷的高丽宦官、泉府使李三真为表示对元朝皇帝的忠诚，在大都建立寺庙，给皇帝"告天祝寿"，寺庙的房子被京城权贵霸占，作为马厩。李三真无能为力，托付给高丽人太医院使赵芬，赵芬"日诉其家"，终于使权贵答应给了房产一半的钱二万五千(贯?)作为补偿。赵芬夫妇出钱一万五千，典瑞使高丽人申当住捐款七千，同知民匠总管府事高丽人朴琐鲁兀大、大府太监高丽人朱完泽帖木儿各捐款二千，大都天台法王寺最后建成。天台法王寺的建成是元代仕宦中国高丽人团结起来，抗争权贵的结果。需要注意的是，天台法王寺建成以后，"乡人好善者，约春秋率钱，听诵大经，岁以为常"。这里的"乡人"指高丽人，说明这里从此成为元代大都高丽人听读佛经和聚会的场所，也可以说，这座高丽人主持和管理的寺庙成为大都高丽人活动的一个重要舞台。

总之，作为来中国任职的外国人，元朝出仕中国的高丽人与一般中国人有一定的隔阂，他们更加相信本国人，其互动的圈子也是以高丽人为主。高丽人崔瀣记载了他至治元年参加元朝科举以后，在大都等待敕书(官职任命书)期间，与辽阳高丽人洪仲宜玩投壶游戏的情况：

> 至治辛酉春，予滥与计偕，朝于帝京。入对明廷，敕且未下，时与辽阳洪仲宜辈，同寓文明之东邸。闲居无以消日，则从仲宜族父

① 李穀：《稼亭先生文集》卷四《大都天台法王寺记》，页四。

家，借壶矢而试为之。予心甚乐也，自受敕东归，赴官盖牟，奔走屑屑，未暇及也。①

从上述记载来看，高丽人在大都比较清闲的时候，也会一起玩游戏打发时间。这种投壶的游戏在崔瀣回到高丽任官很长的时间，都是“未尝不日往来于胸中”，说明该游戏对他一生的影响。当然，前面已经论述，在遇到生存挑战的时候，这些出仕中国的高丽人会团结在一起，相互支持和保护，反映了这个群体强烈的民族意识。

本章小结

元代出仕中国的高丽人是一个特殊的政治群体，他们一方面在元朝任职，忠于元政权，为之服务；另一方面，他们是高丽人，大部分具有比较强烈的民族和国家意识，因此，在他们身上，体现出同时忠于两个政权的两面性，这种政治的两面性是出仕中国高丽人的重要特点。

元代出仕中国高丽人的两面性首先表现在他们比较强烈的国家和民族意识。高丽人在出仕中国，为中国元朝政权服务的同时，他们还非常重视维护高丽的国家政权和高丽王的王统。在维护高丽国家政权方面，出仕中国高丽人的政治态度，主要表现在他们反对元朝在高丽设立行省。元朝之初，出于征讨日本的需要，元朝在高丽设立征东行省，征伐日本失败以后，征东行省逐步被高丽国王控制。元朝中期以后，元朝几次出现在高丽设立行省的动议，实际上是将高丽统治中土化，取消高丽的国家独立。从本章研究来看，元朝在高丽设立行省的动议开始讨论的时候，坚决反对设立行省提议的是在中国的高丽人。他们通过上书元朝中书省、中书省丞相以及元朝在高丽的权贵，制造反对在高丽设立行省的社会舆论，同时，他们还会动用他们的政治资源，引导元朝取消设立行省的建议。

元朝出仕中国高丽人国家和民族意识的另一种表现就是维护高丽国王权威，也就是说，维护高丽的王统。从高丽忠宣王流放吐蕃，到高丽忠肃王稽留大都，高丽王被元朝严密控制，从某些方面来说，已经影响到高丽的王统。出仕中国的高丽人群体对于元朝如何处分高丽国王虽然无能为力，但他们可以通过上书、营救等形式表达对高丽王的忠诚。

① 崔瀣：《拙藁千百》卷一《春轩壶记》，页三十四。

元代出仕中国的高丽人的两面性，还可以通过他们对待元朝统治高丽政策的态度以及他们之间的凝聚力等方面表现出来。出仕中国的高丽人非常关注元朝统治高丽的政策，对于元朝对高丽的统治，他们并不完全接受，元朝发布的一些不利于高丽政治、经济发展的政策，高丽人会站出来反对，并通过陈情等手段，劝阻元朝实施这样的政策。

另外，作为中国境内的少数政治群体，虽然他们也通过“笔谈”和诗文唱酬等形式与中国官员、士大夫交流，但元代出仕中国的高丽人对于中国人并不完全信任，他们交际的核心圈子还是生活在大都的高丽人。一些新来的高丽人受到在中国仕宦成功的高丽人的照顾，高丽人将他们控制的寺庙，作为他们定期进行宗教集会和进行社会交往的平台。

出仕中国的高丽人的两面性是元朝蒙古统治高丽而产生的必然结果。元朝出仕中国的高丽人同时忠于元朝皇帝和高丽国王，在两者利益发生冲突的时候，他们明显倾向于后者，反映了他们强烈的国家和民族意识。对于这种情况，中国士大夫从忠孝的角度，对其进行肯定，反映了元朝中国官员和士大夫对高丽人的理解和包容。

第六章　元代出仕中国高丽人的仕宦与人际交游

——以李榖、李穑父子为中心

元朝统治时期，高丽作为其藩属，与当时的中国保持密切的关系。高丽人崔瀣写道："自臣附皇元以来，以舅甥之好，视同一家，事敦情实，礼省节文。苟有奏禀，一介乘传，直达帝所，岁无虚月。"①崔瀣的记载反映了元朝和高丽之间的密切关系。这种双边关系给大量高丽政治、文化精英出仕中国、参与中国的国家治理提供了条件。

元代高丽人来到中国以后，他们必须熟悉中国的语言、文化和国家制度，才能适应其在中国的工作环境。他们还要得到中国官员、士人的支持认可，才能打开工作的局面。在日常生活中他们也需要交游中国的士大夫，才能融入中国当地的主流社会，缓解身在异国他乡的孤独感。因此，虽然他们有很强的民族意识、国家意识，对中国人并不完全信任，他们还是需要与身边的中国人交游，广交朋友，构建包括中国人、高丽人等在内的人际网络。另外，高丽毕竟是元朝的附属政权，元朝政权对于高丽来说有绝对的权威，元朝的官员和士大夫在高丽人的心目中具有崇高的地位。因此，这一时期出仕中国的高丽人非常注意利用与中国官员、士大夫的交游，提高其在高丽的影响及社会地位。

值得注意的是，元朝一些高丽士人通过参加元朝的科举，考中进士，在中国被任命为官员，取得在中国仕宦的机会。这些高丽进士在高丽臣服元朝的大背景下中举，其科举成功和出仕中国，给他们本人和家族在高丽赢得巨大的声誉，不管他们在中国仕宦如何，出仕中国本身大大提高了他们在高丽的政治地位，为他们此后的人生和仕宦开辟了光明的前途。

在元朝高丽进士中，李榖、李穑父子比较特殊，他们先后考中元朝的

---

① 崔瀣：《送郑仲孚书状官序》，《拙藁千百》卷二，页一，韩国民族文化推进会《韩国文集丛刊》第3辑，韩国景仁文化社，1990年，第22页。

进士，在当时元丽文化交流中承担了重要角色；他们都出仕元朝，回国后在高丽的政治和学术方面影响巨大。李穑曾骄傲地写道：“元兴百余年，进士位宰相者甚鲜。高丽士科，一人累官至大夫者，惟樵隐先生(李仁复)与吾父子而已。”①李穑的言论，说明他对其父子在中国科举和仕宦成功的自豪。可以说，李穀、李穑父子是元朝出仕中国高丽人群体的重要个案，比较典型。那么，高丽人是如何来中国学习和参加科举考试？他们又是如何在中国工作和生活？这些都是饶有兴味的问题。有关高丽进士的研究已经有了一些研究成果，② 就李穀父子而言，李穀的研究成果较多，③ 李穑的研究除了一些有关他思想、回国以后的交游以及文学的研究成果以外，他在中国学习、科举考试、仕宦等问题，目前在国内外还没有专门的研究成果。④ 本章在前人研究的基础上，考察李穀、李穑父子在中国的学习、科举和人际交游情况以及他们与中国官员和士大夫的互动情况、他们在中国的日常生活等，并在此基础上探讨其政治倾向和社会适应能力。

---

① 李穑：《牧隐藁·文藁》卷十五《有元奉议大夫征东行中书省左右司郎中，高丽国端诚佐理功臣，三重大匡，兴安府院君，艺文馆大提学，知春秋馆事。谥文忠公樵隐先生李公墓志铭(并序)》，页六，韩国民族文化推进会《韩国文集丛刊》第 5 辑，韩国景仁文化社，1990 年。

② 元代高丽人进士研究成果，有裴淑姬《元代科举制度下高丽进士的应举与授官》，《东洋史学研究》第 104 辑，2008 年；萧启庆《元代进士辑考》，台湾《“中央研究院”历史语言研究所专刊》108，2012 年；桂栖鹏《元代科举中的高丽进士》，收入氏著《元代进士研究》，兰州大学出版社，2001 年，第 153~162 页。

③ 高慧玲：《元代士大夫的交游——以稼亭李穀为中心》，《第三届韩国传统文化国家学术研讨会论文集》，山东大学出版社，1999 年；王莽：《高丽文人李穀入元交游研究》，暨南大学硕士论文，2019 年。另外，一些研究李穀儒学、佛教思想的研究成果，这里不再列举。

④ 国内有关李穑研究成果主要有：廖美玉《海外传衣钵：李穑〈牧隐诗稿〉的唐诗接受与物候感知》，《人文中国学报》第 20 期，2014 年。韩国学术界对于李穑的研究成果较多，如：도현철，목은 이색의 정치사상연구，혜안，2011 년(道玄哲《牧隐李穑的政治思想研究》，慧眼出版社，2011 年)、이익주，이색의 삶(生平)과 생각，일조각，2013(李益柱《李穑的生平与思想》，一潮阁出版社，2013 年)、채웅석，『목은시고를 통해서 본 이색의 인간관계망，역사와현실(蔡雄石《从〈牧隐诗藁〉透析李穑的人间关系网》，《历史与现实》62，2006 年)、정재철，이색의 국자감유학과 문화교류사적 의미，고전과 해석(郑在哲《李穑的国子监游学与文化交流史的意义》，《古典与解释》8，2010 年)、최영성，목은이색의 역사의식과 민족사상(崔荣星《牧隐李穑的历史意识与民族思想》，《国学研究》37，2018 年)、김윤주，고려 우왕대 이색과 한수의 교유와 시(金允柱《高丽李穑与韩修的交游诗》，《史学研究》126，2017 年)안영훈，14 세기말 사대부 교유시의 한 양상：이색，정추，한수의 교유를 중심으로(安荣勋《14 世纪末士大夫交游诗的现状：以郑枢、韩修的交游为中心》，《国语国文学》，2007 年)等。

一、李榖、李穑在元朝的仕宦历程

李榖是元代出仕中国的高丽人中仕宦比较成功者之一，他的行状、墓志铭均不见记载，其传记材料除了《稼亭先生文集》前面所附《年谱》，仅见于《高丽史·李榖传》，征引如下：

> 李榖，字中父，初名芸白，韩山郡吏自成子也。自龆龀举止异常，稍长，知读书，亹亹忘倦。早丧父，事母孝，为都评议使司掾吏。忠肃四年，中举子科。研穷经史，一时学者多就正焉。七年登第，调福州司录参军。忠惠元年，迁艺文检阅，忠肃后元年，中征东省乡试第一名，遂擢制科。前此本国人虽中制科，率居下列，榖所对策大为读卷官所赏，置第二甲，宰相奏授翰林国史院检阅官。榖与中朝文士交游讲劘，所造益深。为文章操笔立成，辞严义奥，典雅高古，不敢以外国人视也。奉兴学诏还国，寻复如元。本国授典仪副令，元授徽政院管勾，转征东省行中书省左右司员外郎。元屡求童女于本国，榖言于御史台，请罢之。代作疏曰：…… 帝纳之，本国除判典校寺事。
>
> 忠惠后二年，奉表如元。因留居凡六年，元授中瑞司典簿。时本国官爵猥滥，奴隶亦得轩冕，殿中崔江求为正尹，榖闻之寄诗云："不妨正尹生前得，犹胜中书死后加。"安就赵溟死后，皆拜中书，故云。忠穆袭位还国，榖寓宰相书曰……顺帝幸上都，榖扈从，本国拜密直副使，累升知司事、进政堂文学，封韩山君。以颁朔还国，与李齐贤等增修闵渍所撰《编年纲目》，又修忠烈、忠宣、忠肃三朝实录。与阳川君许伯掌试，取金仁管等。榖、伯徇私，多取世家不学子弟，宪司弹之，不出，新及第依牒。复还于元，中书差监仓本国，拜都佥议赞成事，寻还国。忠定即位，榖以尝请立恭愍不自安，游关东，明年，元授奉议大夫征东行中书省左右司郎中，又明年卒，年五十四，谥文孝。性端严刚直，人皆敬之，所著《稼亭集》二十卷行于世，子穑自有传。①

---

① 郑麟趾：《高丽史》卷109《列传22》，页十三到页二十。

根据从这个简单的传记和《年谱》，我们可以看出李毂的仕元历程：泰定四年(1227)李毂通过征东行省的乡试，第一次到中国参加科举考试，失败。至顺三年(1332)李毂在征东行省乡试中名列第一，元统元年(1333)第二次到大都参加元朝的会试和殿试，取得成功，科举考官对他的答卷大加赞赏，“置第二甲，宰相奏授翰林国史院检阅官”。李毂在中国科举的成功可以从元人陈旅的记载得到印证，陈旅在一篇文章中说：

元统元年(1333)，天子亲策进士，旅叨掌试卷帘内，高丽李毂所对策，大为读卷官所赏，乃超置乙科。宰相遂奏为翰林国史院检阅官，亦荣矣。明年，制诏天下兴学校，中父得捧制书东还。①

科举考试的成功，为李毂在中国的仕途开辟了光明的前景，也为他赢得了名声。科举以后他在中国仅一年，元统二年(1334)就回高丽，颁布元顺帝勉励学校的诏书。后至元元年(1335)李毂再到中国大都任职，其友人泰定元年进士——安轴在欢送他离开高丽的诗中写道：

奎璧照东方，仙李生乡曲。晬面气英奇，璞中藏美玉。结发从我游，五经已在腹。无人识真才，贵耳而贱目。一朝与计偕，谒帝战场屋。三捷收奇功，禁苑得颇牧。肠摛谪仙词，高咏对莲烛。手持太史笔，直书汗青竹。去年锦还乡，相如使西蜀。驷马生光辉，萱堂披彩服。养志在立扬，割爱辞鞠育。为君惜芳辰，池塘春草绿。伊我误良图，悔之不可复。赐袍在箧闲，坐羡云间鹄。②

安轴考中进士比李毂还早九年，由于授官盖州判官，影响不大，诗中对于李毂能够得到元朝翰林院的职务非常羡慕，诗中对于李毂本人赞叹有加，并对他的未来寄予厚望。后至元二年(1336)李毂担任元朝徽政院管勾，次年(1337)，转征东省行中书省左右司员外郎，又回到高丽。这期间，他在中国仕宦时间仅一年左右。至正元年(1341)李毂代表征东行省

---

① 陈旅：《安雅堂集》卷四《送李中父使征东行省序》，页十四，《元人珍本文集汇刊》，台湾图书馆，1970年，第174页。

② 安轴：《谨斋先生集》卷二《补遗·送李中父还朝》，页六到页七。

向元朝上改元贺表，又到中国任职，这一次在中国时间较长。至正三年(1343)，李穀担任元朝中瑞司典簿。至正五年(1345)扈从元顺帝到上都，至正六年(1346)到高丽颁朔，再留高丽。至正七年(1347)李穀在高丽主持高丽科举，同年还大都，八年(1348)元朝中书省派他到高丽“监仓”，李穀回国。至正至正十年(1350)元朝任命他为征东行省左右司郎中，仍在高丽任职。这样，李穀在中国第二个任期是从至正三年到至正六年，仅仅三年，此后的监仓和征东行省的职务都是在高丽任职。这样来看，他在中国任职五年左右的时间。虽然在中国任职时间不长，但李穀在中国与中国官员、士大夫以及大都的高丽人，都有很频繁的交往，其人际交游网络非常丰富。

李穡(1328—1396)，字颖叔，号牧隐，高丽韩山人，李穀子。自幼聪颖，十四岁中高丽成均试。李穀仕元中瑞司典簿，李穡以朝官子，补元朝国子监生员，在学三年，至正十一年(1351)李穀在高丽去世，李穡自元奔丧。至正十二年(1352)考中征东行省乡试第一名，次年以高丽书状官的身份赴大都会试。至正十四年参加元朝殿试，殿试读卷官、参知政事杜秉彝、翰林承旨欧阳玄等对李穡的对策，大加称赏，遂擢第二甲第二名，敕授应奉翰林文字、承仕郎、同知制诰兼国史院编修官。不久还国，高丽授典理正郎，艺文应教……至正十五年，李穡以高丽书状官的身份来到中国，任职元朝权翰林院经历，至正十六年(1356)正月弃官东归。至正二十三(1363)元授征东行中书省儒学提举，本国授密直提学同知春秋馆事，赐端诚保理功臣号。至正二十五年(1365)元授征东行中书省左右司郎中。①

李穡生活的年代，元朝已经进入迅速衰落的晚期，他三次来到元朝，在元朝国子学三年，并随元朝国子分学到过上都；参加了元朝大都科举的会试和殿试；代理元朝翰林院经历。他在元朝任官时间很短，不到一年就弃官东归。以后虽然担任元朝任命的征东行省的职务，但一直在高丽任职，没有再来过元朝。从李穡在中国的生活来看，由于其父在大都士大夫中间的影响，李穡在大都的生活比较丰富，特别是他的诗歌写作，数量多，文学水平高，涵盖了他在大都政治和社会生活的方方面面，对于研究他的社会交往和日常生活具有重要的参考价值。

---

① 郑麟趾：《高丽史》卷115《列传28・李穡》，页九到页十；李穡：《牧隐集》卷首《年谱》。

二、李榖的人际交游网络

人际交游网络是特定人物人际交往对象的总和，由于人与人之间关系远近不同，人际交游网络也有不同的层次。就元代出仕中国高丽人来说，他们人际交游网络的核心部分，是在中国的高丽人，这是由其在中国少数族裔的身份决定的。不过，既然在中国工作和生活，他们不可避免地与中国的官场同事、大都的士人以及各行各业他们有接触的中国人打交道，因此，这些出仕中国的高丽人人际交游网络的外围部分，就是他们周边的中国人。从当时元丽关系来看，元朝对高丽具有绝对的权威，对于出仕中国的高丽人来说，与中国官员和士大夫的交往，不仅是他们工作和生活的需要，中国官员和士人的赞誉，更是他们提高在高丽的政治影响，回国以后仕宦成功的重要条件，因此，元代出仕中国的高丽人尽管在感情上更亲近本国人，但现实的需要，又使他们主动与中国官员与士大夫交游，以期得到他们的肯定和赞誉。

就高丽政治、文化精英来看，他们用汉语思维和写作，受到过儒学教育，他们在政治观点和人生志趣等方面，与中国士大夫之间共同点较多，与中国官员与士大夫的诗文唱酬不仅可以增加感情，拉近距离，还能缓解身处异国的思乡之情和孤独之感，这些都为出仕中国的高丽人与中国官员、士大夫交游增加了动力。当然，实际情况也是这样，李齐贤与中国官员和士大夫的社会交往就比较多，① 李榖、李穑父子的情况与李齐贤类似，他们既有与中国官员、士大夫交往的强烈需要，也有通过诗文与他们交游的本身条件。李穑写道："往年在京师，同闬吴县尹家有唐《百家诗》，从借其半读一过，间又获时之名卿才大夫家集读之，

① 见《绪论》部分列举的研究成果：金庠基《李益斋的在元生涯：忠宣王侍臣研究》(《大同文化研究》第1辑，1964年)考察了李齐贤在元朝的活动以及与高丽忠宣王的关系。台湾学者简锦松《高丽诗人李齐贤成都纪行诗词现地研究》(台湾《汉学研究》第32卷，2014年第4期)考察了李齐贤1316年奉高丽忠宣王之命，赴四川峨眉山降香的行程、诗词以及行进路线。梁旭《由李齐贤〈奉使录〉中的诗作看其元代中国观》(《阴山学刊》2013年第6期)通过李齐贤出使中国写的诗，考察他对中国的认识和他对元朝统治的态度。于东新、罗海燕《元代文坛高丽士人研究评述：以李齐贤为中心》(《内蒙古民族大学学报》2017年第2期)对于国内关于李齐贤生平和文学的研究进行了总结。陶然《论元朝高丽文人的本位意识——以李齐贤为例》(《浙江社会科学》2010年第6期)探讨了出仕元朝高丽人的代表人物——李齐贤的生活和精神世界，重点考察了他的民族和国家意识。

虽不尽解深浅，皆足以自乐。”①李穑从邻居家和京城士大夫之家借书阅读，说明他与中国士大夫交往之密切。就李穀来说，李穀来中国参加科举，在中国考中进士以及在大都任官，他在中国仕宦的五年时间里，有大量的人际交游，从而形成一个规模较大、内容丰富的人际网络。在李穀的人际网络中，有大都的高丽人，也有中国官员与京城士大夫，这种广泛的人际网络反映了元代出仕中国高丽人对社会交往的重视，以及他们在当时的中国官场机动灵活的生存智慧。下面将史料记载的李穀人际交游对象进行统计，如表 6-1 所示。

表 6-1　李穀人际交游网络统计表

姓名	国籍	身份	与李穀的关系	史料出处
郑秃满达	高丽	徽政院使	乡人，穀尝为属官，得公之深，知公之详	李穀《稼亭先生文集》卷四《韩国公郑公祠堂记》
申当住	高丽	典瑞使	余尝知遇于申公	李穀《稼亭先生文集》卷六《大都大兴县重兴龙泉寺碑》
海圆	高丽	僧人	予于元统癸酉，偕计而来，寓公别院报恩僧房，故知公熟	李穀《稼亭先生文集》卷六《大崇恩福元寺高丽第一代师圆公碑》
裴允坚（乃翁）	高丽	元朝进士，上表贺天寿节，居中国	予又与之游	李穀《稼亭先生文集》卷七《乃翁说。送裴君允坚东归》
式无外	高丽	游方僧人，收集中国文人诗歌	余既爱无外	李穀《稼亭先生文集》卷七《跋福山诗卷》
金某	高丽	中国高丽游士	科举同年	李穀《稼亭先生文集》卷八《送金同年东阳游上国序》

① 李穑：《牧隐文藁》卷七《雪谷诗稿序》，页二。

续表

姓名	国籍	身份	与李穀的关系	史料出处
金晦翁	高丽	元朝光州知州	吾友晦翁之光州也	李穀《稼亭先生文集》卷十《送金晦翁赴化平府序》
安轴	高丽	元朝进士、辽阳路盖州判官	朋友，其弟安辅为李穀同年	李穀《稼亭先生文集》卷十一《大元故将仕郎，辽阳路盖州判官……谥文贞安公墓志铭》
韩永	高丽	元朝河南府路总管	穀乡人也。尝从之游	李穀《稼亭先生文集》卷十二《有元故亚中大夫、兼本路诸军奥鲁揔管管内劝农事、知河防事……谥正惠韩公行状》
崔某	高丽	廉访使	乡人	李穀《稼亭先生文集》卷十六《寄辽东崔、洪两廉访，皆乡人》
洪某	高丽	廉访使	乡人	李穀《稼亭先生文集》卷十六《寄辽东崔、洪两廉访，皆乡人》
金敬先	高丽	科举举人	诗歌唱酬	李穀《稼亭先生文集》卷十六《金敬先落第东归，用寒食唱和诗韵留之》
灵岩寺僧	高丽	僧人	乡人	李穀《稼亭先生文集》卷十六《题西山灵岩寺，寺僧皆乡人》
洪义轩	高丽	大都游士	诗歌唱酬	李穀《稼亭先生文集》卷十六《送洪义轩归国》
郑誧	高丽	大都游士	诗歌唱酬	李穀《稼亭先生文集》卷十七《送郑誧(字仲孚)游杭州谒丞相》
奇菊庭	高丽	高丽参政	不详	李穀《稼亭先生文集》卷十八《送菊庭奇参政还乡》
尹正言	高丽	科举举人	诗歌唱酬	李穀《稼亭先生文集》卷十八《送尹正言落第东归》

续表

姓名	国籍	身份	与李榖的关系	史料出处
洪阳坡	高丽	征东行省儒学提举	诗文唱酬	李榖《稼亭先生文集》卷十八《送洪阳坡提举赴征东儒学》
安辅	高丽	高丽籍进士	百年交契密。万里别离频	李榖《稼亭先生文集》卷十八《送同年安员之登第还乡》
苏天爵	中国	湖广行省参政	诗歌唱和	李榖《稼亭先生文集》卷十四《送苏伯修参政湖省。分韵得东华尘》
宋本	中国	国子祭酒	诗歌唱酬	李榖《稼亭先生文集》卷十五《题宋祭酒六骏图》
费某	中国	太医	千里相逢恨已迟，今朝又作送行诗	李榖《稼亭先生文集》卷十五《送费太医归江南》
揭以忠	中国	征东行省理问官	揭理问小酌，邀余同饮	李榖《稼亭先生文集》卷十五《揭理问小酌。邀余同饮。以病不赴》
达兼善(泰不华)	中国	江浙行省检校官	科举同年，得意南行虽可羡，那堪又作送行诗	李榖《稼亭先生文集》卷十六《送同年达兼善检校浙省》
陈旅	中国	国子学助教		陈旅《安雅堂集》卷四《送李中父使征东行省序》
宋褧	中国	翰林修撰	诗文唱酬	宋褧《燕石集》卷七《高丽人李榖……赠之以诗》
欧阳玄	中国	翰林学士	诗文唱酬	李榖《稼亭先生文集》附编《稼亭杂录》
谢端	中国	太常博士	诗文唱酬	李榖《稼亭先生文集》附编《稼亭杂录》

续表

姓名	国籍	身份	与李毅的关系	史料出处
焦鼎	中国	京城士大夫	诗文唱酬	李穀《稼亭先生文集》附编《稼亭杂录》
岳至	中国	京城士大夫	诗文唱酬	李穀《稼亭先生文集》附编《稼亭杂录》
王士点	中国	翰林修撰	诗文唱酬	李穀《稼亭先生文集》附编《稼亭杂录》
王沂	中国	翰林编修	诗文唱酬	李穀《稼亭先生文集》附编《稼亭杂录》
潘迪	中国	京城士大夫	诗文唱酬	李穀《稼亭先生文集》附编《稼亭杂录》
揭傒斯	中国	应奉翰林文字	诗文唱酬	李穀《稼亭先生文集》附编《稼亭杂录》
程益	中国	京城士大夫	诗文唱酬	李穀《稼亭先生文集》附编《稼亭杂录》
程谦	中国	京城士大夫	诗文唱酬	李穀《稼亭先生文集》附编《稼亭杂录》
郭嘉	中国	京城士大夫	诗文唱酬	李穀《稼亭先生文集》附编《稼亭杂录》
刘闻	中国	京城士大夫	诗文唱酬	李穀《稼亭先生文集》附编《稼亭杂录》
黄溍	中国	翰林国史院编修官	诗文唱酬	李穀《稼亭先生文集》附编《稼亭杂录》
王思诚	中国	翰林国史院编修官	诗文唱酬	李穀《稼亭先生文集》附编《稼亭杂录》
刘阅	中国	京城士大夫	诗文唱酬	李穀《稼亭先生文集》附编《稼亭杂录》

续表

姓名	国籍	身份	与李穀的关系	史料出处
程益	中国	京城士大夫	诗文唱酬	李穀《稼亭先生文集》附编《稼亭杂录》
贡师泰	中国	翰林待制	诗文唱酬	李穀《稼亭先生文集》附编《稼亭杂录》
余阙	中国	应奉翰林文字	诗文唱酬	李穀《稼亭先生文集》附编《稼亭杂录》
成遵	中国	翰林编修	诗文唱酬	李穀《稼亭先生文集》附编《稼亭杂录》
周璇	中国	京城士大夫	诗文唱酬	李穀《稼亭先生文集》附编《稼亭杂录》
张起岩	中国	国子学博士	诗文唱酬	李穀《稼亭先生文集》附编《稼亭杂录》
林希光	中国	京城士大夫	诗文唱酬	李穀《稼亭先生文集》附编《稼亭杂录》
叶恒	中国	国子学助教	诗文唱酬	李穀《稼亭先生文集》附编《稼亭杂录》
傅亨	中国	京城士大夫	诗文唱酬	李穀《稼亭先生文集》附编《稼亭杂录》
方道叡	中国	京城士大夫	诗文唱酬	李穀《稼亭先生文集》附编《稼亭杂录》
周瞰	中国	京城士大夫	诗文唱酬	李穀《稼亭先生文集》附编《稼亭杂录》
南阳□□	中国	京城士大夫	诗文唱酬	李穀《稼亭先生文集》附编《稼亭杂录》
□璇	中国	京城士大夫	诗文唱酬	李穀《稼亭先生文集》附编《稼亭杂录》

注：表中的身份为李穀在京城期间这些人的官职，由于李穀在京城五年左右的时间，职务也在变动，不一定与当时的职务完全吻合。官职不详的，其身份应是在京城游历、游学的士人，以“京城士大夫”名之。

表 6-1 统计了李穀的社会交游对象 54 人，其中高丽人 19 人，中国官员、士大夫 35 人。在李穀社会交游对象的 19 位高丽人中，出仕元朝官员 8 人，大都游士、赴京参加科举的举人、未任官的进士共 5 人，僧人 4 人，高丽来元朝办事的官员 2 人。

在表 6-1 中，李穀交往的 35 位中国人中，记录在李穀文集和元人文集中的共 7 人，其余 28 人都记录在《稼亭集》的附编《稼亭杂录》中，这一部分应是李穀回国以后，他本人或其后人将他与中国官员、士大夫交游的诗文汇集起来形成的，是故意为之的，以此表达李穀在中国影响之大和仕宦之成功。这 35 位中国人中，当时大都元朝官员 19 人，主要分布在国子学、翰林院等文职机构。其余京城士大夫 16 人，也都是当时大都士人中的佼佼者，有人后来考中进士，如傅亨(至正二年进士)、刘闻(至顺元年进士)，说明李穀在中国以诗文为主要媒介的人际交游的特征。下面结合史料，分析李穀在中国人际交游网络的结构特点。

李穀在中国的交游网络中，出仕中国的高丽籍官员占了高丽人总数的 42.1%，李穀来中国以前，在高丽政权中任官，他在中国考中进士以后，高丽也同时给他任命了职务。因此，他与统计表中大部分高丽人在来中国以前就有交往，来到中国以后，这些人成为李穀重点交往对象。如徽政院使郑秃满达(郑仁)，李穀称他为“乡人”，并且说：“穀尝为属官，得公之深，知公之详。”①反映了二人的密切关系。关于元朝典瑞使申当住，李穀也说“余尝知遇于申公”。② 二人肯定有不少交往。对于元朝光州知州金晦翁，李穀说：“吾友晦翁之光州也。”③说明二人早就是朋友。对于元朝河南府路总管韩永，李穀也说：“乡人也，尝从之游。”④说明韩永是李穀的同乡或长辈。

上面的这些出仕中国的高丽籍官员，与李穀保持长辈、上级、同乡、朋友关系，他们在中国又具有元朝官员的身份，有条件给李穀提供帮助或庇护，因此，从史料来看，李穀与他们交游频繁，感情较深，属于李穀在中国交游网络的最受信任的部分，是他在中国人际交游网络的核心。

高丽来中国的僧人，也是李穀人际交游网络的重要成员。高丽佛教比较发达，大部分高丽士大夫都与佛教僧人有密切的关系。如被李穀称为

① 李穀:《稼亭先生文集》卷四《韩国公郑公祠堂记》，页三。
② 李穀:《稼亭先生文集》卷六《大都大兴县重兴龙泉寺碑》，页六。
③ 李穀:《稼亭先生文集》卷十《送金晦翁赴化平府序》，页一。
④ 李穀:《稼亭先生文集》卷十二《有元故亚中大夫、河南府路总管兼本路诸军奥鲁、总管管内劝农事、知河防事……谥正惠韩公行状》，页十二。

“三藏法师”的旋某，就是李穀敬重的高丽官员赵仁规的儿子，二人从小就有交往。[①] 高丽僧人海圆在大都之南的大崇恩福元寺担任主持，李穀写到：“予旧游师之间”，“予于元统癸酉(元统元年，1333)，偕计而来，寓公别院报恩僧房，故知公熟”[②]。看来李穀在大都得到过海圆的帮助，与他感情颇深。高丽僧人式无外是高丽来中国的游方僧人，与中国士大夫交往广泛。[③] 他曾收集中国士大夫的诗编成诗集，李穀对他非常赞赏，说：“余既爱无外。”[④]大都西山的灵岩寺也是李穀经常光顾的地方，因为这里的僧人都是李穀的“乡人”。[⑤]

大都的高丽游士、来大都参加科举的高丽举人以及通过科举未授官的高丽进士，也是李穀在京城重要的交游对象之一。上面的统计表中有5人属于这种情况。李穀的科举非常成功，所以高丽来元朝参加科举的举人到京城拜访他的情况应该很多，如尹正言[⑥]、金敬先[⑦]就是这种情况。高丽来大都游学士人与李穀的关系也比较密切，他们拜访李穀，应该是希望得

---

① 李穀：《稼亭先生文集》卷三《赵贞肃公祠堂记》，页八。

② 李穀：《稼亭先生文集》卷六《大崇恩福元寺高丽第一代师圆公碑》，页十一、页十二。

③ 从中国文献记载来看，式无外与中国士大夫的交游很多，陈旅有《次韵黄晋卿与张伯雨道士高丽式上人会于杭州开元宫》写道：“闻说年来太极翁，交游无地不玄同。偶从贺老作吴语，更爱远公论国风。梅坞寒深香欲永，蕊宫清彻境疑空。流传诗句并图画，江海令人思不穷。”(陈旅《安雅堂集》卷二)傅若金有《送幻上人还高丽》《送无外式上人还高丽》两首诗写到式无外。(《傅与砺诗集》卷七)黄溍有《送式公归高丽》一诗，写给他。(黄溍《金华黄先生文集》卷六《续稿三》)宋褧的《高丽僧式上人游两浙江会提学黄晋卿句曲外史茅山张伯雨好事者绘为文会图》一诗写道：“文章释老谁争雄，昔人三语将无同。已公茅屋见新句，匡庐莲社追随风。名胜绝怜留翰墨，笑谈莫谓变虚空。鸡林到日传相诧，杖锦归来未是穷。”(宋褧《燕石集》卷七)王沂《送式上人还高丽》写道：“三韩东望渺云烟，野鹤飞归不计年。鼓枻海师能听法，献珠龙女解参禅。珊瑚树碍浮杯渡，薝卜香熏拥衲眠。好把新诗书侧理，碧云佳句要人传。”(王沂《伊滨集》卷七)吴师道《至大庚戌，黄君晋卿客杭，与邓善之翰林、黄松瀑尊师儒鲁山上人会集赋诗。今至正辛巳，晋卿提举儒学，与张伯雨尊师、高丽式上人会，再和前诗，上人至京，以卷相示，因写往年所和，重赋一章》写道：“后先人物一时雄，心迹宁须较异同。来此清谈散花雨，依然旧梦听松风。画图长共湖山在，劫火频惊殿阁空。万里忽逢东海客，前诗重写思何穷。”(吴师道《礼部集》卷八)许有壬《高丽僧无外扣马求诗，口占授之》写道：“墨儒名行吾能别，内外有无师自知。万里归来仍是客，众缘消尽未忘诗。雪泥留迹鸿飞远，雪海连天鹤度迟。莫使鸡林专纸贵，好将新句寄京师。”(许有壬《至正集》卷十六)张翥《送式无外归高丽》写道：“三韩山水有灵晖，秀出斯人了佛机。岳寺禅余留偈别，王城斋罢戴经归。瓶收沧海降龙入，锡度秋空近鹤飞。只恐故林云卧后，一镫秋老木棉衣。”(张翥《蜕庵集》卷五)

④ 李穀：《稼亭先生文集》卷七《跋福山诗卷》，页十二。

⑤ 李穀：《稼亭先生文集》卷十六《题西山灵岩寺，寺僧皆乡人》，页九。

⑥ 李穀：《稼亭先生文集》卷十八《送尹正言落第东归》，页二。

⑦ 李穀：《稼亭先生文集》卷十六《金敬先落第东归，用寒食唱和诗韵留之》，页五。

到他的帮助，事实上，李穀也非常乐意帮助这些游士，如郑誧(字仲孚)从大都游杭州，李穀给他写诗送别。① 洪义轩离开中国回高丽，李穀写诗送行，诗中写道："万里朝天后，三秋作客中。岁时还欵欵，此别更匆匆。乡国情何极，轩裳梦已空。追随且未可，跋马立西风。"②

李穀在中国人际交游网络的高丽人中，还有不少来元朝上表、议事的高丽官员，这些人一般住在中国的时间不长，李穀与他们交往也是短期的，这里不再举例说明。

其次，在上面统计表中，元代进入李穀人际交游网络的中国人有35人，大大高于高丽人的数量。不过从高丽和元朝的史料记载来看，中国人数量虽多，大多数中国人不能进入李穀社会网络的核心。李穀科举的成功，使得与元统元年(1333)科举有关的中国士大夫对他刮目相看，李穀与这次科举的考试官、同年交流相对较多，统计表中的宋本、达兼善(泰不华)、陈旅、宋褧、欧阳玄应该属于这种交往类型。宋本在元统元年以礼部尚书的身份，担任该年的殿试读卷官，③ 与李穀有座主与门生之谊，苏天爵真定家中滋溪书堂很有名气，他和宋本及其科举同年前往参观，李穀记载："苏氏五世，世增书至万卷，座主宋尚书诚夫首为之记，诸公皆有诗。"李穀在诗中写道：

> 五世流芳学有源，势随滋水日增澜。著书政似求书急，遗子何如教子难。盛业即今闻四海，令名从此到三韩。春官座主曾题处，手泽犹新不忍看。④

苏天爵仕宦成功，诗文俱优，李穀对他比较佩服，至正十二年(1352)苏天爵赴湖北担任江淮行省参政，李穀参加了大都士人为苏天爵举行的送别活动，他在送别诗中写道："我公台阁名籍籍。平生物议归经纶。南维分省岂得久。鸣镳又入东华尘。"⑤诗中表达了李穀对苏天爵的敬佩之情。在李穀的中国朋友中，还有一位元朝的太医费某，李穀在一首诗中写到他与这位费太医的交往："千里相逢恨已迟。今朝又作送行诗。南

---

① 李穀：《稼亭先生文集》卷十七《送郑仲孚游杭州谒丞相》，页七。
② 李穀：《稼亭先生文集》卷十六《送洪义轩归国》，页十二。
③ 宋褧：《燕石集》卷十五《故集贤直学士、大中大夫、经筵官兼国子祭酒宋公行状》，《北京图书馆古籍珍本丛刊》第92册，第233页。
④ 李穀：《稼亭先生文集》卷十六《题苏伯修参议滋溪书堂，苏氏五世，世增书至万卷，座主宋尚书诚夫首为之记，诸公皆有诗》，页四。
⑤ 李穀：《稼亭先生文集》卷十四《送苏伯修参政湖省分韵得东华尘》，页七。

归莫说三韩事。风俗多应异旧时。”①李穀诗中的“千里相逢恨已迟”之句，反映了他与这位太医的密切关系。另外，李穀在征东行省任职期间，与行省同事中的中国人也有交往。征东行省理问官揭以忠与李穀同事期间，也有比较密切的交流。李穀在送别揭以忠回国的文章中记载：

盱江揭以忠，名世儒家，文章技艺，靡不通晓，尤长于刑名。征东先丞相夙知其才，举以闻于朝。至元丁丑，除本省理问，余时亦调幕官，同日之任，揭君谓余曰：“政出多门，民不堪命，方今四海一家，何中朝之法不行于东国乎?”余应之曰：“高丽古三韩地，风气言语不同华夏，而衣冠典礼自为一法，秦汉以降，未能臣之也。今在圣朝，亲为舅甥，恩若父子，民社刑政，俾皆仍旧，而吏治不及焉。凡一国之命，一省之权，总而专之，故称国王丞相。其宠绥之私，委寄之重，为如何也?比来国法渐弛，民风益薄，自相变乱而争告讦，省吏之执通制者则曰普天之下，莫非王土。国臣之持旧法者则曰世皇有训，不改土风。于是出彼入此，趣轻舍重，皆有所说，莫可适从。法之不行，非由此欤?”君曰：然，吾既有所受，惟知奉法而已。已而条理克明，请谒不行，吏绝其私，民服其公。要不失朝廷之大体，而不挠本国之旧俗耳。人法并用，余于君见之。②

从上述记载来看，揭以忠为盱江(江西抚州)人，后至元三年(1337)担任征东行省理问官，揭以忠与李穀就元朝对高丽的统治进行过交流，揭以忠认为高丽应该实行“中朝”之法，这是元朝官员要求高丽统治中土化的反映。李穀则强调高丽的独立性以及高丽统治中土化与“世皇有训，不改土风”的争论。最后揭以忠以“不失朝廷之大体，而不挠本国之旧俗耳，人法并用”的方式处理高丽司法问题，得到李穀的敬佩。李穀写给揭以忠的诗留下来不少，其《寿揭以忠》写道：

弧矢高门志四方，宦游万里近扶桑。愿君到处逢今日，酒满金樽客满堂。

决狱阴功已外彰，夜来南极见星光。病夫闭户浑无事，谩寄新诗

① 李穀：《稼亭先生文集》卷十五《送费大医归江南》，页十。
② 李穀：《稼亭集》卷九《送揭理问序》，页七到页八。

当寿觞。①

上文述及与李榖有具体交往的元朝官员和京城士大夫，另外，在李榖《稼亭先生文集》附编《稼亭杂录》中，也收入较多的元朝官员和士大夫，这部分虽然人数较多，但他们写给李榖的诗，一部分很明显是经过“约稿”的方式得来的，并不一定有实质性的交往，因此属于李榖在中国人际交游网络的外围部分，关系比较疏远。当然这也说明李榖经营人际网络的一个特点，就是通过扩大与中国士大夫的交游，提高自己在中国的影响与声望，以此提高自己在高丽官员和士大夫中的影响，为回国以后的人生发展提供更好的条件。

三、李榖在中国的生活

前面已经说明，李榖在元朝大都生活了五年左右的时间，其中在京城待职两年(后至元元年到后至元二年(1335—1336)；至正二年到至正三年(1342—1343))，实际所任职务与元朝内廷有关，与京城士大夫在工作中的交集不多，再加上这两个职务(徽政院管勾、中瑞司典簿)涉及面较窄，责任不重，因此对于他来说，没有太大的职务压力，工作以外的时间比较清闲，有很多时间与精力在大都游历以及与高丽、中国各种人士交游。

元统元年(1333)李榖初来大都参加会试。至正二年他开始在大都任职，至正三年(1343)的春节，他到大都的崇天门下参加“元正受朝仪”，有诗写道：“正朝大辟大明宫，万国衣冠此会同。虎豹守阍严内外，鵷鸾分序肃西东。寿觞滟滟浮春色，仙仗摐摐立晓风。袍笏昔曾陪俊彦，天门翘首思难穷。”②这里的“翘首思难穷”，说明了他对元朝的敬佩和对人生的感慨。这一年的元宵节，他骑马在大都游历，有诗写道：“节到元宵便不同，皇都春色更融融。万家灯火黄昏后，九陌风烟暗淡中。静著吟鞭从瘦马，偶随游骑过垂虹。若为不怕金吾问，绕遍天津西复东。”③诗中最后一句说，如果不是担心被卫士盘问的话，他会游遍整个大都城，反映了他对元朝大都的浓厚兴趣。

---

① 李榖：《稼亭先生文集》卷十五《律诗·寿揭以忠二绝》，页十二。
② 李榖：《稼亭先生文集》卷十六《癸未元日崇天门下》，页八。
③ 李榖：《稼亭先生文集》卷十六《元夜析津桥上》，页九。

此后的至正四年(1344)、至正五年(1345)的春节，李穀都是在大都度过的，并且都有诗留下来。从春节诗的内容看，李穀除夕一人在寓所度过，正旦则参加元朝皇帝的“元正受朝仪”。至正四年(1344)正旦大雪，李穀写道：“雪从除夜到正朝，旋入春风不禁消。扇影未分双阙仗，靴声早集五门桥。从教贺列朝衣湿，好傍昭容舞袖飘。便是新年多瑞气，愿随椒酒进民谣。”①这次仪式在雪中进行，尽管礼服被雪打湿，李穀认为“新年多瑞气”。至正五年(1345)的元日李穀写道：“宦游将成老，淹留又见春。客中人事少，都下岁华新。万国归皇极，千官拱紫宸。椒觞久未奉，倍忆北堂亲。”②从诗中看，这一年的春节李穀很想家，对新年拜见皇帝的仪式也无暇记载。不过，至正六年(1346)的元旦，李穀已经回到高丽，在家中度过，他写道：“去年次日在皇州，袍笏随班拜冕旒。”③流露出对于参加大都元正受朝仪的怀念。

李穀最初来中国，住在大都高丽僧人海圆主持的大崇恩福元寺僧房，任官以后，开始在大都福田坊赁屋而居。关于福田坊，《析津志》载：“在西白塔寺。”④关于这里的居住环境，他写道：“客舍临官道，轮蹄日夜行。”⑤说明他居住在官道旁边，车马日夜经过，环境比较嘈杂。他在一篇文章中记述了他在大都福田坊至正三年到至正五年(1343—1345)赁屋居住的生活：

> 京师福田坊所赁屋，有隙地，理为小圃。袤二丈有半，广三之一，横从八九畦，蔬菜若干味，时其先后而迭种之，足以补盐韭之阙。一之年，雨旸以时，朝甲而暮牙，叶泽而根腴，日日采之而不尽，分其余邻人焉。二之年，春夏稍旱，瓮汲以灌之如沃焦，然种不苗，苗不叶，叶不舒，虫食且尽，敢望其下体乎？已而霪雨，至秋晚乃霁，没溷浊，冒泥沙，负墙之地皆为颓压，视去年所食，仅半之。三之年，早旱晚水皆甚，所食又半于去年之半。予尝以小揆大，以近测远，谓天下之利当耗其大半也。秋果不熟，冬阙食，河南、北民多流徙，盗贼窃发，出兵捕诛不能止。及春，饥民云集京师，都城内外，呼号丐乞，僵仆不起者相枕籍。庙堂忧劳，有司奔走，其所以设

① 李穀：《稼亭先生文集》卷十七《正旦雪》，页四。
② 李穀：《稼亭先生文集》卷十八《乙酉元日》，页二。
③ 李穀：《稼亭先生文集》卷十八《丁亥正旦》，页十。
④ 熊梦祥：《析津志辑佚》之《城池街市》，北京古籍出版社，1983年，第2页。
⑤ 李穀：《稼亭先生文集》卷十七《客舍》，页十一。

施救活无所不至，至发廪以赈之，作粥以食之，然死者已过半矣。由是物价涌贵，米斗八九千，今又自春末至夏至不雨，视所种菜如去年，未知从今得雨否？侧闻宰相亲诣寺观祷雨，想必得之，然于予小圃，亦已晚矣。不出户庭知天下，斯言信不诬。时至正乙酉五月十七日也。①

这篇文章记述了李穀在京城比较安逸的生活，但这一时期的自然灾害，导致河南等地盗贼频仍，饥民云集京师，饿死大半，京城物价涌贵，宰相亲自到寺观祈雨，元朝统治出现严重困难，李穀对这种情况忧心忡忡。他还有一首诗记述了这一时期在户庭种瓜的情况，诗中写道："赁屋曾无数丈深，种瓜隙地暗伤心。归期屈指看秋蔓，不比栽松欲待阴。农圃当年著意深，诗书晚岁误初心。杏花村外一犁雨，鸠妇急呼天正阴。"②这首诗除了反映李穀在大都赁屋而居的生活情况，也反映了他忧患时政、思念故国的情绪。

李穀受过严格的儒家教育，在平时的生活中表现出一种儒家士大夫强烈的社会责任感，上面材料中体现的这种忧国忧民的情怀，正是这种社会责任感的直接流露。类似的材料在他的文集中还有很多。他在一篇文章中通过描写大都的女肆、吏肆和人肆，表明了对元朝政治的不满：

商贾所聚，贸易有无，谓之市肆。始予来都，入委巷，见冶容诲淫者随其妍媸，高下其直，公然为之，不小羞耻，是曰女肆，知风俗之不美也。又入官府，见舞文弄法者随其重轻，高下其直，公然受之，不小疑惧，是曰吏肆，知刑政之不理也。于今又见人肆焉，自去年水旱民无食，强者为盗贼，弱者皆流离，无所于糊口。父母鬻儿，夫鬻其妇，主鬻其奴，列于市，贱其估，曾犬豕之不如，然而有司不之问。呜呼！前二肆其情可憎，不可不痛惩之也，后一肆其情可矜，亦不可不早去之也。苟三肆之不罢，予知其不美不理者，将不止于此也。③

材料中，李穀对大都出现的女肆、吏肆和人肆表现出深切的忧虑，希

① 李穀：《稼亭先生文集》卷四《小圃记》，页十。

② 李穀：《稼亭先生文集》卷十七《小园种瓜有感》，页四。

③ 李穀：《稼亭先生文集》卷七《市肆说》，页十。

望尽快除之，反映了他对元朝政局的忧虑。除了关心天下大事，李穀平时的生活中社会交往较多，这是他构建人际交游网络的基本方式。除了前面提到了与中国的高丽官员、僧人和游士的交游以外，李穀日常生活中还包括游览名胜古迹、接待高丽观光学生、节日出游等活动。

李穀的诗中有一些出游的内容。有一次他带领高丽来中国观光的学生一起游大都的西山，西山有湖、山和寺庙，风景优美，“是日有骑驴者。为守湖者呵止”。为什么景区不让骑驴，令人费解。回来以后，李穀有诗记载这次旅行：

湖山胜景世间稀，千里同游本不期。瘦马蹇驴谁复数，清风明月自无私。万夫力尽东西寺，二圣心存左右碑。须信此行天所赋，晚来云雨更催诗。①

更多的时候，李穀在大都生活在一个人的世界里，他写道：“今日无来客，他乡少故人。檐声留宿鸟，窗影弄游尘。感事看前史，添年忆老亲。谁言能自断，出处不由身。”②诗中记载了他平时的生活。前面已经说明，李穀还在住处的院中种菜、种瓜来排解孤独。

在这种生活环境下，李穀在大都的出游，很多情况下是一个人。当然，独自骑马出游，未免会感到孤独，我们从他的诗中可以感受这一点。一次寒食节，李穀独自游大都西郊，这里“有刘太保(刘秉忠)、伯颜丞相墓”，李穀写道：

头上光阴故不饶，春来物色苦相招。偶逢寒食游山寺，共瞰浑河度石桥。道北丰碑怀旧德，冈头高塔认前朝。要须醉踏西郊遍，原草初青马渐骄。③

诗中的“要须醉踏西郊遍”，反映了李穀对西郊一地的喜爱。李穀还曾独自游大都南城。这里是金朝燕京(金朝中都)故址，有不少名胜古迹，风景优美，很多文人到此游历，李穀游南城的诗写道：

① 李穀：《稼亭先生文集》卷十六《与东国观光诸生游西山》，页五。
② 李穀：《稼亭先生文集》卷十七《独坐》，页四。
③ 李穀：《稼亭先生文集》卷十六《西郊途中》，页九。

春知将去故相牵，策过羸蹄织辙边。一望城南三十里，落花如雨柳如烟。

朝来细雨易成泥，怯送街头瘦马蹄。掩卷南窗寻短梦，数声邻舍午时鸡。①

作为外国人在中国工作和生活，语言、生活习惯等需要适应，对李穀来说，这一过程并不轻松。思乡是他日常生活中经常出现的情绪，他在一首诗中写道：

吾生好远游，山水极深幽。都下数阅月，江南十经秋。自讶今日计，赁屋久淹留。穷通要有命，强颜何所求。孀亲亦已老，故山归梦稠。②

诗中表现了李穀对大都生活的不满和对家乡和亲人的思念。在大都过节，思乡之情油然而生，特别是在他生病，不便出游的情况下，这种感情更加强烈。至正三年的除夕李穀写道："儿童此夕闹比邻，春入皇都喜气新。独阅尘编过夜半，一灯分照两年人。"③诗中反映了一个独居异乡的外国人在邻居过节的欢乐气氛中独自读书的生活场景。寒食节是春天出游的日子，李穀在中国生病，只能一个人呆在家里，这时候的心情可想而知。他在一首诗中写道：

去年寒食游西山，今年寒食独掩关。东风御柳自今古，客路何处开愁颜。世无德公同上冢，但见乞祭来墦间。高堂明镜多白发，久矣不着莱衣斑。故园花木皆手种，留与黄鸟啼绵蛮。人生富贵亦百岁，岁月一去无由还。天教我辈故钟情，遇物兴怀常不闲。谁能起我强一醉，久病不出腰脚顽。④

在失落和思乡的情况下得到家书，李穀的心情更加复杂。他在一首诗中表达了收到家书以后的心情：

---

① 李穀：《稼亭先生文集》卷十六《三月十四游城南》，页九。
② 李穀：《稼亭先生文集》卷十四《次韵答白和父》，页一。
③ 李穀：《稼亭先生文集》卷十七《除夜独坐》，页三。
④ 李穀：《稼亭先生文集》卷十四《古诗·寒食独坐书怀》，页八。

去国已五月，今朝始得书。得之不敢拆，书中道何如？平安无他语，旅怀今始舒。菽水欢自足，箕斗名亦虚。谁能更拘束，吾当返吾庐。①

这首诗表达的对家乡和亲人的牵挂更加强烈。李穀还有一首《皇都秋日》反映的是类似的感情：

游子情怀久未安，慈亲朝暮倚门难。箧中旧笔愁时援，头上尘冠醉后弹。析木津清多月色，居庸山近足秋寒。无人认得淹留意，高枕南窗一梦残。②

从这些诗来看，孤独、思念家乡和亲人成为出仕中国高丽人的心情常态，他们往往会通过朋友聚会饮酒的形式，发泄或减缓这种负面的情绪。在李穀的诗中，我们会发现一些朋友聚会饮酒、送别朋友回国的聚会、祝贺朋友科举登第的聚会等内容。他的《九日诸公见过小酌》写道：

病里故人至，客中佳节来。暂披蒲叶席，共举菊花杯。归意岂堪说，笑颜聊与开。相逢不痛饮，节物苦相催。③

诗中描写了李穀隐藏自己的"归意"，与友人痛饮的情况。在送别友人回国的聚会上，李穀的表达就比较直白，他在《送友人还乡》中写道：

名利驰人不少休，辞亲万里作羁游。那堪又送还乡客，绕郭秋山满酒楼。④

在这首诗中，李穀说他出仕中国的目的就是"名利"，比较直接。他在另一首送别诗中写道：

百年心事巧相违，两度今年此送归。别后酒醒清夜梦，定知飞驲到庭闱。

---

① 李穀：《稼亭先生文集》卷十四《七月四日得家书》，页七。
② 李穀：《稼亭先生文集》卷十六《皇都秋日》，页十二。
③ 李穀：《稼亭先生文集》卷十六《九日诸公见过小酌》，页四。
④ 李穀：《稼亭先生文集》卷十六《送友人还乡》，页三。

年来定省已多违，谩说怀归自不归。惆怅关河四千里，送人乘传觐慈闱。①

这首诗直接表达了他思乡的情绪。从上面所引证的诗来看，李榖在中国的生活和工作好像都不尽如人意，情绪比较消极。不过，李榖并没有改变他对元朝的观点，作为一个高丽人，他认为只有出仕中国，才是他人生成就的最高点。这一点从他写给其子李穑的诗中得到说明。他在诗中写道："男儿须宦帝王都，若欲致身均是劳。汝识宣尼小天下，只缘身在泰山高。"②诗中他把"宦帝王都"作为高丽人人生的最高目标，并用"登泰山而小天下"比喻出仕中国对于以后人生发展的重要影响。

李榖在至正五年获得扈从上都的机会，这次上都之行，对于李榖来说非常新鲜，他通过诗歌记录了途中看到的新鲜地方和新鲜事物。他的《途中吟(上都作)》写道：

山腰有官道，其下长河水。河水东流日夜忙，路上行人亦未已。人生各有营，水性何所以。乃知天地间，无物不如此。马上光阴空白头，临河之叹自叹耳。

我行滦京路九百，风土虽殊差可乐。雕窠以南山渐佳，龙门之北水皆恶。李老谷深天地窄，枪竿岭峻云霄薄。皇朝风雅不敢继，遇兴拙笔无由阁。③

这首诗记录了李榖扈从上都的所见所闻和心情。李榖在上都写的诗收录在《滦京纪行》，共七首，其中有的反映他对当地气候和自然景色的感受，有的反映他对元朝政权的认识，也有反映他对元上都城市的感受，现引三首代表性的诗如下：

《滦京》：龟协神谋定两都，滦京爽垲世间无。已知四海车书混，谁信一天寒暑殊。满地牛羊屯落日，逐风鹰犬猎平芜。古今豪气吞夷夏，匹马吟诗愧腐儒。

《棕殿大会》：大辟明廷列鼎钟，巍巍棕殿压崇墉。武夫角力雄

① 李榖：《稼亭先生文集》卷十六《送辛代言东归》，页四。

② 李榖：《稼亭先生文集》卷十八《用家兄诗韵寄示儿子讷怀》，页四。

③ 李榖：《稼亭先生文集》卷十四《途中吟(上都作)》，页九。

如虎，诈马跑空炳若龙。一色衣冠扶凤辇，八珍羞膳进驼峰。愿君永享升平乐，比屋多方尽可封。

《滦京送别》：晓饯城东露浥筵，滦京百里好风烟。家家骏马便弧矢，处处高楼闹管弦。刘保旧居云满谷，李陵遗迹草连天。及庵好古诗无敌，壮观应须子细传。①

上述三首诗内容各异，总的来看，反映了李榖对于元政权的感受或态度，代表了大多数出仕中国的高丽人对元政权的感受——新奇、强大、富足。

元代大量高丽人出仕中国，不管他们在中国任何种职务，也不论他们仕宦之途是否顺利，作为一个外国人，他们在中国的生活肯定会遇到一些问题。在他们仕宦的光鲜外衣下，是孤独的情绪和强烈的思乡情感。但这些高丽人并不后悔他们来中国，真正吸引他们来中国的原因，用李榖的话来说就是——名利。从前面的内容可以看出，不论是仕宦还是考中中国的进士，对于高丽人来说，都是回国以后得到本国高官显宦的重要条件。

四、李穑的“燕客录”

前面已经论述，李穑作为李榖的儿子，至正八年(1348)到元朝国子学学习，至正十一年(1351)李榖去世，他回高丽奔丧，离开中国。至正十二年(1352)李穑参加征东行省乡试，次年第二次赴中国参加会试和殿试，取得第二甲第二名，不久回国。至正十五年(1355)李穑第三次到中国，任元朝翰林院权经历，至正十六年(1356)回国。李穑在中国的“燕客”分成三个阶段：国子学学习、参加科举、任职翰林院。李穑善写诗，他留下来的诗，记录了其在中国的日常生活，下面以李穑的诗为主要材料，考察这三个阶段李穑在中国生活的情况。

(一)游学国子学

国子学是元朝最高学府，对于国子学的入学资格，元朝规定：汉人跟脚七品以上的朝官，可以推荐其子进入国子学。② 李榖考中进士以后，担

① 李榖：《益斋先生文集》卷十八《滦京纪行》，页六到页七。
② 具体情况见申万里《元代教育研究》，武汉大学出版社，2007 年，第 278 页。

任元朝中瑞司典簿，属于从六品的朝官，有资格推荐其子到国子学学习，李穑由此进入元朝的国子学，本节考察李穑游学国子学的情况。①

李穑至正八年(1348)来到大都，此年他二十一岁。② 李穑是如何到中国的？史料失载，他在这段时间的一首诗《东门送家君》写道："远游万里为思亲，亲却东还鼻自辛……努力分阴当自惜，好将功业树昌辰。"③诗中的"家君""亲"应是指其父李穀，诗的内容一是对离别的伤心，二是下决心珍惜光阴、树立功业，诗中反映了李穑送别其父李穀回国的情况。按：李穀至正七年在高丽主持科举考试以后，回到元朝，至正八年回国"监仓"。④ 李穑来中国以后，李穀还在中国，这才有了李穑赴大都东门送别父亲李穀的诗。因此，李穑来中国，不是随父来的。李穑的另一首诗透露出更多信息，他在《天寿节日》一诗中写道："大辟明堂晓色寒，旌旗高拂玉阑干。云开宝座闻天语，春满金卮奉圣欢。六合一家尧日月，三呼万岁汉衣冠。不知身世今安在，恐是青冥控紫鸾。"该诗反映了元朝天寿节(皇帝生日)大都欢庆的宏大场面以及这种场面对于身为高丽年轻人李穑的震颤。诗前面小序注曰："臣穑从本国进表陪臣，入觐大明殿。"⑤这首诗信息很多，其一，天寿节是元朝皇帝生日纪念活动，元顺帝出生于中国农历四月份，⑥ 诗中的"晓色寒""春满金卮"，与大都(今北京市)农历四月的气候相符，正好说明李穑在至正八年四月已经来到中国。其二，《小序》中说："从本国进表陪臣，入觐大明殿"，这说明李穑应是随同天寿节向元朝进贺表的高丽使臣来到中国。高丽离元朝大都距离较远，考虑到沿途的费用和安全等问题，随高丽官方使臣来中国更加便利。

李穑来到中国，住在大都的崇德寺，他的《新寓崇德寺》写道："千车

---

① 韩国学者郑在哲考察了李穑游学国子学对于理学东传的意义，见정재철, 이색의 국자감 유학과 문화교류사적 의미, 고전과 해석(郑在哲：《李穑的国子监游学与文化交流史的意义》，《古典与解释》8，2010 年)

② 《牧隐藁》前附《牧隐先生年谱》中，李穑生于天历元年(1328)，他二十一岁赴中国，这一年应是至正九年(1349)，《年谱》中说李穑赴中国至正八年(1348)，可能是当时高丽人计算年龄方法与今不同，这里从《年谱》。

③ 李穑：《牧隐藁·诗藁》卷二，页一，韩国民族文化推进会《韩国文集丛刊》第 3 辑，韩国景仁文化社，1990 年。

④ 李穀：《稼亭集》卷首《年谱》，韩国民族文化推进会《韩国文集丛刊》第 3 辑，韩国景仁文化社，1990 年，第 100 页。

⑤ 李穑：《牧隐藁·诗藁》卷二，页一。

⑥ 商企翁、王士点：《秘书监志》卷八收录程益至正元年写的《天寿节贺表》，其中有"四月维夏"之句，说明元顺帝天寿节是四月。高荣胜点校本，浙江古籍出版社，1992 年，第 153 页。

万马九街头，咫尺祇林境自幽。枸杞映阶红欲滴，蒲萄满架翠如流。僧窗寄食前生事，客枕思亲半夜愁。屈指归轩今到未，镇江烟雨满渔舟。”①关于崇德寺，《析津志·寺观》失载，位置不详。但从诗中对该寺的描述来看，这里环境清幽，景色美丽，适合读书和写作。

李穑的学习情况以及与老师、同学的互动如何？李穑的诗中可以为我们提供一些信息。李穑写道：“予……二十一岁入燕都，国学月课，吴伯尚先生赏予赋，每曰：‘可教。’”②这里的吴伯尚为吴当（1297—1361），江西崇仁人，字伯尚，学者吴澄之孙，他用荐为国子司业，预修辽宋金三史，书成，除翰林修撰，至正七年（1347）迁国子博士，八年升国子监丞，至正十年升国子司业。③ 李穑在国子学学习期间，吴当正好任职国子学。吴当出身学术世家，学术、诗文俱佳，得到吴当的夸奖，说明李穑在元朝国子学得到学官的赏识，学习生活比较顺利。李穑在国子学的另一位老师是叶恒，李穑与其子叶孔昭关系密切，他有《与叶孔昭赋青山白云图》一诗，诗前注释叶孔昭为：“四明敬常助教子。”这里的“敬常”就是叶恒，字敬常，庆元路鄞县人，“泰定初游京师……被旨入胄监”，以国子生授余姚州判官，后为翰林国史院编修官，升国子助教。④ 叶恒国子助教的身份，明人郑真也有记载，他在一篇文章中写道：“伯英居胜国时，掉鞅燕都，所交皆天下才隽。国子先生若同郡叶公敬常、临川危公太朴、河东张公仲举尤喜延誉。”⑤这里的“胜国”，是中国古人对于前朝的称呼，指元朝。材料中记载的士人伯英游京师时，当时元朝国子学的三位老师叶恒、危素（字太朴）、张翥（字仲举），其中叶恒居首。关于李穑与叶恒的交往没有材料记载，不过，李穑与其子叶孔昭唱和诗较多，如《次韵叶孔昭江南四绝》⑥，是他与叶孔昭和诗，《寒风三首与叶孔昭同赋》⑦，是他与叶孔昭同题写诗，这都反映了他们的密切关系。

李穑与国子学同学之间的诗歌唱酬也有一些，他的《送同舍生归觐西川》是一首送别国子学同学回乡探亲的送别诗，诗中有：“朋旧应相忆，

① 李穑：《牧隐藁·诗藁》卷二，页一。
② 李穑：《牧隐藁·诗藁》卷一《六操》，页七。
③ 宋濂：《元史》卷187《吴当传》，第4298页。
④ 杨实：《宁波郡志》卷八《人物考·仕宦·元》，台湾中国地方志丛书影印明成化四年刊本，1983年，第588~589页。
⑤ 郑真：《荥阳外史集》卷十二《晚翠轩记》，《文渊阁四库全书》第1234册，第54页。
⑥ 李穑：《牧隐藁·诗藁》卷二，页五。
⑦ 李穑：《牧隐藁·诗藁》卷二，页五。

归期莫滞留。”①反映了他与同学的密切关系。他的《与同舍同赋》是他与同学的和诗，诗中写道：“远游孤影自零丁，挟册桥门气尚狞。毛羽不凡君鸑鷟，神形欲变我螟蛉。”②诗中将自己比作“螟蛉(昆虫)”，将同学比作“鸑鷟(凤凰)”，表示对这些同学帮助他学业进步的感谢。

李穑这一时期在大都的交往对象，有大都的中国官员以及大都的高丽人。大都的官员中，李穑父亲李穀的科举同年，是他社会交往的主要对象，他的《谒成谊叔侍郎》记载了他拜见成遵的过程，他的诗前小序说：“名遵，先君同年，乙未拜中书参政。”该诗后又补充记载：“予以先人手简进呈，公深服其妙，矜语坐客。”这些材料说明，成遵是李穀同年，即元朝元统元年进士，李穑拜访成遵时，向他进呈李穀的信(应是介绍信)。诗中写道：“海外同年子，门前此日身。童心犹未化，汉语总非真。学业频相砺，盘飧每赐珍。稼亭书一幅，赏玩自凝神。”③诗的前半部是李穑作为晚辈自谦之词，后半部是成遵对他学业的关心和生活的照顾。

李穑在成遵的家里结识了李穀的另一位科举同年余阙，他写道：“成侍郎宅，见余廷心，先生退而志之。先人同年，右榜第二名，有能文名。”该诗写道：“清标真玉树，早岁秀琼林。台阁文章妙，江山兴味深。选诗参古体，诰苑写天心。小雨遮城句，回头东海浔。”④这首诗从一个晚辈的角度，对余阙赞美有加。诗后李穑补充说：“先生题稼亭，有小雨遮城之句”，强调了余阙与李穀的交往。

李穑在大都交往的进士还有达兼善，他的《上达兼善尚书》写道：“玉树风标照世新，独悬徐榻播清尘。文超两汉仍谈理，笔继先秦更入神。名重状元工射策，秩崇宗伯俨垂绅。朋来自远从今始，门立扶桑海外人。”诗中的“名重状元工射策，秩崇宗伯俨垂绅”。说明达兼善是元朝殿试的状元，学术、文学和仕宦都非常成功。诗的最后两句，则反映了李穑与达兼善的交游从该诗开始。这里的达兼善即泰不华(Tai Buqa，1304—

① 李穑：《牧隐藁·诗藁》卷二，页三到页四。

② 李穑：《牧隐藁·诗藁》卷二，页三。

③ 李穑：《牧隐藁·诗藁》卷二，页四。按：成遵(1304—1359)，《元史》卷186有传，字谊叔，南阳穰县人，家贫苦学，能文章，至顺二年至京师，入国子学。元统元年中进士，与李穀同年，后担任翰林编修、太常博士、监察御史、刑部员外郎户部郎中、工部尚书、南台治书侍御史、中书省参政等。李穑记载他乙未任中书参政，是至正十五年，这一年李穑来中国任官。

④ 李穑：《牧隐藁·诗藁》卷四，页五。按：余阙(1303—1358)，《元史》卷143有传，唐兀人，元统元年进士，李穀同年。及第后历任应奉翰林文字、刑部主事、翰林修撰、监察御史、礼部员外郎、湖广行省左右司郎中、翰林待制，至正十二年出任淮西宣慰副使兼副都元帅，分治安庆，至正十八年城陷自杀。

1352)，字兼善，“达”与“泰”是蒙古语发音的两种译法，“达兼善”即“泰兼善”，名为泰不华。[①] 按：泰不华号白野，蒙古伯牙吾氏，其父塔不台为台州录事判官，全家定居台州。延祐七年江浙行省乡试第一，至治元年殿试，为右榜第一，授集贤修撰，累官南台御史、南台经历，江浙行省左右司郎中，吏部侍郎，至正元年泰不华入史馆修三史，书成，授秘书卿，后任礼部尚书，翰林侍读学士等。至正十一年泰不华任泰州路达鲁花赤，至正十二年方国珍叛，泰不华讨之，被杀。[②] 李穑在国子学读书期间，泰不华应是在大都任职，李穑的上面这首诗应是他为拜见泰不华所写。

成遵和余阙是李穀的同年，泰不华则是元朝科举状元，这些人在大都影响较大，李穑与他们的交往，说明李穑既善于利用其父的资源，也充分利用自己善于写诗的特长，构建自己在大都的人际关系网络。

李穑在大都的日常生活中，社会交往的对象还有大都的高丽人，李穑曾以诗拜访洪义孙，诗后注：“家临海，予诸子同学。”说明洪义孙是在中国出仕的高丽人，其仕宦情况，李穑在诗前小序中说：“名义孙，累迁监察御史、左司都事，出为江西省员外郎，卒于任。”说明这位高丽人在中国仕宦的成功，诗中写道：“悃愊无华甚，玲珑彻骨清。杏山曾掌选，桂榜首题名。生菜盘中美，晴波榻下明。龙门惭忝迹，东合幸同盟。”[③]这里的“桂榜首题名”，说明洪义孙在高丽取得科举第一，“东合幸同盟”说明李穑与他都是高丽人，可以相互依靠。李穑诗中还有一名“桧堂”的人，李穑与他的和诗写道：“数年俱作客，千里共思乡。绿树频经雨，黄花又带霜。诗成巳公屋，酒过杜家墙。何日松峦路，相寻到夕阳。”诗中的“俱作客”与“共思乡”，说明他应是大都的高丽人。另外，李穑父子在大都都曾得到过高丽僧人的照顾，李穑就住在大都崇德寺，因此，他与高丽僧人也有密切关系，李穑有写给僧人楚石的诗，诗中的小序说：“楚石名法珍，高丽人，生于燕京。”诗中有：“楚石一高僧，琴中古意深。”说明李穑通过楚石琴声中的“古意”，发现了与楚石感情的共通之处。

另外，奇皇后母子是元末最重要的政治势力之一，奇完者忽都在后至元六年被封为元朝第二皇后，其在高丽的兄长奇辙、奇辕得到元朝的宠爱，元朝“以辙为行省(征东行省)参知政事，辕为翰林学士”。[④] 从史料

---

① 根据清朝学者钱大昕考证，达兼善就是泰不华，见钱大昕《廿二史考异》卷九十六《元史》十一《泰不华传》，丛书集成初编本，第1555页。

② 宋濂：《元史》卷143《泰不华传》，第3423~3426页。

③ 李穑：《牧隐藁·诗藁》卷二《谒洪仲谊博士》，页四。

④ 郑麟趾：《高丽史》卷131《列传44·叛逆5·奇辙》，页十五。

看，李穀、李穡父子都给奇氏写过诗文，李穡的《奉送奇集贤归觐》是写给奇皇后兄长奇辙的，① 诗中写道：

> 集贤学士人中龙，神采自是春风容。衣冠绵绵食旧德，门阀奕奕临箕封。流庆所钟生异人，金枝玉叶无边春。遨游金马赤墀下，去天尺五承殊恩。思亲不忍一日忘，白云飞处遥相望。堂前萱草浮春光，人生富贵可熏天。只贵立身忠孝全，彤庭还笏便归去。从车络绎如云烟，郊西迓骑定无数。老弱空巷争先睹，苍颜照耀黄金带。想见翩翩彩衣舞，三韩盛事传千秋。嗟我欲往空搔头，举觞献寿幸毋缓。天子召还难久留。②

李穡在诗中将奇辕写成"人中龙""承殊恩""富贵可熏天"，表达对其攀附元朝皇室取得荣华富贵的赞美与羡慕。诗中"从车络绎""老弱空巷争先睹"表示奇氏回国，受到高丽人热烈欢迎的场面。这是李穡对高丽奇氏在中国成功的颂扬。

就李穡本身的日常生活来看，他初期对大都的生活并不适应，他的《奉寄伯父》中写道："独恨远游心况恶，黄尘眯目语音讹。"③诗中说，导致他心情不好的一是"黄尘眯目"，即对大都气候不适应；二是"语音讹"，即使用汉语交流的困难。他有三首诗写给好友朴仲刚，即《中秋寄朴仲刚》《次仲刚韵》《雪后复用仲刚韵》，诗中有："入梦唯乡曲，婴心是国家"④。以及"天寒频饮酒，岁暮倍思家"⑤。反映了他对家乡的思念和对国家的忠诚。按：朴仲刚，高丽密阳人，元人郭德润记载：

> 至正六年冬十月既闰，密阳朴仲刚持翰林应奉官张仲举书来访

---

① 这里的"奇集贤"为元朝奇皇后之兄奇辙，应是高丽封赠的职务。高丽的官职中有"集贤殿大学士"一职，奇辙是否被授予集贤殿大学士不见记载，不过，《高丽史·王煦传》有"忠穆薨，德宁公主命煦与府院君奇辙摄行征东省事"。这一年是至正八年，李穡这一年来大都国子学，应是这一年写的。上述观点由本书的匿名审稿专家提出，谨致谢忱。

② 李穡：《牧隐藁·诗藁》卷二，页二。按：这里奇辕被李穡称为集贤学士，与前面《高丽史》记载的"翰林学士"不一致。考虑到《高丽史》为官方正史，应该有官方证据，应以此为准，另外，奇氏家族出身高丽武将之家，大多由武职的官号，家庭成员中奇辙之子奇世杰、奇有杰、奇赛因帖木儿，奇辕之子奇完者不花等，都不称"学士"，因此，材料中的"奇集贤"应是奇辕。

③ 李穡：《牧隐藁·诗藁》卷二，页二。

④ 李穡：《牧隐藁·诗藁》卷二，页二。

⑤ 李穡：《牧隐藁·诗藁》卷二，页三。

仆，且称朴生："性行淳谨，有志于学，今淮西监宪斡公克庄之门人也。子幸怜其贫，遂其请。"仆顿首曰："张君以雅道荐友，敢不唯命。"自是朴生日踵门而问学，且求讲朱氏集注《论语》《大学》。居数日，朴生又将为淮西之行，因状其父质夫守庐王母之墓，墓在高丽王京之东密阳郡，其地可耕可钓，请仆图而记之。①

材料中的张仲举，即张翥，前面已有涉及。"斡公克庄"即斡玉伦徒（o'ulentu），字克庄，唐兀人，祖、父二代出仕云南。斡玉伦徒肄业元朝国子学，登进士第。至正五年以工部侍郎充殿试读卷官。② 朴仲刚估计是至正五年左右从高丽来到大都，鉴于斡玉伦徒殿试读卷官的影响，拜他为师。次年，朴仲刚带着翰林应奉官张翥的介绍信来到河南睢阳访学朱德润。此后又往淮西访学。李穑是至正八年来大都国子学求学，他来中国的目的与朴仲刚是一样的，二人有共同的感受，关系比较密切。不过，此后朴仲刚并没有考中元朝的进士，他在中国各地访学以后的情况，目前无法判断。

李穑写给自己的一些诗，是他日常生活感受的直接反映，他的《除夜》一诗写道："年年除夜喜驱傩，杂坐儿童笑语哗。始觉远游无兴味，寂寥僧榻落灯花。"③诗的前两句写了除夕的欢乐。后两句写了他在大都寺庙过节的寂寞与无聊。他的《自咏》中有"黎床风雨灯前梦，槐市光阴案上书"④。反映了他的学习生活。他的《秋日抒怀》写道："秋雨潇潇送薄凉，小窗危坐味深长。宦情羁思都忘了，一碗新茶一炷香。"⑤这首诗中，李穑的思乡、寂寞的心情"都忘了"，坐在房间读书喝茶，自得其乐。

至正十一年（1351）李榖去世，李穑回高丽奔丧，离开中国，他总结这三年在中国的学习生活："天教小臣生东垧，变化气质希螟蛉。负笈来游璧水下，数年听莹弦诵声。今朝垂橐故山去，骑马悠悠出凤城。"⑥诗中说，他在中国的学习，起到了"变化气质"和听"弦诵声"增加知识的效用，他可以"骑马悠悠"返回高丽，反映了这一段学习生活带给他对未来的自信。

① 朱德润：《存复斋续集》（不分卷），《密阳朴质夫庐墓元园记》，页十一，孙毓修编《涵芬楼秘笈》第7册，北京图书馆出版社，2000年，第706页。

② 萧启庆：《元代进士辑考》，台湾《"中央研究院"历史语言研究所专刊》108，2012年，第385页。

③ 李穑：《牧隐藁・诗藁》卷二，页三。

④ 李穑：《牧隐藁・诗藁》卷二，页三。

⑤ 李穑：《牧隐藁・诗藁》卷二，页四。

⑥ 李穑：《牧隐藁・诗藁》卷二，页六。

（二）在大都参加科举

在大都参加科举是李穑在中国的第二个阶段。李穑至正十三年（1353）在高丽参加科举，取得征东行省第一名，此年，他以高丽书状官的身份再赴中国，在大都参加元朝的会试和殿试，考中左榜第二甲第二名，授应奉翰林文字、同知制诰兼国史院编修官，次年三月回国。

至正十三年（1353）李穑将到中国参加会试，他写道："予将会试京师，会国家遣金判书希祖入贺立东宫，因以书状官偕行。"①从上述材料来看，李穑来中国的身份，仍是书状官。对于一般的高丽人来说，来中国的成本比较大，书状官作为一种官方的身份，自然不用本人承担路上的费用，安全也能得到保障，反映了高丽政权对于来中国科举高丽举人的资助。

李穑来到中国以后，仍旧住在此前居住的崇德寺，他的一首诗提供了崇德寺的信息，诗的内容如下：

> 奔丧天外去，偕计雪中回。客路连云远，僧窗向日开。数年如一梦，万里又重来。坐读春秋传，何时到定哀。昔不推吾去，今无唤我来……满座无哗语，开怀尽故乡。②

诗中除了重回原居住地的感慨，还回顾了他在这里苦读的场面："玩易时三绝，观书日百回。"此外，诗中的"满座无哗语，开怀尽故乡。"说明这座寺庙是高丽僧人主持的，在庙中任职和逗留的高丽僧人较多，寺庙为来到中国的高丽人提供住处，照顾其生活。

元朝科举的举人在各地考区通过乡试以后，赴元大都进行会试和殿试。会试采取三取一的比例，淘汰较多，殿试则不再淘汰。③ 考生到大都以后，先进行会试，由于淘汰率较高，举人们还是非常紧张的。李穑有诗表达了他参加考试前的状态："鹿鸣歌罢向燕山，骄马蹄翻塞日寒。只有寸心如古井，湛然无处动波澜。"④诗中的"鹿鸣"即鹿鸣宴，是元代乡试结束以后的庆祝活动，说明他是在高丽乡试以后赴大都参加会试和殿试。其中的"心如古井"，反映了考试以前李穑稳定的心态。他还有一首《自

---

① 李穑：《牧隐藁·诗藁》卷二，页二十二。

② 李穑：《牧隐藁·诗藁》卷二，《崇德寺，旧寓僧房杂咏》，页二十五。

③ 申万里：《元代科举新探》，人民出版社，2019年，第173页。

④ 李穑：《牧隐藁·诗藁》卷二《即事》，页二十六。

勉》的诗写道："春风何处来，日夕催韶光。树林自浮动，微绿生池塘。鸟声起人意，游眺喜欲狂。时哉不可失，往结少年场。"①诗中反映了李穑对科举考试的自信并重视。

科举会试和殿试以后，是皇帝亲试、恩荣宴等庆祝活动。如李穑所愿，他会试和殿试两场考试都比较顺利，他此后在大都参加了科举的庆祝活动。李穑在殿试以后写下两首诗，记录了他中举的情况以及中举以后的感想：

> 平生忧道不忧贫，出处应须似古人。文翰立身依日月，烟花满眼扫风尘。新知四海同年面，旧学三冬独夜身。奏罢丹墀亲试策，已判泥醉曲江滨。
>
> 素衣飘泊染缁尘，客里京华几见春。忽讶蛟龙得云雨，真同麋鹿强衣巾。将身许国缘明主，有梦还家为老亲。出处古来难自断，敢言高义动簪绅。②

从上述两首诗来看，第一首首先出现"文翰立身"，"四海同年"，反映了李穀中举以后对自己以后人生充满希望的自信。后两句"奏罢丹墀亲试策，已判泥醉曲江滨"则记述了殿试以后进士唱名、皇帝亲试举人以及翰林院举行"恩荣宴"宴请进士的情况。"亲试策"是殿试以后皇帝的亲试，"泥醉"反映了恩荣宴期间情绪高昂的进士们开怀畅饮的情况。③

科举成功给李穑带来狂喜的同时，他对自己未来的认识仍然非常冷静，这从他的诗《登科有感》可以看出来，诗中写道：

> 不幸登科早，晨兴每永省。清明气犹存，澹若深渊靓。俄而物来攻，逐外肆驰骋。取映逼明鉴，汲古嗟短绠。圣贤教多术，未易挈裘领。已往不可追，慎勿事侥幸。不幸登科早，昼坐心如裂。煌煌黄金榜，岂为蔫茸设。念此每自愧，背汗面发热。知无封侯相，亦非识时杰。且去读诗书，行年立不惑。始可秣吾驹，往取千钟禄。不幸登科早，夜半推枕起。有实宜若虚，过情胡不耻。穷通休问天，用舍何与已。俯仰无愧怍，平生慎终始。道学不可画，竟成在有志。盈科必放

---

① 李穑：《牧隐藁·诗藁》卷三《自勉》，页一。

② 李穑：《牧隐藁·诗藁》卷三《殿试后自咏二首》，页一。

③ 关于元代科举殿试以后的庆祝活动的具体安排，参考申万里《元代科举新探》，人民出版社，2019年，第249~278页。

海，仲尼称水亟。①

从诗的内容来看，李穑在登科之后，对自己的治国之策、学术水平和自己的能力进行了反思，感到明显不足，他感觉自己“知无封侯相，亦非识时杰”，以至于“念此每自愧，背汗面发热”。最后他决定“且去读诗书，行年立不惑”，即通过读书，提高自己各方面的能力。李穑的自我反省，说明了他性格的成熟。

元代高丽人登第，虽然像其他进士一样授官，不过，元朝一般给他们一个“荣亲”的机会，李穀中举以后，就是以颁诏的形式，让他回高丽荣亲。李穑登第以后，马上回高丽“荣亲”，他在离开大都时写道：“杨柳依依送我归，此行还胜昔归时。虽然物色无干涉，自是人心有喜悲。走马看花犹到我，落驴在野未知谁。松都醴酒今应熟，狂兴先判醉赋诗。”②这次科举成功，对于他和他的家族来说，都是天大的喜事，所以诗中他估计：“松都醴酒今应熟，狂兴先判醉赋诗。”在回国旅途中，李穑的待遇也有明显提高：“省官通问候，驿吏谨趋承。”③不仅地方官府问候，他得到乘驿的优待，驿卒也给他周到的服务。

这是李穑第二次的“燕客”，主要是参加科举考试。由于他住在高丽人主持的寺庙中，与外界接触不多，再加上他考试前需要复习，考试以后又很快回国。因此在大都停留时间较短，与大都中国士大夫交流不多。

(三)任职元朝翰林院

至正十五年(1355)李穑再以书状官的身份来到中国，他记载：“是岁春，密直宰相尹之彪为谢恩，使予忝书状官。”④李穑到元朝以后，任职元朝翰林院，权经历，至正十六年正月李穑弃官东归。这一段时间也不长，却是他出仕中国的时期，他在这一时期的工作、生活和社会交往都值得考察。

李穑于至正十五年(1355)春天来到中国，具体时间应是在此年五月以前，他的《端午》写道：“近年端午好天时，老母天涯费远思。艾叶扶翁上琼户，菖花和蚁入金卮。眼惊佳节非吾土，身与浮名系綵丝。想得家山游戏处，秋千斜影半空垂。”⑤诗中“眼惊佳节非吾土”说明他已经在中国

① 李穑：《牧隐藁·诗藁》卷三《殿试后自咏二首》，页一、页二。
② 李穑：《牧隐藁·诗藁》卷三《自京师东归，途中作》，页二。
③ 李穑：《牧隐藁·诗藁》卷三《辽阳省》，页二。
④ 李穑：《牧隐藁·诗藁》卷三《金郊途中》，页十七。
⑤ 李穑：《牧隐藁·诗藁》卷三《端午》，页二十。

了。第三次来到中国，李穑的感情比较复杂，他在《至京师》写道：“入城惊老眼，触物动高吟。辇毂乾坤大，庭闱海峤深。谩期心匪石，难得赋锵金。毕竟将安用，黄尘易满襟。”①诗中的“惊老眼”和“动高吟”说明他到大都以后激动的心情，“难得赋锵金”和“将安用”以及“黄尘易满襟”又说明他对在京城仕宦前景的期待。他毕竟在及第以后被授予的职务是应奉翰林文字、国史院编修官，来大都以后是继续担任此职务还是另有任命，他不能左右。不过，到了大都以后，他对元朝政权的印象仍然非常好，他在此年夏天的一首诗中写道：“燕云佳气郁葱葱，虎踞龙盘面势雄。宫殿倚空辉日月，旌旗到处振雷风。干戈倒载三军凯，玉帛来趋万国同。编取中和乐职颂，小臣当使播无穷。”②诗中盛赞元朝的强盛，表达了为元朝服务的意愿。

李穑这次来中国，其身份已经是官员，他在元朝和高丽都有职务，就在五月，高丽还升他为奉常大夫、典仪副令，③ 因此，他有固定的经济收入，有经济能力在大都赁屋居住，不再借住崇德寺的僧房。他在诗中写道：“崇文冈下小茅斋，记取闲中事事佳。”④诗中的崇文冈下面的小茅斋，应是李穑在大都租住的地方。为了交通方便，李穑还买了一匹马。⑤ 到中国以后，李穑“八月礼任翰林院，冬，权经历”⑥。这说明他八月才正式在翰林院就职，没有具体职务，直到这一年冬天，才得以代理翰林院经历。元朝翰林院在皇庆元年改司直为经历，设“经历一员，从五品”。⑦ 尽管职官品级对于出仕中国的高丽人来说不算低，不过，他只是代理这个职务，并没有太多的具体工作要做。那么，李穑在中国工作的情况如何？下面根据其诗中的信息进行考察。

首先，李穑来中国以后待职近二个月，八月正式任职，但没有具体职务，直到至正十五年的冬天，才得以代理翰林院经历。考虑到他在至正十六年正月弃官返回高丽，他担任这个代理的职务也就是三个月左右的时间。李穑在中国期间工作状况比较清闲。他在诗中写道：“玉堂高处绝尘埃，白日清风动绿槐。一揖长官终日坐，数声啼鸟满庭苔。”⑧诗中描述了

① 李穑：《牧隐藁·诗藁》卷三《至京师》，页二十。
② 李穑：《牧隐藁·诗藁》卷三《皇都夏日》，页二十四。
③ 李穑：《牧隐藁》卷首《牧隐先生年谱》，页二。
④ 李穑：《牧隐藁·诗藁》卷三《对雨抒怀》，页二十。
⑤ 李穑：《牧隐藁·诗藁》卷三《胡马吟，新买生马作》，页二十二。
⑥ 李穑：《牧隐藁·年谱》，页二。
⑦ 宋濂：《元史》卷87《百官三》，第2190页。
⑧ 李穑：《牧隐藁·诗藁》卷三《绝句》，页三十九。

当时元朝翰林院的冷清和李穑在其中无所事事的情况。虽然在翰林院“终日坐”，但在平静的外表之下，是当时翰林院官吏之间比较激烈的争名争利。李穑写道：“画永人来少，风凉客梦醒……争名政欲沸，守口独如瓶。”①诗中“争名政欲沸”反映了翰林院内部争夺的激烈，在这种情况下，作为外国人李穑，又是代理职务，只能“守口独如瓶”。

其次，李穑对这种工作的态度较为消极。李穑在诗中表达了他对自身状况的不满，他在《月蚀》诗中写道：“太白称三友，庭坚做四邻。独怜无兴味，双泪忽沾巾。”②诗中的“无兴味”和“泪沾巾”，是他对于自己翰林院工作不满的表白。他的另一首诗写道：“俗物败人意，野情生客居。……无心求鼎肉，有意种畦蔬。待上陈情表，归装不满驴。”③诗中表达了对于“俗物”的愤怒，他已经无意在这个职务上有所成就，甚至想通过“陈情表”，申请返回高丽。

再次，由于工作的清闲，李穑又担任经历，属于首领官，“院中首领官皆公差”，④ 由此他经常被临时抽调出来做翰林院以外的工作，从他的诗中来看，他参加了至正十五年秋丁祭孔的筹备工作，迎接祭祀使用的来自上都的御香，他的《迎丁祭御香，自上都至》一诗写道：“建德门前一骑尘，百官袍笏礼容新。明明神化如天日，照向阴山万世春。”⑤诗中反映了迎接御香，百官行礼的场面。接下来就是秋丁祭祀，他也参加了，他的诗《秋丁与祭文庙》描写了大都秋丁祭祀的场面：

> 天高玄又玄，粲粲列星缠。万物蒙昭光，生成皆自然。秋夜严祀事，苾芬陈豆笾。巍巍当殿中，左右翼群贤。岂图文具耳，精礼心孔坚。肃肃屏气立，三献礼不衍。晨光尚未动，庭燎浮香烟。恭维我圣代，承奉尤光前。王化兴圣德，同流弥亿年。⑥

上述诗中描写大都秋丁祭祀的场面非常隆重，说明李穑对于大都秋丁祭祀的礼赞之情。如果说秋丁祭孔还与翰林院的文职属性有关系，属于李穑职责范围之内，李穑参加的另外一些工作，就属于中书省的直接差遣

---

① 李穑：《牧隐藁·诗藁》卷三《漫题》，页二十一。
② 李穑：《牧隐藁·诗藁》卷三《月蚀》，页三十六。
③ 李穑：《牧隐藁·诗藁》卷三《偶题》，页二十一。
④ 李穑：《牧隐藁·诗藁》卷三，页四十。
⑤ 李穑：《牧隐藁·诗藁》卷三《迎丁祭御香，自上都至》，页三十七。
⑥ 李穑：《牧隐藁·诗藁》卷三《秋丁与祭文庙》，页三十七。

了。至正十五年(1355)元顺帝从上都返回大都，李穑“承中书省差，接驾途中”。他诗中写道：“滦水天高已早霜，龙门南畔又新凉。銮舆顺动时巡守，自是都人北望长。”①这次任务中，李穑负责“驾前捧果盘”，他颇自豪地写道：“仙果堆盘照日光，翰林供奉苧衫凉。飞龙小住天颜动，细细风传鸡舌香。”接驾的仪式完成，天色已晚，李穑当晚住在京郊农家田舍，当晚“小酌忘身世，陶然落眼花”②。次日，李穑见证了元顺帝入大都城的场面，他写道：“万骑飞尘满凤城，迎门笑语见真情。街头争唱天山曲，可见人人乐太平。”从李穑诗中可以看出，李穑对于能够参加迎驾活动，见证皇帝入城的宏大场面感到自豪。

最后，作为出仕中国的高丽人，李穑还受邀参与元朝高丽王封号问题的讨论。他一首诗的小序中记载：

> 穑权行经历事，蒙召赴省。时帝在西内，省官坐西廊，先君同年成参政望见穑曰：“何为来哉?”穑曰：“今权翰林首领官，蒙召而来。”公曰：“此必高丽王功臣号事也。”且举王名曰：“今王欤?”穑曰：“然。”公曰：“生而得此，甚罕。”退禀欧阳承旨，撰定亲仁辅义、宣忠奉国、彰惠靖远十二字以进云。③

从上述材料来看，李穑这一次受招到中书省，与当时担任中书省参政的成遵，讨论当时的高丽恭愍王的功臣号问题。李穑虽是五品官员，但担任的仅仅是翰林院首领官，属于吏员，没有资格参加如此重要的会议，因此在材料中成遵感叹：“生而得此，甚罕。”成遵对这件事感到意外，李穑当然对其感到自豪与幸运，他亲自拟定十二字的功臣号，交给当时担任翰林学士承旨的欧阳玄(字原功，延祐二年进士)。李穑为这件事写诗道：

> 东国藩篱固，中朝卵翼偏。功臣十二字，圣寿万千年。绝域仁风动，孤芳戚畹联。宣忠仍靖远，天训永相传。④

诗中李穑代表高丽政权，表达了对元朝的感激和效忠的态度。

从上面的内容可以看出，除了参加丁祭、接受中书省差遣迎驾以及参

---

① 李穑：《牧隐藁·诗藁》卷三《承中书省差，接驾途中》，页三十八。
② 李穑：《牧隐藁·诗藁》卷三《回至田舍夜宿》，页三十九。
③ 李穑：《牧隐藁·诗藁》卷三，页四十。
④ 李穑：《牧隐藁·诗藁》卷三，页四十。

与拟定高丽恭愍王功臣号等工作能引起李穑的兴致外，他在大都翰林院的工作并不顺利，他也不喜欢翰林院的工作环境，因此平时生活中很多时间用来读书、游历和交接朋友、构建京城人际关系网络。

李穑的《晨坐》一诗写道："整冠将读易，扫地更焚香。只此无人处，悠然兴味长。"①该诗反映了他早起读《易经》的情况。他的《晨兴》一诗写道："载读孟子书，灼灼示纲维。异端如断港，终不通咸池。"②这是他早晨读《孟子》的情况。关于读书的原因，他在一首诗中写道："奔流禽兽域，哀哉日遑遑。读书要修道，岂在媒金章。"③诗中表达了他对生活环境的不满，以读书来"修道"，提高自己的政治、学术素养。

访友、出游也是他清闲生活中的重要内容，他的《游桥门访诸公》诗中写道："谁识翰林新应奉，欲随诸子趁钟声。"④诗中的翰林应奉是李穑考中进士初授官职，是李穑对自己的代称，李穑通过游桥门访友，进行社会交往。大都的寺庙，特别是为他父子提供帮助的高丽僧人主持的寺庙，是李穑经常去拜访的地方，他的《访僧不遇》一诗写道："市利朝名共一途，独骑羸马访浮屠。纸窗肯借终年坐，蒲荐犹难尽日趺。乞饭行时随柳岸，戴经归处傍莲湖。知师本自心清净，虽遇登伽不足虞。"⑤诗中对于未能见到访者充满理解。李穑的诗中，与寺庙有关的就有：南城永宁寺(二首)、报恩寺、法源寺、袁州宜春蟠龙寺等。据《析津志》，永宁寺"在殊胜寺北东(殊胜寺在光泰门近南)"，报恩寺"在南城嘉会坊"，⑥ 法源寺不见记载。

李穑在日常生活中注意社会交往，构建京城的人际关系网络，下面将李穑这一阶段写的诗中涉及的人物进行统计，如表6-2所示。

表6-2　李穑诗中涉及的人物(1355—1356)

姓名	籍贯	身份	出处
曹山禅师	不详	僧人	题曹山禅师诗卷
安方丈(演无说)	不详	僧人	题安方丈演无说，聂伯敬在座

① 李穑：《牧隐藁·诗藁》卷三《晨坐》，页二十三。
② 李穑：《牧隐藁·诗藁》卷三《晨兴》，页二十二。
③ 李穑：《牧隐藁·诗藁》卷三《昼寝》，页二十三。
④ 李穑：《牧隐藁·诗藁》卷三《游桥门访诸公》，页二十三。
⑤ 李穑：《牧隐藁·诗藁》卷三《晨兴》，页二十三、二十四。
⑥ 熊梦祥：《析津志辑佚》之《寺观》，北京古籍出版社，1983年，第69页、第77页。

续表

姓名	籍贯	身份	出处
德上人	江西吉安路	僧人	题豫章德上人游舞台诗卷
傅亨（字子通）	大都	至正二年进士，官员	奉送傅子通应奉奉使东平，赈济客户，因过凤凰山
程某		官员	古意二首与程编修同赋
玢上人		僧人	题玢上人所蓄《神龙图》，与同年曾助教同赋
盖师曾		官员	奉送西台御史盖师曾使还
王景初	不详	官员（李穑同年）	次同年王敬初诗韵，兼柬曾子白、赵致安二同年
曾坚（字子白）	江西金溪	官员（李穑同年）	次同年王敬初诗韵，兼柬曾子白、赵致安二同年
赵时泰（字致安）	真定路	官员（李穑同年）	次同年王敬初诗韵，兼柬曾子白、赵致安二同年
竹磵禅师		僧人	答竹磵禅师
东庵禅师		僧人	答东庵禅师
铁船长老		僧人	答铁船长老
云峰		僧人	次韵赠云峰
述律杰（字存道）	太原	官员	奉题陕西省参政述律公诗卷
李文会	江西吉安路	不详	送李文会归庐陵省亲
徐某	高丽	官员	送徐尚书东归

资料来源：李穑《牧隐藁·诗藁》的卷一、卷二、卷三。

表6-2统计了李穑在至正十五年五月到至正十六年正月，将近八个月在大都的17位人际交往对象，下面根据统计情况分析其在大都人际网络的特点。

首先，李穑在大都的人际交游网络中，总共17人，除一人身份不详，其余16人，僧人和大都官员各占8人。李穑喜欢与僧人交游，这首先与他对佛教的喜爱有关，他在诗中写道："吾生爱禅寂，欲挂红尘冠。借师坐具地，庶以求心安。"①诗中说明李穑对佛教喜欢的原因是"求心安"。其

① 李穑：《牧隐藁·诗藁》卷三《题曹山禅师诗卷》，页二十二。

次，前面已经说明，李穑来中国以后，相当长一段时间没有具体职务，担任翰林院权经历以后，也比较清闲，经常无所事事，这引起他的反感，他在诗中写道："谁知天涯远游客，东望云山恨未归。旅窗独坐少欢趣，出访乡人皆不遇。"①这首诗反映了他的这种失望寂寞的心情，因此，游览大都的寺庙，与其中的僧人切磋诗歌，成为他"求心安"的重要方式。

另外，在李穑的人际交游网络中，大都官员有八人，这些人中，李穑的科举同年有三人，李穑与通过科举结缘的同年关系密切，说明同年是他社会交往的主要对象。李穑的三位科举同年中，曾坚，字子白，江西金溪人。至正十四年为左榜第二，授国子助教，转翰林修撰，至正十八年(1358)以江西行省左右司员外郎帮助省台重臣经略江南。后转国子监丞，升司业，拜监察御史、翰林直学士。洪武三年(1370)被明朝处死。② 赵时泰，字致安，真定路中山府安喜县(今河北定县)人，出身元朝仕宦之家，父赵俨为监察御史，至正五年(1345)牧守云州。③ 王景初本贯不详。李穑与其三人和诗，说明他们联系密切。

其余五位官员中，一人为出仕中国的高丽人徐某，李穑在送徐某回国的诗中写道："马头鸭水绿，客背燕山青。风雪三千里，夕阳长短亭。因君今又去，忆我昔曾经。别酒莫辞醉，天寒吹易醒。"④诗中的"忆我昔曾经"，说明他们在高丽的时候就有交往，关系非同一般。需要说明的是，高丽恭愍王至正十一年(1351)继位以后，积极改革内政，巩固高丽政权，为除掉高丽的奇氏集团做准备，高丽对于元朝的独立性明显增强。鉴于这种形势，原来在中国的高丽政治精英大多回国，除了依附于奇皇后的高丽人以外，李穑已经很难交游在大都出仕中国的高丽精英。这也是李穑感到孤独失望的原因之一。

李穑人际网络中的其他四位大都官员中，傅亨，字子通，是李穑好友高丽人李仁复的同年，估计李穑来中国，李仁复引荐他结识傅亨。傅亨奉使东平赈灾，李穑写诗送别。⑤ 程某应是当时的国史院编修官，是一位文人，李穑与他一起写诗交流。⑥ 盖师曾为西台御史，具体情况李穑没有记

---

① 李穑：《牧隐藁·诗藁》卷三《六月十五日忆乡里游燕》，页二十九。

② 萧启庆：《元代进士辑考》，台湾《"中央研究院"历史语言研究所集刊》108，2012年，第350页。

③ 萧启庆：《元代进士辑考》，台湾《"中央研究院"历史语言研究所集刊》108，2012年，第346页。

④ 李穑：《牧隐藁·诗藁》卷三《宋徐尚书东归》，页四十。

⑤ 李穑：《牧隐藁·诗藁》卷三《奉送傅子通应奉奉使东平，赈济客户，因过凤凰山》，页二十六。

⑥ 李穑：《牧隐藁·诗藁》卷三《古意二首与程编修同赋》，页三十。

载。[①] 述律杰的情况，李穑在诗中小序中说："公名杰，字存道，先时为云南元帅。叛者车里自降，今年七十，守潼关，公之祖有功国初。"[②]述律杰，字存道，一名述律朵儿只，号鹤野，契丹人，世居太原，其祖先早期归降蒙古，述律杰世袭担任四川保宁万户，元朝"天历之变"期间来到大都，后从征云南，至正十四年回到大都。至正十五年以陕西行省参政守潼关，[③] 李穑此时在大都，二人有诗文往来。

从以上考察可以看出，尽管李穑在中国出仕时间不长，任职比较清闲的翰林院，其职务又是代理翰林院经历，因此他在中国仕宦算不上成功。不过，作为出仕中国的高丽人，他还是参与了至正十五年的秋丁祭祀、迎接元顺帝返回大都、议定高丽恭愍王功臣号等活动。因此，在比较短的时间里，其人际交游网络仍然比较活跃。他擅长写诗，以诗为媒，建构了与大都官员和僧人的人际交游网络。

那么，为什么李穑在至正十六年正月决定弃官回高丽？其中原因前面已经部分涉及，现总结如下：第一，前面已经论述，李穑对元朝翰林院的职务不满，大部分时间无所事事。第二，思乡，关心高丽政局的发展。李穑是民族意识较强的高丽政治、文化精英，前面谈到，此时高丽恭愍王正在酝酿除掉元朝奇皇后在高丽的势力，争取国家独立，在这种情况下，李穑很难静下心来在中国担任闲职。第三，元朝政局的变化，让李穑感到元朝政权的衰落和社会动荡的来临。他在一首诗中写道："江淮照剑戟，鼓声红日残。"[④]诗中应是指至正十一年红巾军起义以后，中国南方出现的反叛元朝的现象。他的另一首诗更加直白："风满江淮起怒涛，涛声若斗战声鏖。论兵已到诗书匠，甚欲关门读六韬。"[⑤]诗中反映了元朝镇压张士诚失败以后，江淮地区出现的凶险局面，后两句则表示文人要"论兵"和读兵书，说明了他对时局研判的结果是——元朝时局有急剧恶化的趋势。在这样的情况下，回国避兵，成为他弃官回国的重要原因。

至正十六年(1356)正月，李穑弃官回国。他在回国前写道："觚棱晓色正苍然，袍笏彤庭共拜年。黼黻才临光动日，笙镛竞沸气浮天。列岳趋风扶帝室，多方奉币入宾筵。玉堂有客频回首，马上迢迢路四千。"[⑥]诗中

---

① 李穑：《牧隐藁·诗藁》卷三《奉送西台御史盖师曾使还》，页三十二。
② 李穑：《牧隐藁·诗藁》卷三《奉题陕西省参政述律公诗卷》，页三十九。
③ 陈世松：《元代契丹"诗书名将"述律杰事辑》，《宁夏社会科学》1996 年第 2 期。
④ 李穑：《牧隐藁·诗藁》卷三《遣兴》，页三十七。
⑤ 李穑：《牧隐藁·诗藁》卷三《有感》，页三十七。
⑥ 李穑：《牧隐藁·诗藁》卷四《丙申正月，出齐化门东归，明日纪行》，页一。

“玉堂”，即元朝的翰林院，“玉堂有客”指在翰林院任职的自己。在元朝地方精英们争相匡扶帝室的情况下，作为高丽人的李穑孤独地离开大都。诗中用“频回首”，表示他的遗憾和不舍。他在另一首诗中有“可怜东海客，匹马独还家”①。同样表达了他离开中国的复杂心情。从上面的诗文来看，作为出仕中国的高丽人，李穑对元朝政权的忠诚是强烈的，尽管他在元朝身居末职，并未在元朝政坛产生什么影响，但是，在元朝出现社会动荡，需要臣下出力拯救的时候，他弃职离开，因而产生遗憾和内疚的心情，这种心情在他回国以后相当长的时期仍然存在。他在回忆大都的诗中写道：“回首燕都拱八埏，当时赫赫走群贤。东门祖道车几两，内酝盈尊斗十千。寂寞独归谁见慰，苍茫孤咏自相煎。如今最喜成真乐，鹤发慈颜政老年。”②诗中的“孤咏自相煎”，反映了这位出仕过中国的高丽进士对于元朝的感情。

从以上论述可以看出：李穑是元朝末年在中国工作和生活都比较成功的高丽人之一。他利用其父李穀任职元朝的有利条件，来大都国子学读书，结识一些当时中国知名的士人和官员，为他此后在元朝的发展打下了基础。李穑至正十三年(1353)来大都参加元朝科举的会试和殿试，顺利登第，成为元朝授予的进士。他回国荣亲，在高丽产生重要影响，为他以后在高丽的发展打下了基础。至正十五年(1355)李穑来中国，任职元朝翰林院权经历。尽管李穑担任这个职务时间不长，他对这个职务也不感兴趣，但他在此期间参与了元朝祭祀孔子、迎接御驾以及在元朝中书省拟定高丽恭愍王功臣号等工作，他对这一工作表现出了热情和浓厚的兴趣。至正十六年随着元朝国内农民战争的发展、元朝内乱加剧以及高丽恭愍王争取国家独立的过程中与元朝矛盾的加剧，李穑弃官回到高丽。

李穑在中国学习、工作和生活基本顺利，除了得益于其父科举同年、朋友等人际关系资源的支持以外，还得到了当时大都的高丽籍官员、僧人的帮助。李穑是一个典型的高丽士人，有忧国忧民的情怀以及较强的民族和国家意识，这是他回国后在高丽仕宦成功的重要原因。

李穑在元末大都政治、文化舞台上的活跃，还得益于当时大都多元文化的活跃和大都上流社会崇尚诗文交游的风气。李穑的儒学修养与大都各民族官员和士大夫是相通的，李穑突出的诗文方面的才华使他在与中国官员和士大夫交游的过程中得心应手，因此，他能很快融入元朝国子学和大

---

① 李穑:《牧隐藁·诗藁》卷四《蓟门途中》，页一。

② 李穑:《牧隐藁·诗藁》卷四《忆燕都》，页八。

都官员、士大夫的交游圈，在大都的官员和士大夫中间产生了一定的影响。李穑有关中国的诗作数量，是元朝高丽文人中最多的，这些诗成为元末中国与高丽政治与文化交流的见证。

本章小结

李穀、李穑父子都是通过高丽的科举，来到中国，由于父子二人均以文学见长，其诗文得到中国士大夫的赞誉，科举以后得到元朝中央部门职务的任命。不过，李穀被任命的翰林国史院检阅官和李穑被任命的应奉翰林文字、同知制诰兼国史院编修官都不是实授的职务，二人回高丽"荣亲"以后，李穀实际上担任了中瑞司典簿，中瑞司是元朝宫廷机构，元史记载："中瑞司，秩正三品，掌奉宝册。卿五员，正三品；丞二员，正四品；典簿二员，从七品。"①李穀出仕中国，担任正七品的宫廷机构的职务，职权和地位都不高。李穑在中国担任翰林院权经历，从五品，属于翰林院的首领官，其职务也无足轻重。况且他们在中国担任职务的时间不长，影响也有限。这与一般出仕中国的高丽人的仕宦情况类似。

不过，李穀和李穑的影响不在于仕宦本身，而在于他们在中国的文学成就以及与中国士大夫的交游。他们在大都的生活和社会交往在元代出仕中国的高丽人中比较突出，值得深入研究。李穀、李穑父子的社会交往中心是在元朝大都的高丽人，他们父子与在大都出仕中国的高丽官员、高丽内廷宦官和其他服务人员以及高丽僧人都有密切的交往，他们之间互相提携和帮助的例子还有不少，反映了出仕中国的高丽人在中国的生活中以本国人为中心的特征。除了高丽人，李穀、李穑父子的人际关系网络中，中国官员和京城士大夫的数量也不少。如科举有关的座主和同年、官场同僚、京城诗文唱和的士大夫等，这些中国人中，元朝官员和京城知名士大夫都是他们着意交往的对象，受到这些人的肯定并与他们保持密切的关系，是得到高丽官员和士大夫的羡慕并提高其在高丽的社会地位的有效手段。一些关系并不密切的中国士大夫，李氏父子也刻意收集他们的唱和诗文，用来提高他们受到中国官员和士大夫赞誉的分量。李穀和李穑父子后来回到高丽以后，在政治和文学方面都取得了重要成功，这与他们在中国的经历是分不开的。

---

① 宋濂：《元史》卷88《百官四》，第2231页。

从李穀、李穑父子的史料来看，他们都有较强的民族和国家意识，在元朝和高丽利益发生不一致的时候，他们会毫不犹豫地支持高丽政权，这与一般出仕中国的高丽人类似。尽管他们与中国士大夫各有其主，李氏父子仍然认可高丽与元朝的从属关系，将元朝政权作为最高的权威，他们还认为“男儿须仕帝王都”，将出仕中国作为人生价值的最高点。另外，李氏父子并不隐瞒元朝加强对高丽控制与高丽争取独立倾向所引发的冲突，他们以“不失朝廷之大体，而不挠本国之旧俗耳，人法并用”①作为处理元朝与高丽冲突的典范，他们认为元朝与高丽的矛盾不是对立的，是可以调和的，这是元朝出仕中国的高丽人对于元朝与高丽冲突的基本观点。需要指出的是，李穀父子作为高丽士人，与中国士大夫在儒学学术方面是相通的，忠孝仁义这些儒家的基本理念，他们都认为是修身齐家和治国平天下的基本原则，这就是元朝与高丽精英都能超越国家利益藩篱的政治基础。

① 李穀：《稼亭集》卷九《送揭理问序》，页八。

第七章　元朝中后期元丽之间的密切互动

——兼论出仕中国的高丽人的政治表演

元朝中后期的元丽关系，《大元高丽纪事》总结：

> 是后，王来世子入侍，宠(锡)[赐]使蕃，至尚主，为王官，赐功臣号，至于今。渥泽益以加，列圣之涵濡煦妪者，至矣！①

以上记载给我们传递的信息是：元代中后期高丽受到元朝的重视与优待，按照材料的逻辑推理，这一时期的元丽关系应该是稳定的、平和的和密切的，元丽之间互动的基调也应该是：友好、和平。可能出于这种认识，《元史·高丽传》和《大元高丽纪事》都没有接着记载元朝中后期元丽互动情况，目前我们只能从元人文集、元代高丽人的文集以及后世文献《高丽史》《高丽史节要》等，了解元朝中后期元丽关系发展的情况。那么，元代中后期元丽之间关系到底如何？从现有史料来看，实际情况远比元世祖时期更加复杂，元丽两个政权在保持和平的表象之下，元朝对高丽控制的加强和高丽内部斗争的激化，造成元丽互动过程中暗流涌动。在此种大背景之下，元代出仕中国的高丽人广泛参与其中，各自为不同的政治目的奔走。本章以元丽之间的密切互动和高丽各政治势力的博弈为出发点，考察这一时期元丽之间历史进程的演进情况和高丽相关政治势力在以大都为中心的元朝政治舞台上的表演。

需要说明的是，由于元朝控制的强化，元朝对于高丽政权的干涉甚至可以用粗暴来形容，因此，高丽各派势力都会把政治舞台放在元朝的大都，在取得元朝皇帝、贵族和官僚的支持下，划分其在高丽的政治势力范围。这种情况说明，元朝中后期高丽王之间的权力之争、高丽王与沈王之争、高丽王与奇皇后为首的大都高丽政治集团之争，大多是以元朝大都为

---

① 佚名：《大元高丽纪事》，页一到页二。

博弈的战场，而这些政治势力的主要成员，不少是受到元朝的任命，属于出仕中国的高丽人群体。可以说，考察高丽王集团、沈王集团和奇皇后集团在元朝的政治互动或博弈，有利于我们对于元代出仕中国的高丽人群体如何型塑高丽政局的理解。有关这方面的内容，美国学者鲁大维(David M. Robinson)从14世纪东亚政治发展和中国元明更替的角度，对于高丽恭愍王以后的元丽关系进行了研究，该文章涉及奇皇后势力与高丽政权的博弈问题，值得重视。① 本章在前人研究的基础上，从元朝对高丽控制加强、高丽内部政治斗争和元末奇皇后高丽政治集团对高丽影响三个方面展开考察。

一、设行省：元朝中后期对高丽统治的“中土化”趋势

至元六年(1269)高丽权臣林衍等擅自废黜高丽元宗王禃，元朝非常震惊，谋划“征高丽事”，一些大臣就应对高丽问题进行了讨论，马亨认为：

> 高丽……今虽来朝，其心难测，窃闻先曾有旨，令量力出居陆地，至今不出。去岁遣使和好，本为亲仁善邻之道，今高丽谋称饰词，有违上命……于今不若严兵假道与高丽，以取日本为名，乘势可袭高丽，定为郡县，安抚其民。②

这里，马亨建议元朝借征伐日本的借口，灭掉高丽，定为郡县，这是元朝最早出现的对高丽直接统治的观点，也就是王颋先生总结的——元朝对高丽统治的“中土化”最早的表达。不过，马亨不主张当时就出兵高丽，他认为应该灭亡南宋以后，在借道高丽征伐日本时，灭亡高丽。另外，当时元朝枢密院经历马希骥则提出了如下观点：

> 今之高丽……不请上国，擅自废立，法当不容……希骥以谓，若释罪就封，上国不为姑息之政，或兴兵致讨，三军恐无全胜之功。合

① David M. Robinson(鲁大维)：《国际语境下的高丽晚期外交再思考》，徐芳芳、舒健译，《元史及民族与边疆研究集刊》第三十七辑，上海古籍出版社，2019年。

② 佚名：《大元高丽纪事》，页二十六到页二十七。

> 无两释，取其酌中。止鞠废立谋臣之一夫，赦诖误诸人之重罪，验彼州城军民多寡，离而为二，分治其国，使权侔势等，自相维制，则我国徐议良图，易为区处耳。①

上述马希骥的办法是接受高丽自立为王的事实，将原来的高丽元宗王禃与高丽自己拥立的新国王王淐都认可为国王，将高丽分为两个国家，分而治之。

这两种观点不论是灭亡高丽还是分裂高丽，都是以取消高丽政权的独立性作为元朝统治高丽的基本策略，实现元朝统治高丽的中土化，尽管这些对策没有为元政权所认可，不过确实反映了元朝统治集团内部要求取消高丽政权的独立性，直接统治朝鲜半岛的愿望由来已久。稍晚一些的元朝大臣姚燧对于元朝给予高丽独立国家的政策也感到困惑，他在一篇文章中写道：

> 高丽氏王建立国于唐明宗长兴壬辰，历晋、汉、周、金、宋以及至大庚戌，传二十八，历三百七十九年，垂统之遥遥，继序之昭昭，况赖圣世亿万维年，其来犹未艾者，独何修而臻此哉！岂负固海隅，中土之兵不能以至欤？将善于事大，不失其贡职欤？将修明治具，礼乐刑政维持之效欤？抑箕子之泽，百世而不斩也？吾所谓异古者，此焉耳。其异于今，均之曰王，异姓之于天宗有间也。然宗王虽受封大国，同升虚邑，何也？未尝祖别子于庙，人民则天子使吏治之，其府虽得置监郡与府属，皆请而命诸朝，而刑人、杀人、动兵何敢越律。其民五家赋丝为斤缣一，犹不听下令擅征发其地，皆轮之天府，岁终颁之，其网亦密矣。遇高丽氏则不然，有宗庙烝尝以奉其先也，有百官布列以率其职也，其刑赏号令专行其国，征赋则尽是三韩之境，惟所用之，不入天府。若是而曰异乎今者，然乎，非欤？最二祖之所并苞，何翅万国？其苗胄有世其土而王者乎？虽牵涂（途）人之裾以问之，亦皆曰无有，万国独一焉！②

姚燧这篇文章是受到在京城的高丽官员的请托，为高丽沈王写的，不便说得太直接，不过我们从文章中还是能体会到姚燧对于高丽问题的观

① 佚名：《大元高丽纪事》，页二十八。
② 姚燧：《牧庵集》卷三《高丽沈王诗序》，丛书集成初编本，第39~40页。

点。姚燧这里用“异于古”和“异于今”两个方面说明高丽独立地位的不合理，并认为“虽牵涂(途)人之裾以问之”，这种情况也是前所未有的，说明他对元朝保持高丽国家的独立的困惑和不满，间接地表达了元朝应该直接统治高丽的观点。

元朝中后期，这种对高丽统治中土化的趋势明显增强，在元朝政权内部形成了在高丽设置行省，进行直接统治的呼声。就高丽政权来说，直接设置行省就意味着高丽亡国，后果不堪设想，因此，高丽官方一方面会通过向元朝上书、陈情等手段，以忽必烈制定的“世祖成宪”为根据，反对在高丽设立行省，另一方面，一旦在高丽设立行省问题在元朝政府公开讨论，高丽君臣就会利用其在元朝的各种政治资源，广泛活动，引导元朝改变设立行省的决定。①

大德二年(1298)元朝以忠宣王年幼为由，命忠烈王重新继位，九月，元遣平章阔阔出、左丞哈散来高丽，口宣圣旨：“令吾等伴议国事。”②这种“伴议国事”的目的当然是加强对高丽内政的干涉。大德三年(1299)十月“元遣阔里吉思为征东行中书省平章政事，耶律希逸为左丞，时哈散还奏王不能服其众，朝廷宜遣官共理，帝从之”③。阔里吉思，蒙古按赤歹氏，元世祖时期以博尔赤入职外廷，大德二年升任征东省平章政事。④ 阔里吉思被派往高丽，是元成宗全面干涉高丽内政的开始。阔里吉思在大德五年(1301)三月被元朝召回，在高丽一年半的时间里，他对高丽政治进行了全面考察。阔里吉思回国以后，“有旨，征入见，俾条析便民事宜”⑤。他向元朝报告了高丽政治的不合理之处如下：

> 阔里吉思等言，大德三年十月开省以来，别无出纳钱粮，止告驱良公事，合依通行体例归断。又目睹大德三年十一月十五日、大德四年二月十五日国王二次大会，亦三举净鞭，山呼万岁，一如天子仪

---

① 按：元世祖为征讨日本，在高丽设立征东行省，此后征东行省一直存在下来。元朝第二次征伐日本失败以后，任命高丽王为征东行省左丞相，负责征东行省的事务，“行省官吏委国王保举，不入常调”。元朝中后期曾派过一些人担任征东行省官员限制高丽王权力，但普遍任期不长，未对高丽王对征东行省的控制产生明显的影响。元朝也派过一些征东行省儒学提举等低级职务，权力有限，不足以改变高丽控制征东行省的现象。本章讨论的设行省，当时也称三韩行省，指的是元朝为直接统治高丽设立的行省，不是征东行省。

② 郑麟趾：《高丽史》卷 31《世家 31 · 忠烈王四》，页二十三。

③ 郑麟趾：《高丽史》卷 31《世家 31 · 忠烈王四》，页二十八。

④ 宋濂：《元史》卷 134《阔里吉思传》，第 3261 页。

⑤ 宋濂：《元史》卷 134《阔里吉思传》，第 3262 页。

> 制，有此僭越！又本国刑罚不中，或人告是何公事，不问证佐，止凭元告，三问不招，无问轻重，流配海岛，遇赦并不放还，刑狱狂滥，睹此一事，余皆概见。又本国王京里外诸司衙门州县，总三百五十八处，设官大小四千三百五十五员，刻削于民，甚为冗滥，加之赋役频并，少有不前，绑缚凌虐，忍痛衔冤，无可伸理。城郭州县，虚有其名，民少官多，管民官按廉官半年一次交代，令本处百姓自备牛马路费等物，迎送新旧官员，道路如织，防农害物，民甚苦之。又元立站赤，每处三四十户，近年不问公移有无文凭，皆乘驿马，若王近侍者差出，即起二三十匹，余验高下各有等差，兼所管官司百色科扰，因此逃散，三存其一，厥数不补，至甚生受。又本国历数十年，未尝加于赋役，比之其他优恤甚重，近因权臣所行不法，百姓困弊，其余事理，难以缕陈。①

上述阔里吉思报告中对高丽内政的指责包括：高丽僭越、司法混乱、多冗官、政治腐败、站赤混乱害民、赋役问题、权臣不法等，这些都是高丽的内政，此前元朝基本上不干涉。元朝收到该报告以后，中书省将“所有阔里吉思等官具言国中不便数事，录连事目”，下发给高丽，要求改正，说明元成宗时期开始全面干涉高丽的内政，这是元朝加强对高丽控制的表现。接下来是设立行省的问题。

有关行省的动议最早是高丽人洪福源之孙洪重喜提出来的，根据前面第四章的考察，洪福源在蒙古征服高丽的初期投降了蒙古，参与了元太宗窝阔台到元宪宗蒙哥对高丽的征讨。洪福源被高丽贵族王綧陷害而死，其子洪茶丘利用忽必烈的信任，在征讨高丽叛乱和征日本的过程中，对高丽肆意报复。洪茶丘之子洪重喜时，高丽政权与洪氏家族的矛盾并没有得到缓和，在元成宗大德六年(1302)洪重喜提出辽阳行省与征东行省合并的建议，被元朝否决。大德末年武宗继位之初，洪重喜又提出在高丽单独设立行省，当时高丽忠烈王参与了大都支持元武宗海山继位的政治活动，作为元武宗继位的功臣受到优待，结果洪重喜遭到元武宗的斥责，设立行省的请求自然也被拒绝。② 洪重喜提议高丽设立行省的目的是打击政敌，当时高丽忠烈王在元朝已经有较高的政治地位，也得到元朝皇帝的信任，洪重喜的提议以失败告终是当时政治斗争的必然结果。不过，洪重喜用设行

① 郑麟趾：《高丽史》卷32《世家32·忠烈王五》，页三到页四。
② 具体内容本课题第四章有专门论述，这里不再展开。

省的奏议打击政敌，应该是受到元朝内部早已存在的对高丽直接统治的政治观点的影响。

皇庆元年(1312)元朝又出现了设行省的问题，高丽人李齐贤记载："仁宗皇帝于鼠儿年(1312)欲于小邦立行省，比诸路"①。仁宗这个决定在元朝和高丽双方引起怎样的反响，史料缺乏记载，不过，此年九月，《高丽史》记载："遣赞成事洪诜如元，谢不置行省。"②这里，高丽为什么来谢元朝不置行省？看样子应该是元仁宗设行省的动议引起元朝内部争论，在高丽方面的强烈反对之下失败。

英宗至治元年(1321)高丽人柳清臣、吴潜等"请立行省，罢国号，帝然之"③。这是由高丽人提出并且被元英宗硕德八剌批准的设立行省的建议。根据史料，高丽人柳清臣、吴潜等属于沈王王暠的党羽，王暠此时与高丽忠肃王王焘争夺高丽王位的斗争比较激烈，沈王党羽提出在高丽设立行省是为了打击政敌高丽忠宣王。实际上王暠不一定就希望在高丽设立行省，他只是利用了元朝存在的在高丽设立行省的政治诉求，打击政敌。这次元英宗召集大臣讨论在高丽设立行省的问题，高丽国王和在元朝的大臣动用所有政治资源表示反对，具体情况本课题的第五章有专门论述，这里不再展开，不过，需要说明的是，元英宗取消在高丽设立行省。高丽的这一次反对设行省是在元英宗已经下决心的情况下取得成功的，是高丽君臣一起努力阻止的结果。

元朝泰定年间，再次出现在高丽设行省的动议，李齐贤记载：

> 倒剌沙之为左相也。主立省之议甚力。平章(方臣祐)白中宫。谕辅臣如前意。倒剌沙议诎。事遂寝。④

这里有两个信息需要指出：其一，倒剌沙，"回回"人，泰定帝潜邸之臣，深得信任。泰定帝继位，授中书省平章政事，后拜左丞相。这里的"左相"应该就是此人。其二，建议提出以后，内廷宦官高丽人方臣祐(方忙古台)马上告诉当时的泰定帝的皇后，当时，由于"泰定皇后遇之益厚"，⑤此后的"谕辅臣如前意"，应是皇后本人或泰定帝为之，"前意"应该按照世

① 李齐贤：《益斋乱稿》卷6《上中书都堂书》，页二。
② 郑麟趾：《高丽史》卷34《世家34・忠宣王二》，页五。
③ 郑麟趾：《高丽史》卷108《列传21・金怡》，页十七。
④ 李齐贤：《益斋乱稿》卷七《光禄大夫、平章政事、上洛府院君方公祠堂碑》，页五。
⑤ 李齐贤：《益斋乱稿》卷七，《光禄大夫、平章政事、上洛府院君方公祠堂碑》，页三。

祖时期的政策，允许高丽独立，不设立三韩行省。除了方臣祐阻止泰定年间设立高丽行省以外，还有高丽人崔安道和金怡，崔瀣记载："泰定初朝廷采(畔)[叛]人言，议置征东省官例同天下，而公与故相金怡等力辨能止之。论其功，赐田一百结，奴婢一十口。"①这时的崔安道任职于元朝太府监大监，也是与元朝皇室关系密切的职务，有劝说元朝执政者改变设立高丽行省的条件。泰定三年(1326)七月，高丽忠肃王宣布：

> 间者乱贼之徒，欲覆邦家，擅呈都省，请"立省比内地"。于时，诸臣同心戮力，奏帝罢之，再造邦家，其功莫大，带砺难忘。以赞成事金怡、全英甫，甘泉君全彦、评理尹硕、知密直司事李凌幹、密直副使朴仲仁、左常侍尹莘、系上护军崔安道、中郎将孙守卿等，为一等功臣，赐土田臧获及父母妻子爵有差。②

这次论功行赏，反映了高丽王对于挫败元朝这次设行省的重视，其中，奖励名单中出现了崔安道、金怡的名字，正好与前面崔瀣的记载相印证。

元文宗后至元四年(1338)元朝又出现设立行省的奏议，此年，"前征东行省左右司郎中蛮人蒋伯祥状，议于东国将置行省"③。这次奏请在高丽设立行省的是南人蒋伯祥，他在高丽王控制的征东行省担任过左右司郎中，对于征东行省与高丽的关系非常熟悉，他向元朝建议在高丽设立行省目的是加强元朝对高丽的统治，实现高丽统治的中土化。这项提议公开以后，高丽忠惠王王祯向当时的中书省右丞相燕帖木儿提出："祯传荷洪造，尚主受封，今已就国，天地父母恩何报谢！窃闻前行省左右司郎中蒋伯祥上告都堂，欲于小邦立省置官，变更国俗，上下无不惊惶。"由于王祯的反对，元朝"遂寝立省议"④。元朝最后一次出现立行省的动议，是在至正三年七月，"李芸、曹益清、奇辙等在元，上书中书省，极言王贪淫不道，请立省以安百姓"⑤。上述史料中提出设立行省的三位高丽官员，都是高丽忠惠王的政敌，他们提出设立行省的目的，主要是推翻高丽忠惠王的统治，并不是真心欢迎元朝对高丽统治的中土化，因此，在高丽

① 崔瀣：《拙藁千百》卷二《崔大监墓志》，页三十六。
② 郑麟趾：《高丽史》卷35《世家35・忠肃王二》，页二十。
③ 郑麟趾：《高丽史》卷36《世家36・忠惠王》，页四。
④ 郑麟趾：《高丽史》卷36《世家36・忠惠王》，页六。
⑤ 郑麟趾：《高丽史》卷36《世家36・忠惠王》，页二十八。

忠惠王被流放死在湖广行省的岳阳县之后，这些设立行省的提议也销声匿迹。

对于所有提出在高丽设立行省的建议，高丽国王和大部分大臣都是坚决反对，目的是维护高丽政权最基本的存在，这也可以理解。就元朝来说，其国内官僚一直有设立行省观点的表达，元朝皇帝多次就此问题在朝廷公开讨论，这反映了元中后期，元王朝对高丽统治中土化的努力。不过，并非所有人都主张对高丽统治中土化，除了世祖成宪方面的政治考量，高丽中土化对于元朝的切身利益，更是元朝君臣考虑的重要内容。英宗至治年间讨论在高丽设行省的时候，元朝通事舍人王观上书中书省曰：

> 伏闻朝廷建立征东行省，欲同内地，恐论者不察，以致崇虚名而受实弊，何则？高丽慕义向化归顺圣朝百余年矣，世世相承，不失臣节，世祖皇帝嘉其忠恳，妻以帝女，位同亲王，宠锡之隆，莫与为比。其在本国礼乐刑政听从本俗，不复以朝廷典章拘制，故国家常有事于东方，本国未尝不出兵以佐行役，自辽水以东，濒海万里，赖以镇静，为国东藩，世著显效，累叶尚主，遂为故事，此盖高丽之忠勤，祖宗之遗训也。今一朝采无稽之言，以隳旧典，恐与世祖皇帝圣谋神算似有不同，其不可一也。本国去京师数千里之远，风土既殊，习俗亦异，刑罚爵赏，婚姻狱讼与中国不同，今以中国之法治之，必有捍格枝梧不胜之患，其不可二也。三韩地薄民贫，皆依山阻海，星散居止，无郡县井邑之饶，今立行省，势须抄籍户口，科定赋税，岛夷远人罕见此事，必惊扰逃避，互相扇动，脱致不虞，深系利害，其不可三也。各省官吏俸禄例于本省差发科程，今征东省大小官吏月俸及一切公用所费，每岁大较不下万有余锭，本国既无供上赋税，上项俸给必仰朝廷输送，则行省之设，未有一民尺土之益，坐耗国家经费之重，其不可四也。江南诸省，既同一体例，须军兵镇守，少留兵则不足弹压东方诸国，多留兵则供给倍烦，民不堪命，又况国家自禁卫以及畿甸屯住军额已有定制，固非常人所敢论，然不知征东镇兵果于何处签发，其不可五也。①

上述王观的奏议中，列举了五条反对设立高丽行省的理由：违反世祖

① 郑麟趾：《高丽史》卷125《列传38·奸臣1·柳清臣》，页二十四到页二十七。

成宪、以中国法治高丽不行、可能引起高丽反叛、没有经济收益还要付出大量费用、缺乏镇戍兵力。这些理由足以让元朝政权在实施高丽中土化方面顾虑重重，应是高丽设立行省屡屡失败的主要原因。当然，这种对高丽咄咄逼人的中土化舆论，无形中给高丽政权造成较大的政治压力。

二、兴废无常：元朝中后期高丽王的悲剧

至元六年，元世祖忽必烈处理了高丽权臣林衍擅自拥立国王的事件以后，元朝完全控制了高丽国王的任命。元朝中后期对于高丽国王的兴废更加随意，造成高丽国王多次任命、复位等事件。王位更替的频繁，造成高丽国内政治的混乱和无所适从，元朝对高丽王动辄流放和惩戒，伤害了高丽的民族感情，甚至造成高丽王无嫡系后人继承王位的现象。因此，这种频繁的国王更替严重干扰了高丽晚期的政治和社会发展。

大德二年(1298)正月，元朝颁布诏书，以高丽忠烈王年事已高，“自愿”请求将王位传给世子王謜。令人惊奇的是，此年八月，元朝又颁布让忠烈王复位的诏书：

> 谕前高丽国王王昛，曩以卿表请授位于世子謜，是用诏謜往嗣王爵，国事仍命听卿训导。今闻莅政以来，颇涉专擅，处决失宜，众心疑惧，盖以年未及壮，少所经练，故未能副朕亲任之意，今遣使诏卿依前统理国政，且诏謜入侍阙庭，使之明习干事。①

该诏书所述王謜下台的理由看似充分，但他继位八个月就被废，说明元成宗对于高丽王的安排失之轻率。王謜的下台，导致了其父子之间的矛盾，大德十年(1306)王謜近臣，高丽人王惟绍等“谮前王于王，又谮于皇后及左丞相阿忽台、平章八都马辛，欲祝前王发，以瑞兴侯琠继尚宝塔实怜公主”。元朝中书省派人“执惟绍等囚之”，又催促王謜还国，王謜说：“我闻前王遣人于路要我沈于河，我虽老，独不畏死？”元朝催促王謜动身，王謜“无以为计，乃饮药发痢，自夏至秋不起”。王謜回国以后，忠烈王逮捕王謜的近臣“王惟绍、宋邦英、宋璘、韩慎、宋均、金忠义、崔涓及

① 郑麟趾：《高丽史》卷31《世家31·忠烈王四》，页二十三。

其党恶者，囚之于邸。迁王于庆寿寺，自是王拱手而国政归于前王”①。王謜被忠烈王剥夺权力以后，“虽不协于心，亦不可否，但颔之而已”②。高丽人崔瀣对于高丽忠烈王与王謜的矛盾也有记载：“是时忠烈朝觐在都，自戊戌（大德二年）复位之后，国人分曹，至使父子之情有所不通。”③至大元年（1308）忠烈王去世，王謜继位，称忠宣王，改名王璋。由于王璋与父亲忠烈王的不愉快经历，造成他对高丽政治表现消极。皇庆二年（1313）三月，王璋引荐其长子王焘拜见元仁宗，请传位给王焘，元仁宗于是封王焘为新的高丽王。王璋为什么急于传位王焘？《高丽史》记载：“是时德陵入侍圣朝久，殊无东归意，国人遑遑，罔知所出。皇庆癸丑，公（元善之，字昭信，高丽北原人）与今政丞化平君告朝廷，欲奉德陵就国。”④这里的德陵指高丽忠宣王王璋，材料说，高丽忠宣王王璋久不回国任职，导致高丽人心惶惶，时任密直司右副代言、司仆正、知三司事的元善之和当时高丽丞相一起请求元朝命忠宣王王璋回高丽。这一请求对于王璋来说压力很大，此时，元朝方面也催王璋回国，《高丽史》记载：“是时，朝廷欲王归国，王无以为辞，乃逊其位。”⑤在元丽双方压力之下，王璋对高丽政治愈发消极，不想继续担任高丽国王，通过推荐王焘继位的办法，不再担任高丽国王。这一年王璋如愿留在中国，《高丽史》接着记载他在中国的活动：

> 忠肃王元年，帝命王留京师，王构万卷堂于燕邸，招致大儒阎复、姚燧、赵孟頫、虞集等与之从游，以考究自娱。时有鲜卑僧上言：“帝师八思巴制蒙古字以利国家，乞令天下立祠比孔子。”有诏公卿耆老会议，国公杨安普力主其议，王谓安普曰：“师制字有功于国，祀之自应古典，何必比之孔氏，孔氏百王之师，其得通祀，以德不以功，后世恐有异论。”言虽不纳，闻者韪之。科举之设，王尝以姚燧之言白于帝，许之，及李孟为平章事奏行焉，其原盖自王发也。右丞相秃鲁罢，帝以王为相，王固辞曰：“臣小国藩宣之寄，犹惧不任，乞付于子，陛下许之，况朝廷之上相哉？安敢贪荣冒处，以累陛

① 郑麟趾：《高丽史》卷32《世家32·忠烈王五》，页二十八。
② 郑麟趾：《高丽史》卷32《世家32·忠烈王五》，页三十一。
③ 崔瀣：《拙藁千百》卷一《金文正公墓志》，页二十八。
④ 崔瀣：《拙藁千百》卷一《大元故征东都镇抚、高丽匡请大夫、检校佥议评理元公墓志铭》，页二十五。
⑤ 郑麟趾：《高丽史》卷34《世家34·忠宣王二》，页六。

下之明，敢以死请。”帝笑曰：“固知渠善避权也。”①

从以上高丽忠宣王王璋在大都的活动可以看出，他一方面对于高丽政治表现消极，另一方面又比较喜欢元大都的人文环境，交接大都士人，并且积极对元朝政治发表意见。皇庆二年王璋以其侄王暠为世子。延祐三年(1316)三月王璋上奏元仁宗，将沈王王位传给王暠，自称太尉王。② 王璋的这一决定对高丽此后的政治影响较大，王暠既是沈王，又是世子，已经具备与高丽忠肃王王焘争夺高丽王位的资格。《高丽史》记载了王暠的基本情况：

暠蒙古名完泽秃，忠宣爱暠如己子，养之宫中，封延安君。忠宣在元，传位忠肃，以暠为世子，因留为秃鲁花。忠宣尝为沈王，忠肃三年奏帝：“传沈王位于暠。”自称太尉王，遂封暠藩王，尚元梁王女，梁王蓟国公主兄也，暠因得公主宝物，宠幸无比。忠宣爱护愈笃，暠遂怀觊觎，国人大半归心。暠又得幸英宗皇帝，曹頔、蔡河中等左右暠谋夺王位，诡诉万端。③

元代梁王，先是忽必烈长孙甘麻剌，其女蓟国大长公主嫁给高丽忠宣王王璋，甘麻剌去世，传王位于其长子松山，④ 这里的“梁王”应是甘麻剌长子松山，王暠在大都娶的也是蒙古诸王松山之女。王暠特殊的出身、世子的身份、与蒙古诸王的婚姻以及元英宗对他的宠幸等因素，为王暠觊觎高丽王位提供了条件，此后高丽王王焘与沈王王暠的争夺，加剧了高丽政治的混乱。

忠宣王王璋的结局可谓悲惨，延祐六年(1319)王璋南游江浙，次年又降香江南，六月，王行至金山寺，帝遣使急召，此后形势急转而下，《高丽史》记载：

令骑士拥逼以行，侍从臣僚皆奔窜。九月王还至大都，帝命中书省护送本国安置。王迟留，顾望不即发。十月，帝下王于刑部，既而祝发置之石佛寺。十二月戊申，帝流王于吐蕃撒思吉之地。十年八

① 郑麟趾：《高丽史》卷34《世家34·忠宣王二》，页六到页七。
② 郑麟趾：《高丽史》卷34《世家34·忠宣王二》，页七。
③ 郑麟趾：《高丽史》卷91《列传4·宗室2·江阳公滋》，页十。
④ 宋濂：《元史》卷107，第2727页。

月，泰定皇帝即位，大赦天下，召还。十二年五月辛酉，王薨于燕邸，在位五年，寿五十一。①

从上述材料看，新上台的元英宗先是准备将他发回高丽安置，由于王璋迟迟不动身，激怒了英宗，将其关押到刑部监狱，接着让其出家，流放到遥远的吐蕃。元泰定帝继位以后，王璋被召回大都，两年后去世。王璋的悲剧反映了在元朝加强对高丽控制的情况下高丽政治家的处境。首先，王璋不是一个消极避世的政治家，前面所引王璋在大都的作为，就是很好的说明。《高丽史》对忠宣王王璋评价道："性好贤嫉恶，聪明强记，凡事一经耳目，终身不忘。每引儒士商榷前古兴亡，君臣得失，娓娓不倦。尤喜大宋故事，尝使僚佐读《东都事略》，听至王旦、李沆富，韩、范、欧阳、司马诸名臣传，必举手加额以致景慕，至丁谓、蔡京、章惇等奸臣传未尝不切齿愤惋。"②这样一个政治家怎么也不能用消极避世来形容。其次，王璋让位其子王焘，长期定居大都，可以看出他对元成宗以来元朝日益加强对高丽内政的干涉、推进高丽的"中土化"的消极抵抗。实际上，王璋一直对高丽的政治非常关心，元英宗至治元年七月，王璋在吐蕃写信给高丽大臣崔有渰等：

予以命数之奇，罹兹忧患，孑尔一身，跋涉万五千里，向于吐蕃，辱我社稷多矣。寝不安枕，食不知味，想诸国老亦劳心焦思，弥增惶愧，国王年少无知，向之惮我群小辈必幸，我如此肆其奸巧焉，知不间我父子乎？幸诸国老同心协力，敷奏于帝，俾予速还。③

从上述史料可以看出王璋对于元朝侮辱高丽的不满和对于高丽政权的担忧，类似的情绪还能在其他史料中寻得端倪。至治三年(1323)王璋被召回大都，他在写给高丽宰相的信中写道："寡人于十一月十日到大都，十三日利见至尊，犹念国王年少，昵比憸人，多行不义，卿等怀禄无所匡救，焉用彼相？自今可小心辅国。"这里王璋对忠肃王年少缺乏治国经验的担忧和对于高丽宰相的督责，反映了他对高丽政治的关心。

那么，是什么原因造成元英宗对王璋的迫害呢？学术界有一些不同的

① 郑麟趾：《高丽史》卷34《世家34·忠宣王二》，页七到页八。
② 郑麟趾：《高丽史》卷34《世家34·忠宣王二》，页八。
③ 郑麟趾：《高丽史》卷35《世家35·忠肃王二》，页六到页七。

说法，桂栖鹏、薛磊等学者认为：王璋被贬斥到吐蕃的原因，是他在元英宗和答己皇后集团的权力斗争中，属于答己皇后的亲信而遭到元英宗的报复或打击。[①] 王颋、倪尚明则认为，王璋受到流放的原因是得罪“朝中贵人”(八吉思)以及将王璋调离大都和高丽王京以实施“中土化”高丽的计划。[②] 本人同意后一种观点。

王璋流放吐蕃期间，高丽政局陷入混乱，高丽人崔瀣记载：“时太尉王有吐蕃之行，又见留京师，倾危之徒谋覆宗社，从行大臣亦皆革面，势至不测。”[③]崔瀣在这里提出高丽政治的两个问题，一是“倾危之徒谋覆宗社”，应是指沈王王暠阴谋夺去高丽王位；二是“从行大臣亦皆革面”，说明当时高丽政权内部出现分化。实际情况也是如此，高丽忠肃王与沈王王暠的王位之争确实达到白热化。至治元年(1321)四月，高丽忠肃王王焘“赴阙朝见，有本国奸臣等捏合虚辞，冒告朝廷，因此折镫迁延未还”[④]。这里，王焘被留在元朝的原因是“奸臣等捏合虚辞，冒告朝廷”，这里的奸臣，自然是忠于沈王王暠的高丽人。对于这件事情，《高丽史》有详细记载：

> 诏征王入朝，先是，忠宣在元，以从臣司仆正白应丘能殖货，令干沈王府事，应丘逃还本国，暠奏帝遣员外郎阿都剌敕王发应丘还都，王不时奉行，暠谮云：“王手裂其敕。”及王入朝，帝怒诘责之，收国王印，遣翰林待制沙的等来讯之。[⑤]

这一年，高丽大臣闵渍等到元朝上书，“请王还国，为沈王之党所沮，竟不能达而还。”[⑥]这里，沈王王暠阻止高丽王王焘回国，目的是利用他在元朝的影响力夺取王位。关于沙的“讯问”，《高丽史·忠肃王世家》记载，至治二年(1322)三月，元朝“以王不奉行帝敕，遣翰林待制沙的等

---

① 桂栖鹏：《元英宗谪高丽忠宣王于吐蕃原因探析》，《中国边疆史地研究》2001年第2期。薛磊：《元朝与高丽关系的重要人物——高丽忠宣王王璋》，《内蒙古社会科学》2004年第3期。

② 王颋、倪尚明：《高丽忠宣王西谪吐蕃事件再析》，《华中师范大学学报》2006年第2期(45卷)。

③ 崔瀣：《拙藁千百》卷二《有元故武德将军、西京等处水手军万户兼提调、征东行中书省都镇抚司事、高丽宰相元公墓志》，页十八。

④ 郑麟趾：《高丽史》卷35《世家35·忠肃王二》，页十四。

⑤ 郑麟趾：《高丽史》卷91《列传4·宗室2·江阳公滋》，页十。

⑥ 郑麟趾：《高丽史》卷35《世家35·忠肃王二》，页七。

来讯”①。元英宗派沙的对王焘的调查详情，《高丽史》记载：

> 暠先遣其臣前护军朴龟寄书宰相曰：“尔王嗣位以来，酣酒嗜音，不迎帝使，不亲庶务，夜与群小变服微行，使幸臣尹硕、李宜风、孙琦等假称王命，逞其私欲。又信谮言，枉杀无辜，官人以私不以贤劳，父王勋旧之臣皆置散地或至流放，籍没其家。尔等反为逢迎，使国纲大毁，大之礼后于诸国，尔等自今其省察之，前者阿都剌赍去圣旨，尔王非唯不行，又失所在。沙的到日，明推以对。”沙的在行省，鞫式目都监录事李允缄等，允缄言：“臣赍圣旨至王宫，授代言安珪时，有别驾徐允公见之。”沙的执阿都剌及允缄、允公以归。帝命宗正寺鞫珪等，珪辞及于王，王未能自明，丞相伯颜(这里疑为拜住)疑虑久而不决。②

从上面的记载来看，王暠一手策划了这次对高丽忠宣王王焘的调查，由于王焘不能“自明”，因此长期被羁押在元朝。

王璋被流放吐蕃，高丽王被留滞元朝以及高丽王与沈王之争，给高丽政治带来混乱，高丽大臣也面临选边站队的问题，高丽人李穑写道：“至治间，忠肃王被谗，留京师者五年。沈王势日炽，臣下之守义者二三，而及畎以侥幸者皆是也。清河(元愦)时为宫阙都监使，闻王帑已罄，乃以都监伯费之无名者化为轻赍，输之燕邸。忠肃王甚嘉之。”③这条材料中的“守义者二三”，反映了当时王焘的困难处境。史料记载具体情况：

> 是年，沈王得幸于英宗，诬王以罪，欲攘其位。患得之徒皆附焉，其党十余人忽自都下来，言沈王已得国，国人盍状王之非以达于朝，乃连数十纸书其状云云。铺于旻天寺门，招百官而署之，人争趍之，公独曰：“吾不知吾君之非，臣而诉君，狗彘不为。”唾之而去。由是台谏、文翰得不署。④

材料中，“患得之徒皆附”说明当时大量高丽官员依附沈王王暠的情况，甚至有王暠党羽从大都来到高丽：“言沈王已得国!”反映了王暠党羽

① 郑麟趾：《高丽史》卷35《世家35·忠肃王二》，页九。
② 郑麟趾：《高丽史》卷91《列传4·宗室2·江阳公滋》，页十一。
③ 李穑：《牧隐稿》卷文20《郑氏家传》，页十三。
④ 李榖：《稼亭先生文集》卷之十二《高丽国匡靖大夫、佥议评理、艺文馆大提学、监春秋馆事、上护军致仕尹公墓志铭》，页三到页四。

对高丽王位志在必得的猖狂。

当然，在艰难的情况下支持忠肃王，被《高丽史》列为忠臣的大臣也有不少，如：安轴（元朝泰定元年进士），“时忠肃王被留辇毂四年矣，公谓同志曰：‘主忧臣辱，主辱臣死，吾曹之学如此。’乃上书讼王之无它。”①崔安道（小字那海，高丽龙州人）“至治中先王为不臣所构留京师，公执靮无二心，赐田二百结，奴婢二十口”②。洪彬（字文野）“忠肃王被谗留京师者五年，公于是多为王出死力，讼王之屈而别白之”③。金伦（字无己，号竹轩，又号戆村，高丽彦阳人），“毅陵（忠肃王）见留京师五年，沈王得幸天子，群不逞之徒诱胁国人，上言愿得沈王为主。公与弟禑，独不署名状中，或私于公曰：‘违众自异，若后悔何？’公骂曰：‘臣无二心，职耳，何后悔之有！’”④闵宗儒（骊兴人），“至治中，王朝元久留，而喜事者聚党，逼人署名白状，谋在倾危国。卿士庶畏势延合，惟恐为后，间或诡避，无敢斥言不是者。有挟纸至门，讽公署名，则公叱曰：‘臣为君隐，直在其中，至如欺調，是可忍欤？吾年已老，不为若卖。’却而不署。其人内愧而退”⑤。韩宗愈（字师古，高丽汉阳人），“时王留元，沈王暠觊觎王位，恶本国多输钱财于王所，以帝命遣人征其钱物，令各仓司刷送所输文字，宗愈及义成仓提举金仁衍独不听。暠与王相持，国人颇惑，宗愈慨然为王讼理，乃与李兆年等连名为书，如元献之，王归，功擢为代言，遂升知申事”⑥。当时在经济上支持忠肃王的还有尹宣佐（字淳叟，铃平郡人），李穀记载：“时王被留五年，财用匮乏，沈王之党知其然，封府库以沮输运。公檄察官赵管督责主者，输运乃行。”⑦

上述例子中，一些大臣在经济上支持王焘，一些大臣为他大声呼吁，其中金伦的材料中提到的高丽官员签署的“署名状”，要求元朝立沈王为高丽王的问题，《高丽史》记载如下：

---

① 李穀：《稼亭集》卷十一《大元故将仕郎、辽阳路盖州判官、高丽国三重大匡、兴宁府院君、领艺文馆事、谥文贞安公墓志铭》，页十。

② 崔瀣：《拙藁千百》卷二《崔大监墓志》，页三十六。

③ 李穑：《牧隐文藁》卷之十九《唐城府院君洪康敬公墓志铭》，页十二。

④ 李齐贤：《益斋乱稿卷》卷七《有元高丽国输诚守义协赞辅理功臣、壁上三韩三重大匡、彦阳府院君、赠谥贞烈公金公墓志铭并序》，页二十一到页二十二。

⑤ 崔瀣：《拙藁千百》卷一《有元高丽国故重大匡、佥议赞成事、上护军、判总部事致仕、谥忠顺闵公墓志》，页十二。

⑥ 郑麟趾：《高丽史》卷110《列传23·韩宗愈》，页十九。

⑦ 李穀：《稼亭先生文集》卷十二《高丽国匡靖大夫、佥议评理、艺文馆大提学、监春秋馆事、上护军致仕尹公墓志铭》，页四。

> (泰定元年)十二月，政丞崔有渰如元贺正，宰相会旻天寺，上书中书省云："前于延祐七年十二月间太尉王(王璋)钦蒙皇帝圣旨，流去西土住坐，在后至治元年四月内，国王赴阙朝见，因事未还，其间在此有奸臣等会聚，众官员省会要具众人文状，赴都告乞太尉王回还。恁等于文状上各各书名画字者，遂行粘连到数张白纸，勒要众官名字，以此各员准信依从所说书名画字了当，在后，听知前项奸臣等谋构，却落写做干碍国王并沈王两王语句文状，将众人书名白纸粘连送与讫，在都同党人员处赍赴都并问事官处呈下。听得如此，今来思忖得，前项奸臣等用谋，不行吐露实情，虚称告乞太尉王回还文状，诳瞒众人，于数张白纸勒要讫名字，众官委实不知书写是何词因，却有奸臣等依凭前状，到今胡乱告说未绝，为此，今具文状付贺正官崔政丞收管前去，代告中书省，伏乞详状施行。"①

上面高丽丞相崔有渰的上奏文书，解释了高丽官员"署名状"的由来以及被沈王集团利用的过程，崔有渰的解释是说高丽官员的"署名状"是在被沈王欺骗的情况下签署的，本来意图是请元朝将王璋放回。这种解释与前面高丽人李齐贤的记载"沈王得幸天子，群不逞之徒诱胁国人，上言愿得沈王为主"不符，再联想到李穑记载的"守义者二三"，可以推定崔有渰的解释不符合当时的实际情况，其原因一方面是在王焘被放回的情况下，彰显王焘担任高丽王的合理性和元朝选择王焘为高丽王的正确性，另一方面是替大部分高丽大臣遮丑，避免高丽王回国后对大臣的打击造成政局混乱。

泰定元年(1324)元泰定帝继位，高丽丞相再次向元朝中书省上书，请求高丽忠肃王回国。② 泰定二年(1325)元朝允许王焘回国，但沈王一方并没有善罢甘休，致和元年(1328)七月，沈王近臣再赴元朝中书省控告高丽忠肃王，认为"上王(王璋)奏仁宗皇帝以焘为高丽王，以暠为世子，已有定命"。但在元英宗时，王焘"令金怡说上王，夺暠世子印，又夺上王所赐暠田宅，及陪臣(柳)清臣、(吴)潜等百四十人田宅"。另外，柳清臣、吴潜还到元朝中书省，"诬王盲聋喑哑，不亲政事"③。面对沈王集团的攻击，忠肃王直接回击，《高丽史》记载：

① 郑麟趾：《高丽史》卷35《世家35·忠肃王二》，页十五到页十六。
② 郑麟趾：《高丽史》卷35《世家35·忠肃王二》，页十三到页十四。
③ 郑麟趾：《高丽史》卷35《世家35·忠肃王二》，页二十三到页二十四。

(泰定四年)秋七月，帝遣平章政事买驴、舍人亦忒迷失不花等来，兴礼君朴仲仁及曹頔、赵云卿、上护军高子英等从之，皆沈王之党也……王辞疾不迎，买驴意王实聋哑，径诣王宫，宣诏诘问。王对曰："世祖皇帝赐我父王高丽王世子印，武宗皇帝授父王沈王爵，未几袭封高丽王。洪重喜来曰：'一身上不宜兼绾两王印。'奏于帝，命我为高丽王。延祐三年，我朝京师，父王授我世子印，谓曰：'世祖皇帝赐此印，曰待胤子长传与之。'今党暠者言：'父王听金怡说，以印与我。'然仁宗宾天二年，父王窜吐蕃时，予在国，何暇与伯颜秃古思谋。且印乃延祐三年所授，而言英宗时所与，其言谬妄，但使吾父子相夷耳。我父王以世祖外甥又有累朝佐命之功，重喜尚曰：'一身不可兼两王。'况暠有何功，既为沈王，又要高丽世子印耶？父王田宅已与暠者，曾蒙帝旨，孰敢违异？但懿州所置解典库、店铺，江南土田，父王所与文契俱在，营城、宣城两扫里，世祖为高丽王朝见往来，供给许置之。子不得传之于父而他人有之，岂其理也？又清臣等田地皆夺他人所有，非其传于祖父者，令有司考其文契，还与旧主耳。"买驴见王礼容严肃，言辞有叙，曰："帝所以命臣来者，察王疾也，以今所见，向者之诉皆诬也。"①

这次忠肃王与沈王虽然不是当面的交锋，但从上面的材料来看，还是非常激烈的。元朝在王焘的据理力争之下，最后还是支持了高丽王一方。元文宗天历二年(1329)忠肃工请将高丽王位传给其子王祯，是为忠惠王。不过，至顺二年(1331)二月，"元遣留守宝守、前理问郎中蒋伯祥等来，命工复位"②。具体情况，《高丽史》记载得比较详细："元遣留守宝守、前理问郎中蒋伯祥等来，王郊迎伯祥，传圣旨云：'已于正月三日命上王复位。'王及左右皆失色，伯祥收国玺，封诸库，王遂如元。"③三月，忠肃王王焘病死，至顺三年五月，忠惠王"遣大护军孙守卿、全允臧赍金银及大顶儿如元，赂执事者求复位"④。六月，高丽耆老权溥等上书，以忠肃王已死，请求忠惠王复位，⑤ 这两次请求都没有得到元朝的批准。至顺三年(1332)十一月，元遣中书省断事官头麟、直省舍人九通等"遂往王邸，

① 郑麟趾：《高丽史》卷35《世家35·忠肃王二》，页二十三到页二十五。
② 郑麟趾：《高丽史》卷35《世家35·忠肃王二》，页二十九。
③ 郑麟趾：《高丽史》卷36《世家36·忠惠王》，页十。
④ 郑麟趾：《高丽史》卷36《世家36·忠惠王》，页十二。
⑤ 郑麟趾：《高丽史》卷36《世家36·忠惠王》，页十四。

授传国印，王拜受。丙寅，头麟等执王及洪彬……以归，盖因頔党之诉也”①。这里的“頔”，即曹頔，高丽权贵，属于沈王的政治阵营，说明此时沈王仍在与高丽王对峙。

后至元六年(1340)正月，元朝囚忠惠王于刑部，“命中书省、枢密院、御史台、翰林院、宗正府杂问之”②。三月，“脱脱大夫奏于帝，释王复位”③。四月，王祯回到高丽。这样，忠惠王经过元朝的刁难返回高丽，但是，沈王集团与高丽王的斗争持续，忠惠王仍面临十分危险的处境。至正三年(1343)七月发生了一件元朝使臣对高丽统治政策加以批评的事件，具体情况如下：

> 元使实德道见造成都监榜文有曰：“纳木石不及期者，征布配岛。”乃取归馆，谓政丞蔡河中曰：“为人君者当使民以时，今役民妨农，此邦之民其何以生？吾将奏于帝。”河中以告，王大怒曰：“此必伴接人所诱也。”河中对曰：“臣愿殿下无轻怒，人君不可轻殿下，平日小事即振圣威，固非人主所宜为也。”王使河中等请之，实德不听，令其所亲固请，乃止。有白王者曰：“诉实德者前判阁崔天雨也。”王召入内，批颊流血。④

这本来是一件小事，作为沈王党羽的蔡河中从中挑拨，激怒了忠惠王，他将大臣崔某“批颊流血”，反映了其对于当时政治的焦虑心情。不久，又有高丽大臣赴元朝控告忠惠王“极言王贪淫不道，请立省以安百姓”⑤。忠惠王的表现更加不安，此年十一月，忠惠王人生最后的悲惨历程开始了。根据《高丽史》记载：

> (十一月)甲申，(元朝)托以告郊颁赦，遣大卿朵赤、郎中别失哥等六人来，王欲托疾不迎，龙普曰：“帝常谓王不敬，若不出迎，帝疑滋甚。”王率百官朝服郊迎听诏于征东省，朵赤、乃住等蹴王缚之，王急呼高院使，龙普叱之，使者皆拔刃，执侍从群小，百官皆走匿，左右司郎中金永煦、万户姜好礼、密直副使崔安佑、鹰扬军金善

① 郑麟趾：《高丽史》卷36《世家36·忠惠王》，页十六。
② 郑麟趾：《高丽史》卷36《世家36·忠惠王》，页十六。
③ 郑麟趾：《高丽史》卷36《世家36·忠惠王》，页十七。
④ 郑麟趾：《高丽史》卷36《世家36·忠惠王》，页二十七。
⑤ 郑麟趾：《高丽史》卷36《世家36·忠惠王》，页二十八。

庄等中槊，持平卢俊卿及勇士二人被杀，中刀槊者甚多，辛裔伏兵御外以助之，朵赤等即掖王载一马驰去，王请小留，朵赤等拔刃胁之，王闷甚，索酒，有一妪献之。万户权谦、罗英杰为押领官，龙普与朴帖木儿不花及诸军万户李中敏、金珠庆、金上琦等执弓剑搜索势家，朵赤等命龙普整治国事，德成府院君奇辙、理问洪彬权征东省。龙普遣人捕王之侍从群小，朴良衍、林信、崔安义、金善庄、承信等十余人囚之，宋明理、赵成柱、尹元佑、韩晖、康赞等素与龙普善，故免。龙普与辙、彬、蔡河中等封内帑。①

忠惠王在光天化日之下被元朝抓捕，在高丽的君臣之间引起震动，李齐贤代表高丽君臣上书当时的征东行省丞相和元朝使臣朵赤，在上书中，李齐贤首先表达了对这一事件的震惊，他写道："钦奉郊天大赦德音，前来王京，我宝塔实怜王，引僚吏，备仪仗，出迎城外。入于本省听诏讫，使臣等就执王，上马回去。事出仓卒，凡在陪臣，措躬无所，尚复奚言！然念王年少不更事，直情径行，所以致此，原其本意，盖亦无他，天日照临，胡可诬也？"②这里李齐贤用"尚复奚言"，表达他的震惊和愤怒。《高丽史》接着记载：

（至正三年十二月）癸丑，帝以槛车流王于揭阳县，谕王若曰："尔王祯为人，上而剥民已甚，虽以尔血啖天下之狗，犹为不足。然朕不嗜杀，是用流尔揭阳，尔无我怨，往哉。"揭阳去燕京二万余里，元子使裴佺献衣一袭，佺献已即行，王使呼之，即不及矣。无一人从行者，王手持衣袱而去。③

（至正四年正月）戊辰，宰相会百官及国老，欲署名呈省书，国老多不至，事竟未就。王传车疾驱，艰楚万状，未至揭阳，丙子，薨于岳阳县。或云遇鸩或云食橘而殂，国人闻之，莫有悲之者，小民至有欣跃以为复见更生之日。初宫中及道路歌曰："阿也麻古之那从今去何时来？"至是人解之曰："岳阳亡故之难，今日去何时还？"④

---

① 郑麟趾：《高丽史》卷36《世家36·忠惠王》，页三十到页三十一。

② 李齐贤：《益斋乱稿·拾遗·上征东省书》，页一，《韩国文集丛刊》第2册，第616页上。

③ 郑麟趾：《高丽史》卷36《世家36·忠惠王》，页三十一。

④ 郑麟趾：《高丽史》卷36《世家36·忠惠王》，页三十二。

忠惠王在位前后六年，下场可谓悲惨，其原因比较复杂，总结起来有下面几点：第一，高丽内部斗争的结果。前引史料已经说明，沈王得到元朝皇帝和一些大臣的支持，特别是元顺帝初期的权臣伯颜，对于忠惠王非常反感，称其为“泼皮”，王璋去世以后，“遗命(忠惠王)袭位，由是行省左右司转达中书省，王亦遣前评理李揆等求袭位，而伯颜为太师，寝不奏，且言：‘王焘本非好人，且有疾，宜死矣，泼皮虽嫡长，亦不必复为王，唯暠可王。’(李)揆等百计请之，不得”①。可以说，在沈王与高丽忠惠王之争中，沈王王暠得到元朝的支持，而忠惠王王祯则在某种程度上受到元朝的排挤，因此，王祯最后的结局并不意外。第二，元朝加强控制与高丽争取国家独立之间的博弈。元朝中后期以后，加强了对高丽的控制，元朝政权内部高丽管理中土化的声音较强。虽然元成宗、元仁宗、元英宗、元文宗和元顺帝时期有关在高丽设立行省的讨论都没有付诸现实，但元朝对于高丽的打压强于元世祖忽必烈时期。第三，元朝内部政治形势的变化。元末高丽人奇完者忽都成为元顺帝的皇后，奇氏生皇太子爱猷识理达腊，随着皇太子的成长和参与元朝政治，奇氏政治势力崛起，对高丽政局产生比较重要的影响。前面已经说明，在至正三年向元朝上书，“极言王贪淫不道”的高丽大臣中，就有奇皇后的兄长奇辙，说明奇氏政治势力已经站在高丽王的对立面，其崛起对于高丽忠惠王来说却是凶多吉少。第四，忠惠王自己的原因。王祯的个人品行和执政能力都较差，《高丽史》评价：

> 王性游侠，好酒色，耽于游畋，荒淫无度，闻人妻妾之美，无亲疏贵贱皆纳之，后宫几百余，于财利分析丝毫，常事经营，群小争进计划，夺人土田奴婢尽属宝兴库，良马以充内厩，给布回回家取其利，令椎牛进肉，日十五斤。新宫之役，张旗设鼓，亲登墙督之，宫成征漆诸道，丹之输，后期者征布倍蓰。吏缘为奸，百姓愁怨，群小得志，忠直见斥，一有直言者必加诛戮，人人畏罪，莫敢言者。②

上面的记载说明，王祯除了个人生活荒淫无度、奢侈浪费，治理国家也是任用奸邪，大肆搜刮，导致他死后高丽百姓“至有欣跃以为复见更生之日”。另外，王祯还侵犯忠肃王之王妃——蒙古庆华公主，《高丽史》

① 郑麟趾：《高丽史》卷36《世家36·忠惠王》，页十。

② 郑麟趾：《高丽史》卷36《世家36·忠惠王》，页三十二到页三十三。

记载：

> 庆华公主伯颜忽都，蒙古女，王在元娶之。后(忠肃王)二年与王来，(忠肃王)五年开府曰庆华，置官属。王薨，忠惠再宴公主于永安宫，公主亦邀忠惠宴，及酒罢，忠惠佯醉不出，暮入公主卧内，公主惊起，忠惠使宋明理辈扶之使不动，且掩其口，遂烝焉。翌日，公主耻之，欲还于元，使买马，忠惠命李俨、尹继宗等禁马市，不得卖马，元使头麟等来进御酒于公主，执忠惠以归。[1]

这一事件既是令人不耻的乱伦行为，也是对于元朝蒙古贵族的冒犯。王祯被流放之前，元顺帝对他说："尔王祯为人，上而剥民已甚，虽以尔血啖天下之狗，犹为不足。"[2]应该就是指的上述案件。王祯的悲剧是元丽政治的发展使然，也是他个人罪有应得。

高丽忠惠王王祯去世以后，元朝于至正四年(1344)立其长子王昕继位，是为忠穆王。王昕继位时年仅八岁，没有执政能力，高丽政治由元朝控制。至正五年(1345)元朝派桑哥到高丽颁布圣旨，要求高丽废除忠惠王的弊政，四月，"王宴桑哥，用女乐，百官侍坐，皆簪花，名曰君臣庆会宴"。不久，"元流忠惠王嬖人崔和尚于靖州路、林信于郴州路、朴良衍于沅州路、闵涣于辰州路、金添寿于永州路、林以道于桂阳路、承信于归州路、南宫信于道州路、王硕于金州路"[3]。高丽忠惠王的亲信被流放到湖广行省的各地，符合元朝流刑的相关规定，说明忠穆王时期元朝控制高丽的情况。

至正五年(1345)八月，沈王王暠去世，[4] 高丽内部高丽王和沈王之争结束。这次政争持续了二十余年的时间，可谓是让高丽伤筋动骨，斗争的双方也两败俱伤。至正八年(1348)元朝赴高丽颁布圣旨，对高丽忠惠王全面清算，圣旨内容如下：

> 至正七年九月十四日咬咬怯薛第三日，明仁殿内有时分，速古赤佛家奴云："都赤撒迪米失、殿中监给事中燕古儿赤等有来，帖木儿答失左丞相特奉圣旨，在前高丽百姓未曾归附的时分，他每倚本俗行

① 郑麟趾：《高丽史》卷89《列传2·后妃2·庆华公主》，页十八。
② 郑麟趾：《高丽史》卷36《世家36·忠惠王》，页三十一。
③ 郑麟趾：《高丽史》卷37《世家37·忠穆王》，页四。
④ 郑麟趾：《高丽史》卷37《世家37·忠穆王》，页八。

来也者，托赖上天属了咱每的时分，昨前知道不答失里（高丽忠惠王）将那百姓好生残害的上，明知道一介人害高丽百姓，么道将不答失里罚去遞南地面，为他依势力不依法度行来的勾当，已尝命谙知彼中事体王脱欢、金那海教正理去来。时下促急，便怎生正理的有？如今交八麻朵儿赤（高丽忠穆王）和王脱欢等，与省得的勾当的好人一同，不拣是谁依势力欺压百姓的并民间不事理，好生正理奏将来者。"①

至正八年十二月，高丽忠穆王王昕去世，年十二岁。② 不久高丽大臣李齐贤向元朝上表，提出忠穆王继承人，一是忠惠王同母弟王祺，一是忠惠王庶子王眂。③ 至正九年五月"帝命元子眂嗣王位"④。王眂成为新的高丽国王，是为忠定王。不过，至正十一年（1351）十月，"元以江陵大君祺为国王，遣断事官完者不花封诸仓库、宫室，收国玺以归。王逊于江华，恭愍王元年三月辛亥，遇鸩薨"⑤。高丽忠定王王眂继位不到两年被毒死，又是一个悲剧，反映了元顺帝时代对高丽政策的不稳定和自相矛盾。

至元十一年王祺被元朝任命为高丽国王，是为高丽恭愍王。王祺，蒙古名伯颜帖木儿，高丽忠惠王母弟，忠肃王十七年（1330）五月，封江陵大君，忠惠王后二年（1332 年）五月，元顺帝遣使召入朝宿卫，时称大元子。忠穆王即位封为江陵府院大君，忠穆薨，国人欲立祺为王，元以忠定袭位，仍留王宿卫。初忠肃以王托尹泽，忠定元年泽与李承老献书中书省请立王。是岁王祺娶鲁国公主，忠定三年（1351）十月封为高丽国王。⑥

高丽恭愍王王祺是高丽晚期政治、军事才能最突出的政治家。他在元顺帝时期进入元朝怯薛系统，又于至正九年（1349）娶元朝鲁国公主，为他被任命高丽国王创造了条件。恭愍王继位以后，以大臣李齐贤负责征东行省，以洪元哲控制高丽重地平壤，以金镛防备沿海倭寇，以许猷负责元丽北方与元朝接壤的地区，⑦ 稳定了高丽的局势。此后，恭愍王利用元朝爆发大规模的红巾军农民战争，无暇过多干涉高丽事务的时机，在至正十

① 郑麟趾：《高丽史》卷 37《世家 37・忠穆王》，页十三到页十四。
② 郑麟趾：《高丽史》卷 37《世家 37・忠穆王》，页十五到页十六。
③ 郑麟趾：《高丽史》卷 37《世家 37・忠穆王》，页十七。
④ 郑麟趾：《高丽史》卷 37《世家 37・忠穆王》，页十八。
⑤ 郑麟趾：《高丽史》卷 37《世家 37・忠穆王》，页二十四。
⑥ 郑麟趾：《高丽史》卷 38《世家 38・忠穆王》，页一。
⑦ 郑麟趾：《高丽史》卷 38《世家 38・恭愍王一》，页二。

六年(1356)杀掉奇皇后的兄长奇辙及其党羽，除掉了高丽境内的奇皇后集团的政治势力，保证了对高丽的控制，此年六月，恭愍王停用至正年号,① 反映了他敢于反抗元朝的控制，争取高丽完全独立的决心。至正十六年六月，“元……声言发八十万兵来讨，西北面兵马使印珰请济师以备。(七月)东北面兵马使柳仁雨陷双城，总管赵小生、千户卓都卿遁走，收复和、登、定、长、预、高、文、宜州及宣德、元兴、宁仁、耀德、静边等镇，咸州以北自高宗戊午没于元，今皆复之”②。收复失地大大鼓舞了高丽官民摆脱元朝控制的热情，高丽的这些土地是在蒙古征伐和忽必烈时代逐步从高丽割让给元朝，至此，恭愍王在高丽得到了普遍的支持。此后，恭愍王领导了抵抗红巾军进犯和打败元朝奇氏集团政治势力进犯的斗争并取得胜利，结束了高丽的蒙古统治时代，高丽与中国元朝和此后明朝的关系走入传统朝贡关系的正轨。

三、奇皇后与高丽政治：元末奇皇后高丽政治集团的兴亡

奇皇后名完者忽都，她由高丽来到元朝宫廷，逐步成为元顺帝的皇后。由于她的儿子爱猷识理达腊成为元末的皇太子，奇氏母子在元末攫取了较大的权力。奇氏的崛起对于高丽产生了重要影响，以其兄奇辙为首的政治集团成为高丽国内的一个重要的政治势力。奇皇后母子与奇辙互相配合，大有左右元朝和高丽政局，在高丽建立新王朝的可能。由于高丽恭愍王的果敢，奇辙被杀，奇皇后的政治势力在高丽缺了内应，奇氏母子策划的入侵高丽战争也以失败告终，高丽保住了国家独立。随着元朝的灭亡，奇皇后在高丽的政治势力也烟消云散。有关奇皇后与高丽政治的问题，学术界已经开始相关研究，如李梅花《试论奇皇后对元末元丽政治关系的影响》，论述了元末奇皇后政治势力干涉高丽王废立对元丽关系的影响。③ 李岭《丙申之祸与元丽关系》考察了高丽恭愍王诛杀奇辙等高丽奇氏家族党羽的丙申之祸过程及影响。④ 本节在前人研究的基础上，考察奇皇后的生平及其政治集团与高丽的互动。

---

① 郑麟趾：《高丽史》卷39《世家39·恭愍王二》，页五。

② 郑麟趾：《高丽史》卷39《世家39·恭愍王二》，页六到页八。

③ 李梅花：《试论奇皇后对元末元丽政治关系的影响》，《内蒙古大学学报》2008年第3期。

④ 李岭：《丙申之祸与元丽关系》，《广播电视大学学报》2006年第3期。

(一)元朝末代皇后奇完者忽都的传奇一生

中国帝制时代，皇帝是一切权力的中心，皇后深居后宫，出头露面机会不多。不过，在特殊时期，他们仍能扮演政治上举足轻重的角色。元朝是蒙古统治的王朝，蒙古有大汗妻子参政的传统，因此，元朝的太后、皇后、皇妃不论是在平时，还是在皇帝更替的特殊时期，对当时的政局都起到比较重要的作用。元朝末代皇后奇完者忽都是一位具有传奇色彩的皇后，她是高丽人，出身低微，后来却晋身皇后，这在中国历史上可以说是绝无仅有。她担任皇后期间，正是元朝即将灭亡之时，政治动荡、宫廷倾轧甚于中原历代王朝。她的一生是元末动荡历史的绝好反映。元朝灭亡后，她随元顺帝北遁，此后即不知所终，给人留下了诸多的疑问和迷惑。

奇完者忽都，高丽人，关于她的出身，高丽人李穀为奇皇后父亲奇子敖写的《行状》有如下记载：

> 公讳子敖，字子敖，幸州人。始以门功拜散员，至元庚寅，叛王乃颜之党哈丹与其众东走真番，阑入我疆，逆气张甚，所至杀掠。忠烈王偕帝女安平公主，率百官入江华岛避其锋。州郡皆据险，且战且守，中外汹汹。公时为中军偏将，负櫜前驱，颇有功，贼平，累迁总部散郎。出守宣州，所居称职，而有去思。自以奕世衣冠，仕不甚达，性又宽厚，且不喜干谒，日与贤士大夫游，务尽其欢，不理家人事产，年六十三，以天历戊辰卒于家。夫人三韩国太夫人李氏，左仆射讳凑之孙，国学祭酒讳行俭之女。族大德茂，克配君子，生五男三女，今皇后其季也。……奇氏自国初以武材称，世著其劳。①

从李穀的记载可以看到，奇氏的父亲奇子敖为高丽镇戍宣州的军官，级别不高，可以说“仕不甚达”。不过，奇子敖以“门功”入职，其家族仍属于高丽仕宦家族。奇子敖娶李行俭女，李行俭担任过高丽国学祭酒，地位不低，奇完者忽都属于奇子敖的季女。这样看来，元朝后来册封她为皇后的诏书中有“笃生名族”的说法，大体不错。《元史·后妃传》记载奇氏“家微，用后贵”，② 可能是根据奇子敖的仕宦不成功得出的结论。从上面

① 李穀：《稼亭先生文集卷》卷十二《高丽国承奉郎、总部散郎、赐绯鱼袋、赠三重大匡、佥议政丞、判典理司事、上护军奇公行状》，页六。

② 宋濂：《元史》卷114《后妃传一》，第2880页。

的材料来看，奇氏家族不算显赫，但从其家族的仕宦、婚姻等因素来看，奇氏绝非一般高丽百姓之家，至于她原来叫什么名字，是通过什么方式到中国的，史料失载。

元统元年(1333)奇完者忽都在徽政院使宦官高丽人秃满迭儿的推荐下，① 入属宫女。由于她美丽出众，再加上“性颖黠”，不久即得以在宫中主持茶道，日见宠幸。② 然而，奇氏最初在宫中的处境并不顺遂，当时的皇后答纳失里是权相燕铁木儿之女，习于娇贵，又因顺帝年幼，在宫中专横跋扈。见顺帝宠奇氏，心中不平。据史料记载：答纳失里皇后“日夜捶楚奇氏，几不胜”。一天晚上，皇后“又跪奇氏于前，筹问其罪，加烙其体”。次日，司天上奏顺帝“昨夕火星犯后妃”③。

不久，燕铁木儿死，其家族的权势也逐步丧失。后至元三年(1337)燕铁木儿的儿子唐其势以“谋不轨”罪被丞相伯颜杀死，皇后答纳失里因庇护其弟，被迁出宫，后来在开平(元上都，位于今内蒙古自治区锡林郭勒盟正蓝旗)民舍中被丞相伯颜毒死。④ 答纳失里死后，奇完者忽都的处境有了很大的改善。这一年，元顺帝打算封奇氏为皇后，在朝廷中引起了轩然大波。首先，这一决定违背了元朝“世祖成宪”。早在奇氏入宫时，权衡在《庚申外史》中就写道：“世祖皇帝家法，贱高丽女子，不以入宫。至是，始坏祖宗家法，识者知天下之将乱矣。”⑤元顺帝要以高丽女子为皇后，朝廷内外反对之声的强大是可想而知的。其次，当时正值伯颜专权之时，他罢科举，禁汉人、南人持寸铁，极力强化蒙古贵族的特权，高丽人在元朝的政治地位属于汉人族群，因此，以出身高丽的女子为皇后，自然会遭到他的强烈反对。《元史》称：“帝欲立之，丞相伯颜争不可。”⑥正反映了这一情况。此年，元顺帝屈从伯颜的压力，立弘吉剌氏、毓德王孛罗帖木儿之女伯颜忽都为皇后。

后至元六年(1340)伯颜被黜，发配广东阳春，死于流放途中的江西行省龙兴路治所(今江西省南昌市)附近的驿站。同年，沙剌班请立奇氏为第二皇后，得到顺帝批准，于是奇氏入居兴圣宫，改徽政院为资正院以掌之。⑦

---

① 任崇岳：《庚申外史笺证》，中州古籍出版社，1991年，第11页。
② 宋濂：《元史》卷114《后妃传一》，第2880页。
③ 任崇岳：《庚申外史笺证》，第12页。
④ 宋濂：《元史》卷138《燕帖木儿传》。
⑤ 任崇岳：《庚申外史笺证》，第12页。
⑥ 宋濂：《元史》卷114《后妃传一》，第2880页。
⑦ 宋濂：《元史》卷114《后妃传一》，第2880页。

奇氏成为元朝第二皇后的消息，在她的家乡高丽引起了极大的震动。郑麟趾《高丽史·李齐贤传》中就有"皇后奇氏生自小邦，上配至尊，诞毓元良，为天下所庆"①的记载。需要指出的是，奇氏为元朝皇后一开始就存在争议，甚至在八年(1348)以后，监察御史李泌仍然上书说："世祖誓不与高丽共事，陛下践世祖之位，何忍忘世祖之言，乃以高丽奇氏亦位皇后？今灾异屡起，河决地震，盗贼滋蔓，皆阴盛阳微之象。乞仍降为妃，庶几三辰奠位，灾异可息。不听。"②上述情况说明，即使伯颜已死，反对奇氏为第二皇后的仍然大有人在。之所以他们没能阻止奇氏被封为第二皇后，除了因为顺帝本人意愿强烈以外，地位尊崇的文定王沙剌班，在其中起了重要的作用。

沙剌班，字敬臣，号山斋，畏兀儿人，是元顺帝的老师，顺帝对他非常敬重。据陶宗仪《南村辍耕录》记载：沙剌班为翰林学士时，经常侍从顺帝左右，有一天，在宫中侍从顺帝时，偶感身体疲倦，于是在便殿之侧熟睡。顺帝发现后，以所坐方褥，"亲扶其首而枕之，后尝患疥额上，上于金钵中取佛手膏躬与帖之"③。奇完者忽都得到这样一位皇帝宠臣的支持，确实对她成为皇后非常有利。

不久，奇皇后生一子，名爱猷识理达腊。此前，第一皇后伯颜忽都生皇子真金，二岁而夭。④ 爱猷识理达腊出生，元顺帝欢喜有加，同时，母以子贵，奇皇后在皇宫中的地位也有了很大提高。

尽管在中国和高丽的有关史料中，奇皇后被描述为一个擅权、自私的人物而受到非议，甚至将她说成是元朝灭亡的罪魁祸首。但无可否认的是，奇皇后在品行方面，并不亚于中国古代的贤淑皇后。

早在大蒙古国时期，就有一些高丽女子被掳至中国。前引郝经《高丽叹》一诗中就有高丽女子"肌肤玉雪尤云雾，罗列人肆真可怜"之句。⑤ 有元一代，高丽女子以其美丽、贤惠和守妇道而博得中国北方官吏、富豪及一般百姓的青睐。迎娶高丽女子于是成为元朝时期的时尚。叶子奇《草木子·杂制篇》就有："北人女使，必得高丽女孩童，家僮必得黑厮，不如此，谓之不成仕宦。"⑥陶宗仪《南村辍耕录》中也有"高丽氏守

① 李齐贤：《益斋乱稿》附录《拾遗》，页二，《韩国文集丛刊》第2册，第616页。

② 宋濂：《元史》卷41《顺帝四》，第883页。

③ 陶宗仪：《南村辍耕录》卷2《隆师重道》，中华书局，1959年，第20页。

④ 宋濂：《元史》卷114《后妃传一》，第2879页。

⑤ 郝经：《陵川集》卷十《高丽叹》，页十六，《北京图书馆古籍珍本丛刊》第91册，第566页。

⑥ 叶子奇：《草木子》卷3下《杂制篇》，中华书局，1959年，第63页。

节”的记载。①

这种情况也影响到元朝的宫廷，元世祖时期就有高丽美女入宫为宫女，世祖曾将高丽女子配给其宠臣康里燕真。至元顺帝时，这种风气更甚于前，京师达官贵人必得高丽女，然后为名家。皇宫中给事使令大多为高丽女，甚至四方衣服鞋帽器物，皆依高丽样子。从史料来看，奇完者忽都完全具备元代高丽女子的优秀品德，也因此而得到宠臣沙剌班等人的支持。

据《元史·后妃传》记载：“后无事，则取《女孝经》、史书，访问历代皇后之有贤行者为法，四方贡献，或有珍味，辄先遣使荐太庙，然后敢食。”至正十八年(1358)江南漕运不畅，京城大饥，奇皇后命手下官吏熬粥给饥民食用，她还拿出自己的金银粟帛，命资正院使朴不花在京都十一门外置坟茔，埋葬饥饿而死的遗骸十余万具，并命僧人建水陆大会以超度之。②

元顺帝统治后期生活放荡，宫嫔进御无纪，配夫人、贵妃印者不下百数。权臣哈麻又向其献“大喜乐”法，以在宫中淫乐。据《元史·哈麻传》：最初，哈麻向顺帝推举西天僧人以运气术媚帝，顺帝习为之，号“演蝶儿法”。哈麻之妹婿亦推荐西蕃僧人伽璘真于顺帝，其僧善秘密法，顺帝又习之。于是帝日从事于其法，广取女妇，唯淫戏是乐，又选采女为十六天魔舞。君臣相与亵狎，甚至男女裸处，群僧出入禁中，无所禁止。丑恶秽行，著闻于外，虽市井之人亦恶闻之。③ 除了淫乐以外，元顺帝还沉溺于造作，至正十八年(1258)顺帝尝为近侍建宅，亲自画屋样，又削木构宫，高尺余，栋梁楹槛，宛转皆具。付匠者按式为之，京师遂称鲁班天子。奇皇后对顺帝的淫乐和造作均持反对态度。据《庚申外史》，奇皇后见造作不已，于是挽着顺帝的衣襟谏曰：你年纪大了，太子也已年长，应该稍息造作。况且诸位夫人事上足矣，圣上不要被天魔舞女之辈所迷惑，要爱惜自己的身体。顺帝听后勃然大怒，两个月不到奇皇后的内宫。④

奇皇后对皇太子爱猷识理达腊的教育也比较重视，陶宗仪《南村辍耕录》卷二的《后德》条中记述道：皇太子正位东宫，设谕德(教师)，置端本堂，以供太子讲读。忽然有一天，帝师来见奇皇后说：“向者太子学佛法，顿觉开悟。今乃受孔子之教，恐损太子真性。”奇皇后说：我虽居深

---

① 陶宗仪：《南村辍耕录》卷15《高丽氏守节》，第187页。
② 宋濂：《元史》卷114《后妃传一》，第2880页。
③ 宋濂：《元史》卷205《哈麻传》，第4583页。
④ 任崇岳：《庚申外史笺证》，第95页。

宫，不知道德，常闻古今治天下者，须用孔子之道。舍此他求，即为异端。佛法虽好，乃余事耳，不可以治天下，安可使太子不读书？帝师听后，惭愧地告退。①

奇皇后还促成了原右丞相脱脱的重新掌权，反映出她作为政治家的宽阔胸襟。脱脱，蒙古蔑里乞氏，后至元六年(1340)罢逐权臣伯颜，次年任中书省右丞相。他上任即对元朝政治进行改革，被时人誉为“贤相”，其改革措施被称为“更化”。脱脱在政治上对于奇皇后母子并不支持，这从他复相重新掌权以后对待奇皇后和太子的态度就能反映出来。比如，脱脱对奇皇后之子爱猷识理达腊封为太子一事不以为然。中书省平章政事哈麻曾经与丞相脱脱商议举行授皇太子册宝的典礼，脱脱不同意，认为：“中宫(第一皇后)有子将置之何处？”②因此典礼久不能行。这件事虽然发生在至正十三年(1353)左右，但它说明脱脱任丞相以后，一向敬重第一皇后伯颜忽都。对奇皇后母子并没有看在眼里。脱脱复相以后的政治倾向奇皇后难以判定，但脱脱在初任丞相的改革措施和施政能力，奇皇后当然看在眼里，脱脱罢相，她意识到这是当时元政权的损失，脱脱的回归，可以帮助元顺帝处理当时国家棘手的自然灾害导致的民众流离失所和国家经济濒于崩溃的问题，这应该是奇皇后帮助脱脱重新掌权的初衷。

脱脱复相的过程如下：至正四年脱脱罢相，居甘州侍亲。奇皇后曾经向顺帝说“脱脱好人，不宜久在外”。至正九年，元顺帝曾与哈麻议论召回脱脱之事，奇皇后在屏风后听到这一消息，暗地里派人到甘州召回脱脱。不久，脱脱回到大都，趁夜晚入城。奇皇后得知后，趁顺帝高兴之时，将脱脱之子加剌张叫到顺帝面前，问道：“你思念父亲吗？”加剌张说：“思念。”顺帝说：“脱脱在甘州，你怎么能让他们父子相见呢？”奇皇后站起来，再拜，正色说：“脱脱离开太久了，思念至尊，今闻其入城在某处矣。”顺帝于是派人去叫脱脱相见。脱脱至，顺帝在棕毛殿接见。入殿后，顺帝严厉地问：“我让你在甘州侍亲，是谁召你进京的？”奇皇后听罢，大惊失色。脱脱平静地说：“皇上使奴婢侍亲，今日幸亲终，服阕，故来耳。”于是二人始相与泣慰之，③ 脱脱也有重新拜相之命。以上可以看出，奇皇后在脱脱复相过程中确实起了重要的作用。

从以上的论述来看，如果奇完者忽都生活在任何一个帝国王朝的盛

① 陶宗仪：《南村辍耕录》卷2《后德》，第21页。
② 任崇岳：《庚申外史笺证》，第52页。
③ 任崇岳：《庚申外史笺证》，第52页。

世，她完全可以作为一个贤淑皇后被后人称道。从元朝历史上看，至少在至正十四年(1354)脱脱被害以前，她也可以称得上一个贤淑皇后。此后，元朝进入末世，全国政局的动荡以及宫廷斗争的日益残酷，增加了他通过皇太子控制元朝和高丽政局的野心。

奇皇后谋划控制元朝政局的第一步是谋“内禅”，即废掉元顺帝，皇太子爱猷识理达腊继位。前面已经说明，元朝后期的顺帝已经失去了对政治的信心和热情，他沉溺于淫乐与造作之中，不理政事。《元史·后妃传》说：“时帝颇怠于政事，后与皇太子爱猷识理达腊谋内禅。”[①]从当时的情况来看，顺帝逊位，皇太子上台，对元朝来说可能并不一定是坏事。

至正十七年(1357)，奇皇后计划利用当时的丞相贺太平实现“内禅”计划。他派宦官朴不花向贺太平表达奇皇后的意图，贺太平惧，不敢从。不久，奇皇后与太子爱猷识理达腊将贺太平召至宫中，设宴，以酒赐之。其间，奇皇后亲自将内禅计划向贺太平讲明，贺太平只是依违而已，并没有明确表态，这使奇氏母子非常不快。此后演变成太子與丞相贺太平之同的政争，虽然贺太平被逼自杀，但奇氏母子的内禅也以失败告终。其实，任何皇帝在有生之年，都不愿意放弃皇权，顺帝也是如此，当他听到有人说他年老了，应该将皇位传给皇太子时，气愤地说：“朕头未白，齿未落，谓我为老矣？”[②]

奇皇后谋划内禅的同时，在大都，她通过亲信朴不花收罗大都高丽人，组成塔思帖木儿、崔濡等人的政治势力，在高丽，则支持其兄奇辙向高丽王夺权，控制高丽政局。

奇完者忽都被封为皇后以后，元顺帝命翰林国史院、太常礼仪院定拟奇氏三代功臣谥号、王爵，颁行天下。奇氏一家因皇后而贵。《庚申外史》说奇皇后宗族在高丽者，多蒙官爵封号，出则恃势骄横，强夺人田舍子女。[③]《高丽史》对奇氏在高丽的不法之事记载更加详细。奇皇后之兄弟奇辙、奇辕、奇辀、奇轮倚后势纵恣，其亲党也恃势横行不法。奇辕曾经宴其母，器皿珍馐极其奢侈华丽，见者以为东韩以来所罕见。奇辙的妹婿敦韶，横行乡里，其家奴恃势抢夺人妻，矫王命强迫以归。奇辙的族弟奇三万恣行不法，夺人田土。奇辙还以亲戚腹心布列权要，阴树党援，利用元朝的支持，扩大在高丽的政治势力。[④] 奇氏家族的横行不法，引起正极

① 宋濂：《元史》卷114《后妃传一》，第2880页。
② 宋濂：《元史》卷205《哈麻传》，第4584页。
③ 任崇岳：《庚申外史笺证》，第116页。
④ 郑麟趾：《高丽史》卷131《列传44·叛逆5·奇辙》，页十五。

力加强高丽王权的恭愍王的警觉。至正十六年(1356)五月，奇辙等“谋反伏诛”①。这一事件对奇皇后利用元朝控制高丽的计划打击沉重。至正二十二年(1362)，奇皇后有一次对皇太子说：“尔已年长，何不为我报仇!”②奇皇后的责问，使皇太子产生了向高丽恭愍王政权兴师问罪的想法。不久，奇皇后谋废恭愍王，得到元顺帝批准。于是，当时在大都的高丽王族塔思帖木儿(德兴君)被立为新的高丽国王。奇氏族子三宝奴被封为元子，金镛为判三司事，崔濡(即崔铁木儿)为左政丞，组成新的高丽领导班子，发兵一万，渡鸭绿江，护送新国王入高丽。高丽恭愍王坚决抵抗，元军大败，仅剩十七骑而还。③ 奇皇后控制高丽的图谋以失败而告终。

奇完者忽都在为自己家族复仇失败后，以全部的精力投入元末残酷的权力斗争之中。当时皇太子爱猷识理达腊已掌握了很大的权力，奇皇后就通过皇太子把持朝政。她支持其亲信朴不花与丞相搠思监独揽大权。御使大夫、元顺帝的母舅老的沙企图弹劾朴不花，奇皇后即对皇太子说：“朴不花是我资正院老火者看家贫人也，台家何无情而欲逐之，汝不能为我主张矣?”太子说：“阿婆无忧，我尽有主张。”④于是，老的沙之党不久即被清洗，老的沙害怕被害，藏入河南平章孛罗铁木儿的军中。

至正二十四年(1364)孛罗铁木儿、老的沙以“清君侧”为借口，带兵进入大都，重新掌握大权。皇太子逃到太原，以孛罗铁木儿称兵犯阙，下令讨伐之。孛罗铁木儿怒，逼顺帝将奇皇后驱逐出皇宫，顺帝拒绝。至正二十五年(1365)三月，孛罗铁木儿将奇皇后驱逐出皇宫，幽禁于诸色总管府，并命姚伯颜不花负责看守。⑤ 四月，奇皇后又被逼还宫，取印章，孛罗铁木儿伪造皇后书以招太子入京。此后，奇皇后纳美女于孛罗，“约以某日成婚。孛罗促后，后曰：‘断送之物未毕工。’孛罗曰：‘女先至，断送之物后至可也。’乃先两日成婚”⑥。

孛罗铁木儿的胡作非为，引起了元顺帝和大多数官员的愤怒，至正二十四年七月，顺帝派人设计杀死了他。不久，皇太子爱猷识理达腊与扩廓铁木儿率大军逼近大都。孛罗铁木儿彻底失败。奇皇后利用这个机会，传

---

① 郑麟趾：《高丽史》卷39《世家39·恭愍王二》，页三。
② 任崇岳：《庚申外史笺证》，第116页。
③ 宋濂：《元史》卷46《顺帝九》，第962页。关于这次元丽冲突的具体情况，将在下节专门考察。
④ 任崇岳：《庚申外史笺证》，第119页。
⑤ 任崇岳：《庚申外史笺证》，第127页。
⑥ 任崇岳：《庚申外史笺证》，第128页。

令扩廓铁木儿以兵拥太子入城，以武力挟顺帝禅位。但是，扩廓知道奇皇后的心意，并不支持她，兵至京城三十里外，即遣军还营，① 奇皇后的“内禅”又一次失败。

奇完者忽都在后至元六年（1340）被立为“第二皇后”，在此后的二十六年中，她的身份一直是“第二皇后”。至正二十五年（1365）十二月，皇后伯颜忽都死去，中书省按惯例奏请为奇皇后正位。开始，顺帝不答应，后来中书省奏改资正院为崇政院，奇皇后主管崇政院和中政院。元顺帝才给奇皇后授册宝，册文曰：

> 坤以承乾元，人道莫先于夫妇，后以母天下，王化实始于家邦。典礼之常，古今攸重。咨尔肃良合氏，笃生名族，来事朕躬。儆戒相成，每侵于夙夜；恭俭率下，多历于岁年。即发祥元子于储闱，复流庆孙枝于甲观。眷若中宫之位，允宜淑配之贤。宗戚大臣，况佥言而敷请；掖庭诸御，咸倾望以推尊。乃屡逊辞，尤可嘉尚。今遣摄太尉某持节授以玉册玉宝，命尔为皇后。于戏！慎修壶政，益勉尔辅佐之心；昭嗣徽音，同报我延洪之福。其钦宠命，以衍寿祺。②

这则册文发布在至正二十五年（1365）十二月，这时的元朝已经分崩离析，回天乏术。至正二十八年（1368）八月，大明军攻克大都（今北京），奇完者忽都随元顺帝北遁，至此不知所终。

奇完者忽都是元末历史上一个比较活跃的人物，对元末的历史进程产生了一定的影响。她由一个出身高丽仕宦之家的女子，成为元帝国的末代皇后，实属不易。可以说，奇完者忽都是中国历史上唯一一位担任了中国皇后的外国女性，她的前半生可以称为元代的“贤淑皇后”。她在元朝末年皇太子爱猷识理达腊崛起以后野心膨胀，试图控制元朝和高丽政局，由于各种原因都以失败告终。

（二）奇皇后政治集团与高丽政局

前面已经说明，奇皇后出身并不显赫，她最初进入元朝宫廷的时候，受尽屈辱和折磨，直到后至元六年（1340）被封为第二皇后，才开始在高

---

① 宋濂：《元史》卷114《后妃传一》，第2881页。

② 宋濂：《元史》卷114《后妃传一》，第2881~2882页。

丽产生影响。这一年四月，《高丽史》记载："元封奇氏为第二皇后。"①这条记载说明，这一年是高丽奇氏家族发展的一个转折点，随着奇皇后的册封，奇氏在元朝严密控制下的高丽成为特权家族。

关于奇氏父母受封，《高丽史》与《元史》有不同的记载，《元史·顺帝纪》记载："（至正十六年二月）丙寅，命翰林国史院、太常礼仪院定拟皇后奇氏三代功臣谥号、王爵。"②如果这条记载属实，奇氏父母长辈受封在至正十六年（1356）二月。不过，《高丽史》记载的奇氏父母受封与《元史》不同，《高丽史·奇辙传》记载："忠惠时，帝遣资政院使高龙普、太监朴帖木儿不花，追赠（奇）子敖秉德承和毓庆功臣，封荣安王，谥庄献，敕翰林学士欧阳玄撰墓碑赐之。妻李氏为荣安王大夫人，表其门曰贞节，数遣使来锡衣酒，又以辙为行省参知政事，辕为翰林学士，本国拜辙政丞，封德城府院君，辕德阳君。"③上述材料说奇氏父母的封赠是高丽忠惠王时期，忠惠王第二个任期是后至元五年到至正四年（1339—1344），奇皇后受封第二皇后是后至元六年（1340），那么元顺帝派人到高丽给奇氏封赠，应是在后至元六年到至正四年之间（1340—1344）的某一年，比《元史》的记载早了十年以上，其中原因，目前还无法解释。除了奇氏父母的封赠，奇氏兄弟奇辙被任命为征东行省参政，奇辕为翰林学士；高丽方面封奇辙为高丽政丞，封德城府院君，奇辕为德阳君。上述记载说明，随着奇皇后在后至元四年成为第二皇后，在元朝的支持下，奇氏家族在高丽崛起。

高丽奇氏家族崛起的同时，高丽王更替正处在混乱时期，前面已经说明，元朝的控制和打压造成了高丽王频繁的任命和废除，高丽政治动荡。高丽忠惠王因为淫乐贪婪和胡作非为被元朝流放，死在途中。接下来继位的忠穆王年仅八岁，没有执政能力，不久便死去，随之继位的高丽忠定王十二岁，即位后很快被元朝抛弃，以恭愍王代替，忠定王本人则被毒死。这种混乱的情况下，奇氏家族在高丽的势力迅速扩张，表明奇皇后以元朝为后盾控制高丽的政治条件逐步形成。

至正三年（1343），元朝派大卿朵赤、郎中别失哥等赴高丽逮捕高丽忠惠王王祯。离开高丽时，"朵赤等命（高）龙普整治国事，德成府院君奇辙、理问洪彬权征东省……龙普与辙、彬、蔡河中等封内帑"④。这一事件说明，奇氏在混乱中攫取高丽权力，高龙普是元朝的宦官，不可能有精

① 郑麟趾：《高丽史》卷36《世家36·忠惠王》，页十七。
② 宋濂：《元史》卷44《顺帝七》，第930页。
③ 郑麟趾：《高丽史》卷131《列传44·叛逆5·奇辙》，页十四到页十五。
④ 郑麟趾：《高丽史》卷36《世家36·忠惠王》，页三十到页三十一。

力管理征东行省，洪彬作为行省理问官级别较低，实际掌管征东行省的还是奇辙。元朝至正八年(1348)十二月高丽忠穆王薨，接着，“德宁公主命德成府院君奇辙、政丞王煦摄行征东省事”①。本来从元世祖忽必烈开始，高丽国王兼任征东行省的左丞相，基本上掌握征东行省的行政决策，奇辙这里“摄行征东省事”，实际上是元朝明确将征东行省的管理权力交给奇辙。

在高丽奇氏家族迅速崛起的过程中，奇氏与高丽王政权产生了矛盾和冲突，在处理双方冲突方面，奇氏子弟出身一般仕宦家庭，没有受到良好的教育和缺乏政治眼光的缺点暴露无遗。《高丽史》对此记载颇为详细：

> 辙、辕、辀、轮倚后势纵恣，其亲党亦夤缘骄横，辕尝会宗族宴其母，器皿珍羞穷极侈丽，见者以为东韩以来罕有也。内侍田子由妻李氏，奇氏族也，王幸其家强淫之，未几，子由与妻遁，轮与田麻颇驱内僚灯烛辈，王怒，亲至麻颇及轮家，索麻颇不得，又幸轮家，率轮还，置酒，遣恶少辈又索麻颇于轮家，竟不得。
>
> 廉敦绍，辙妹婿也，其家奴恃势颇张威福，与其党五六人谋夺人妻，矫王命强迎以归，经三宿，夫家始知，讼之。王怒，下巡军鞫讯皆服，杖流远岛。辀肆暴，中外苦之，忠穆立置整治都监，辀知其罪亡，命杨广道按廉金□捕送都监杖之。辙族弟三万，亦倚势恣行不法，夺人土田，整治都监杖下巡军，逾两旬死。其妻诉行省理问所，囚都监官徐浩等，判都监事政丞金永旽白王曰：“殿下何囚整治官?”王曰：“三万夺人田五结，何至于死!”永旽曰：“三万恃势稔恶，奚止夺五结田!”元闻三万死，遣工部郎中阿鲁、刑部郎中王胡刘等来鞫之，阿鲁等坐行省，欲讯浩，锁项而来，三万弟善财骂浩曰：“我兄几奸汝妻，怀恨杖杀乎!”浩曰：“我妻士族，宁有是耶！若婢妾必有秽行。”善财母贱故云然。元复遣直省舍人僧家奴杖浩等。②

上述记载，反映了奇氏、高丽政权和元朝的复杂关系，奇氏子弟的横行不法受到高丽政权的惩罚和制约，而元朝不问是非曲直，一味袒护奇氏子弟，加剧了奇氏与高丽政权的冲突。

至正十一年(1351)，高丽恭愍王王祺继位。王祺，蒙古名伯颜帖木

---

① 郑麟趾：《高丽史》卷36《世家37·忠定王》，页十六。

② 郑麟趾：《高丽史》卷131《列传44·叛逆5·奇辙》，页十五到页十六。

儿，有丰富的政治斗争经验，他即位后，对元朝投其所好，提高奇皇后母亲李氏的地位，并通过组织孛儿扎宴制造自己与奇氏亲密无间的假象，《高丽史》记载：

> 恭愍将幸行省贺圣节，辕欲并马而语，王命卫士分卫前后，使不得近。赵日新谋除诸奇，分遣人杀之，辕被杀，辙亡匿免。王与公主屡幸李氏第宴，王表请于元曰："小邦爰自祖宗之代，获叨甥舅之荣，土风虽愧于中原，天幸多逢于上国。兹者荣安王大夫人李氏，衣冠奕叶，礼义名家，毓德坤元，曾践黄金之屋，储祥震索，当开碧缕之门。窃闻皇朝之法有所谓孛儿扎者，合姻亚之欢，为子孙之庆，古既如是，今胡不然？若蒙陛下为大夫人李氏举盛礼之优，优示殊恩之衎衎，则九族感睦亲之义，誓永世而不忘，一邦殚归美之诚，祝后天而难老。"
>
> 帝遣峦峦太子、定安平章等赐孛儿扎宴，王与公主幸延庆宫，公主、太子南面，王坐西，李氏坐东，王行酒，先跪献太子，太子立饮，太子行酒献李氏，次王、公主，宴将阑，使者傔人升坐西阶，卫士东阶置肉争啖较胜否为乐，食多而先已者为胜。宴罢，皆下庭连袂立，使者在西，辙、权、谦等在东，各奏胡歌蹈舞而进，俱会庭心，以纻丝一匹，连执环立，歌舞旋回者数四，断其所执段而分之。是宴剪布作花凡五千一百四十匹，他物称是，由此物价腾涌，禁公私宴及斋筵油密果。
>
> 自是遣使锡宴无虚岁，本国置李氏府曰庆昌，元遣直省舍人忙哥授辙辽阳省平章兼赐衣酒……元遣辕子完者不花改册荣安王为敬王，又追封三代为王，授辙大司徒。①

这里，高丽恭愍王一方面因为奇辕试图与他并马而语，派人将他杀死，另一方面又通过恭维奇皇后的母亲李氏，与元朝权贵宴会，迷惑元朝，其两面手段可谓使用得炉火纯青。

对于高丽奇氏家族最有权力的奇辙，恭愍王最初对他有所纵容，《高丽史·奇辙传》记载："王以事杖流监察纠正，辙白王曰：'纠正虽有罪，恐为后世口实。'王即释之。元赐王功臣号，辙适自辽阳来觐母，作诗贺

---

① 郑麟趾：《高丽史》卷131《列传44·叛逆5·奇辙》，页十七到页十八。

王不称臣。"①这里，恭愍王答应奇辙的请求是为了稳住他，但奇辙对恭愍王不称臣，反映了他过分依赖奇皇后的势力，对于高丽政治的发展缺乏必要的政治洞察力。恭愍王对于奇辙早有准备，至正十六年(1356)："时奇氏族倚后势暴横，人有密告：'奇辙潜通双城叛民，结为党援，谋逆。'王谕桓祖曰：'卿宜归镇吾民，脱有变，当如我命。'"②这里的桓祖，是李子春，元朝双城军民总管府的达鲁花赤，朝鲜政权的建立者太祖李成桂之父。双城原是高丽领土，位于高丽西北与元朝交界之处，是高丽防御元朝的前线，蒙古征伐时期被元朝割去。恭愍王时期李子春归附高丽，恭愍王让他回双城驻守，防备奇辙依靠元朝发动叛变。一旦时机成熟，恭愍王毫不犹豫地果断采取行动，至正十六年(1356)五月，"太司徒奇辙、太监权谦、庆阳府院君卢頙谋反伏诛，亲党皆逃，宫城戒严"③。《高丽史·奇辙传》对相关细节记载颇详：

> 时权谦、卢頙俱纳女于元有宠，辙与谦等声势相倚，知天下乱，自念积恶敛怨，恐一朝势去难保，预谋自安，以亲戚腹心布列权要，阴树党援，将图大逆。阅诸道兵器，诈为诏使，扇动讹言，密谕期会，约以举事。王先知之，托以曲宴，令宰枢皆会宫庭，遣判密直洪义、宰臣裴天庆等召辙、頙、谦及辙子赞成事有杰、侄完者不花、谦子万户恒舍人和尚，頙子行省郎中济等，辙、谦先赴，密直庆千兴、黄石奇、判事申青等密白王曰："二人已至，其余子侄及卢頙父子未至，若事泄，变起不虞，不如早图。"王然之，即令密直姜仲卿、大护军睦仁吉、于达赤、李蒙大等伏壮士，出其不意，椎击辙，应手而仆，谦走避，追及于紫门杀之，血溅宫门。遂杀辙从者二人，尸于朱桥。(洪)义为兵所害，奇、权麾下狼狈四散，禁卫四番军士一时俱发，剑矟交于路，仲卿等率兵至頙家捕杀之，尸于北泉洞路上。(奇)有杰偕天庆诣阙，道闻变走匿。(奇)完者不花、(卢)济、(权)恒、和尚等及支党皆逃窜，命中外搜捕，没入三家奴婢于义成、德泉、有备诸仓。无赖之徒多乘乱攘夺，宫城戒严，自宰执至胥徒备兵仗宿卫。④

---

① 郑麟趾：《高丽史》卷131《列传44·叛逆5·奇辙》，页八。
② 郑麟趾：《高丽史》卷39《世家39·恭愍王二》，页二。
③ 郑麟趾：《高丽史》卷39《世家39·恭愍王二》，页三。
④ 郑麟趾：《高丽史》卷131《列传44·叛逆5·奇辙》，页十八到页十九。

上面的记载显示，高丽恭愍王通过“鸿门宴”的手段，除掉了奇辙、权谦、卢頙等三人，其党奇辙儿子奇有杰、侄子奇完者不花，权谦的儿子权恒、和尚，卢頙的儿子卢济等逃逸。事变以后，忠烈王在高丽发布指令，列举奇辙等通过“潜图不轨，欲危社稷”的罪行，对奇辙等家族进行清算：

> 辙等夺占人口土田，都佥议司立都监许人申告，各还本主。寻捕(奇)有杰、(奇)完者不花、(卢)济、和尚斩之，(权)恒独以素不挟势，免死流济州。有杰之死也，观者如堵，莫有哀者。其弟上护军(奇)世杰、平章(奇)赛因帖木儿时在元，得免。辙妻金氏逃难，祝发为尼，获之，囚巡军。幼子赛因，亦薙发匿兴王寺。①

恭愍王至正十六年发动的这次事变，镇压对象是奇辙、权谦、卢頙，三人均是“联姻帝室”，② 除了奇辙与奇皇后的兄妹关系，权谦曾“如元纳女与皇太子，元拜大府监大监”③。卢頙也是“太子妃父”。④ 这三个家族都是通过元朝的支持在高丽获得政治地位，高丽恭愍王的继位使他们感到恐惧，他们便利用其在高丽的势力叛乱，在元朝的支持下在高丽与元朝交界的高丽西北部建立立足地，力图在高丽与元朝关系破裂后有退路，避免被高丽诛杀，这种想法是为了自保，在某种程度上也是可行的。只是恭愍王动作快一些，通过政变解决了三家族的分裂计划。此年是丙申年，高丽大臣李公遂称其为“丙申之祸”。

丙申之祸给高丽奇氏家族以毁灭性打击，除了奇辙儿子奇世杰和奇赛因帖木儿因为在元朝而免于杀戮，其他在高丽的奇氏家族成员被杀戮殆尽。奇皇后母亲李氏“以忧病……皇太子(爱猷识理达腊)遣金刚吉思迎李氏，李氏固辞，使者三返，太子遣詹事院佥丞保童馈衣酒，金刚吉思因留奉养，李氏卒，官备葬事，赙米二百硕，布二千五百匹”⑤。高丽奇氏家族依靠元朝奇皇后的权势在高丽崛起，奇辙在元朝支持下取得征东行省权力，与高丽忠惠王、忠穆王和后来的恭愍王自然产生权力之争。奇氏在奇皇后崛起以前为一般仕宦家族，并没有多少政治根基，奇皇后的兄弟和亲

---

① 郑麟趾：《高丽史》卷131《列传44·叛逆5·奇辙》，页二十一。
② 郑麟趾：《高丽史》卷39《世家39·恭愍王二》，页三。
③ 郑麟趾：《高丽史》卷38《世家38·恭愍王一》，页十二。
④ 郑麟趾：《高丽史》卷91《列传4·宗室2·江阳公滋》，页十三。
⑤ 郑麟趾：《高丽史》卷131《列传44·叛逆5·奇辙》，页二十一。

信生活在社会底层，文化水平低，缺乏政治经验又贪图享乐、巧取豪夺，为高丽恭愍王除掉奇氏家族留下借口。奇辙掌握征东行省以后，以“亲戚腹心桀骜之辈，布列权要，阴树党援”①。对高丽政权确实构成较大威胁。而这时的元朝已经进入衰亡阶段，国内红巾起义爆发，统治阶级内部政治斗争激烈，元朝已经没有足够的精力和实力保持对高丽的严密控制。高丽恭愍王继位以后，表现出成熟政治家的素质，对奇氏表面推崇，麻痹元朝，暗地里做好军事斗争和政治斗争的准备。奇氏在高丽被灭族，是当时元丽政治形势发展使然。

奇氏家族在高丽覆亡以后，高丽恭愍王果断采取对抗元朝措施，至正十六年六月，“元使直省舍人赍奇辙大司徒宣命印章而来，西北面兵马副使辛珣遇诸道，夺宣命印章，囚舍人，杀傔从三人，舍人夜逃。（六月）乙亥，停至正年号”②。高丽对元朝的强硬态度，导致元朝的无所适从，恭愍王反而占了主动。

至正十六年七月高丽向元朝前来鸭绿江宣读圣旨的使臣递交陈情表，解释诛灭奇辙等三人的情况，③ 十月，又派政堂文学李仁复到高丽解释事变的原因、过程和没有提前跟元朝汇报的原因。有趣的是，李仁复在陈情表的最后，要求归还原来属于高丽的双城等地，还请求元朝将塔思帖木儿及其党羽发还给高丽处置，反映了高丽恭愍王对元朝态度的变化。④ 另外，元朝废除恭愍王，立德兴君塔思帖木儿以后，另一位出仕元朝的高丽丞相李公遂的表现也非常令人称道。李公遂为奇皇后的内兄⑤，政治上倾向于高丽，他在元朝向奇皇后和皇太子爱猷识理达腊解释恭愍王杀奇辙等人的原因，还通过高丽的处境启发奇氏母子理解恭愍王。李公遂在元朝的活动，史料有详细的记载，本书第五章已经引证了大部分内容，现将前面未引证的内容引证如下：

既至都，后及太子遣人郊劳，帝在兴庆宫召见，后设馔慰曰：“卿尽心孝吾母，是吾亲兄也，敢不以亲兄待之。”公遂曰：“……丙申之祸，实我家不戒盛满之致然耳，非王之罪也。不知反咎而废有功

① 郑麟趾：《高丽史》卷39《世家39 · 恭愍王二》，页二十七。
② 郑麟趾：《高丽史》卷39《世家39 · 恭愍王二》，页五。
③ 郑麟趾：《高丽史》卷39《世家39 · 恭愍王二》，页八到页九。
④ 郑麟趾：《高丽史》卷39《世家39 · 恭愍王二》，页十一到页十三。
⑤ 这里的“内兄”指奇皇后的舅表兄，前述奇氏之父奇子敖娶国子祭酒李行俭之女，而李公遂为李行俭之孙，可以说明奇氏与李公遂的关系。

之主，他日必为天下笑，愿善奏于帝，复吾王，逐奸臣。”后感其言，然怒犹未已，令公遂奉德兴东归，时国人在燕京者皆受伪官东归，公遂独不肯。后及太子强之，公遂曰：“老臣纵不能以颈血溅德兴之辕，其忍从耶?”辞疾请留，皇后不敢强。寻拜太常礼仪院使，辞曰：“臣生长荒陬，不惯华语，不习华礼，何敢冒宠取讥，况今将帅布列于外，获功者未赏，臣恐天下有以议陛下也。”不允，适大享宗庙，公遂为太常卿，蹈礼不违，观者敬之……宦官朴不花密告后曰：“公遂但为其主，岂念其亲。”后由是久不召见，德兴至辽阳，崔濡曰：“李公遂在都，其心莫测，事或中变，悔无及矣。”重赂秃鲁帖木儿、朴不花，必欲得公遂以归。公遂知之，谓书状官林朴曰：“吾既无父母，又无后，位亦极矣，岂复有一毫顾籍意耶？当祝发入山，决不从彼也。”秃鲁帖木儿等入奏，帝不从。

本国拜左政丞，未几译语李得春妄言：“德兴署公遂为右政丞。”乃罢之。德兴既败，公遂与洪淳、许纲、李子松、金庾、黄大豆、张子温、林朴等为书纳竹杖中，潜遣傔从郑良、宋元，衣蓝缕为乞人状，从间道报：“崔濡复谋起大兵而东，愿勿谓德兴已败，谨备之。”①

上述材料记载得非常细致，从中可以看出李公遂在元朝主要做了下面几件事：第一，替高丽王恭愍王辩护。第二，在元朝废除恭愍王，宣布德兴君塔思帖木儿为新高丽王的情况下，拒绝支持塔思帖木儿。第三，指出奇辙失败是咎由自取。第四，向恭愍王传递情报，提醒他防备元军的入侵。李公遂短暂任职于元朝太常礼仪院，作为太常卿主持元朝的宗庙祭祀。不过从他的言行来看，他的民族意识远远高于对元朝的忠诚。

丙申之祸以后，奇氏家族在高丽的势力受到清算，被高丽恭愍王流放的奇氏家族党羽有：“金宁君、金普、密直副使李也先帖木儿、行省员外赵万通、同佥洪翊、赞成黄河衍、评理李寿山、密直王重贵、代言黄河晏、护军黄河湜、前代言洪开道、前右尹田霖、缮工令金义烈、宦者大护军郑龙庄，杖前密直任君辅、前广兴仓使林仁起，前护军金南得，前郎将卢之卿。”②从这些人职务来看，奇辙在高丽的势力一是他控制的征东行省的官员，一是王京部分军政官员。

---

① 郑麟趾：《高丽史》卷112《列传25·李公遂》，页二到页四。
② 郑麟趾：《高丽史》卷131《列传44·叛逆5·奇辙》，页二十二。

奇皇后为主的元朝高丽势力的形成是在元朝后至元六年(1340)奇氏成为第二皇后以后，此后随着皇太子爱猷识理达腊的长大和参与元朝政治，奇皇后在元朝的地位大大提高。作为元朝属藩的高丽人看到这一情况，纷纷投靠。至正六年(1346)郑云敬作为高丽贺正的书状官来到元朝，当时"奇氏宠专宫掖，中贵多东人，持酒馔来馈，颇倨傲。先生正色曰：'今日之馈，为旧主也。'中贵愕然曰：'教我矣，子大秀才也'"①。这里的"中贵多东人"，反映了奇皇后比较重视扶植大都高丽人政治集团。

(三)奇皇后集团与高丽恭愍王的最后一次较量——壬寅之变

丙申之祸，奇氏家族在高丽被灭，奇皇后为主的高丽政治势力活动舞台转到中国，谋划对高丽恭愍王政权报复，成为这一政治势力的主要诉求。这一时期，随着元朝进入其衰亡时期，大量在元朝的高丽精英返回高丽，留在元朝的高丽人大多是由于政治原因不能回国的高丽政客。史料记载："元之立德兴也……国人在元者皆从之。"②这些人因长期留在元朝，大多由元朝任命了职务，属于出仕中国的高丽人群体。他们活动在奇皇后和皇太子爱猷识理达腊的周围，试图通过元朝的势力夺回他们在高丽的政治地位。至正二十二年(1362)十二月，在奇皇后的督促之下，元朝皇太子爱猷识理达腊对高丽发起反攻，《元史》记载：

> 帝以谗废高丽王伯颜帖木儿(高丽恭愍王王祺)，立塔思帖木儿为王，国人上书言旧王不当废，新王不当立之故。初皇后奇氏宗族在高丽恃宠骄横，伯颜帖木儿屡戒饬不悛，高丽王遂尽杀奇氏族。皇后谓太子曰：尔年已长，何不为我报仇？时高丽王昆弟有留京师者，乃议立塔思帖木儿为王，而以奇族子三宝奴为元子，以将作同知崔帖木儿为丞相，以兵万人送之国。至鸭绿江，为高丽兵所败，仅余十七骑还。③

这次行动是元朝对高丽内政最后一次武装干涉，以失败而结束，事件发生在至正二十二年，这一年是壬寅年，为叙述方便，本书称之为"壬寅

① 徐居正：《东文选》卷117《高丽国奉翊大夫、检校密直提学、宝文阁提学、上护军、荣禄大夫、刑部尚书郑先生行状》，日本内阁文库藏朝鲜刊本，页一。

② 郑麟趾：《高丽史》卷114《列传27·金庾》，页三十。

③ 宋濂：《元史》卷46《顺帝九》，第962页。

之变”，其具体过程，元人权衡也有记载：

> 初祁后宗族在高丽者，多蒙官爵号，久则恃势骄横，强夺人田地子女。高丽王屡戒之，不从。王不胜怒，乃杀祁氏一宗。至是后闻之，谓太子曰：儿年已长，盍与我雪此耻。高丽王旧有族姓兄弟留京师，于是，诏立高丽王而以祁氏子一人为相，拨蒙古汉军万人，送入其国。军次鸭水，伏兵四起，仅余七十骑，走还京师，余尽杀溺死。祁后大惭。①

权衡的记载除了有一些小错误(如三宝奴为相)以外，与《元史》的记载类似，过程比较简单，反映了当时中国方面对这一事件了解得并不细致。与此相反，由于事件发生在高丽，从高丽恭愍王到当时的主要将领、大臣都参与了抵抗元朝军队的战争，因此，关于这次事件的记载比较详细。《高丽史》记载：

> 初诸奇败，皇后谓太子曰：“尔年已长，何不为我报仇!”会濡在元谄事丞相搠思监及后宫宦者本国人朴不花，(濡)为将作同知，又为同知枢密院事。知后怨王，又恃金镛杀安祐等诸将而为内应，遂与群不逞说后谋废王，立德兴君，妄奏红贼之难，高丽失国印，擅铸新印用之。元立德兴君为王，以奇三宝奴为元子，金镛判三司事，濡自为左政丞，凡国人之在都者，咸署伪官，且请发辽阳省兵以来。时王不以失位废贡献，屡遣使陈请，冀悟帝心。濡与朴不花等夺所献礼物、表笺，使不得达，王无如之何，遣庆千兴、安遇庆等屯西北面以备之。濡以元兵一万奉德兴君渡鸭绿江，围义州。我军败退保安州，濡入据宣州，王命崔莹节度诸军，战于随州之㺚川，濡军大败。
>
> 初濡啗蒙汉军以利曰：“高丽王威胁将士，使守西北，闻新王来则不战而散，事定赏以高丽宰相妻妾、资产。”众皆信之，及渡江，我军坚拒，无一人降者，蒙汉军疑我诱致深入，设伏以待。及㺚川之败，乃知堕于濡计，夜诈为我军状呼噪惊动，濡军遂焚其营渡江走，我军追至江，不及。柳仁雨、康之衍、安福从、扈千奇等疲惫，在后执而杀之，濡军还燕京者纔十七骑。濡又托权势谋起大兵而东，且请于帝曰：“如得还国，尽发丁壮以充天子卫兵，又献粮饷及女子，岁

① 任崇岳：《庚申外史笺证》卷下，第116页。

以为常，且于庆尚、全罗置倭人万户府，招诱倭人授金符，使为上国之援。”监察御史纽怜等言：“……宜遣使诣彼，明谕卜颜帖木儿复还其职，安彼遐方，以酬前烈。收夺塔失帖木儿印章、制命斥还帖木儿不花于本土，庶几息边尘之复起，雪忠义之至冤。”帝允之，收塔失帖木儿印章，置永平府械濡送还，伏诛。①

上述记载为我们提供了壬寅之变的详细过程，其中的历史信息非常丰富。首先，壬寅之变的发起者是奇皇后完者忽都，她出于给被高丽恭愍王处死的家人复仇的目的，督促皇太子爱猷识理达腊出兵高丽。具体策划这次入侵战争的是当时在元朝大都的高丽人朴不花、崔濡以及元朝丞相搠思监，高丽官员金镛等人。调动的元朝军队为辽阳行省的蒙汉军。

朴不花、崔濡高丽人，出仕中国，朴不花与奇皇后为同乡，在元朝皇宫里相为依靠，在奇皇后和皇太子的支持下，掌元朝资政院，又为集贤大学士、崇政院使，在元朝后期的政治舞台非常活跃。② 金镛，高丽安成人，高丽恭愍王入元为宿卫，金镛为陪臣，恭愍王继位，金镛迁大护军，至正十四年(1354)元朝讨伐张士诚，“遣使募名将，王封镛安城君，遣之，明年东还”③。另外，元朝宣布废恭愍王的理由是“红贼之难，高丽失国印，擅铸新印用之”，即私铸国印。

在奇皇后政治势力任命的高丽领导班子中，“德兴君为王，以奇三宝奴为元子，金镛判三司事，濡自为左政丞，凡国人之在都者，咸署伪官”。德兴君为高丽忠宣王王璋之子，曾出家为僧。王璋有三子，“懿妃生世子鉴、忠肃王，德兴君塔思帖木儿，史失其母氏位”④。这里的“史失其母氏位”，反映其出身不像两个哥哥那样高贵。在高丽百官耆老向元朝中书省上书的文本中有：“德兴君塔思帖木儿是忠宣王出宫人嫁白文举所产者也。”这种说法否定了德兴君高丽王室的血统，应该是高丽人为了贬低他而故意为之。在德兴君三兄弟中，世子王鉴被忠肃王王焘所杀，德兴君出家为僧，很有可能是为了逃避忠肃王的追杀，从这里也可以看出元朝中期高丽王位争夺的残酷。德兴君在高丽的王室成员中属于一个失败的角色，元朝至正十一年(1351)忠定王被毒死，恭愍王继位，德兴君看到机

① 郑麟趾：《高丽史》卷131《列传44·叛逆5·崔濡》，页二十五到页二十八。
② 具体内容见《元史》卷204《朴不花传》，第4552页。此二人在本书第一章有论述，这里不再展开。
③ 郑麟趾：《高丽史》卷131《列传44·叛逆五·金镛》，页十。
④ 郑麟趾：《高丽史》卷91《列传4·宗室2·世子鉴》，页十四。

会，逃到元朝大都，此后的情况，《高丽史》记载：

> 及奇辙诛，皇后怨恭愍，会本国人崔濡在元，与群不逞说后谋构恭愍废之，立塔思帖木儿为王，奇三宝奴为元子，凡国人之在元者咸署伪官，且请发辽阳省兵一万，渡鸭绿江至随州撻川，为我军所败，语在濡传。帝寻诏放遣辽阳兵，达达将吏并赴朝廷。塔思帖木儿止带素领傔从人等归，止永平。王遣密直副使金庾如元，请执送塔思帖木儿，庾至辽阳，知枢密院事黑驴谓庾曰："帝敕臣：'杖塔思帖木儿百七，还其本国。'今方背疽，待其愈杖而归之。"庾乃还。①

从上述记载来看，高丽德兴君塔思帖木儿在恭愍王继位以后，依附奇皇后势力得到高丽王位的努力失败。另外，材料中的奇三宝奴，为高丽奇氏族子，具体情况不详。

在奇皇后拟定的德兴君班子里面，还有一些高丽人，前面《高丽史·崔濡传》提到被杀的柳仁雨、康之衍、安福从、扈千奇，在《高丽史·庆复兴传》中有："移书谕崔濡、罗英杰、柳仁雨、黄顺、洪法华。"②这些人应是出仕中国的"国人之在都者"，迫于奇皇后的政治压力，加入德兴君的班子。此外，加入德兴君的还有：金添寿、文益渐、奇叔伦等。③文益渐，"晋州江城县人，恭愍朝登第，累迁正言。奉使如元，因留，附德兴君。及德兴败，乃还，得木绵种归，属其舅郑天益种之"④。

在元朝拒绝依附德兴君的高丽官员也有不少，前面介绍的李公遂就是典型代表，此外还有金庾和林朴。金庾，金海人，"恭愍朝与诸将平红贼，收复京都，录功为二等。又策兴王定乱功为一等，元之立德兴也，庾奉使在元，国人在元者皆从之，庾执节不贰，及还，拜密直副使，赐推诚翊祚功臣号以旌之"⑤。林朴的记载则更加详细：

> 林朴，字符质，安东府吉安县人。恭愍九年登第，调开城参军。明年，红贼陷京，元帅金得培以朴精晓兵法，置幕下与之筹划……十二年以书状官从李公遂如元，时德兴君诬奏帝曰："高丽王薨于红

① 郑麟趾：《高丽史》卷91《列传4·宗室2·塔思帖木儿》，页十五。
② 郑麟趾：《高丽史》卷111《列传24·庆复兴》，页十九。
③ 郑麟趾：《高丽史》卷111《列传24·李子松》，页二十九。
④ 郑麟趾：《高丽史》卷111《列传24·文益渐》，页四十六。
⑤ 郑麟趾：《高丽史》卷114《列传27·金庾》，页三十。

贼。"帝以德兴为王，朴与公遂奏曰："吾王破红贼，今尚无恙。"帝令朴等奉德兴之国，朴等复奏曰："臣等若从僧王，无异于妇人之背其夫也。"帝曰："任从汝志。"德兴谓朴曰："尔若不从我，死且无益。"除典理总郎以诱之。朴不受，曰："宁死誓不从。"德兴将东行，请诗于朴，朴书其屏曰："弃本滔滔逐末行，泰山还似一毫轻。投鞭直欲横江去，嗜饼徒劳画地成。得瓮舞时谁识破，吹竽混处谩求荣。莫将绘事迷人目，我爱天然古石屏。"学士危素见而叹曰："今亦有忠节之士。"朴还，王谓曰："德兴诱以华秩，汝不从，吾亦以华秩褒之。"乃除中书舍人。①

材料中，林朴不顾生死拒绝德兴君，德兴君出征以前还让林朴在其屏风上写诗，不合情理，有夸大的成分，或许是他以诗明志，将这首诗传播于京城士大夫之间，给自己一个忠节之士的名声。另外，林朴是与李公遂一起出使元朝的，其政治态度也与李公遂一致。

拒绝依附奇氏的还有李子松、洪淳、黄大豆等，《高丽史·李子松传》记载："李子松，青阳人，恭愍朝拜典法判书，德兴君之变，子松与洪淳在元，帝令高丽人皆从德兴之国，金添寿、柳仁雨、康之衍、黄顺、安福从、文益渐、奇叔伦等皆附之，唯子松、淳、黄大豆等匿不从。久居燕，钱粮匮竭，终始不贰。"②

关于壬寅之变元朝与高丽战争的过程，上述《崔濡传》记载不详，《高丽史》的《世家》部分可以补充之，据记载：

十三年春正月丙寅朔，崔濡以元兵一万，奉德兴君渡鸭绿江，围义州。都指挥使安遇庆七战却之，复出与战，都兵马使洪瑄被擒，我军败绩。走保安州，濡入据宣州。王命赞成事崔莹为都巡慰使，将精兵急趣安州，节度诸军，又命我太祖自东北面率精骑一千赴之，都体察使李珣、都兵马使禹磾、朴椿引军来会，我军复振……二月乙未朔，我太祖自西北面引军至铁关，与韩方信、金贵三面进攻，三军等大败之，悉复和、咸等州。③

① 郑麟趾：《高丽史》卷111《列传24·林朴》，页四十一到页四十二。
② 郑麟趾：《高丽史》卷111《列传24·李子松》，页二十八到页二十九。
③ 郑麟趾：《高丽史》卷40《世家40·恭愍王三》，页三十四到页三十五。

材料中的“十三年正月”，指恭愍王十三年，元朝至正二十三年（1263）的正月，考虑到从大都出发到高丽途中行军的时间，与《元史》记载的至正二十二年十二月出发的时间，没有冲突。从战争过程来看，最初各有胜负，后李成桂亲自率军参战，扭转了战局。

高丽恭愍王在这次较量中取得胜利的原因，就元朝方面来说：一是元朝进入晚期，政治腐败，军队战斗力削弱。二是元军用武力干涉高丽内政，没有任何正义性可言，策划者崔濡对元朝士兵有欺骗行为，前面引证《高丽史·崔濡传》的材料说崔濡“啗蒙汉军以利，曰：‘高丽王威胁将士，使守西北，闻新王来则不战而散，事定赏以高丽宰相妻妾、资产。’众皆信之，及渡江，我军坚拒，无一人降者，蒙、汉军疑我诱致深入，设伏以待”。这样，元军无心恋战，失败成为必然。

就高丽方面来说，恭愍王果断发动政变，诛灭奇辙等，就已经做好与元朝斗争的准备。高丽在军事上的准备前面材料已经说明，这里不再重复。其政治上的准备也比较充分，其一，恭愍王积极派李公遂等使者赴元朝沟通，陈述发动政变的正当性。其二，恭愍王对待元朝使臣的方式有了较大变化，前面已经说明恭愍王在政变以后驱逐元朝使臣，停用“至正”年号，反映了高丽开始对元朝表示强硬。另外，在恭愍王的指示下，高丽地方将领也对元朝使臣进行威胁，《高丽史·庆复兴传》记载：

> 崔濡在元，谮于帝废王，立德兴君，发辽阳省兵纳之。遣李家奴来收王印章，王以复兴为西北面都元帅，屯安州；李珣为都体察使，屯泥城；禹磾、朴椿为都兵马使。分屯江界、秃鲁江等处……椿闻家奴将至，收兵得卒数千，甲士二百余人，生获二獐诣家奴所舍曰：“椿某处万户管下千户也，王令椿防倭，故到此。今有废立之言，然乎？椿将为我王死也。”因泣下杀獐馈之，家奴叹息且有惧心。椿又从间道以所领兵送珣屯所，令珣遇家奴亦如之。①

材料除了说明恭愍王在军事上的准备，还说明地方军事将领庆复兴和李珣通过在元朝使者李家奴的面前生杀獐子，让李家奴感到恐惧。

其三，恭愍王比较重视情报收集，通过了解高丽大臣和元朝方面的动向，决定采取的措施。至正二十二年十二月“王闻元立德兴君塔思帖木儿

---

① 郑麟趾：《高丽史》卷111《列传24·庆复兴》，页十六到页十七。

为国王，疑朝臣有贰，遣吏部尚书洪师范为西北面体覆使，审察情伪”①。

其四，李公遂的报警。李公遂被奇氏羁留在元朝，他拒绝依附德兴君，“德兴既败，公遂与洪淳、许纲、李子松、金庾、黄大豆、张子温、林朴等为书纳竹杖中，潜遣傔从郑良、宋元，衣蓝缕为乞人状，从间道报：‘崔濡复谋起大兵而东，愿勿谓德兴已败，谨备之’”②。李公遂派随从给高丽报警给恭愍王赢得备战时间。

其五，恭愍王还重视宣传，元朝出兵高丽消息传到高丽以后，高丽大臣庆复兴就“移檄”德兴君的随从，告诫他们如果一意孤行，“必使之夷三族，拔坟墓，潴宅舍，没田口”。他还“移书”被德兴君裹胁的高丽人，指出背叛高丽的严重后果，鼓励他们向高丽投诚。“今若率兵欲入，则尔之三族无遗类矣，然则虽能得入，谁与为荣？且为人子，未免乱贼之名，则何面目立乎天地之间？宜各挺身渡江而来，来则罪轻，不则罪重，可不慎哉。”③

高丽王的这些措施，成为他战胜元朝的武力干涉的重要保证，对于高丽恭愍王的强硬而不失礼节的对元政策，处于风雨飘摇中的元政权不得已向高丽低头。至正二十四年(1364)，“戊寅，元遣使来告，窜搠思监于岭北，朴不花于甘肃，复以孛罗帖木儿为太尉。九月己巳，护军张子温还自元，言：‘帝命王复位，槛送崔濡’”④。元朝惩罚发动壬寅之变的搠思监和朴不花，追认恭愍王为高丽国王以及向高丽解送崔濡等人，说明元朝奇皇后政治集团对高丽政治干预的彻底失败，四年以后的至正二十八年(1368)元朝在大明政权的攻击下撤出大都，元朝灭亡，朝鲜半岛蒙古统治时代结束，高丽(朝鲜)此后重新回到与中国传统朝贡关系的时代。

本章小结

元朝中后期，尽管元世祖忽必烈时期奠定的元丽关系已经定型，元丽关系发展整体稳定，但仍可以说是暗流涌动。元朝中期以后，多次动议在高丽设立行省，实现高丽统治中土化。高丽政权只能投入大量的政治资源，阻止元朝统治高丽的“中土化”趋势对高丽独立国家地位的影响。在

---

① 郑麟趾：《高丽史》卷40《世家40·恭愍王三》，页十。
② 郑麟趾：《高丽史》卷112《列传25·李公遂》，页四。
③ 郑麟趾：《高丽史》卷111《列传24·庆复兴》，页十七到页十八。
④ 郑麟趾：《高丽史》卷40《世家40·恭愍王三》，页三十八。

这种冲突中受到伤害最明显的是这一时期的高丽国王。从高丽忠宣王被流放吐蕃，到高丽忠肃王稽留大都；从高丽忠惠王被捕到元朝，被“槛车流于揭阳县”，死在岳阳；再到高丽忠穆王十二岁去世，忠定王继位不到两年被毒死。这些事件充分反映了元丽之间控制与反控制争夺的惨烈。直到高丽恭愍王继位，对元朝实行强硬政策，此时元朝已经到晚期，国内红巾起义爆发，经济面临崩溃，统治集团内部争夺白热化，这些情况有利于高丽恭愍王争取国家独立的成功。

元朝后期元丽关系的另一个重要现象是奇皇后势力的崛起。根据本章研究的结论，奇皇后政治势力在元朝的崛起，对于元朝与高丽的关系产生了重要影响。一方面，奇皇后崛起以后，收编中国境内的高丽势力，奇皇后在高丽的兄弟家人在高丽则是横行不法，夺人田宅，这种情况在高丽和元朝两个层面，对新上台的高丽恭愍王和高丽内部的政治势力都产生了巨大的压力，促使高丽除掉奇氏家族在高丽的势力，正面对抗元朝的压力。最后，至正二十三年元朝奇皇后势力武力进攻高丽的“丙申之祸”以惨败结束，高丽收复辽阳行省的部分失地，对元朝的态度逐步强硬，元丽关系随着元朝的灭亡而根本改变，直至明初回归朝贡体系(或模式)。需要说明的是，在元朝中后期的元丽互动过程中，出仕中国的高丽人是双方互动的主要部分，他们大多属于高丽王阵营，在元丽关系的演进中发挥了各自的作用。

结　语

高丽人大量出仕中国，是中国元朝的一个特殊历史现象，在中国历史上的其他时期从来没有出现过，可以说空前绝后。之所以出现这一现象，与元王朝蒙古统治的特点有关。元朝是中国历史上由少数民族建立的第一个统一多民族的国家政权，元朝蒙古统治的一个最重要的原则是实用主义，即将蒙古以外所有民族的聪明智慧为其所用。于是我们能看到，出仕元朝的官员，除了蒙古人、汉人，还有畏兀儿、唐兀以及波斯、钦察等民族，高丽作为一个被元朝征服的民族，其政治、文化精英的聪明才智和工作能力依然可以为蒙古统治所用，因此，高丽人与西域其他民族一样，在元朝获得了在中国出仕的机会。

与元朝其他周边政权不同，元王朝构建了统治高丽的一系列制度体系。高丽投降蒙古以后，为了对其进行笼络，元世祖规定了元朝与高丽通婚的制度，高丽王娶元朝公主为妻，高丽王又被封为沈王，地位较高。入京纳质的高丽世子，则成为了元朝皇帝的外甥，与元朝黄金家族建立了亲戚关系。这样，高丽世子长期住在大都，以外甥的身份出入元朝宫殿，加入元朝皇位继承等政治斗争，成为元朝政坛的一个政治势力，特别是当元末高丽奇皇后(完者忽都)时代，高丽人对元朝政局产生了重要影响，可以说，元朝中国政坛高丽人的政治表演，成为蒙古统治之下一种特殊的政治影像。

随着高丽在元朝政治地位的提高，一些高丽世子的陪臣通过宿卫进入元朝的怯薛组织，一些人出职，成为元朝中央和地方的官员，一些人在内廷担任徽政院使等重要职务，在宫廷事务中产生影响。同时，一些高丽宦官也进入元朝的内廷，通过元朝皇帝和蒙古贵族的信任，担任宫廷的职务，然后利用他们掌握的政治资源在大都建立佛寺，招徕高丽僧人来大都主持，大都高丽人控制的寺庙成为高丽人聚会听经之处，一些新来中国的高丽人也受到寺庙的照顾。这些宿卫和宦官成为元朝内廷和大都社会生活中的活跃人物。

在元朝征服高丽过程中归附的地方武装(洪氏家族)得到了类似中国北方世侯的待遇，其后人以武职出仕元朝。此外，元仁宗延祐元年(1314)恢复科举，征东行省在乡试中有固定的名额，高丽人在通过征东行省的考试以后就可以到中国参加会试、殿试，最后成为中国的进士，于是科举成为高丽人出仕中国的新途径。

从元朝和高丽的史料记载来看，归附、宿卫、荐举、科举以及内廷服务等是高丽人入仕中国的主要途径。不论以哪种方式入仕，他们都会把在中国任职作为一生仕宦成功的标志，“男儿须仕帝王都”成为高丽政治、文化精英的共识。一旦他们任期内回到高丽省亲或任满后回高丽安度晚年，他们就会心安理得地受到高丽各阶层的尊敬。郑誧在给出仕中国官员崔睿的诗中写道：

> 鸡林多俊士，御史最为魁。负屩游京辇，飘缨入宪台。三年思觐省，千里赋归来。始自乘槎去，终能衣锦回。欢心宁可既，笑口数相开。葭管催佳节，椒花映寿杯。悦亲情恳到，留客舞徘徊。盛事诚堪记，高风未易陪。料应书国史，不用赋南陔。①

诗中的崔睿，“以小字帖穆尔普化行，累官至辽阳行省参知政事”②。应该是在中国仕宦比较成功的高丽人，他衣锦还乡，受到高丽社会舆论的尊崇，还会被写入国史中，反映了元朝出仕中国的高丽人得到的丰厚回报。鉴于高丽人这种对于仕宦成功的认识，出仕中国的高丽人在任职期间，一般都能尽职尽责，在自己的职权范围内作出较好的成绩，得到元朝统治者和中国士大夫的肯定。在中国和高丽的史料中，很少有在出仕中国期间因为贪污腐败和滥用职权而受到处分的高丽官员，这说明元代出仕中国的高丽人在元朝政治稳定和社会发展方面做出了重要的贡献，这方面的好评，在中国和高丽的史料中都可以看到。

为什么高丽人出仕中国在仕宦方面能取得较好的成绩？本书第三章的小结部分已经进行了阐述，现在原来的基础上进行一些补充。笔者认为其主要原因有：

第一，元代出仕中国的高丽人对元朝的忠诚。从史料来看，元代出仕中国的高丽人都是高丽的政治文化精英，他们大部分从小受到严格的儒家

① 郑誧：《雪谷先生集》上《题伯渊崔御史庆亲诗卷》，页十九。

② 郑誧：《雪谷先生集》上《题伯渊崔御史庆亲诗卷》，页十九。

思想教育，通过高丽的科举，在高丽入仕以后，来到中国，开始在中国的仕宦历程，忠于元朝是他们仕宦的基本出发点。另外一些出身于高丽权贵甚至王室的高丽人，从小进入元朝的怯薛组织担任侍卫，这些人虽然没有受过严格的儒学教育，但以高丽人忠诚、勤勉的个性，得到蒙古皇帝、皇后的信任，长期服务于元朝的内廷。这些例子前面已经列举了很多，需要补充的是，一些服务元朝内廷的官员退休以后定居中国，他们将自己的财富拿出来修建佛教寺庙，用来向元朝皇帝“告天祝寿”，反映了高丽人对元朝的忠诚。如延祐四年(1317)，退位的高丽忠宣王王璋在大都定居，他“买地于故城彰义门之外创梵刹焉，越三年己未(1319)，工告毕。凡奉佛居僧之所，修斋作法之具，百需皆有。揭名曰：‘大报恩光教寺’，命钱塘行上人演天台教”①。至顺二年(1331)，中奉大夫、中尚卿高丽人金伯颜察也创立佛寺，李穀记载：

> (金伯颜察)谓其室浦海郡夫人孙氏曰：“吾自大德初，入侍宫闱，一家蒙恩。迄今余三十年，爵已高，衣食已足，虽夙夜畏慎，以竭其力，顾乏才能，思所以报列圣之私者……”乃以至顺二年正月，创佛宇于宛平县之池水村，以弘其教，曰金孙弥陁寺，盖取两姓及所求乎佛者名之也。②

在这篇材料中，创建佛寺成为金伯颜察在退休以后报答元朝的方式。类似的例子还有：同知民匠总管府事朴琐鲁兀大、③ 太医院使赵芬④等，这些例子反映了元代出仕中国的高丽人确实对元朝非常忠诚，这种忠诚使他们在中国仕宦的过程中尽职尽责，充分发挥其聪明才智，从而取得仕宦的成功。

第二，前面已经说明，在中国取得仕宦的职位或考中中国的进士，是这些高丽人以后回本国取得高官显宦的重要条件。元代出仕中国的高丽人在中国仕宦时间一般较短，他们把这种仕宦当成回国后更大成功的铺垫，因此会兢兢业业，取得好的名声。

第三，元朝出仕中国的高丽人在中国仕宦的成功，与他们的文化信仰有关。元朝高丽没有本民族文字，汉语是高丽官方语言，高丽政治、文化

---

① 李穀：《稼亭先生文集》卷二《京师报恩光教寺记》，页五。
② 李穀：《稼亭先生文集》卷二《京师金孙弥陁寺记》，页六。
③ 李穀：《稼亭先生文集》卷三《京师穀积山灵岩寺石塔记》，页七。
④ 李穀：《稼亭先生文集》卷四《大都天台法王寺记》页三。

精英都受到过汉语和儒家经典的教育，这种汉文化的基础，不仅提供给他们通过“笔谈”与中国官员和士大夫交往的能力，其儒学修养也能使他们与中国官员和士大夫在精神上产生共鸣。他们的汉语诗文写作能力，更能使他们进入中国官员和士大夫的交际圈子，顺利融入中国的官场与社会。前面引证过高丽人李穀反对高丽贡女的奏章，巧合的是，我们在元朝中国文人的奏章中发现了同样观点的表达，元人苏天爵写道：

> 国家之治当视一而同仁。夫以高丽为国，僻居海隅，圣朝肇兴，首效臣节。世祖皇帝嘉其勤劳，厘降公主，盖所以怀柔小邦，恩至渥也。比年以来，朝廷屡遣使者至于其国，选取子女，求娶妾媵，需索百端，不胜其扰，至使高丽之民，生女或不欲举，年长者不敢适人，愤怨感伤，无所申诉。方今辽东岁歉，民适告饥，和气之伤，或亦由此。今后除内廷必合取索外，其余官员，敢有不经中书擅自奏请取索高丽女子，及因使其国娶妻妾者，拟合禁治，庶几彰国家同仁之治，慰小邦向化之心。①

这类反对高丽贡女的奏章由中国官员和出仕中国的高丽人同时写出，上奏元朝的官方，反映了元朝高丽人和中国人在儒家仁爱、忠孝观念上的共通性，这应该也是元朝官方和士大夫对于出仕中国高丽人政治两面性的理解和包容的主要原因，这种理解和包容是元代出仕中国高丽人仕宦成功的重要保障。

出仕中国的高丽人除了在仕宦方面兢兢业业以外，其政治态度也颇值得研究。与中国本土的官员不同，元代出仕中国的高丽人具有双重的政治身份。他们出仕元朝，大部分会取蒙古名字，忠于元朝。同时，他们是高丽人，有很强的民族和国家意识，对高丽王也十分的忠诚，形成了其政治上的两面性。

这种政治的两面性在高丽人仕宦的过程中表现得淋漓尽致，元朝在征东行省的控制方面与高丽的互动和博弈以及元朝设立三韩行省、直接管理高丽的动议，都引起了出仕中国高丽人的强烈反应，他们利用手中的资源和各种形式维护高丽的国家利益，最终导致征东行省被高丽王控制和设立三韩行省的动议流产。在维护高丽王权威，修改元朝不利于高丽政策等方面，出仕中国的高丽人也做出了重要努力。他们利用上书、上表等形式与

① 苏天爵：《滋溪文稿》卷26《灾异告白十事》，中华书局，1997年，第441页。

元朝沟通，最终引导元朝放弃一些不利于高丽的政策。在中国仕宦的过程中，这些高丽人对本国的政局时时加以关注，在适当的机会向高丽官方提出自己的建议和对策。有趣的是，元朝政权和当时的汉族士大夫对于高丽人这种政治两面性是赞赏的，表明了元朝时期的中国士大夫对高丽人民族和国家意识的理解和包容。

元代出仕中国的高丽人还非常注意利用构建人际交游网络提高自己的影响和政治地位，李榖就是这方面的典型代表。李榖在中国仕宦五年，其有据可查的人际交往对象就有 54 人。李榖的人际交游网络以出仕中国的高丽官员为中心，他通过与这些官员的交流，获得在中国仕宦和生活的支持和帮助。高丽籍的僧人是李榖人际交游的重要对象，元统元年(1333)李榖来中国参加科举，就是一所高丽人主持的寺庙给他提供住宿。大都的高丽游士、参加科举的高丽举人和登第的高丽籍进士以及高丽派来元朝进表和办事的官员，都是李榖人际交游网络的重要成员。可以说，在李榖的人际交游网络中，高丽人的重要性超过中国人，这是由高丽人在中国的少数族群身份决定的。李榖的人际交游网络中的中国人虽然有 35 人之多，但从史料来看，真正与李榖有实际交往记录的并不多，主要是他科举的座主、科举同年、征东行省的同僚以及与李榖有实际交游的大都官员。另外，大部分中国官员和京城士大夫可能是李榖通过诗歌“组稿”的方式产生联系，李榖请中国士大夫给他写诗文，后来辑录成《稼亭杂录》，带到高丽以炫耀。

元代出仕中国的高丽人大部分住在大都，赁屋而居。这些人在政治上忧国忧民，平时则是喜欢交游和游览大都附近的名胜古迹。他们离开家乡来到中国，感到孤独，对家乡和亲人非常思念，但这些高丽人不会因为京城的单调生活而选择退缩，他们到中国来主要是为了名利，通过在中国的仕宦和科举，积累以后进入高丽政坛继续发展的资本。

就出仕中国的高丽人群体来说，他们长期在中国工作和生活，在与中国各阶层交往的过程中，加深了对中国和中国文化的认识，对中国产生了好感，元朝灭亡，一些元朝官员投奔高丽政权，受到高丽方面的优待，如偰伯辽逊的“归化”，就得到高丽的优待，具体情况李穑记载：

> 乙酉乙科偰伯辽逊公，远学于南方，年未逾冠，尽通举业，间攻古文，名大振。既第，应奉翰林选为端本堂正字。久之，丞崇文监。方向于用，而当国者与其父淮南左丞公有怨，出知单州，有能声。俄丁内忧，寓居大宁。时贼已破上都，指辽西，公远携子弟，单骑渡辽

> 水入高丽。既行数日，而贼下大宁矣。上以端本从游之故，迓劳相续，及见，礼待优渥，赐田富原，封君开府。居数年，病卒。弟公文、公素惜其文稿散轶，笔其诗可纪者为二帙，辛丑避兵又失之。今晋州判官金君子赟得其一帙于煨烬中，而归之偰氏。①

材料中，高丽恭愍王因与偰伯辽逊在元朝端本堂有交往，对他非常优待。高丽官员也帮助其收集轶稿，文章的作者李穑也在文章中表达了对偰伯辽逊的崇敬之情，另外，“公实避地于此，士大夫与之游者敬爱之”②。这反映了高丽士大夫对待元朝官员的积极友好态度。

总之，在元朝发展历程中，大量高丽人通过各种方式来到中国，出仕中国，这些出仕中国的高丽人群体，只有在元朝与高丽特殊的宗藩关系的背景之下，才得到出仕中国的机会。他们在元朝大都和上都表现活跃，在各地做官的也有不少。元朝出仕中国的高丽人群体的政治活动，成为特定时期中国政治舞台上的一道美丽的风景，绚烂夺目！

---

① 李穑：《牧隐文藁》卷七《近思斋逸稿后序》，页三到页四。
② 李穑：《牧隐文藁》卷九《送偰符宝使还诗序》，页十六。

参考文献

一、古籍资料

佚名：《大元高丽纪事》，台湾广文书局有限公司《史料四编》本，1972年。

郑麟趾：《高丽史》，韩国景仁文化社，1976年。

金宗瑞等：《高丽史节要》，东国文化出版社，1960年。

佚名：《龙飞御天歌》，韩国首尔大学奎章阁图书馆藏朝鲜抄本。

宋濂：《元史》，中华书局点校本，1976年。

佚名：《大元圣政国朝典章》，续修四库全书影印元刊本。

方龄贵：《通制条格校注》，中华书局，2001年。

《至正条格》(点校本、影印本)，韩国学中央研究院，2007年。

佚名：《朝鲜史略》，文渊阁四库全书本，台湾“商务印书馆”，1986年。

徐居正：《东文选》，日本内阁文库藏朝鲜刊本。

申従濩：《东文粹》，日本内阁文库藏朝鲜刻本。

李修生：《全元文》，凤凰出版社，2004年。

杨濂：《全元诗》，中华书局，2013年。

弘华文：《燕行录全编》，广西师范大学出版社，2010年。

王士点、商企翁：《秘书监志》卷十，浙江古籍出版社，1992年。

张东翼：《元代丽史资料集录》，首尔大学校出版部，1997年。

金渭显：《〈高丽史〉中中韩关系史料汇编》，台湾食货出版社，1983年。

佚名：《原本老乞大》，朝鲜时代汉语教科书丛刊影印本，中华书局，2005年。

佚名：《朴通事谚解》，朝鲜时代汉语教科书丛刊影印本，中华书局，2005年。

钱大昕：《廿二史考异》，丛书集成初编本。

陈旅：《安雅堂集》，影印文渊阁四库全书本。

程钜夫：《雪楼集》，影印文渊阁四库全书本。

宋褧：《燕石集》，北京图书馆古籍珍本丛刊影印清抄本。

王恽：《秋涧先生大全文集》，四部丛刊初编本。
姚燧：《牧庵集》，四部丛刊初编本。
陶宗仪：《南村辍耕录》，中华书局元明史料丛刊本。
任崇岳：《庚申外史笺证》，中州古籍出版社，1991年。
杨瑀：《山居新语》(不分卷)，上海古籍出版社，2001年。
傅若金：《傅与砺文集》，北京图书馆古籍珍本丛刊本。
吴师道：《吴礼部文集》，北京图书馆古籍珍本丛刊本。
许有壬：《至正集》，北京图书馆古籍珍本丛刊本。
程端学：《积斋集》，《丛书集成》续编本。
苏天爵：《滋溪文稿》，陈高华等点校，中华书局，1997年。
陈旅：《安雅堂集》，元人珍本文集汇刊本，台湾图书馆，1970年。
贡师泰：《玩斋集》，文渊阁四库全书本。
胡助：《纯白斋类稿》，文渊阁四库全书本。
吴澄：《吴文正集》，台湾元人文集珍本丛刊本。
虞集：《道园学古录》，四部丛刊初编本。
袁桷：《清容居士集》，四部丛刊初编本。
黄溍：《金华黄先生文集》，四部丛刊初编本。
郑元祐：《侨吴集》，北京图书馆古籍珍本丛刊本。
胡翰：《胡仲子集》，文渊阁四库全书本。
鲁贞：《桐山老农集》，文渊阁四库全书本。
赵孟頫：《松雪斋文集》，四部丛刊初编本。
吴宽：《匏翁家藏集》，四部丛刊初编本。
舒頔：《贞素斋集》，文渊阁四库全书本。
王世贞：《弇山堂别集》，文渊阁四库全书本。
陈樵：《鹿皮子集》，文渊阁四库全书本。
吴当：《学言诗稿》，文渊阁四库全书本。
郑玉：《师山集》，文渊阁四库全书本。
牟巘：《牟氏陵阳集》，文渊阁四库全书本。
杨载：《杨仲弘集》，文渊阁四库全书本。
宋濂：《宋濂全集》，罗月霞主编，浙江古籍出版社，1999年。
陈高：《不系舟渔集》，台湾新文丰出版公司元人文集珍本丛刊影印民国十五年重刊本。
朱德润：《存复斋续集》(不分卷)，孙毓修编《涵芬楼秘笈》，北京图书馆出版社，2000年。
程敏政：《皇明文衡》，文渊阁四库全书本。
李齐贤：《益斋乱稿》，韩国文集丛刊本，韩国民族文化推进会，1981年。

李穀：《稼亭集》，韩国文集丛刊本，韩国民族文化推进会，1981年。
李穡：《牧隐稿》，韩国文集丛刊本，韩国民族文化推进会，1981年。
郑梦周：《圃隐集》，韩国文集丛刊本，韩国民族文化推进会，1981年。
李奎报：《东国李相国文集》，韩国文集丛刊本，韩国民族文化推进会，1981年。
崔瀣：《拙藁千百》，韩国文集丛刊本，韩国民族文化推进会，1981年。
闵思平：《及庵诗集》，韩国文集丛刊本，韩国民族文化推进会，1981年。
郑誧：《雪谷集》，韩国文集丛刊本，韩国民族文化推进会，1981年。
安轴：《谨斋集》，韩国文集丛刊本，韩国民族文化推进会，1981年。
郑枢：《圆斋稿》，韩国文集丛刊本，韩国民族文化推进会，1981年。
杜春生：《越中金石记》，北京图书馆辽金元石刻文献全编影印詹波馆刻本。
阮元：《两浙金石志》，北京图书馆辽金元石刻文献全编影印清光绪十六年浙江书局刻本，
李遇孙：《续栝苍金石志》，北京图书馆辽金元石刻文献全编影印清同治十三年重刻本。
缪荃孙：《民国江苏省通志稿》，北京图书馆辽金元石刻文献全编民国十六年影印本。
袁桷：《延祐四明志》，台湾成文出版社有限公司中国方志丛书影印清咸丰四年刊本。
张铉：《至正金陵新志》，台湾成文出版社有限公司中国方志丛书影印元至正四年刊本。
《康熙台州府志》，台湾成文出版社有限公司中国方志丛书影印康熙六十一年刊本。
王元恭：《至正四明续志》，台湾成文出版社有限公司中国方志丛书影印清咸丰四年刊本。
刘应李：《大元混一方舆胜览》，四川大学出版社，2003年。
《乾隆浙江通志》，文渊阁四库全书本。
阮元：《山左金石志》，北京图书馆辽金元石刻文献全编影印清嘉庆二年刻本。
熊梦祥：《析津志辑佚》，北京古籍出版社，1983年。
《奉化县志》，台湾成文出版社有限公司中国方志丛书影印光绪三十四年刊本。
杨实：《宁波郡志》，台湾中国地方志丛书影印明成化四年刊本，1983年。
李贤：《大明一统志》，文渊阁四库全书本。

何乔远：《闽书》，福建人民出版社，1995年。

陈镐：《阙里志》，北京图书馆古籍珍本丛刊影印明嘉靖三年刻本。

杨世沅：《句容金石记》，北京图书馆辽金元石刻文献全编影印本。

俞希鲁：《至顺镇江志》，江苏古籍出版社，1999年。

《成化公安县志》，台湾成文出版社有限公司中国方志丛书影印成化十六年刻本。

《新昌县志》，台湾成文出版社有限公司中国方志丛书影印清乾隆五十一年刻本。

《同治安仁县志》，台湾成文出版社有限公司中国方志丛书影印同治十一年刊本。

《嘉庆松江府志》，台湾成文出版社有限公司中国方志丛书影印嘉庆二十三年刻本。

《吴冢遗文》，台湾石刻史料新编影印龙池山房秘本，台北新文丰出版公司，1979年。

《嘉靖休宁县志》，台湾成文出版社有限公司中国方志丛书影印嘉靖二十七年刻本。

《嘉靖夏邑县志》，天一阁明代方志选刊影印明嘉靖刻本。

二、今人研究成果

（一）中国学者研究成果

萧启庆：《元代进士辑考》，台湾《“中央研究院”历史语言研究所专刊》108，2012年。

萧启庆：《元丽关系中的王室婚姻与强权政治》，《元代史新探》，台湾新文丰出版公司，1983年。

萧启庆：《元代科举特色新论》，台湾《“中央研究院”历史语言研究所集刊》第八十一本第一分，2010年。

简锦松：《高丽诗人李齐贤成都纪行诗词现地研究》，台湾《汉学研究》第32卷第4期，2014年。

金世勋：《朝贡体系下中小国家的避险行为：朝鲜半岛的两个历史案例初探》，《政治学报》第63期，2017年。

廖美玉：《海外传衣钵：李穑〈牧隐诗稿〉的唐诗接受与物候感知》，《人文中国学报》第20期，2014年。

丁昆健：《从仕宦途径看元代游士之风》，萧启庆主编《元代的历史与文化——蒙元史学术研讨会论文集》，台北学生书局，2001年。

杨昭全、何彤梅：《中国——朝鲜·韩国关系史》，天津人民出版社，2001年。

王小甫、徐万民、宋有成：《中韩关系史》，社会科学文献出版社，2014年。

白新良：《中朝关系史：明清时期》，世界知识出版社，2002年。

申万里：《元代科举新探》，人民出版社，2019年。

桂栖鹏：《元代进士研究》，兰州大学出版社，2001年。

陈得芝：《忽必烈的高丽政策与元丽关系的转折点》，《元史及民族与边疆研究集刊》第二十四辑，上海古籍出版社，2012年。

陈高华：《元朝与高丽的文化交流》，《韩国研究论丛》第十九辑。

陈高华：《元朝科举诏令文书考》，《暨南史学》第一辑。

陈高华：《从〈老乞大〉〈朴通事〉看元与高丽的经济文化交流》，《历史研究》1995年第3期。

陈高华：《〈稼亭集〉〈牧隐集〉与元史研究》，郝时远、罗贤佑主编《蒙元史暨民族史论集——纪念翁独健先生诞辰一百周年》，社会科学文献出版社，2006年。

郝时远：《蒙古东征高丽概述》，《蒙古史研究》第二辑，内蒙古人民出版社，1986年。

王颋：《圣王肇业——中日韩交涉史考》，学林出版社，1998年。

尚衍斌：《元及明初高丽韩氏家族事辑》，《元史及民族与边疆研究集刊》第三十四辑，上海古籍出版社，2018年。

刘迎胜：《下层民众眼中的蒙、宋与高丽》，《元史及民族与边疆研究集刊》第二十九辑，上海古籍出版社，2015年。

宋炯：《元代的征东行省》，《广西社会科学》2002年第5期。

王桂东、达力扎布：《元代高丽裔洪氏家族研究》，《中国边疆史地研究》2015年第3期。

孙卫国：《朝鲜王朝官修〈高丽史〉对元东征日本的历史书写》，《古代文明》2017年第4期。

吴松弟：《蒙(元)时期朝鲜半岛对中国的移民》，《韩国研究论丛》第二辑，上海人民出版社，1996年。

王崇时：《元代入居中国的高丽人》，《东北师大学报》1991年第6期。

杨晓春：《13—14世纪辽阳、沈阳地区高丽移民研究》，《中国边疆史地研究》2007年第1期。

申万里：《元代江南儒士游京师考述》，《史学月刊》2009年第1期。

王颋、倪尚明：《高丽忠宣王西谪吐蕃事件再析》，《华中师范大学学报》2006年第2期。

陈世松：《元代契丹"诗书名将"述律杰事辑》，《宁夏社会科学》1996年第2期。

乌云高娃：《元朝与高丽关系研究》，兰州大学出版社，2012年。

喜蕾：《元代贡女制度研究》，民族出版社，2003年。

乌云高娃：《高丽与蒙古的接触及双方征战》，《内蒙古民族大学学报》2016年第3期。

乌云高娃：《高丽忠烈王及随行人员在元朝的活动》，《中国史研究》2016年第3期。

乌云高娃：《高丽与元朝政治联姻及文化交流》，《暨南学报》2016年。

李春圆：《1260年前后蒙丽关系转折补论——以高丽〈张学士书〉为线索》，《元史及民族与边疆研究集刊》第三十三辑，上海古籍出版社，2017年。

常大群：《高丽入元太子与丽元文化交流》，《山东师范大学学报》2001年第4期。

舒健：《蒙元时期高丽来华使臣接待考述》，《甘肃社会科学》2010年第5期。

舒健：《〈马可波罗行记〉与高丽史料对勘三则》，《元史及民族与边疆研究集刊》第三十一辑，上海古籍出版社，2016年。

舒健：《党争、谣言及倭寇——元明易代与高丽政局变化背后的几点原因》，李治安主编《庆祝蔡美彪教授九十华诞元史论文集》，中国社会科学出版社，2019年。

舒健：《入居元大都的高丽人》，《元史论丛》第十三辑，天津古籍出版社，2010年。

陈卓、魏志江：《〈高丽史〉与〈高丽史节要〉编撰体例、内容与史学思想之比较》，《元史及民族与边疆研究集刊》第四十一辑，上海古籍出版社，2020年。

李相楠：《论蒙古的入侵和干涉对高丽社会的影响》，《考试周刊》2013年第24期。

张建松：《蒙元对高丽的控制与干涉》，《华北水利电力大学学报》2014年第1期。

张建松：《元明之际高丽境内中国移民考察》，《中州学刊》2014年第6期。

张建松：《高丽境内的元丽教育文化交流》，《元史及民族与边疆研究集刊》第三十六辑，上海古籍出版社，2018年。

李梅花：《试论奇皇后对元末元丽政治关系的影响》，《内蒙古大学学报》2008年第3期。

胡家其、李玉昆：《偰玉立在泉州的史迹与偰氏家族在高丽、朝鲜》，《海交史研究》2007年第1期。

陶然：《论元朝高丽文人的本位意识——以李齐贤为例》，《浙江社会科学》2010年第6期。

陶然：《论宗藩体系下元丽文学交流的新格局》，《浙江大学学报》

2011 年第 5 期。

马娟：《元代色目高丽通婚举例》，《宁夏社会科学》2002 年第 5 期。

薛磊：《论忽必烈时期元日关系中高丽王朝的态度》，《内蒙古社会科学》2002 年第 2 期。

薛磊：《元朝与高丽政治关系中的重要人物——高丽忠宣王王璋》，《内蒙古社会科学》2004 年第 3 期。

薛磊：《元代征东行省新论》，《内蒙古社会科学》2008 年第 3 期。

喜蕾：《元代高丽贡宦制度与高丽宦官势力》，《广西社会科学》2002 年第 5 期。

喜蕾：《元代高丽贡女与蒙古族以外的其他民族通婚状况考述》，《西北民族研究》2002 年第 3 期。

王政：《元明戏曲中的“高丽”事象考》，《东疆学刊》2011 年第 2 期。

张雪慧：《试论元代中国与高丽的贸易》，《中国社会经济史研究》2003 年第 3 期。

舒健：《蒙元时期高丽来华使臣接待考述》，《甘肃社会科学》2010 年第 5 期。

刘中玉：《蒙元等级体制下高丽待遇之争》，《朝鲜 · 韩国历史研究》第十一辑。

张岱玉：《〈元史〉高丽驸马王封王史料考辨》，《内蒙古社会科学》2005 年第 5 期。

孙红梅：《高丽忠烈王如元与元丽关系》，《内蒙古大学学报》2012 年第 3 期。

苗威：《高丽忠烈王在中国》，《东疆学刊》2000 年第 2 期。

金春：《丽元通婚外交研究》，《延边大学学报》2014 年第 5 期。

崔鲜香：《高丽女性在高丽与蒙元关系中的作用》，《内蒙古大学学报》2010 年第 1 期。

丛沛远：《元代辽阳行省境内的契丹、高丽、色目与蒙古》，《史学集刊》1993 年第 1 期。

张言梦：《元代来华高丽僧人考述》，《内蒙古社会科学》1999 年第 4 期。

吴明微：《高丽向元朝人口迁移中的音乐文化交流》，《福建师范大学学报》2015 年第 5 期。

梁旭：《由李齐贤〈奉使录〉中的诗作看其元代中国观》，《阴山学刊》2013 年第 6 期。

姜剑云：《儒释相非久，谁知我独亲——略说高丽大儒李穑之亲佛》，《兰州学刊》2015 年第 11 期。

于磊：《辽阳洪氏家族与高丽王室关系述论》，《元史论丛》第十三辑，天津古籍出版社，2010 年。

李鹏：《国内近三十年元丽人员往来研究概述》，《内蒙古大学学报》2010年第5期。

李廷青：《中国人入仕高丽朝考论》，《韩国研究论丛》第23辑。

于东新、罗海燕：《元代文坛高丽士人研究评述：以李齐贤为中心》，《内蒙古民族大学学报》2017年第2期。

姜剑云、张敬钰：《元代高丽“燕行录”研究平议》，《沈阳师范大学学报》2018年第3期。

葛昊福、张瑞霞：《入元高丽宦官在两国关系中的作用》，《唐山师范学院学报》2015年第3期。

桂栖鹏：《入元高丽僧人考略》，《西北师大学报》2001年第2期。

桂栖鹏：《元英宗谪高丽忠宣王于吐蕃原因探析》，《中国边疆史地研究》2001年第2期。

徐付：《在元做官的高丽人》，《语文学刊》2010年第2期。

李梅花：《试论奇皇后对元末元丽政治关系的影响》，《内蒙古大学学报》2008年第3期。

李岭：《丙申之祸与元丽关系》，《广播电视大学学报》2006年第3期。

屈文军：《红巾军活动对高丽政局和元丽关系的影响》，《浙江师范大学学报》2000年第5期。

李鹏：《入元高丽人研究》，延边大学博士论文，2011年。

吴光旭：《李穡汉诗研究——以中国古代文学的关联为中心》，延边大学博士论文，2015年。

王莽：《高丽文人李穀入元交游研究》，暨南大学硕士学位论文，2019年。

（二）韩国学者研究成果

金慧苑：《丽元王室通婚的成立及特征》，《梨大史苑》24、25合期，1989年。

金庠基：《李益斋的在元生涯：忠宣王侍臣研究》，《大同文化研究》第1辑，1964年。

周采赫：《元万卷堂的设立与高丽儒者》，《孙宝基博士停年纪念韩国史学论》，韩国知识产业出版社，1988年。

高柄翊：《蒙古高丽兄弟盟约的性格》，《白山学报》1969年第6期。

金庠基：《新编高丽时代史》，韩国东国文化社，1961年。

卢启铉：《高丽外交史》，甲寅出版社，1994年。

金九镇：《元代辽阳地方的高丽居民》，《李元淳教授毕甲纪年史学论丛》，韩国知识产业出版社，1986年。

李益柱：《高丽与元朝关系建构研究——以世祖旧制为中心》，《韩国史论》第36卷。

金九镇：《丽元领土归属问题的纷争——元代高丽本土与东宁府、双城总管府和耽罗总管府的争夺》，《国史馆论丛》第7卷。

裴淑姬：《元代科举中高丽进士的应举与授官》，《东洋史学研究》第104辑，2008年。

裴淑姬：《宋元时期科举中的高丽进士》，《科举学论丛》2008年第1期。

李玠奭：《丽蒙兄弟盟约与丽蒙关系的史料检讨》，《大丘史学》2010年第101卷。

李玠奭：《元朝宫廷高丽宦官与元丽关系》，《东洋史学研究》第113辑，2010年。

李玠奭：《高丽大元关系研究》，韩国知识产权出版社，2013年。

李玠奭：《〈高丽史〉元宗·忠烈王·忠宣王世家中元朝关系纪事的注释研究》，《东洋史学研究》总88期，2004年。

金光哲：《高丽后期世族层研究》，东亚大学出版部，1991年。

朴玉杰：《高丽时代归化人研究》，韩国国学资料院，1996年。

李基白：《高丽兵制史研究》，一潮阁，1972年。

许兴植：《高丽科举制度史研究》，一潮阁，1981年。

郑锡元：《高丽对蒙古文化的"受容"与排斥——以"蒙古风"在高丽兴衰为例》，《贵州民族学院学报》2011年第3期。

金光哲：《高丽忠宣王现实认识与对元活动》，《釜山史学》1986年第11期。

金翰奎：《高丽时代的荐举制》，《历史学报》1977年第73期。

张叔卿：《高丽武人政权下文士的动态与性格》，《大邱史学》1977年12·13期。

张东翼：《1269年大蒙古国中书省牒文及日本的对应》，《史学杂志》第114编第8号，2005年。

朴现圭：《高丽伊斯兰教徒剌马丹》，《海交史研究》2006年第2期。

闵泳珪：《元高丽俗讲僧》，《中韩关系史国家研讨会论文集》，韩国史研究会，1983年。

尹银淑：《北元与明朝在辽东争夺中的高丽王朝》，《东洋史学研究》第105辑，2008年。

도현철, 목은 이색의 정치사상연구, 혜안, 2011 년。(道玄哲：《牧隐李穑的政治思想研究》，慧眼出版社，2011年)

이익주, 이색의 삶(生平)과 생각, 일조각, 2013。(李益柱：《李穑的生平与思想》，一潮阁出版社，2013年)

채웅석,『목은시고를 통해서 본 이색의 인간관계망, 역사와현실。(蔡雄石：《从〈牧隐诗藁〉透析李穑的人间关系网》，《历史与现实》62，2006年)

정재철, 이색의 국자감유학과 문화교류사적 의미, 고전과 해석。(郑在哲:《李穑的国子监游学与文化交流史的意义》,《古典与解释》8, 2010 年)

최영성, 목은이색의 역사의식과 민족사상。(崔荣星:《牧隐李穑的历史意识与民族思想》,《国学研究》37, 2018 年)

김윤주, 고려 우왕대 이색과 한수의 교유와 시。(金允柱:《高丽李穑与韩修的交游诗》,《史学研究》126, 2017 年)

안영훈, 14 세기말 사대부 교유시의 한 양상: 이색, 정추, 한수의 교유를 중심으로(安荣勋:《14 世纪末士大夫交游诗的现状: 以郑枢、韩修的交游为中心》,《国语国文学》, 2007 年)

(三)日本和欧美学者研究成果

池内宏:《元寇的新研究》, 东洋文库, 1931 年。

池内宏:《在高丽的元代行省》,《东洋学报》第 20 卷第 3 号, 1933 年。

青山公亮:《日元间的高丽》,《史学杂志》第 32 编第 8、9 号, 1921 年。

山口修:《蒙古军的高丽入侵》,《熊本大学法政论文》1957 年第 9 期。

川添昭二:《蒙古来袭研究史论》, 日本雄山阁, 1977 年。

北村秀人:《在高丽的征东行省》,《朝鲜学报》第 32 辑, 1964 年。

北村秀人:《关于高丽时代沈王的考察》,《人文研究》第 24 卷第 10 分册, 1972 年。

森平雅彦:《元代高丽的站赤》,《史渊》第 141 辑, 2004 年。

森平雅彦:《元代怯薛制度与高丽王家——高丽与元朝关系中秃鲁花的意义》,《史学杂志》第 110 编第 2 号, 2001 年。

森平雅彦:《〈宾王录〉所见至元十年遣元高丽使臣》,《东洋史研究》第 63 卷 2 号, 2004 年。

板仓圣哲:《高丽、朝鲜王朝前期的山水画与宫廷收藏》,《美术史研究集刊》第 44 期, 2018 年。

David M. Robinson(鲁大维):《国际语境下的高丽晚期外交再思考》, 徐芳芳、舒健译,《元史及民族与边疆研究集刊》第三十七辑, 上海古籍出版社, 2019 年。

后　　记

《元代出仕中国的高丽人群体研究》即将出版，本书属于国家社科基金后期资助项目的研究成果，经过层层申报、评审、修改到目前成熟，确属不易。如果算上本书成书的整个过程，到现在为止，也近十年，其中主要写作过程需要交代，对在本书的研究和写作过程中作出贡献的师友们，更需要一个明确的交代，以表达感激之情。

2014 年 9 月，我受韩国高丽大学人文学科朴尚洙教授的邀请，赴该校担任客座教授，任务是指导一名蒙元史方向的研究生和教授一门本科生课程。在此期间，了解到高丽大学图书馆的一些馆藏善本，如《御试策》等，其间还访问韩国首尔大学成均馆图书馆，收集了《三场文选》等书籍。由于当时我在做元代科举的研究，在科举方面花的时间较多，熟悉了韩国的基本历史文献。2016 年，我得到韩国首尔大学金浩东教授的推荐，在韩国高等教育财团(KFAS)的支持下，赴韩国首尔大学东亚系担任客座研究员。其间出于对韩国历史和文化的了解，开始关注与元朝历史相近的高丽时期的历史。受益于首尔大学图书馆和成均馆图书馆丰富的资源，我完成了财团研究报告——《元代出仕中国的高丽人》。回国以后，感觉该课题还有大量空白没有研究，我于是静下心来，重新审视这一研究课题，发现了一些尚需要进一步考察的问题，如元朝统治高丽的制度建构、出仕中国高丽人的出仕方式与仕宦情况、出仕中国高丽人的双重政治身份、出仕中国高丽人与元朝政治、出仕中国高丽人家族的个案研究、出仕中国高丽人在元大都的生活与交往以及元末奇皇后与元丽政权互动等，此后，我对上面的问题进行了研究。在基本完成上述研究的基础上，2019 年我申报的国家社科基金后期资助项目《元代出仕中国高丽人群体研究》，得到立项。根据课题评审专家的意见，对课题内容进行了修改和进一步研究，2023 年该课题结项，由武汉大学出版社负责出版。

需要说明的是，我 2019 年下半年以国家留学基金高级研究学者的身份，又一次赴韩国高丽大学从事学术研究，在半年的时间里，我在高丽大学图书馆重新阅读、核对材料，对于课题已经完成的部分进行修改和完善，基本上完成了课题的写作。

我三次赴韩国留学经历，都与本课题的酝酿和写作有关，可以说，我与韩国的缘分，成就了今天这本《元代出仕中国的高丽人群体研究》。我是幸运的，在韩国最好的两所大学进行课题的研究，这两所大学给我提供的良好的工作、生活条件是我到韩国之前所不敢想象的；这里浓厚的人文环境，让我忘掉校园外面的喧嚣，潜心投入学术研究，这一点至今让我感动。

最令我难忘的还有韩国学术界的师友，朴尚洙教授两次邀请我去高丽大学，在工作和生活方面对我多方眷顾。每周我们都去首尔爬山，北汉山留下朴教授爽朗的笑声，这是我人生美好的回忆。金浩东教授在首尔大学给我安排讲座，为了我工作的方便，在东亚系给我指定单独的工作室。庆北大学李玠（介）奭教授专门到首尔宴请我，送给我他当时出版的大作。弘益大学裴淑姬教授陪我访问韩国的庆尚大学，在生活方面对我悉心照顾。给我帮助的韩国师友还有韩国国防部军事研究所的柳智涌研究员、赵阮博士、薛培焕博士、李周炫博士、全容彻博士等。在这些韩国朋友的帮助下，我这个在国内都有社交焦虑的人，在首尔可以从容工作、生活、学术交流以及在韩国各地旅行。每想到这里，我的心情久久不能平静，大恩不言谢，这里谨以此书献给他们，以表达我的感激之情。

在书稿的编辑过程中，我的学生杨蕊承担了校样的核对工作，武汉大学出版社黄河清编辑在本书的编辑过程中做了大量的工作，这里一并感谢！当然，需要感激的人还有很多，包括我的家人、学界朋友、学生等，这里不再赘述。

学术研究是一件很有意思的事情，它并不总是产生于固定的书斋或实验室，有时与研究者的人生际遇有密切的关系。我进入武汉大学工作以来，从没想到要研究高丽人的问题，是我的韩国之行以及与朴尚洙教授、金浩东教授、裴淑姬教授等学者的交游中，完成了这一课题的研究和写作，感觉这样得来的学术成果应该更有意思，搁笔于此，是为后记。

申万里

2024 年 10 月 10 日

于武汉市江夏区梅南山居寓所